走出思想的边界

knowledge-power
读行者

绝代兵圣

银雀山《孙子兵法》破译记

岳南 著

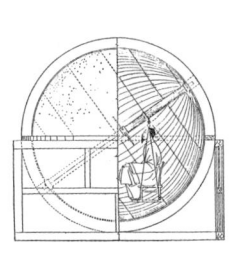

湖南文艺出版社
博集天卷

山东滨州市惠民县建造的孙子故园

传说中姜子牙在山东日照市东港区丝山乡冯家沟村二组的居住遗址。不远处的海边有太公钓鱼石一块。据当地传说,姜子牙自商都牛市上失意后有二十余年居住于此地

银雀山汉墓出土的陶俑

孙武像

银雀山汉墓出土的陶器　　　　　银雀山汉墓出土的陶器

金雀山出土的漆盘

金雀山出土的玉碗

银雀山汉墓出土的陶俑

金雀山汉墓出土的帛画

银雀山汉墓出土的陶器

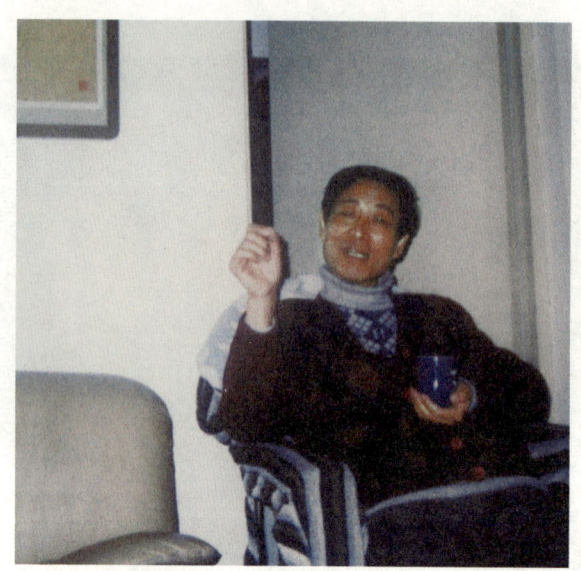

考古人员杨正旗在讲述押运竹简赴京经过

考古人员张英炬在讲述银雀山竹简出土经过

王丹华（左）与杨正旗在整理竹简

考古人员在清理出土的竹简。左前为毕宝启，左后为崔寔，右前为吴九龙，右后为杨佃旭

现住山东滨州市惠民县城南门外的孙德禄一家，据说孙德禄（右）是孙武的第 81 代孙

银雀山汉墓的主要发掘、研究者吴九龙（左）讲解竹简出土情况

银雀山一、二号汉墓形状

山东东营市广饶县花官乡大恒台村的村民聂作昌（右）说：据祖辈流传的说法，这就是齐桓公会诸侯、观沧海的柏寝台

位于山东临沂市郯城县境的马陵山古道，此为庞涓被孙膑用计射杀之处

春秋战国时期的抛石器（模型），用于远距离攻击敌人

春秋战国时期攻城器械模型

苏州孙子兵法研究会在江苏苏州吴县市陆慕镇虎啸村孙墩浜立的"吴王客齐孙武冢"墓碑和"重修孙武冢记"碑

位于江苏苏州吴县市胥口镇的春秋时期吴王阖闾二妃墓

山东东营市广饶县的孙武祠

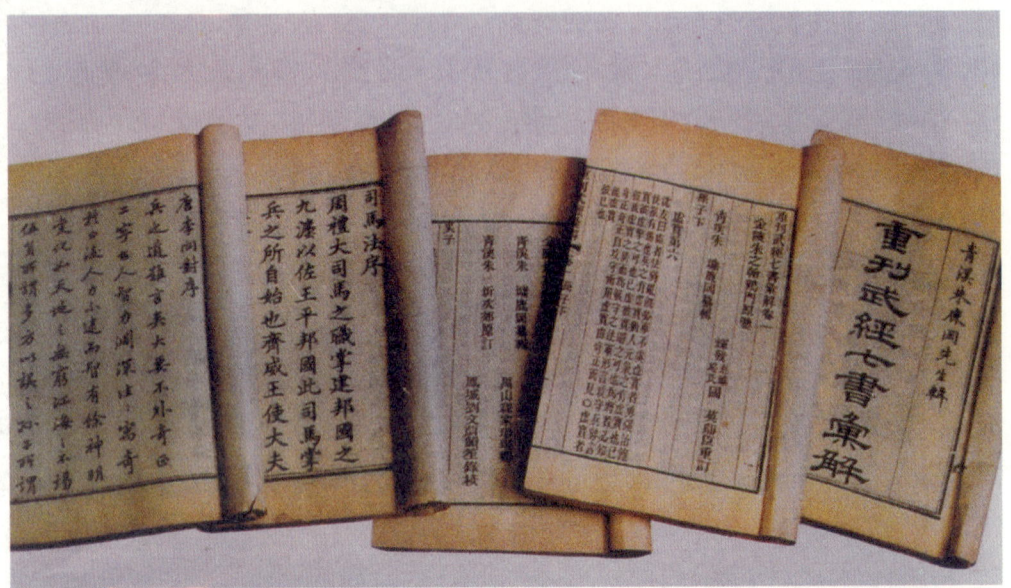

《武经七书》书影

保存在山东省博物馆的银雀山汉墓竹简

银雀山汉墓竹简博物馆展厅

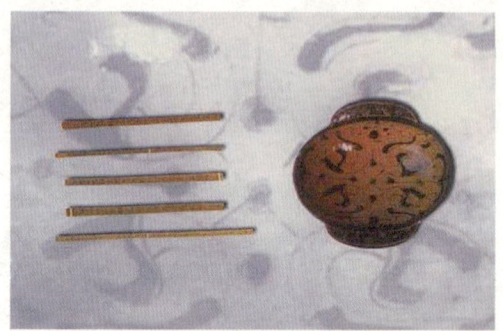

银雀山汉墓出土的竹简与小型漆器

银雀山汉墓出土的《孙子兵法》竹简

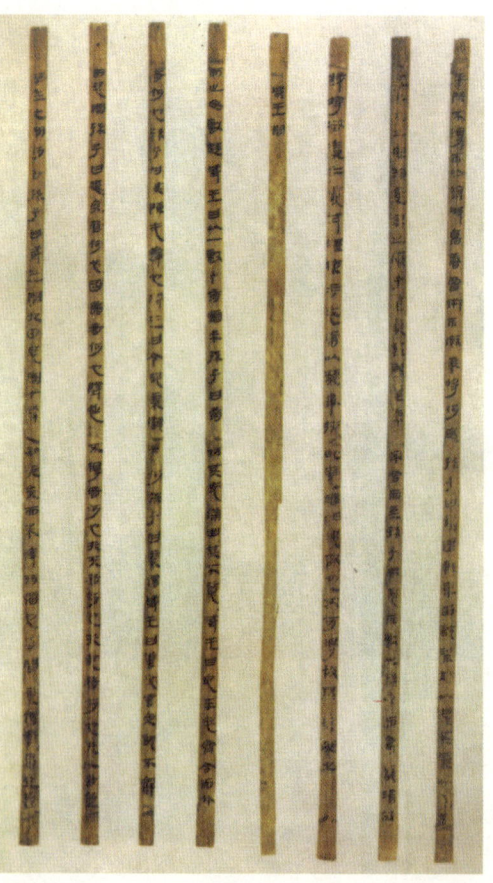

银雀山汉墓出土的《孙膑兵法》竹简

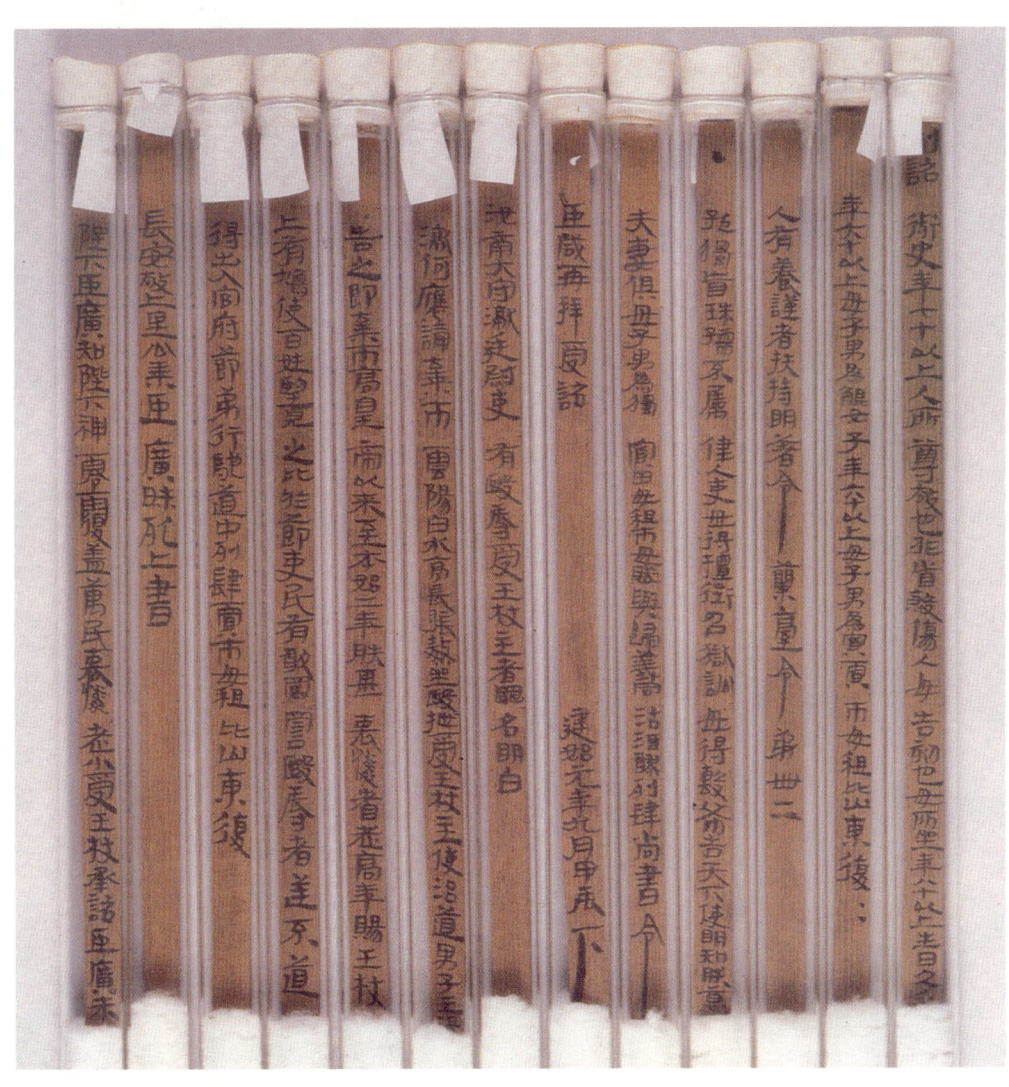

《王杖诏书令》简册（甘肃武威市磨嘴子出土）

银雀山汉墓出土的《孙子兵法》竹简与湖南长沙市走马楼出土的木牍对比

春秋时期越王勾践青铜剑（1965年湖北江陵出土）

春秋时期吴王夫差青铜矛（1983年湖北江陵出土）

越王者旨於睗剑

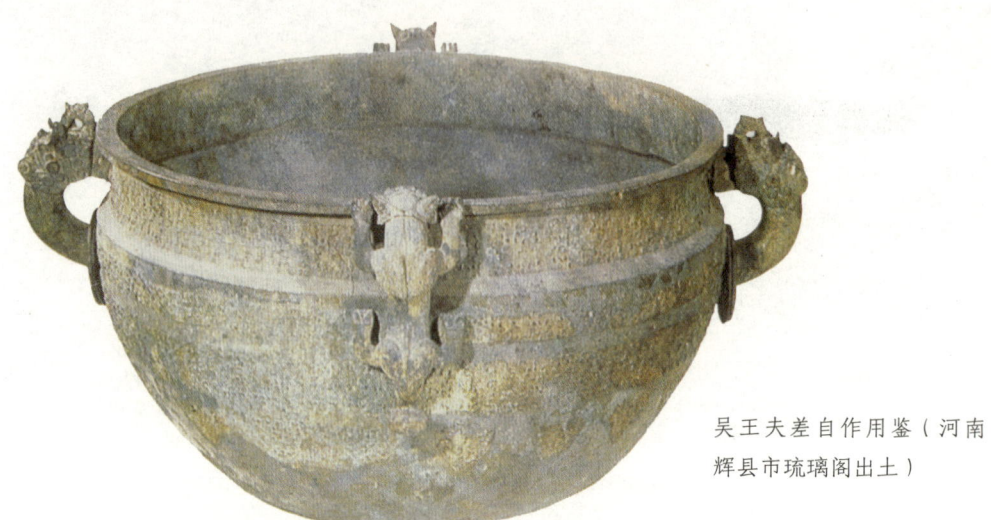

吴王夫差自作用鉴(河南辉县市琉璃阁出土)

毕宝启站在山东省博物馆辰光阁前述说当年赴临沂发掘汉墓的情形

甲子山孙膑洞中的塑像,中间为孙膑,左右站立者是他的两个徒弟

作者在孙膑洞考察

位于山东淄博市临淄郊外的管仲墓

山东临沂市莒南县甲子山孙膑洞

春秋时期齐国殉车马坑

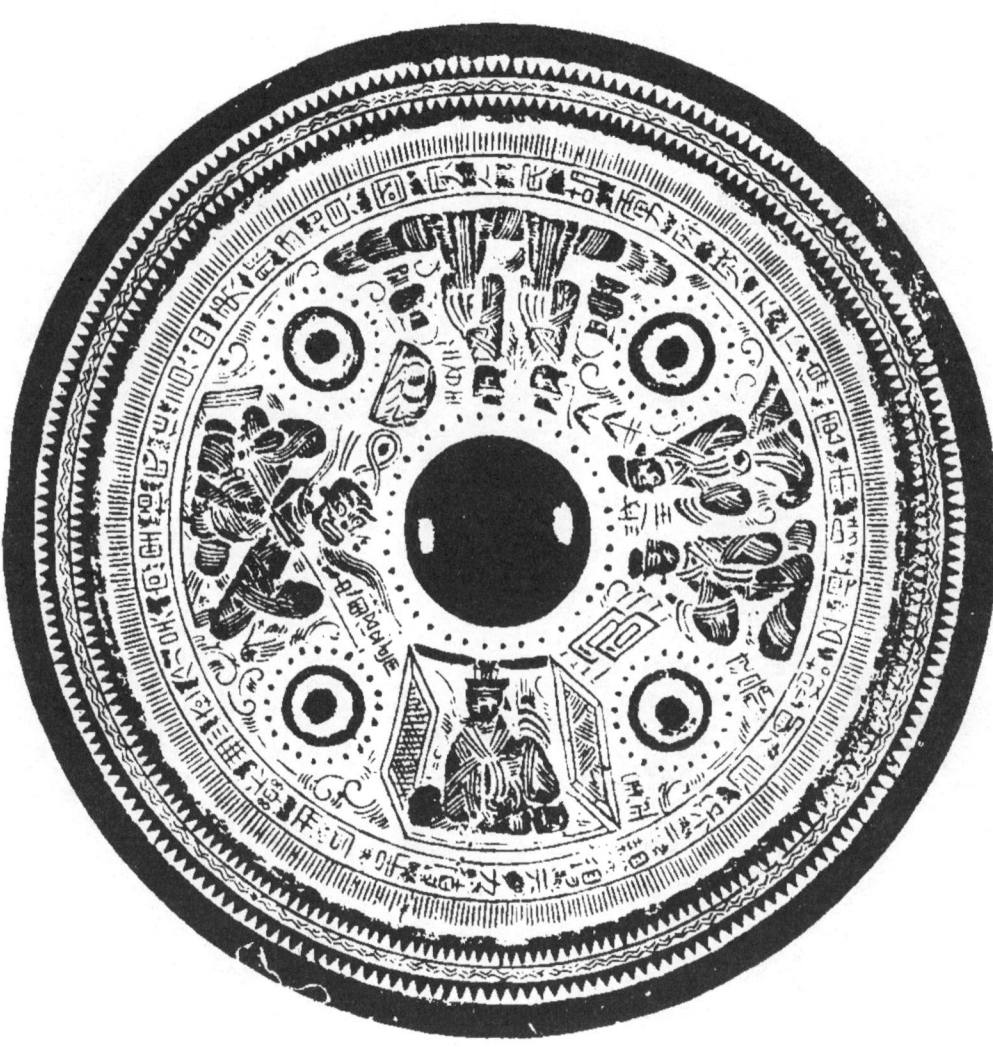

伍子胥画像镜（汉代），吴王夫差居中坐帐内，左为伍子胥，右为越王勾践及其谋臣范蠡。伍子胥作拔剑自刎式

银雀山汉墓竹简出土时动人的一刻

春秋时期齐国都城临淄城石砌排水道

山东菏泽市鄄城县孙花园村外的孙膑墓

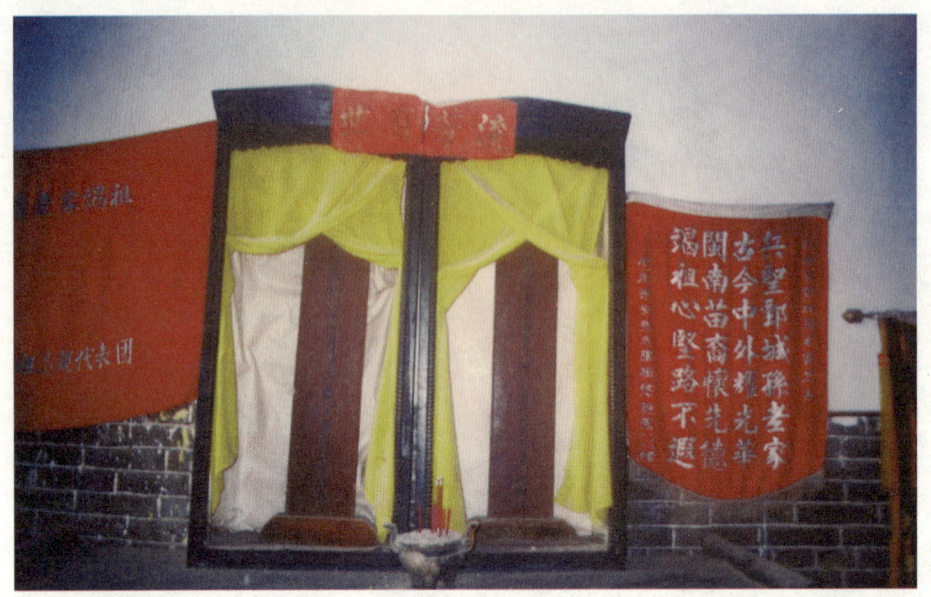

山东菏泽市鄄城县孙老家孙膑祠中供奉的孙膑牌位

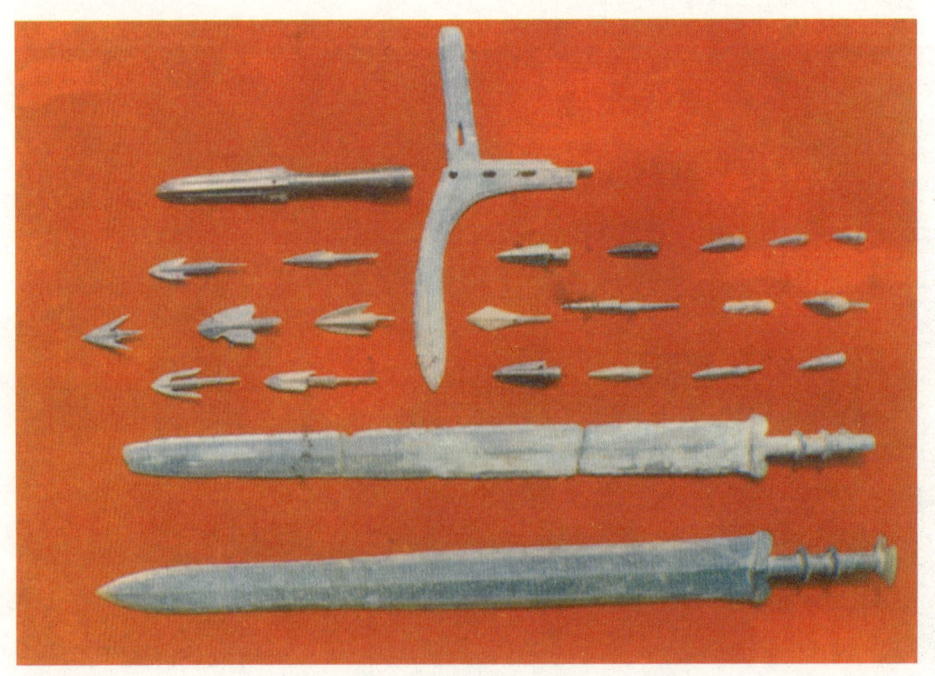

山东菏泽市郯城县马陵山古战场出土的战国时期兵器，铭文为"郯氏戈"

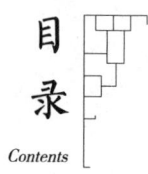

目 录

Contents

序 一　银雀山的回声（吴如嵩）/1

序 二　银雀遗编灿若列星（吴九龙）/5

序 章　缘 起 /001

第一章　兵书出土 /011
　　　　意外发现 /012
　　　　打开一号墓的棺椁 /024
　　　　王冶秋：速运北京处理 /037

第二章　揭开玄机 /043
　　　　发现二号墓 /044
　　　　光棍夺锄 /050
　　　　张营长神秘赴京 /061
　　　　揭开墓葬之谜 /075

第三章　兵家始祖 /093

贩牛专家姜子牙 /094

灭商封齐 /104

太公与《六韬》 /114

第四章　管仲与司马穰苴 /121

一匡霸业为齐开 /122

《管子》与《王兵》 /135

晏子与司马穰苴 /139

第五章　英雄际会 /151

孙武奔吴 /152

伍子胥星夜流窜 /164

白发昭关 /173

吴都街头的吹箫汉 /181

第六章　孙武拜将 /187

刺杀吴王僚 /188

走出穹窿山 /197

吴王问兵 /206

孙武杀姬 /214

第七章　历史在这一年拐弯 /221

楚都沦陷 /222

伍子胥掘冢复仇 /230

撤兵郢都 /239

第八章　姑苏落日 /247
　　再修《兵法十三篇》/248
　　吴越之战 /254
　　孙武最后的时光 /261

第九章　兄弟相煎 /269
　　鬼谷学艺 /270
　　孙宾下山 /281
　　暗箭穿过胸膛 /289

第十章　孙庞斗智 /297
　　蒙难 /298
　　孙膑奔齐 /302
　　桂、马二陵之战 /312

第十一章　千古马陵千古谜 /323
　　新的历史契机 /324
　　马陵战址知多少 /327
　　郯城马陵山之谜 /333

第十二章　真伪两孙子 /341
　　孙武就是伍子胥 /342
　　孙武、孙膑原是一人 /349
　　银雀山汉简的暗示 /355
　　两部兵书之谜 /361

第十三章　孙武故里之争 /371
惠民与博兴之间 /372
广饶县的考古证据 /378
交锋后的交锋 /386
发现孙武墓 /394

第十四章　孙膑的影像 /403
孙老家的秘密 /404
甲子山孙膑洞 /412
发自鲁西南的声音 /419

第十五章　招魂幡为谁而飘 /425
世纪骗局的出笼 /426
奋起还击 /437
骗局的十大疑点 /453
丧钟鸣响 /458

末　章　大招 /467

主要参考文献 /478

后　记 /482

序一 银雀山的回声

吴如嵩

1972年4月，一座不为世人知晓的银雀山，由于发掘出一批稀世汉墓竹简，震惊了世界。这一重大考古成果，先后被列入"新中国30年十大考古发现""新中国50年影响最大的考古发现""中国20世纪100项考古大发现"之中。

银雀山之所以享誉中外，一个主要原因，就是出土了一批具有重大学术价值的简牍兵书——大量汉初特别是先秦的宝贵兵书。这批兵书有《孙子兵法》《孙膑兵法》《六韬》《尉缭子》《守法守令》等共计十三篇，以及《曹氏阴阳》《天地八风五行客主五音之居》等兵法专著与专论。特别是两《孙子》的同时出土，廓清了长期以来笼罩在《孙子兵法》研究上的重重迷雾：诸如孙武、孙膑是一人还是两人；《孙子兵法》是一人所著还是两人所著；《孙子兵法》原本为十三篇，还是曹操在删削了原本的八十二篇之后，重新编辑成了十三篇等一系列千年悬案。由于汉简《孙子兵法》是现今发现的最古老的版本，为《孙子兵法》的流传研究提供了宝贵的校勘资料，其在学术上的重大价值和意义是不言而喻的。

自银雀山汉简出土以来，除了当年的考古工作者发表的发掘简报外，为之疏理、校勘、注释，以及从不同角度加以

研究的学术论著大量涌现。但是，以纪实文学的形式来表现这一考古事件和兵书内容的作品却十分罕见。相比之下，在20世纪初，当举世闻名的敦煌藏经洞被发现之后，除了专家学者对出土的经卷和其他文物以及环境等诸方面进行大量研究外，这一发现还激活了文学艺术家的创作灵感。不但有早些时候进入敦煌洞窟临摹写生的张大千、常书鸿等艺术大家，随着敦煌声名的远播，有越来越多的文学艺术界人士也从这一宝藏之中吸取艺术养分，发掘、创作出了《飞天》《丝路花雨》《秦王破阵》《祁连山下》《敦煌之恋》等著名的歌舞、戏剧、音乐、报告文学等史诗般的优秀作品。这些作品不但将敦煌文化以快捷简明的形式传播到人民大众之中，在某种意义上又丰富了敦煌文化，并为这一古老的文化注入了鲜活的血液，从而使这一文化血脉得以延续和流淌不息。

由敦煌藏经洞的开启所发生的一系列新的文化创举，使我在受到启迪的同时，也联想到银雀山汉墓的开启与发现。如此惊心动魄的考古大事件和如此博大精深的兵学文化面世，怎么就没有一部惊世骇俗的文学艺术作品对这一题材给予表现和拓展，以不同的角度和艺术形式，把这一事件本身与出土兵书的思想发扬光大，传承久远呢？每想到此，心中便添了一种遗憾与期盼。

令人感到惊喜和欣慰的是，就在银雀山汉墓发掘30年之后的今天，岳南的长篇纪实文学《绝代兵圣》创作完成，并即将刊诸枣梨。这是银雀山汉简兵书出土以来，首次对这一重大事件的前后经过与汉简本身的学术价值以及研究者最新的学术成果，做全景式详尽的文学性描述。这部作品的面世，作为一种文化象征，打破了30余年来银雀山汉简发现、发掘、破译这一重大题材囿于纯学术研究领域的局面。这枝出墙的红杏，或许预示着文学艺术创作的满园春色即将到来。

就岳南这部《绝代兵圣》的文本而言，自有它独到之处。最令人怦然心动的，是它进入这一题材角度的与众不同。它不是像众多同类作品一样平铺直叙地来讲述这个古老的故事，而是通过一次偶然的发现事件和随之而来的考古发掘这扇开启的窗口循序渐进。有了这样一种出其不意的精巧进入，就较为轻松地冲决了令人为之头痛的坚硬的围城，从而使整部作品的叙述如同奔腾的江河之水一路流淌开来，直至形成了令人惊叹的浩瀚景观。

当然，这部作品在一路荡漾中所展现的不只是《孙子兵法》和孙武本人，同时还有现代的考古学家以及历史长河中的如姜子牙、管仲、司马穰苴、孙膑、庞涓等兵学大家。之所以会有这样宏大场景的铺排和展现，毫无疑义，这与作者深入生活，勤于研究，吃透了这批简牍的精髓是分不开的。岳南在作品中有意识地提醒读者这样一个不可忽略又恰恰易被忽视的重要文化现象——银雀山汉简兵书的出土绝不是偶然的，像所有事物的生死存亡都不是偶然的一样，兵书的出现自有其历史的必然性，有其深刻的文化背景和历史底蕴。

我们知道，中国号称"兵法王国"，历代兵书数以千计，而其渊薮却着重发源、反映在齐鲁之邦。齐鲁大地是中华文明最早的发祥地之一，四五十万年之前就有与"北京人"同时代的"沂源人"（发现于沂源县土门乡），距今8000年到4000年间的"东夷文化"的产生不仅是山东地区文明曙光的预兆，也是中华文明曙光的预兆，齐鲁人被称为中华民族的长子是有其历史渊源和道理的。

公元前1046年，武王灭商，建立西周，齐鲁封国，从此在这片土地上，继被奉为"兵主"（战神）的蚩尤之后，又有了被尊为兵家鼻祖的姜太公，接下来又有开创齐国霸业的管仲和一代兵学大家司马穰苴，之后便产生了被誉为天下兵圣的孙武和兵学圣典《孙子兵法》，以及被尊为"王师"的孙膑及其名著《孙膑兵法》等。先秦之后，一大批军事家如诸葛亮（山东沂南）、羊祜（山东费县）、戚继光（山东蓬莱）等也像雨后春笋，连绵不绝地从这块土地上生长了出来。银雀山汉简的发掘，无疑是齐鲁文化特别是齐鲁军事文化的反映。正是由于这样一种被称为"东夷"的独特的地理环境和有着自身特色的政治、经济、文化背景，才产生了中国历史上一代又一代兵学巨匠、战略大家，继之才有了最著名的《孙子兵法》等一大批兵书战策的诞生、运用、流传，有了在山东临沂银雀山汉墓出土大批兵书的机缘。这就是只有山东的临沂银雀山出土了包括《孙子兵法》在内的大批兵书，而其他地方则难以窥见的原因。

岳南在作品中不惜笔墨，对姜子牙、管仲、司马穰苴等几代历史人物的时代背景、人物性格和军事战略思想着意刻画，其目的就是要追寻孙武本人性格的形成和其兵书为什么达到了古代社会无人能够望其项背的深层缘由。

从作品的描述中不难看出，孙武所达到的这一奇峰，是站在前辈巨人的肩上攀登而上的，如果没有几代巨人在下面的支撑，孙武也就不可能成为后来人们看到和景仰的孙武子了。

《管子·正世》有云："不慕古，不留今，与时变，与俗化。"中国文化宏阔而博大，弥漫着一种强大磁场，迸发着诱人的魅力。每当重大的社会变迁发生之际，都有许多沉潜会通的人物站出来，矢志不移地汲汲于兴灭继绝的文化整理、传道解惑的知识普及。他们或以个人的力量，或因政府的推动，分别为中国文化起到了革旧布新、变通传承的伟大作用，这个光辉而优良的传统直到今天仍盛行不衰，并为有识之士发扬光大。岳南的这部纪实文学作品，向我们打开了了解、研究银雀山汉简及相关历史人物的又一扇窗口，它作为一盏文化之灯，必将为人们了解古代兵法的书山之路，亮起异样之光。

是为序。

吴如嵩

2004年2月19日一稿
2011年6月18日修订

【简介】吴如嵩，1940年生，贵州省铜仁市人。1962年毕业于贵阳师范学院中文系，同年10月入伍，1963年调入军事科学院战争理论研究部。现为军事科学院专业技术职务评定委员会委员、学位委员会委员、博士生导师，中国孙子兵法研究会副会长、文职少将。

从事中国古代军事思想研究四十余年来，出版专著21部，发表论文50余篇。撰著《孙子兵法浅说》获全军二等奖，任副主编的《中国军事百科全书·中国历代军事思想》获全军科研特等奖；1987年被评为全军优秀科研工作者，1992年当选中共十四大代表，1998年获军事科学院重大贡献奖。

序二
银雀遗编灿若列星

吴九龙

一

岳南要我为他的新作《绝代兵圣》写几句话，从追忆事实真相和对文化的传播角度看，这当是一件很有意义的事情。可就我的心境而言，觉得既没有慨然提笔的豪情，也没有生出乐之为序跋的怡悦。其不能欣然命笔的原因，是银雀山汉简内容震古烁今，其整理工作与人事为多方瞩目，故经历事与人多且长久。虽有话可说，但又觉得不好说，不便说，有些人和事不说也罢。今岳南真情邀请，敬辞不过，只好写几个片断，以为应命。

我不但亲历了银雀山一、二号汉墓的考古发掘，抢救性地出土了数以千计的竹简，同时还是清理保护竹简，并对竹简做缀连、注释和研究工作的唯一始终其事者。银雀山汉墓的发掘，屈指已经三十年。当年的考古工作者，如今都已年逾花甲。光阴如白驹过隙，那一段经历，距离今天好像都非常渺远了。记忆中三十年前发掘的情景，却又历历在目，恍如昨日一般。竹简被发掘出土的那些日子，临沂群众争相传告，消息不胫而走。发掘工地围观者层层叠叠，往来观看者终日不绝。人们感到新奇又带一些神秘，想了解出土文物和发掘事态的情

绪,如春天勃勃生机般地涌动着。总之,人们都知道埋在临沂地下的一种珍贵文物出土面世了。这发现给我们考古工作者带来的欢愉和兴奋也异于平常,急于探索其内涵的渴望躁动不安。但是,那时也只是认识到,这是考古事业上十分重要的新发现而已。一门心思想的是怎样保护和整理这批稀世汉简。随着对银雀山汉简的整理和研究工作的深化,才进一步认识到它在我国历史、考古学史、军事史、哲学史上的重要意义,在我国文物史和人类文化史上的重要贡献。历史证明,三十年前的这一重大考古发现,是山东省和临沂人民对我国和世界文化的巨大贡献,也是临沂人民的光荣。同时,我国和海外考古学、军事学、文献学等多学科的学者发挥才智,努力研究,使银雀山汉简的主要内容——兵学文化,在世界学术界迅速传播、大放异彩。各方共同的努力促进了银雀山兵学文化的研究工作蓬勃开展。

三十年来银雀山汉简的出土与整理研究工作,已给学术界留下重重的一笔。我国古代人民削竹木为文字载体,单支的称为简,编连起来称为册。较宽的竹木板可以多写几行字,称为牍,其上往往将简册上各篇文字的篇目集中登录,犹如今天书籍的目录。简册和牍捆在一起就是一部完整的简书,又称简牍。简牍的内容有公文、法律文书、账簿、武器簿、遣册、书籍等等。这些文字资料都很重要,但我以为古代书籍最为珍贵。因为书籍往往记载一家或几家之言,可以直接了解当时人的见解和思想。古代简册书籍的出土很可贵,也很难得,多种书籍的出土就更难得了。

银雀山竹简出土以前,历史上多种简册书籍出土,可与之比较的,严格地说只有一次。那就是晋太康二年(281年)汲郡魏冢出土战国竹简书籍七十五种,其中《竹书纪年》和《穆天子传》被保存下来,还是今天研究古代史的重要资料,其余的多又散佚。以后一千六七百年间,虽有上万计的简牍出土,但多种简册书籍同时出土,却再未见到过,一切归于沉寂。直到银雀山一、二号汉墓中出土多种书籍,才打破这一历史的沉寂。之后,马王堆帛书《老子》、河北定县汉简《儒家者言》、湖北荆门郭店楚简《老子》和《礼记》、湖北江陵张家山247号汉墓竹简《盖庐》等相继出土,纷至沓来,一派群芳竞美的气象。可是在书籍种类上并未超出银雀山的汉简。银雀山汉简是我国文化史上的一朵奇葩。

二

竹简兵书的集中出土，对解决历史上聚讼纷纭的问题做出了突出贡献。第一，传世本《孙子兵法》历来只有十三篇，所以又称《孙子十三篇》。然而《汉书·艺文志·兵书略》记"《吴孙子兵法》八十二篇，图九卷"，篇卷不合，被唐宋人质疑。其实司马迁的《史记·孙子吴起列传》记载吴王看的《孙子兵法》是十三篇。曹操《孙子序》云："孙子者齐人也，名武。为吴王阖闾作兵法一十三篇。"明明白白，怀疑者不以为据。

银雀山汉简《孙子兵法》出土为十三篇，竹简上还有"十三扁（篇）"的记载。无独有偶，远在青海大通上孙家寨出土的汉简也有"十三扁（篇）"的记载。《孙子兵法》自古就是十三篇坐实了。第二，失传千余年的《孙膑兵法》的出土，增加了兵书品类，是文化史上的又一盛事。《史记·太史公自序》云："孙子膑脚，而论兵法。"《汉书·司马迁传》云："孙子膑脚，兵法修列。"《汉书·艺文志·兵书略》云："《齐孙子》八十九篇，图四卷。"孙膑著有兵法是不争的事实。伪书论者却因《孙膑兵法》的失传而移花接木，称《孙子兵法》是孙膑所著，孙武史无其人。简本《孙膑兵法》的出土可纠正伪书论者的谬误。第三，《孙子兵法》和《孙膑兵法》在临沂同一墓中出土，意义非凡。这充分说明了历史上孙武、孙膑各有其人，各有兵法传世。学术界在疑古思潮的影响下，千年争论，如今，一朝得释。第四，传世本《六韬》《尉缭子》被伪书论者目为伪书，大大地降低了这些古籍的应用价值。汉简本《六韬》《尉缭子》的内容与传世本相应章节基本相同，无大出入，是不该轻易否定的。银雀山汉简给我们的最大启示，就是对于在疑古思潮影响下，对古兵书及其他古籍的判定，应当重新研究，还其本来面目。

银雀山汉简引起对古史研究中疑古思潮的反思。银雀山汉简内容多为子书。清代学者对子书在校刻、辑录、研究方面都做了许多工作，成绩很大。由于受到疑古思潮的影响，对许多古籍尚未能还其应有的历史地位。冯友兰先生说："'信古''疑古''释古'为近年研究历史学者之三个派别，就中以'释古'为最近之趋势。""释古"的"趋势"，看来就是"疑古"的"退势"。我们将汉书简本与传世本《孙子兵法》比较研究，两者基本上没有文意相悖、结构割裂或其他人为窜入文字之处。可见刘向、刘歆、任宏等并未着意改动过。《六韬》《尉缭子》等古兵书竟被以"词意浅近，不类古书"，"文气不古"等无端浮辞否定，目为伪托之书。银雀山汉简不仅为先秦古兵书正名，还使学术界对先秦古籍的一些传统说法重新审慎思考，不可轻易对古籍写作年代、作者、内容持轻率否定态度。银雀山汉简无疑是促使走出疑古时代的先导，并给现代人类以重要思想启迪。

三

岳南同志要将我国重大考古发掘中的人和事，以纪实文学的形式写出来发表，供世人阅读，借以彰显考古科学工作者的贡献。据我所知这一体裁的作品，他已创作出版十几部了，读者遍及海内外，文名远扬，蔚然大家。世人不爱读科学记录和分析论证的考古报告，认为艰涩难懂，却珍爱考古发掘出土的各种文物，尤爱墓葬和文物蕴含的故事。我只会考古，说不好故事。岳南却是发掘故事的行家里手。其观察力敏锐，想象力丰富，文笔流畅，文采飞扬。娓娓道来的故事情节，跌宕起伏，引人入胜，感人至深。他的创作能激起读者共鸣，他的活力和激情能与读者共同燃烧。他的故事主要是纪实的。有些虽属人为，却实有生活的影子，细究起来只能征其有，而不能断其无，道听途说者鲜见。原因是他真正深入收集、阅读、研究大量的专业文章和书籍，咀嚼并引用上自古代典籍，下至近现代诸家的成果，以期最大限度地占有资料。这样费力费时的创作，是我原本没想到的，也许孤陋寡闻，以前真没见过。最为称道之处，是岳南开拓了考古纪实文学的创作之路，并取得成功，其开拓创新之功，功不可没。

吴九龙
2003年4月于北京

【简介】吴九龙，中国现代考古学家、历史文献学家。1941年4月10日生于四川省成都市。1966年毕业于北京大学历史系考古专业。先后在中国科学院学部考古研究所、山东省博物馆、山东省考古研究所、国务院图博口古文献研究室、国家文物局中国文物研究所等单位工作。历任研究实习员、助理研究员、副研究员、研究员。其间有两三年，在部队农场种地、养猪，在工厂当车床工。现为中国文物研究所研究员、中国孙子兵法研究会理事。

工作期间，长期从事田野考古与研究、出土文献研究。1972年主持发掘了山东临沂县银雀山一、二号西汉墓葬，出土了大批竹简，包括《孙子兵法》《孙膑兵法》在内的多部兵书、佚书和历谱等，从而肯定了中国古代辉煌的军事文化，为古代兵学文化的研究开启了新的篇章。这是二十世纪中国最重大的考古发现之一，对海内外学术界产生了深远的影响。

在研究方面，运用类型学的方法，对于银雀山汉墓的随葬器物，汉简的文字、形制和内容进行整理和研究。其中《银雀山汉墓竹简》（一）和《孙子校释》二书，体现了在研究方法上将传世文献考据与现代考古出土文献相吻合，更加广泛收集资料，吸取历代校释成就，多所创见的开拓性成果，是先秦至汉代考古学、文献学的重要著作。近年来，曾应邀访问过美国、马来西亚等国，在哈佛大学等处进行考古学和《孙子兵法》研究方面的讲座与学术交流。

主要学术论著还有：《传本与简本〈孙子兵法〉比较研究》《晏子春秋考辨》《银雀山汉简齐国法律考析》《孙武兵法八十二篇考伪》《银雀山汉简中的古文、假借、俗省字》《银雀山汉简释文》等。

序章 缘起

绝代兵圣

许多年之后，当国家文物局古文献研究室著名学者吴九龙在家中接受访问时，他从势如乱麻的往事中稍微理出了点头绪，说那一年的中国有包括美国总统尼克松访华在内的好几件大事情发生。而于沂蒙山区银雀山上发现、发掘的两座汉墓，以及出土的包括《孙子兵法》《孙膑兵法》在内的大批汉代竹简，也被当作新中国"考古中兴"的一个重大事件载于史册了。

1972年4月，位于山东省临沂县①城南一公里处的银雀山，已从冬日的沉寂与孤独中苏醒过来，温柔的风伴着暖暖的阳光将看上去瘦骨嶙峋的小山包染上了淡淡的绿色，山脚下的沂河水泛着明晃晃耀眼的光，悄然无声地由

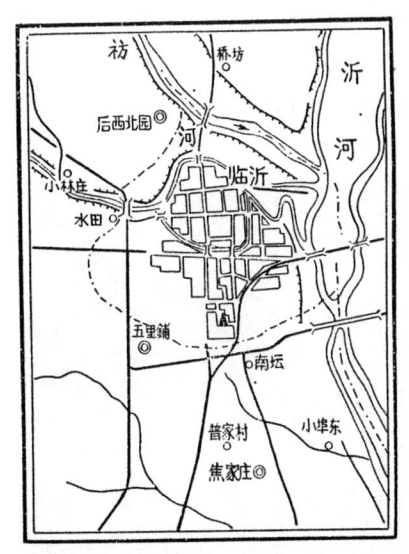

山东临沂银雀山位置示意图（黑三角处为银雀山）

南向北流淌。山水相映，草木勃发，又一个生机盎然的春天到来了。此时，一群工人在城关建筑队负责人朱家庵的带领下，在银雀山的上半部，正挥动手中的镐头噼里啪啦地凿石刨土。尽管工人们额头上渐渐沁出了一层油亮的汗水，但干劲却没有因此而减缓下来，有几条壮汉索性脱了外衣，赤裸着黝黑泛红的上身，甩开膀子嗨哟嗨哟地叫喊着大干起来。

突然，一个人送外号"驴"的建筑工人感到自己挖的部位有些不对劲，便停下手中的镐头好奇地四处察看。待他换了铁锨将可疑处的碎土乱碴一点点扒开，眼睛蓦地一亮，在刚才刨凿得不算太深的坑中，有一个略呈规则的长方形的竖穴的边沿显露出来。尽管这竖穴填塞着泥土碎石，一时无法知道里边的情形，但仅从外部遗留的印痕可以看出不是天然形成，倒像是人工开凿而出。对这一偶然发现，"驴"的眼睛在亮了几秒钟之后，又渐渐黯淡下来，脸上没有露出异样的表情。在他看来，这不是一件什么了不起的大事，只是平常的一点意外而已，因为这一带星罗棋布地散落着许多大小不一的古墓葬，这些墓葬由于年代久远，有许多已经被无意挖掘或有意被盗，尚有零星的墓葬土堆还能看得见、摸得着，但多数已失去了地面标志而不为世人所知。像眼前这类

发现汉墓时的银雀山风貌（临沂银雀山汉墓竹简博物馆提供）

竖穴，当地百姓在刨土掘坑时多有发现，已是见怪不怪，统统称之为烂坟圹子。

在建筑行业出了十几年苦力的"驴"，整天城南城北四处转着挖坑盖房，对这一带地形地物的认知程度比普通百姓自然要高得多。按照他的初步判断，这个竖穴很可能也是一座古墓的墓圹，也就是通常所说的烂坟圹子。至于这座古墓的形制、年代、价值、是被盗还是没有被盗等一系列深层次的问题，"驴"并没有过多地考虑，因为生活赋予他的就是尽快将这坚硬的土石刨出来，除了赖以活命，还以此挣几个小钱，尽快弄个女人回家做自己的媳妇，甭管丑俊，暖暖和和、舒舒服服地过自己的小日子。至于世间其他的一切人和事，不管是领导干部还是大盗嫖客，抑或是当下因提倡而火爆的"五好工人""三好妇女""模范丈夫""计划生育先进标兵"等等，在他眼里统统是扯淡的事了。很快，"驴"停止了观察，扔掉铁锹，伸手将那用粗麻搓就的已松弛的腰带紧了一圈，吐口唾液在蒲扇样粗糙并有些皲裂的手中搓搓，又摸起镐头，抡开膀子，在暂时属于自己的一亩三分地里吭哧吭哧地翻腾起来。

一个上午过去了，"驴"挖掘的竖穴离地表已深约1.5米。此时，不仅坑壁完全暴露在外，随着坚硬的镐头劈将下去，坑底开始传出异常的声音，一块块质地细腻的灰白色黏土逐渐被挖了出来。这一奇特现象依然没有引起"驴"的重视，在他的心里，不管白泥还是黑泥，反正都是烂坟圹子的污泥垢土，应统统掘开扔出去，以尽快将自己的那份活完成。直到下午三点多钟，建筑队一个叫孟季华的老设计员无意中转了过来，方才改变了这座古墓的命运。

孟季华好像刚才和谁为挖坑的事闹了别扭，只见他拖着一把长长的木头尺子，嘴里嘟囔着"臭狗屎"之类别人一时弄不太明白的话，表情愤愤地从"驴"所挖的坑旁走过。"驴"显然看到了这个老头不同于往常有些悲愤的模样，却并不理他，照旧低头弓背做自己的事情，只是心里想着老东西你赶紧躲开，可别把满身的晦气溅到我的身上。那孟老汉其实更不想跟这位全队出了名的犟驴样的光棍啰唆，当接近坑边时，便想绕道走开。但刚一转身，就被什么东西绊了个趔趄，惊悸之余，放眼环顾，突然发现了一大堆白色的渣土。

"咦，咋有这玩意儿？"孟老汉心中问着，愣怔片刻，突然意识到了什么，急忙迈步来到坑口，紧接着眼睛为之一亮，禁不住脱口喊道："哎呀，这不是座古墓吗？'驴'呵'驴'，别再挖了，我去跟文物组那帮家伙说一声，看他们咋办吧！"

"驴"只把孟老汉当作一块可有可无的沂蒙山特产——老腌咸菜疙瘩。只见他缓慢地抬起头，先是一声不吭地翻了个白眼，然后解开那用粗麻绳搓成的裤腰带，倒背着手，表情木然地冲孟老汉撒起尿来。老孟一看对方的姿态，小声骂了一句便不再顾及"驴"对自己的态度是冷淡、亲热还是敬重，嘴里嘟囔着显然是对驴不满的骂语，急急火火地向山下走去。

孟老汉六十多岁的年纪，新中国成立前是临沂一位颇有名气的私塾先生，据说对经史子集、孔孟之道一类的学问颇有研究，并经常以孟子是自己的祖先为荣，若有人捧场，便不时以活着的大儒——孟子自居。新中国成立后私塾被取消，正当人生中年、风华正茂的孟季华作为当地最著名的学者之一，被新生的人民政府分配到临沂地区建筑公司担任设计员。由于他对盖房修桥这个行当知之寥寥，数理化方面更不在行，所以设计的楼房和桥梁图纸很难见到线条和数字，多数是之乎者也一类的提问和议论。鉴于此情，组织上便将其弄到了基层单位的临沂县城关镇建筑队从事一些敲敲打打、可有可无的工作。"文革"前，临沂地区文化系统在全地区进行过一次大规模的文物普查，由于本系统人手不足，便通过政府行政命令，从其他单位借调人员帮忙。城关建筑队领导人见老孟整天满嘴子曰诗云、之乎者也，说着一些玄之又玄别人似懂非懂的语言典故，认为其人跟文物应该有些缘分，便积极地做了推荐。于是，已近知天命之年的老孟作为借调人之一，参加了地区性文物普查和古器物整理等工作。

在这段不算太长的日子里，他凭着自己的私塾底子，粗略懂得了一些文物知识和相关的法律、法规条款。由于脑子里被安插进了这根文物之弦，加上自己对古文化的钟爱，刚刚摆脱了被"挂"起来的厄运而重返建筑队的老孟，每在工作中发现古墓葬，总是热心地和当地文物部门取得联系，并给予力所能及的帮助。这一做法，客观上对临沂周边地区文物起到了一定的保护作用。

今天的孟老汉在发现古墓后，同往常一样，怀着一腔热情走下山来，骑上停放在草丛中的自行车，一路急蹬来到临沂县文化局（"文革"中改称文化组，但习惯上仍按旧称）文物组，跟该组的业务骨干刘心健说明了情况。刘心健听罢觉得有点意思，便和另一位业务干部张鸣雪一同骑车随老孟到银雀山看个究竟。

尽管银雀山的名字听上去富有诗意并在当地颇有些名气，实际上山并不高，看上去跟一个土岭差不多。在银雀山的东南边不远处，还有一个相似的小山冈，名曰金雀山。据当地《城区略图》记载："城南二里有二阜，东为金雀环，西为银雀环，挺然对峙，拱卫县治。"又，"阳明河源出费县……现名阳明溪，过金雀山下"（卷二·山川）。"风云雷雨山川坛，在城南赤石埠，介金、银雀两山之间"（卷四·秩祀）。另据后来赴此地参加汉墓发掘的考古学家吴九龙考证，以上引文中称环而不称山，是因为两山略呈弧形相向的缘故。而这一金一银在临沂古城的南部挺然相对，既像一对守卫的哨兵，又像一对难分难舍的情人，令人想象出一些青龙、白虎、朱雀、玄武，或是梁山伯与祝英台之类的传奇故事。事实上，若干年来，关于金银二山，也确实衍生出了不少传说。在这些传说中，足有几个动人心弦、并令人浮想联翩的段子，其中有一段较凄艳悲壮的故事，大体的轮廓是这样的：

大宋年间，确切地说是小说《水浒传》中梁山好汉们扯旗造反闹革命的那阵子，临沂城内有一个家业很大复姓西门的财主，从家谱排序上看，这位财主跟《水浒传》中著名爱情专家西门庆大官人应是不算太远的本家哥们儿。夫妇膝下有一位芳名飞雪的小姐，这小姐年方二八，貌若天仙，琴棋书画样样精通，号称沂蒙山区第一美女加才女。在外人看来，这一美眉的整体素质，是让女人见了爱怜加嫉妒，男人一见就特有想法的那种绝品。尽管对这位西门小姐特有想法的男人为数众多，且其间不乏达官显贵、公子王孙等腕儿级人物，但小姐头脑颇为清醒，并没有被温柔的小资所迷惑，也没有被貌似强大的大款们所吓倒，在她的眼里，这帮家伙统统属于纸老虎——表面浮华，实则无用，真正较起劲来就大呼饶命的假冒伪劣产品。从小就富有改良精神，周身洋溢着浪漫主义情怀并兼具新新人类和愤青态势的西门飞雪，在处理感情加爱情的过程中，出乎所有人的预料，竟和一位外号叫"蚂蚱"的兄弟暗中相爱了。"蚂蚱"姓黄，是临沂城南门外五里处黄家堡（现在的火车站西边，居于宾馆西南方向400米处）三辈扛大活的农民。此人身子较

从沂蒙山乡村蹦出的"蚂蚱"（孙永健绘）

欲火难消的"蚂蚱"在院墙外徘徊（孙永健绘）

短，胳膊、腿比正常人要长出一大截，平时走路总是显出往前一蹦三跳的样子，很有些像野地里整日扑棱蹦跶着找食吃的蝗虫，又因黄、蝗二字属谐音，故人送外号"蝗虫"。因这"蝗虫"有些洋腔洋调的意思，乡间百姓便启用沂蒙山当地方言，又改称其"蚂蚱"。时间一长，其本名已没人记起，倒是"蚂蚱"这个名字渐渐传将开来，并在邻里乡间颇有些名气了。此时的"蚂蚱"正在西门财主家打工，这位年仅二十岁的热血青年，虽比西门小姐大几岁，但也正值风华正茂、挥斥方遒、粪土当年万户侯的青春勃发之时，或许就在这青春特别是性勃发的作用下，不算太笨的"蚂蚱"利用了天时、地利这两大特殊条件和机会，渐渐和西门小姐鬼使神差般纠缠在了一起。

这二人在爱情上的突然遭遇，如同春风吹动飞雪，开始时尚能自我节制，循序渐进，但很快就变成了《水浒传》中林冲火烧的草料场，整个场面不可收拾，其结果是雪水、泥巴、木头灰搅得一塌糊涂。事情到了这份儿上，向来精明过人、滴水不漏的老西门夫妇，再也无法在人前人后装傻充愣了，按照先井绳后杆子的老规矩，男当家的先是做了一番谆谆教导，希望自己的宝贝闺女本着坦白从宽、抗拒从严的政策法规，能如实交代反思问题，迷途知返，悔过自新，重新做人。想不到对方不但不买账，还严词拒绝，并列举了许多理由驳斥了老家伙的言论。眼看自己的权威受到了空前挑战，说一不二的老头子不禁怒火烧头，手拍花梨木八仙桌喊了声："我看你是敬酒不吃吃罚酒，先给我关起来，看你还踢动不踢动！"随着话音落地，几位早有准备的家丁将西门小姐"劝"进了闺房。与此同时，那个跟小姐有一腿的无产阶级兄弟小黄，自然成了秋后的蚂蚱——蹦跶不得了。他先是在意料之中被揍了个鼻青脸肿，接着被逐出老财主的家门。

这段突发的爱情事件，如同平地下踩破秤砣，尽管有些"冬雷阵阵，夏雨雪"的美好，却又明摆着有些与世俗脱节的不妙。在外人看来，男女双方应该到此了结，各奔前程。但出乎意料的是，"蚂蚱"小黄回家之后，躺在炕上一边想着伤疤的疼痛，一边思念着西门小姐的绝色美貌和万种风情，想到动情处，竟痛哭流涕不能自制。十几天后，伤势渐好的"蚂蚱"终于经不住女色的诱惑，决定铤而走险。经过一番思索和谋划，在一个月黑风高的夜晚，伴着猫头鹰那瘆人的叫声，他走出黄家堡，踏着星星点点的鬼火，摸索到西门老财主家大院外，借着贼胆和色胆双重豪气翻墙入内，接着弯腰弓背，凭借熟悉的地形地物向西门小姐闺房摸去。那西门小姐正迷迷糊糊地做着糊涂梦，突然被一阵叩门声惊醒，接着闻到了那日夜思念的情人"蚂蚱"的气息，便不顾家规，以出奇的爆发力，猛地窜出幽闭的小黑屋，一把抱住"蚂蚱"，不管三七二十一，开始在那张黑乎乎却轮廓分明的脸上狂啃乱咬起来。正当这对情种在哼哼唧唧地重温旧情中即将再行巫山云雨的好事之时，四条大汉从不同的角落猛地扑

被暗算的"蚂蚱"
（陈全胜绘）

山中灵性

将过来,"蚂蚱"那赤裸的两腿被人抓住,接着头下脚上,像在野地里捕获的活生生的真蚂蚱一样被人塞进了麻袋。几条冷血汉子怀揣着自己得不到西门小姐的嫉妒与怨恨,本着宁为玉碎,不让瓦全的指导方针,提着扎上口的麻袋,在黑夜中抡了三抡,晃了三晃。只这几下,可怜的蚂蚱兄弟便骨断筋折,人世间的一切事情都不知道了。当他在一条偏僻的山沟中醒来时,已是第二天的下午。从此,蚂蚱不能再正常走路,要蹦就更无能为力了。这一下,也算是正式断了他与西门小姐再次相会的可能。

半年之后,西门飞雪小姐在郁闷与痛苦中身染沉疴,很快香消玉殒,死后葬于城南西边的小山冈上。已瘫痪在土炕上的"蚂蚱"通过邻居得此噩耗,不禁悲从中来,大哭三日,肝肠俱裂,吐血气绝而亡。根据他的遗愿,死后被葬于城南东边的小山冈上。

按说"蚂蚱"的气既已断绝,并同西门小姐一样埋入乱石黄土之下,人世间的七情六欲自然也就化作青烟飘散而去

望之令人伤感的"蚂蚱"之墓(孙永健绘)

序章　缘　起

了。但事情总有意外，正当城里城外的百姓对这个凄艳悲凉的情爱段子逐渐淡忘时，一件奇特诡谲的神秘事件发生了。有人突然发现，在城南东边小山冈"蚂蚱"的土坟四周，不知什么时候突然冒出了大片盛开黄色花朵的灌木，每一个雾霭蒙蒙的清晨，一群金黄色的云雀在灌木丛中不住地啼鸣。而西边小山冈上西门小姐的坟头四周，长满了盛开白花的灌木，灌木丛中一群银白色的云雀鸣叫着，和东边的金雀遥相呼应。渐渐地，灌木在东西二冈蔓延开来，几乎覆盖了整个山丘，云雀也不断地增多。每当春夏之交，东西二冈开满了金黄和银白色的花朵，微风徐来，花枝摇曳，馨香弥漫旷野。金银二色云雀在花丛中穿行，其啼鸣之音时而悠扬高亢，时而哀婉凄厉，如歌似哭，如泣如诉，闻者无不为之伤怀动容。此情此景，让人不禁想起了为追求自由爱情而英年早逝的杰出的农民代表"蚂蚱"兄弟，以及同样为争取爱情自主而舍身自卫反击以致香消玉殒的西门小姐。为了纪念这对在争取爱情自由和个性解放的道路上，具有大无畏精神的先驱式人物，人们开始把埋葬"蚂蚱"的东山冈叫作金雀山，埋葬西门小姐芳骨的西山冈叫作银雀山。从此，金银二雀那美丽的名字一直延续下来，并成为人们对这对悲剧英雄

金雀山汉墓出土帛画顶端升天图，似乎预示着什么

009

的缅怀与祝愿。

孟季华带领刘心健所到的地方，正处于银雀山的上半部，即将接近顶端。但此时的银雀山已今非昔比了。自1958年始，整个临沂城掀起了一股挖掘矿石的风潮，金、银二山自是首选之地，只几年工夫，两山已是千疮百孔，窟窿密布，再也没有往日那鲜花遍野、群鸟鸣唱的艳丽景观了。1971年，临沂地区卫生局在征得有关部门同意后，决定在银雀山的上半部兴建办公大楼。当附属的一排平房盖成后，又于1972年春，对高低不平的石头坑进行清理挖掘，准备做楼房地下室基槽。就在这次清理中，城关建筑队的工人"驴"于4月10日意外地挖到了墓穴。

刘心健、张鸣雪来到驴挖掘的地方略做观察，只见坑的下面明显是一处古墓，就其大小而言，在临沂城周边地区属于中上等规模。至于墓葬的年代，是秦汉还是唐宋，以及是否被盗，价值如何，一时尚无法断言。不过据先前发掘的经验来看，这一片是一个比较大的汉墓群集中地，想来汉墓的可能要大一些。但不管是不是汉墓，既然已经发现，就要做相应的清理发掘。刘心健让孟季华将基建工地负责人朱家庵找来，先是说了几句此墓比较重要，要注意看管保护之类的话，然后和朱家庵商定，因天气不好，暂不发掘，由县文物组出资，以每人每天1.40元人民币的工价，先请建筑队的工人'驴'等三人将古墓周围的散乱石碴、石块、泥沙等杂物清理干净，三天之后由县文化局文物组派人前来正式发掘。

此时，在场的所有人都没有想到，这座看起来并不显眼的古墓，几天之后将引爆一场轰轰烈烈、震惊寰宇的考古大发现。

注释：

①因本书写作时间较早，部分行政区划如今已发生改变，为尊重作者原意，书中部分地名以作者写作时的行政区划为准。——编者注

第一章 兵书出土

绝代兵圣

古老神秘的银雀山上，考古人员来到坑前准备发掘。不祥的纷争，散乱的发掘，为出土文物被毁的悲剧埋下了伏笔。山东省博物馆来人，惊世骇俗的兵书被发现。连夜汇报，援兵迅速赶赴发掘现场，珍贵文物全部出土。北京求援，文物局局长王冶秋于两难之中做出了最后抉择。

意外发现

回到文物组，刘心健、张鸣雪将银雀山发现古墓的情况，很快向县文化局局长尹松若做了汇报，并提出三天后发掘的计划。由于这个墓从外观上看规模不是很大，因而在刘、张二人心中，这只不过是一般性事务，汇报时颇有些轻视的味道。此时的尹松若已年近六十，在文化工作的管理方面还算是个明白人。对于此事，这位老局长除当场表示同意外，还带着一种不满情绪做起了指示。这指示开始时尚有板有眼，紧扣主题，到了后来，就有些偏离主题，让人有些不知所云了。只见尹局长将手中捏着的眼看就要烧到指头的半截烟卷长时间停在胸前，并不理会，任凭一道黑烟从指缝里钻出，转着圈，左右摇摆着缓缓升起。他一边在屋里来回踱步，一边对着刘心健等人有些激愤地说道："现在，随着无产阶级文化大革命顺利进行，许多混入党内的反动领导干部被打倒了，大多数知识分子都下放劳动改造去了，你们却在这里姜太公钓鱼——任凭风浪起，稳坐钓鱼台，没有人奈何你们。不过要搞清楚，并不是你们的思想和行动有多么高尚，你们的灵魂深处就那么干净纯洁。实际上你们是有问题的，是存在着错误思想和严重问题的，或者说是愧对党和人民的，是有罪的，甚至说是人民的敌人。但是，尽管你们有这样那样的问题或者罪行，从目前的情况看，祖国需要你们，党和人民需要你们，临沂的文化工作需要你们，才将你们留下来。当然，留下你们从事业务工作，这是让你们在岗位上结合实际更好地改造，是党和人民对你们的器重和信任，也是对你们思想和行动的一次重大的考验。你们这些喝过墨水的臭知识分子，既不要撅尾巴，也不要翘辫子。毛主席的好学生、杰出的无产阶级革命家、中共元老柯庆施同志就曾经意味深长地教导我们说，'中国的知识分子有两个字

第一章　兵书出土

可以概括，一是懒，平时不肯做自我检查，还常常翘尾巴。二是贱，三天不打屁股，就自以为了不起'。这次你们在银雀山发掘，一定要吸取教训，要一步步地来，做什么事情都要有个规矩，无规矩不成方圆嘛！这挖墓也要按规矩来，不要胡来，更不要乱搞。我们是国家组织的挖墓队伍，是革命的队伍，是为人民的利益服务的，不是旧社会的盗墓贼队伍，更不是什么青帮黑帮红帮黄帮等反动行会。这个墓不要给我粗心大意，要挖好，清理好，哪怕是一片草叶，也必须给我拿出来，如果谁他娘的再给我弄出个意外差错，我看就是狗坐轿子——不识抬举，到时候就别怪我尹某人不客气了……"

尹局长这番朦胧诗一样看起来没头没脑，又有些劈头盖脸的话，外人听起来不免有些糊涂，但其暗含的内情刘心健心中还是清楚的。一个月前，某单位在金雀山挖土盖房时，发现了两座汉代墓葬，其规模和在银雀山刚刚发现的这座古墓基本相当。此墓的典型特点是棺椁俱全，没有被盗，如果按照考古程序逐步发掘，无疑会有一个乐观的收获，说不定在学术上会有重大价值和意义（几年后金雀山汉墓群被发掘，曾有轰动中外、价值连城的汉代帛画出土）。但令人扼腕的是，由于发掘时天气较冷，墓坑里积水甚重，以刘心健为首的发掘人员，为图快捷省事，置考古程序中的测量、绘

金雀山汉墓出土的西汉导引升天图（银雀山汉墓博物馆提供）

金雀山汉墓出土帛画第一组内容摹本

013

金雀山汉墓出土帛画第四组内容摹本

图、照相等严格的科学规则于不顾，每人弄来一双水靴穿在脚上，手持钢钎、铁棍、镐头等盗墓贼惯用的作案工具进入墓坑，随着一阵稀里哗啦的劈砸掀撬，椁板棺盖被揭开。此后，刘心健等进入棺椁之内，挽起袖子，弯腰伸臂，像在河流、大坝中摸鱼一样，在椁箱的污泥浊水中摸起"鱼"（器物）来。每摸到一"鱼"，既不编号，也不照相，连泥加水一股脑地堆放到墓坑外地排车上的几个柳条筐中。这一新发明的"摸鱼法"的实施，使两座汉墓中相当一部分器物在尚未浮出水面之前，就已被踩碎、压扁、碰坏，甚至化为一堆烂泥。而最后摸出来的"鱼"，因对其所在位置未做记录，根本不知道原来放在什么地方，更无法知道为什么要这样摆放，遂使考古发掘的科学性荡然无存，学术价值不复存在，留给这个世界的只是几个残破的盆盆罐罐，以及学术研究上无尽的遗憾。

正是缘于这种非正常的考古发掘，临沂县文化局内部有良知的知识分子就这一问题，曾写信向省文化组、省博物馆等业务部门做过反映。在这些部门的责问下，刘心健等人受到了文化局领导和文物组内部人员的严厉批评与愤怒声讨，刘被迫在一次内部总结会上对自己的不轨行为做出检讨，并表示等天气转暖，再重返金雀山对两座墓葬好好清理一番，将功补过。想不到这个计划尚未实施，相隔不远的银雀山又

第一章　兵书出土

金雀山出土帛画第五组内容摹本

发现了古墓，面对老局长话中带锋的训示，刘心健感到如芒在背，很不自在，遂连忙点头称是，并当场表态要好好发掘，再也不敢翘起屁股等着挨板子了。

4月14日一大早，刘心健率领张鸣雪、杨佃旭、王文起、苏寿年、唐士文等一干人马，驾着一辆两轮地排车，携带发掘工具，迎着春风丽日，精神抖擞地赶往银雀山发掘现场。

在这一干人马中，真正能搞点考古发掘的业务人员只有刘和张二人。刘心健时年40多岁，算是当地考古方面的中坚力量。张鸣雪已是73岁高龄，此人属临沂土著，民国时期毕业于北京师范大学生物学专业，后回

刘心健（左）与身穿军衣的杨佃旭合影

临沂文物组人员使用的地排车，又称架子车

015

1967年4月20日，北京市革命委员会成立，公安部部长谢富治任主任。他利用中央专案审查小组成员等职，制造了大量冤假错案，1972年3月在北京病逝

孔府大殿的"万世师表"牌匾被造反派拆下烧毁

临沂一中当生物教师。1957年，在"反右"的紧急关头，由于被一同事密报"经常搞歪理邪说，恶毒攻击党和社会主义制度"，被组织上划为右派分子，自此作为党和人民的敌人经常被批判、揪斗。几年之后，政治形势有些转向，临沂地区文教局成立文物组，一位教育界的领导人本着对张的同情，积极出面活动，把处境艰难的张鸣雪调到地区文物组工作，此人算是从苦海中湿漉漉地爬上了岸。

爬上了岸边的张鸣雪，尽管此前对文物工作所知甚少，但本着干一行爱一行和对党感恩戴德的心情，开始在自己的岗位上默默耕耘。后来由于编制原因，文物组划归临沂县文化局领导，但仍分管整个地区的文物工作。许多年之后，据曾和他一起工作过的杨佃旭回忆，张本人除了参加考古发掘，大多数时间都是骑一辆破旧自行车，每天往返四五十里路程，到各处搞文物普查。日复一日，年复一年，张鸣雪从一个门外汉，渐渐成为当地文物圈的元老。几十年打拼，也使他从小张变成了老张，由老张又熬成了张老，满头青丝渐成白雪，直到70多岁仍退而不休，蹲在文物组那把虽破旧动荡但对他来说仍充满无穷魅力的椅子上，要继续发挥自己的余热。

与张鸣雪有些不同的是，38岁的杨佃旭在这个新组成的团体中属于打工性质。杨早年毕业于师范学校，当过教师，后调武装部政工科当干事，再后来转业到县图书馆工作。由于图书馆和文物组同属文化局领导，又在一个院子办公，双方自然多有来往。杨本人曾好几次受领导派遣，参加过文物组主持的考古发掘，具有一定的考古知识和经验，这次即将进行的银雀山古墓的发掘，因文物组缺少人手，杨佃旭同前几次一样受领导委派，成为填补这一空白的主力。

由于尹松若局长对本次发掘曾有过明确要求，在实施过程中的照相问题就成为整个考古程序中不可疏忽的重要一环。但在经济上极端落后、正处于万户萧疏的沂蒙山区，整个地区唯一的一个文物组，此时却没有一架可供使用的照相机。无奈之中，刘心健等人只好硬着头皮到县电影管理站求援，并聘请掌握一台进口照相机的宣传干事钟球作为这次行动的摄影师予以帮忙。想不到这个钟球当时满口答应，拍着胸脯一再说"哥们儿绝对没问题"，但当所有的发掘者都来到了银雀山，并在墓坑旁等了一个多小时之后，却迟迟见不到钟球的人影。一股焦虑、愤懑的情绪开始在大家心中蔓延升腾，由上海市文化系统划为右派分子而发配到临沂县文物组的工作人员王文起，原来就和刘心健有些不对路，今见钟球千呼万唤不出来，心中暗想，这刘、钟二人还不知搞的什么鬼名堂，说不定故意拿大家开涮，性急之下，心中火起，冷不丁大喊一声："管他娘的鸟球，老子不理这个球了，开挖！"说罢拿起一把铁锨，唰的一下纵身跳入坑中就要动手。刘心健望着这阵势，刚要随身附和，猛地想到先前的教训和老局长的指责，不禁打个激灵，嘴里喊着："老王，不照相千万动不得，一定要等钟球来。"随后跳入坑中强行阻拦起来。

想不到这王文起并不把刘心健当一盘菜，涨红了脸高声喊道："你不用吓唬小孩子，死了驴难道还不能推磨了，我就不信动不得。"边说边挥动铁锨铲起来。刘心健一看对方不吃自己那一套，顿时火起，一把夺过王的铁锨扔出坑外。王文起望着刘心健惊愣片刻，接着大怒道："你他娘的找死！"话音刚落，只听"啪"的一声鞭子在空中抽动的脆响，刘心健"哎哟"一声喊，双手捂腮倒地不起。

坑外的人一看要出人命，纷纷跳入坑内，一伙人强行按住正暴跳如雷的王文起，另一伙赶紧将刘心健抬出坑外施救……正在大家连拖带拉陷入一片混乱之时，钟球携带照相器材，哼着小调晃晃悠悠地赶来了。众人一见，扔下王、刘二人，纷纷上前痛斥指责。钟球开始尚有些糊涂，一看这阵势，

银雀山汉墓发现时现场，工人和雇来的农村社员正在清理墓周围的杂物（银雀山汉墓竹简博物馆提供）

银雀山汉墓发掘之后情形

又听了大家七嘴八舌、叽里咕噜的叙述，才知道自己闯了大祸，不敢嘴硬，忙向大家赔了不是，然后摆出照相器材动作麻利地工作起来。大家看到这场景，怒气渐消，不再追究对方的罪过。王文起的情绪也随着钟球的开机基本稳住，不再主动找碴儿。刘心健亦从短暂的休克状态中缓过劲来，精神一如从前，只是左边腮上生出了四根红色的"胡萝卜"，看上去不是很美，也不温柔。

钟球在坑内坑外折腾了一个多小时，方才宣布告一段落，接下来就是真刀真枪地发掘了。经过近半个小时的争吵与讨价还价，这个没有明确领导人，更没有绝对权威的临时发掘团，终于达成暂时的共识，并形成了一个纲领性决议。根据决议规定的人员分工为：刘心健、杨佃旭具体负责坑内的发掘；王文起等几人在地面与墓坑之间负责传递出土文物；张鸣雪在坑口负责看守放于地排车中的器物。由于围观的民工和闲杂人等越来越多，特请苏寿年联合建筑队的孟季华负责维持秩序，其他人员作为机动力量随时调换使用。随着这个决议的出笼与实施，震惊中外的银雀山汉墓考古发掘正式拉开了帷幕。

由于"驴"和建筑队的弟兄们在孟季华向文物组报告之后，又进行了为期三天的挖掘，古墓的形制已基本清楚，刘心健等只做了简单的清理，最底层的棺椁就全部显露了出来。从整体看上去，这是一座长方形竖穴式墓葬，墓坑属直接在山冈的岩石上开凿而成，墓壁直上直下，没有发现其他墓葬惯有的斜坡墓道。据后来的测量数据显示，墓室南北长3.14米，东西宽2.26米，地表至墓底深度为3米。不知是因为年代久远还是其他原因，墓室上部有较大面积的残损，正是因为这残损，室内积攒了约有半米厚的污泥浊水。从残损的部位可见，在墓坑与椁室之间，曾填入了大量质地细腻的灰白色泥土，这种泥土俗称白膏泥，它的作用主要是隔绝墓室与外部的空气流通，防潮防腐，保护墓室特别是棺椁内的尸体和器物长久不朽。这项奇特高超的防腐技术，是中国最古老伟大的发明之一，自汉唐之后被广泛应用，在中国陵墓筑造史上具有极其重要的地位。后人所看到的此项技术最典型、最成功的个案当数湖南长沙马王堆一号汉墓。这座与银雀山汉墓几乎同时发现、发掘的规模庞大的汉代早期墓葬，所出土的光亮如新的大宗器物以及完好如初的女尸，曾使整个世界为之震动，并惊呼这是中国古代墓葬防腐技术中不可思议的奇迹。马王堆汉墓防腐技术的成功，最重要的一点就是白膏泥的利用。当然，对此时正在银雀山上的发掘者来说，马王堆汉墓墓坑内发生的这一奇迹他们尚不知道，一切都将是后话了。

银雀山一号墓木棺、木椁及边箱情况（银雀山汉墓竹简博物馆提供）

尽管墓室残破，渗入了积水，内部的器物明显受损，但墓主人的棺椁似乎受影响不大，若用镐头敲敲椁板，仍能听到咚咚的声音，只是这声音并不清脆，绵软中透着沉闷，表明这上等木材已今不如昔了。刘心健等发掘人员将零星的碎石、散土清理后，做的第一个大动作就是起取木椁顶层的盖板。这盖板系用7块长1.76米、厚20厘米、宽38厘米的大方木东西横放、南北相连而成，几个人手持钢钎、铁镢，连刨加撬，鼓捣了近一个上午仍没有撬开。面对此情，刘心健抬手抹了把额头上的汗水，望着脚下这个如同敌人碉堡一样难以攻克的庞然大物，有些沉不住气地说道："想不到弄这个玩意儿还真是费劲，不如干脆从两边打几个洞，看看里头都有些啥，要是有好东西，再拆椁开棺，要是没有什么像样的东西，就从打开的洞中掏一掏算了。"

这一提议，得到了在场大多数人的拥护。于是，刘心健等人重新鼓足干劲，挥镐扬镢，喊里喀喳很快就将棺椁凿穿了几个大窟窿。从窟窿中可以大体看到椁室的内部情况，墓主的棺木位于东侧，西侧为边箱，棺木与边箱之间安置了一块隔板，这样的铺排显属古代墓葬中常见的一种形式。由于这个墓未遭盗掘，一堆堆形态各异的随葬品正横七竖八地伏卧或仰躺在污水淤泥之中。刘心健伸手从洞中掏出了几件陶壶、陶罐等器物，感觉保存尚好，很有价值，便停止掏摸，联合众人拿起镐头，又一阵连砸加撬地折腾，总算将棺椁板盖的大部分揭开。望着污水中一堆乱七八糟分布着的文物，刘心健喊来了"驴"和他的几个同伴，先用几个铁桶将墓坑内的积水舀出一部分，然后由刘心健、杨佃旭沿着椁箱自上而下，自南而北一层层起取。随着时间的推移，先后有鼎、盆、壶、罐、盘、俑等陶器，以及耳杯、盘、奁、木盒、六博盘、木勺等漆木器出土。到了下午4点半左右，杨佃旭发现一个陶盆立于边箱东北角的泥水中，由于相距较远，难于提取，便找来一根绳子拴在腰上，让"驴"和他的一个同伴在后边拽住，身子大幅度倾斜于

金雀山出土的漆盘

第一章　兵书出土

边箱中，待稳定后，双手伸出，手指捏住陶盆的边缘用力往上一提，想不到盆子底部受到其他器物的挤压，竟"啪"的一声断为两截。懊丧中的杨佃旭心痛地"哎——"了一声，便调换了个角度准备提取其他器物。身旁的刘心健见此情形，急忙劝说道："老杨，你还是把那半块盆子拿出来吧，要不不好编号。"

杨佃旭闻听此言觉得有理，回到原来的位置，伸手提取残留的半块陶盆，但提了几次都没有成功。由于器物底部连泥带水看不分明，杨佃旭在不敢硬取的情况下，只好找来一把木勺，将残存的积水一点点向外舀刮。随着水的流动与减少，厚厚的淤泥如同粉条作坊中的淀粉，渐渐突显出来，随葬器物也比先前看得分明。原来这半截陶盆被一件歪斜的椭圆形木盒和一件彩绘筒形漆耳杯覆压着，木盒与漆耳杯又同时和一堆乱草状的物体相连。由于泥水混杂其间，只看到黑乎乎一片，其他难以详细分辨。按杨佃旭当时的推断，这一堆乱草状的物体，似乎和先前提取的南半部一个盛栗子、核桃之类瓜果的竹筐相似，或者说这就是一个竹筐，只是不知什么时候竹筐已被压扁，目前和泥水挤成了一堆并有些腐烂罢了。

既是竹筐，按照一般常识，其世俗的价值就不是很大，但既然是考古发掘，就要按科学规则办事，价值再小也要取出来。想到这里，杨佃旭弓腰伸臂，将面前那堆已粘在一起的器物稳稳地揽于手中。只见他运足了力气，"嗨"的一声喊，几件连体器物被一起从泥水中托将出来。正在旁边舀水的刘心健放下勺子转身接过，本想一次运出坑外，又觉过于笨重，犹豫片刻，决定将那件连在一起的小木盒和漆耳杯单独分离出来，这样向外搬运就方便一些。

只见刘心健将器物放到眼前的一个小土台上，左手按住一堆烂草状的东西，右手抓住盒、杯二器，张口呼吸，气贯丹田，双臂一使劲，嘴里喊声"给我开呵！"随着"噗"的一声响，手中的物体瞬间断为两截，那个木盒和漆耳杯如期掰掉。有些意外的是，那看似一堆乱草状的物体在力的作用下随之断为两截，一截仍附身于盒、杯二器，一截则四散于地下的泥水之中——此时此刻，无论是刘心健还是杨佃旭，抑或上面的王文起、张鸣雪等人，他们都万没想到，这一堆乱草状的器物，正是后来举世震惊的包括千年佚书《孙子兵法》在内的绝世珍品——竹简书。而这堆珍品由于刘心健的错

墓内出土的陶器

误判断和操作中的失误，原本一个好好的整体，开始走向分裂与散乱，为后来整理工作埋下了灾难性的伏笔。当然，就这批价值连城的珍宝而言，这个令人扼腕的结果仅仅是一个不妙的开端，随着发掘的不断进展，尚有一连串的劫难还要在这块多灾多难的土地上反复上演。

刘心健将一堆零散器物分几次托举出墓坑，由王文起等人传递给张鸣雪，再由张氏装入坑边的平板地排车中。就在这次传递中，又雪上加霜，竹简被弄得身首异处，乱上加乱，整个坑内坑外遍地都是残断的竹简，灾难性恶果进一步加剧。此时，处于墓坑边箱最前沿的杨佃旭，又从污泥中摸出了几件漆器与几枚铜钱。漆器和刚才摸出的基本相同，铜钱经刘心健察看，是西汉文景时期的半两钱。这种半两钱在以往发掘的古墓中多有发现，因为其多，用世俗的眼光来看就很"不值钱"，但若用学术的眼光看，却有其独到的价值，尤其在断定古墓年代方面，有着其他器物不可替代的重要地位和作用。正因如此，刘心健才意犹未尽地对杨佃旭喊道："老杨，再摸一摸，看还有没有，这钱重要着哩！"听对方如此一说，杨佃旭嘴里"噢，噢"地答应着，双手又在边箱中的泥水里摸索起来。就在这时，动荡的泥水从靠近箱壁的地方缓缓冲出一块薄薄的有3寸多长的草叶样的竹片，这竹片如同一叶小舟在宽阔的河面上轻轻荡漾。这个细小的插曲意外地引起了杨佃旭的注意，冥

墓内出土的陶俑

冥之中似有一种不可名状的神秘力量使他的眼睛为之一亮，他下意识地将竹片顺势捏在手中，并借助箱中的积水将污泥冲刷一遍，而后随手递给了身后的刘心健。

刘心健突然接到半截小竹片，第一个感觉就是它属于哪个陪葬的核桃筐掉下的残渣，这种毫无价值的东西，杨佃旭打捞上来纯属多此一举。这样想着，刚要扔掉，又突然想起三天前老局长威严的面容和那句"哪怕是一片草叶，也必须给我拿出来"的训示，蓦地打个冷战，暗想眼前的这个东西不正是一片草叶吗？既是草叶就要拿回去，前车之鉴犹在前，这次千万不要辜负局长的期望，一定要遵照他老人家的指示处理好工作中的细节问题，否则自己的屁股又要挨板子了。想到此处，刚要松开的手又缩了回来，眼望半截竹片端详起来。想不到这一看又使他猛地打了个激灵，神经如同触电般"嗖"地抖了一下，他朦朦胧胧地意识到，眼前的这半截竹片并不像核桃筐的残渣，究竟是什么东西，一时无法弄清。在这个意识的驱使下，刘心健急转身对仍趴在边箱提取器物的杨佃旭喊道："老杨，你再摸一摸，看还有没有刚才那个像草叶一样的东西？"杨佃旭再次"噢，噢"地答应着，伸手在原来的地方摸索了一遍，扭头说道："没有，啥也没有，我看你没喝酒像喝了酒一样。"说罢便不再理刘心健，继续提取其他器物去了。

刘心健拿着半截竹片爬出墓坑，正当他欲借着阳光仔细端详，要弄个究竟之时，突然看到不远处一前一后走来两个人。待这二人来到近前，刘心健一眼认出了其中一人，随即喊了声："老毕，你们怎么来了？"

银雀山汉墓发掘者之一的杨佃旭30年后在墓边讲述当年发现、发掘时悲欢离合的故事（作者摄）

对方打着哈哈走上前来，刘心健忙向前与来者握手，并向坑外的其他几人介绍道："这是省博物馆的老毕……"于是，大家暂停了发掘，在墓坑内外寒暄起来。

打开一号墓的棺椁

来人是注定要和银雀山汉墓有一段缘分的省博物馆文物组工作人员毕宝启、吴九龙。

二人并非专门冲着这次发掘而来，促使他们到临沂的一个重要原因，要追溯到泰山脚下发生的一桩肆意砍伐山中树木、毁坏古建筑的"打砸抢"事件。而这个事件之所以成为事件并引起重视，则又源于一个越南访华团的泰山之行。

1972年乍暖还寒的早春，越南一个访华团来到中国进行友好访问。正是源于对中国人民伟大领袖毛主席那关于泰山与鸿毛的精辟论述的好奇，这个访华团在提请中国方面批准后，特地来泰山进行游览，以目睹和验证泰山是如何之重、鸿毛是怎样之轻。就在这次游览中，他们在山道沿途看到了一片片被砍伐的树木残迹和古建筑被毁坏的凄凉惨景，内心泛着不解和痛惜。回到北京后，这个访华团的团长在被周恩来总理接见时，顺便讲述了泰山之行的所见所闻，并特别提到了树木遭到乱砍，古建筑被无情摧毁的事实。周总理闻听，内心异常愤怒，他知道这是史无前例的"无产阶级文化大革命"在当地流行的恶果。作为重新得到毛泽东主席信任并渐已控制中国政治局势的周恩来，感到出面扼制一下这场灾难蔓延的时机已经来临，于是很快做出批示，责成济南军区与山东省革委会对越南访华团反映的问题立即查办，并迅速将情况上报国务院。根据这一指示，济南军区司令员杨得志亲自主持，很快组成了一个由某师师长挂帅，若干名参谋、干事、助理员参加的调查团。这个调查团会同山东省地方大员和业务干部几十号人马，以昂扬的姿态杀奔泰安，在当地驻军和地方政府的配合下，很快将这一事件查清弄明，对制造这一事件的有关人等，当场给弄了几十顶"现行反革命分子"的纸帽子戴上，先是游街示众，再拿入昏天黑地、生死两茫茫的铁牢，给予了严厉打击与无情镇压。

这次事件的发生以及周恩来总理对此事的态度，使山东方面的决策者们凭借多年磨炼出来的政治嗅觉，立即感到中国的政治格局已发生了微妙变化，以周恩来为代表的政治派别又强硬起来，开始主持政局了，而以"文革旗手"江青为代表的政治集团，似乎疲软了下来，呈现出萎靡不振的状态。这个并非偶然的现象所警示于世的是："文化大革命"所标榜的某些观点、态度和方向，需要适时地调整和纠正了，至少像"文革"初期那样对文物古迹不分青红皂白地一味打砸焚烧是行不通了。现在，不论你是政治家还是政客，也不论是嘴里整天嘟囔着仁义道德的旧式官僚，还是时刻叫喊着革命口号的泥腿子工农干部，都必须审时度势，与时俱进，开拓进取，对这种突变的政治气候有所回应和表示了，否则政治前途将是凶多吉少，生死难测。于是，在各级领导者的授意下，不同层次的文化工作会议一个接一个地召开起来，各种相关的人物，携带着相应与不相应的计划，如惊蛰之后的蛇蟒，在风雨交加的黎明纷纷出洞，向着崇山峻岭、丛林幽谷穿行而去。

1972年3月2日上午9点，曾参与"泰山事件"调查的山东省博物馆文物组负责人杨子范，根据上级业务部门的指示精神，在本组内召开了自"文革"爆发以来首次别开生面的工作会议。会议明确提出工作重心要做战略性转移，对文物古迹如孔府、孔庙、孔林等，原来是战略性进攻，即在一片红色的海洋和革命口号中打砸抢烧，现在要调整

30年后，毕宝启站在山东省博物馆辰光阁前说："当年我们在这座楼里开完会就出发了，想不到在银雀山遇到了汉墓发掘和竹简出土的事，现在想起，像做梦一样。"（作者摄）

为战略性防御,也就是说要改为默默无闻地修缮与保护。按照这个战略方针,山东省博物馆在文物问题上,也与时俱进地确定了如下五个方面的工作重点:

一、对山东省境内的所有古建筑进行普查,如需要修缮,配合当地政府做出预算,请求上级拨款。

二、对全省各级重点文物保护单位进行勘察,对损坏状况进行详细统计。

三、同当地政府协调,对"文革"以来被破坏的文物政策给予逐步恢复和落实。

四、调查了解对待文物问题上正反两个方面的典型,逐级上报。

五、主动了解各级文物工作人员的情况,认真对待人民来信,对信中反映的问题要详细调查了解,正确处理各种与文物有关的是非、矛盾。

就在这次会议上,文物组业务人员、考古学家毕宝启、吴九龙被划为一个小组,负责淄博、潍坊、临沂等三个地区的调查工作。杨子范之所以做这样的安排,主要考虑到新老人员交叉搭配,更有利于工作,至少不会闹出大的别扭。毕、吴二人在做了简单的准备后,就启程了。有关二人的经历大致如下:

毕宝启,北京市房山区人,1956年高中毕业后进入中国科学院考古研究所工作,后到中科院哲学训练班和文化部古代建筑训练班学习。1961年调山东省文物管理处,后管理处与省博物馆合并办公,毕宝启调博物馆文物组工作。

吴九龙,1941年生于四川成都市,1951年随父

银雀山汉简出土30年后,重回临沂出席纪念大会的吴九龙(左),在银雀山汉简博物馆向作者等人讲解《孙子兵法》的出土与整理情形

母到北京定居，1966年自北京大学历史系考古专业毕业后，到中国科学院考古研究所工作。后来随着"文革"爆发与政治形势的恶化，被下放到全国著名的浙江省军区乔司农场劳动改造，两年之后转到嘉兴农机厂当车工。1971年底转到山东省博物馆文物组工作，约半年后开始了与银雀山重大考古发现不期而遇的机缘。

当毕宝启、吴九龙沿淄博、青州、寿光等区县，乘公共汽车一路风尘仆仆辗转到临沂时，已是4月14日下午三点多钟。二人走出车站，直奔地区革委会文化组，在与一位姓王的军代表接上头后，开始了简短的交谈。毕、吴二人除说明工作来意外，还就人民来信中，有内容涉及临沂县文物组在金雀山汉墓群未按考古程序胡乱发掘，并隐匿不报的情况，准备做一次具体而深入的调查了解。这位王姓军代表闻听，觉得事关重大，自感人微言轻，不敢做主，立即摸起电话向临沂军分区曹副政委做了汇报。按照曹副政委的指示，毕、吴二人先到地委第三招待所休息，于次日上午听取地区文化组的汇报，就有关问题进行具体协商。既然对方已做了这样的安排，毕、吴也就不好抗拒，只得服从。当二人走出地委大院，朝着第三招待所的方向行进之时，突然发现不远处一个山冈上聚集了几十人，似乎在挖掘着什么，四周还有不少手拿镐头、铁锨等工具的人在来回走动。尽管看不太分明，但职业的敏感使毕、吴二人意识到，前面或许正是一起挖掘古墓的行动。既然是挖掘古墓，那就和自己的业务有关，于是吴九龙对毕宝启说：

"老毕，你看那里是不是正在挖墓，咱俩过去看看吧。"

毕宝启望着前面不远处的小山冈，沉思片刻道："算了吧，如果真是

朱雀
就在毕、吴二人争论十五年后的1988年，在出土《孙子兵法》汉墓不远处的金雀山，于一座张氏砖墓中再度发现了朱雀、玄武、青龙、白虎等画像砖，据专家推断，此画像作于魏晋时期

玄武（金雀山张氏墓中发现的画像砖画像）

青龙（金雀山发现的画像砖画像）

挖墓，我们贸然闯过去，说不定有不少熟人，面对他们的工作，你说什么？我看说好不行，说不好，一时还磨不开面子，等明天文化组介绍完情况再去吧。"

"还是去看看吧，我们不说话或少说话不就是了？"年轻气盛的吴九龙被好奇心驱使得有些难以自持，毕宝启一看，便不再坚持，说了声"好吧，就依你"。于是二人转身向银雀山走去。

因毕宝启过去和刘心健有过业务上的联系，算是老熟人，因而一见面双方便热情地寒暄起来。毕宝启简单说了几句来临沂的目的，刘心健便热情地邀请二人道："既然来了，你们今天就别走了，干脆和我们一块发掘吧。"

满脸写着疲惫的毕宝启对眼前这个墓没有多大兴趣，便推托道："我们还没有同地区的领导见面，眼下正准备到招待所住宿，顺便过来看看，等明天再说吧。"说着就要招呼吴九龙告辞。

此时吴九龙正对着墓坑外一堆被刘心健扔掉的乱草样的东西好奇地观看，听到毕宝启的招呼，顺手将那乱草样的东西捡起了两根，轻声说："老毕，我怎么看着这东西像是竹简，找点水冲一下看看有没有字。"说着来到一个破水桶边，用一块小布片在水桶里蘸了水，慢慢擦洗那两根竹片上面的淤泥与水锈。当他的手指携带布片在竹片上最后一次擦过时，眼前蓦地一亮，如同一道闪电"哗"地刺破了漆黑的夜幕，紧接着是一声惊天动地的响雷——奇迹出现了。

第一章　兵书出土

只见竹片上真的显露出一行黑色的字体，吴九龙禁不住"啊"了一声。惊愕之中，他强按住狂跳的心，瞪圆了眼睛仔细辨别面前的文字。不知过了多长时间，终于看清了，上面是带有篆意的隶书"齐桓公问管子曰"七个字。按吴九龙所掌握的历史知识，这上面的几个名字并不难懂，齐桓公乃春秋五霸之一、齐国的最高领导人，而管子则是这个国家一人之下、万人之上的宰相。这七个字说明君臣之间正在进行一场对话，关于这场对话的内容，很可能写在其他的竹简中。想到此处，吴九龙对站在不远处的毕宝启与刘心健等人说："不得了了，这墓里挖出宝贝来了，是竹简，有字，上面有字！"

玄武（青海德令哈市东三十公里处的郭里木乡夏塔图草场吐蕃墓出土的棺板画玄武图）

几个人闻听大惊，立即围上来，瞪大了眼睛，争相观看着吴九龙手中的竹简。毕宝启看罢，满脸的疲惫荡然无存，情绪高昂，神态激动地说："没错，是竹简，是竹简！"一边说着，一边像突然想起了什么，对众人道："这墓中突然出现的两根竹简残片绝不是孤立的，也不是偶然出现的，应该有它们的同伴，有它们必然的时代背景，快找找，看还有没有。"话音刚落，吴九龙上前几步来到了刚才捡拾竹简的地方，蓦然发现原来那看似一堆乱草的东西竟全部是竹简残片！这堆残片长短不一，混合于污泥中，如不仔细辨别，很难认出这就是价值连城的竹简书。"快来看，这一堆全是竹简。"吴九龙大声喊着，众人"哗"地围过来，嘴里叽里咕噜地说着什么。待一阵骚动过后，吴九龙弯腰将那一堆散乱的竹简小心谨慎地捡起来，悄悄放于坑外由张鸣雪守护的两轮地排车中。为了进一步证实竹简的真伪并了解其中的内容，刘心健快步来到地排车旁，又从那堆腐草状的竹片中，随便抽出长短各一枚，来到不远处的铁桶边，学着吴九龙的样子用水擦去污泥，眼前又出现了"齐威王问孙子曰""晏子曰"等文字。这表明，那堆竹片应全部或大部书写着文字，它记载着一篇或数篇古代文献，由于时代久远，这些出土的文献无疑将具有重大的学术价值。从短暂热烈的气氛中渐渐回过神来的刘心健预感到了什么，顿时激情荡漾，热血喷涌，两眼放出灿烂的光。他如同一名在比赛场上刚刚得了金牌的运动员，高举着两枚竹简，歇斯底里地狂喊道："齐威王，孙子，孙子呵……"边喊边围着墓坑跳了几圈，而后猛地冲到地排车前，朝那堆混合于泥水中的竹简看了看，冲一脸木然的张鸣雪点了下头，又转身跑进墓室，对仍在提取器物的杨佃旭喊道："老杨，了不得了，咱们这次可算弄着大鱼了，你快看看吧。"

"是不是弄出金子来了？"仍在墓坑内劳作的杨佃旭慢腾腾地说着，并不抬头理会，照样做他的事情。

"不，不是金子……"沉浸在兴奋之中的刘心健嘴唇打着哆嗦，结结巴巴地说。

"不是金子你说什么醉话？"杨佃旭停止工作，慢慢直起腰，一只手扶着边箱，另一只手捏成拳头不住捶打着腰背，有些调侃地说。

刘心健将两枚竹简在他面前一晃，表情神秘而又严肃地说："不哄你，这是有字的竹简，齐威王、孙子，比金子还贵呢。"

"那它怎么不叫金子？"杨佃旭仍在调侃着，将竹简接了过来。

"不要胡扯狗油了，快看看里面还有没有。"刘心健边说边焦急地弯腰弓背，趴在边箱壁上，两眼发着蓝光，贪婪地向里窥视。此时杨佃旭已看到了竹简上的文字，作为常年和书打交道的他，自然深知这一发现的重要，遂一声不吭地趴在箱壁，同刘心健一道认真搜寻起来。过了一会儿，杨佃旭指着边箱南部一个角落说："老刘你看，这边好像还有竹简。"刘心健将头凑过来看了看道："那就赶快把它弄出来。"说毕，两人先后伏身趴到边箱南部的角落，起劲地在泥水中摸索起来。

站在墓坑外的毕宝启、吴九龙见刘心健呈半疯半狂状趴在坑内掏寻竹简，并不再理会自己，顿觉无趣，加上一路劳顿，身心疲惫，便产生了回招待所的念头。临走时毕宝启觉得眼前这个发掘方法不太对劲，便朝蹲在坑内正撅着屁股摸"鱼"的刘心健说道:"老刘呵,墓中有这么珍贵的东西,我看你们这个弄法不是太好,还是暂时停工吧,待明天大家商量一下再说,否则损失可就大了。"

刘心健嘴里哼哈地答应着,但在坑中并不抬头,只顾自己伸着两手在椁箱里四处摸索。毕、吴二人知道自己无力阻止刘心健疯了样孤注一掷的行动,索性暂回招待所,待明天跟地区领导们取得联系后再做理论。于是二人下山悻悻而去。

"咱是不是先停了,待明天再弄?"杨佃旭见毕、吴二人显然有些不高兴地悄然离去,试探性地提醒刘心健。此时的刘心健已被竹简的发现冲昏了头脑,哪里还能听进去别人的意见,他摇摇头,对杨佃旭说道:"管他娘的张三还是李四,挖我们的就是了,都到了这个时候了,只有瞎子才停工。"说罢又甩开膀子,一声不吭地倒腾起来。

橘红色的太阳渐渐沉没于西边的天际,夜幕开始降临。此时,刘心健、杨佃旭二人从泥水中摸索出一部分竹片,用水冲洗后没有发现文字。经仔细辨别,原来是陪葬的盛放杏子、桃子的真正的竹筒残片。这个结果令二人很是失望,正待进一步清理,在上面干活的工人"驴"突然冲墓坑内大喊一声道:"老刘、老杨,你们俩还在里头鼓捣啥,人家张老师早拉着地排车回家了。"

"什么,车拉走了?!"二人大为吃惊,忙爬出墓坑一看,地排车和其他的发掘人员踪影全无。

"这个老不死的东西,快撵,要不车里的竹简就全完了。"刘心健说着,同杨佃旭一前一后冲入灰蒙蒙的夜色中。过了五六分钟的光景,总算在山下追上了张鸣雪。刘心健强按心中的愤怒大声质问道:"老张,你咋回事?俺俩还在坑里,你就把车偷偷拉走了,扎固人也不能这个扎固法,还讲不讲人味?"

原来上午分工时,张鸣雪很想到墓坑从事第一线的发掘工作,但刘心健以墓坑狭小、工作艰苦、难度大等理由给予了阻挠,张鸣雪于无奈中只得在坑外看车守摊,成了一个可有可无的末流人物。这个安排令张鸣雪颇为不快,同时在心中恨上了刘心健。当这股闷气憋到太阳落山之后,看到王文起等坑外人员因无事可干,陆续收拾工具回了家,自己仍要守着那辆破旧的地排车苦苦等待底下的二人，便再也憋不住了。尤其想起了刚才毕、吴二人走时说过的话，觉得刘心健这样不把上级业务部门人员的话放在心上，实在有些狂妄和骄横。于是便决定来个不告而别，算是对刘心健这种狂妄轻薄心态的一点报复性惩罚。此时见刘心健追将过来，并开始责问自己，张鸣雪扭头望了一眼，先是"哼"了一声，然后拉着地排车边走边反驳道："你的眼睛都长到腔上去了，天黑也不知道？我要是再不走，路上出了事你包着，嗯？！"

"我看你是老糊涂了，你要走也得招呼我俩一声。"刘心健激愤地回击着。

张鸣雪并不示弱，继续反驳道："我不告诉你，你今天晚上就在那个墓里脱衣服睡觉了？"

"嘿，真是歪理邪说，无怪乎孔夫子说'老而不死是为贼'，我看你这个老不死的东西活腻味了，今天我非要跟你弄个明白不可。"刘心健说着，一只手拽住了地排车，一只手扯住了张鸣雪的袖子，做兴师问罪状。

张鸣雪见刘心健来势凶猛，将地排车往路边一扔，嘴里边喊着"你他娘的是披着蓑衣跳高——挓挲得不轻"，边卷起袖子欲和对方来一番华山论剑。在一旁的杨佃旭见状，情急之中"嗖"一下蹦于二人之间，抓住两方的胳膊，声色俱厉地喊道："都给我闭嘴，不要乱喷大粪了，这黑灯瞎火的，要是弄出个什么事，丢几件文物，我看你们吃不了要给我兜着走！"一席话，使二人发热的头脑渐渐冷静下来，各自松了手，向地排车围拢而来。刘、杨二人借着夜色中微弱的星光看到，那一堆原本就散乱的竹简，经过一路颠簸荡动，越发凌乱不堪，这是继刘心健将一捆整体的竹简掰断之后，又一次令人扼腕的损失。

经过杨佃旭的说和，三人总算一起把出土器物运回了文物组。但文物组此时并没有一个合适的地方存放，张鸣雪只好将那些基本完整的陶器、漆器等硬件器物，一件件堆放于办公室的墙角。而那堆依然与泥水混合在一起的散乱的竹简，刘心健和杨佃旭先是从地排车中收拢到一起，而后找个稻草袋子铺于墙角，搬过几个盆子和小缸，将未曾折断或折断后稍长的竹简放于盆中，折断后较短或零碎的竹简，则放于缸中，最后分别于盆、缸中加入清水，对竹简施以简单的保护性浸泡，以防迅速干裂、腐朽。

第一章　兵书出土

当这一切安排就绪，刘心健用电话向早已下班回家的尹局长做了汇报。尹局长听罢很是兴奋，他告知刘心健说："听说省博物馆的毕宝启、吴九龙两位业务人员已来临沂调查工作，现正住在地委招待所，是不是先把这个好消息跟他们说一下，听听他们有什么意见？"

刘心健一听，心中"咚咚"地打起鼓来，心想，今天挖墓的事，毕、吴这两个家伙到底告没告诉尹局长，万一他们告了我的状可就糟了，我得先去问个明白。待放下电话，立即率领文物组几个打杂人员，借着夜色中的星光，匆匆向招待所奔去。

此时，毕、吴二人刚吃过晚饭，正在房间借着昏暗的灯光，为传说中的青龙、白虎、朱雀、玄武四大神之一的玄武的来历争论不休，突然外面传来了急促的敲门声。吴九龙答应着将门打开，只见几条汉子灰头土脸地站在门口，为首的一个大块头正是刘心健。未等吴九龙说话，刘心健便抢步向前，大声说道："老毕、老吴呵，今天发掘出竹简的事，我跟尹局长汇报了，他让我再跟你们汇报一下，现在东西都拉到文物组了，你们是不是去一趟，看咋保护合适？"

毕、吴二人望着刘心健那满是泥水的紫黝黝的脸，不知对方的真正来意，又不好强硬地推辞，沉默了一会儿，最后毕宝启说道："好吧，九龙呵，反正我们在这里闲着也没事，还是去瞧瞧吧，走！"这样说着，二人跟着刘心健等一伙一道呼隆呼隆地向外奔去。

到达现场后，毕、吴二人察看了出土的器物，又分别从盆中抽出几枚竹简，用清水轻轻冲洗后，仍见有黑色的墨书文字显现。二人望着已腐化得如同烂草样的竹简，感到事关重大。既然自己受对方邀请来到了文物组，就必须负起相应的责任，应该立即将情况向省博物馆领导汇报。此时已是晚上八点多，为争取时间，毕、吴二人直接去附近的邮电局说明情况，通过局内总机以最快的速度挂通了省博物馆值班室的电话，将情况做了汇报。根据二人的要求，省博物馆值班员很快将情况向馆长张学和驻馆军代表张营长做了报告。张馆长和军代表闻知，感到此事非同小可，又迅速向山东省革委会文化组做了汇报，文化组负责人当场指示："省博物馆迅速增派业务人员奔赴现场，同当地政府部门协调后共同努力，切实做好这一古代重要墓葬的发掘、清理、保护工作。"省博物馆馆长张学立即电告临沂文化局局长尹松若，令其让手下人员暂停发掘，等待来人增援。

第二天一大早，由山东省博物馆派出的业务人员蒋英炬、白云哲，连同济南国棉三厂驻博物馆工宣队代表魏队长，一行三人乘公共汽车向临沂进发，经过大半天的颠簸，于下午两点多钟到达临沂文物组。三人先是观看了已出土的竹简，而后又同文化局尹局长、文物组的刘心健、张鸣雪，以及省博来的毕宝启、吴九龙等人共赴银雀山，察看了发掘现场。由于此时椁盖已经打开，许多器物都浸泡在泥水中，显然不能再等下去了，必须立即进行抢救性发掘。经省、县双方人员商定，于第二天开始联合发掘。同时，鉴于这一墓葬所出竹简的重要价值，由临沂方面和当地驻军联系，请求派出一个排的兵力，对墓坑特别是出土文物进行警戒、保护。

银雀山汉墓发掘者之一的蒋英炬回忆当年发掘情形（作者摄）

4月16日上午，省、县双方组成的联合发掘组进入工地，临沂军分区根据当地政府的请求，令直属独立营派出一个加强排荷枪实弹开赴银雀山，对墓葬进行日夜守护。军队的突然介入，立即引起了四方百姓的警觉和猜测。先是有人传言银雀山发现了蒋帮特务和电台，后又传言发现了国军撤退时掩埋的地雷和大批金条，再后来，整个临沂城已风传银雀山挖出了价值连城的金人金马。至于这些金人金马是古人留下的，还是日本鬼子或是国民党遗留在大陆的，没有人说得清楚。但每个人都在指手画脚，唾沫横飞，神秘兮兮地争说着发现经过。这个颇具传奇色彩的消息如同荒原上的野火，借着春天的风势瞬间便飞卷升腾起来，且越烧越旺，越烧越狂。烈焰升腾中，各色官僚、政客、地方大员，诸种行

第一章 兵书出土

业的老总、部门经理、白领、蓝领、灰领、工人、农民、下岗职工、艺术家、教师、小商小贩、大盗、小偷、地痞、流氓、阿飞、赌棍、流浪汉、在逃犯、历史的或现行的反革命分子、地富反坏右各派分子等等，瞪着像老鼠一样明亮、好奇、贪婪的眼睛，从不同的场所、不同的地点、不同的角落，怀揣着不同的目的，一路号叫着，挥舞着手臂或拳头精神抖擞地向银雀山狂奔而来。一时间，不大的银雀山已是人潮汹涌，尘土弥漫，吵闹声此起彼伏，气氛骤然紧张起来。驻守的解放军官兵一看这种阵势，如临大敌，立即进入战备状态，除刺刀打开，子弹上膛，严密警戒外，又迅速派人找来木桩、铁丝网，将墓坑分三层围住，严禁一切闲杂人等混入其内。无奈整个现场已成人山人海状，且这些人在传言的激发蛊惑下，为一睹埋藏于地下那金人金马的神秘形象，大脑已处于极度的癫狂状态。他们不再顾及枪刺、木桩、铁丝网的阻拦，也不考虑那黄色的"花生米"可能穿越头颅的滋味，疯狂的人流如黄河决堤般冲将过来。面对这不祥的异象凶兆，守护的解放军官兵虽竭尽全力，但终因寡不敌众，最后导致桩断网折，全线崩溃，官兵们不得不退守墓坑四周一隅严防死守。眼看要有大的乱子发生，官兵们适时接到了上级下达的"人在阵地在，无关人等如有胆大包天擅自违规入坑者，就地正法"的命令。如此一招狠棋，终使坑外喧哗骚动的人流渐渐平静下来。考古人员在两股势力短暂的缓和与平衡中，得以开始正常下坑发掘。

按照此前双方商定的计划，墓室发掘主要由吴九龙、毕宝启、蒋英炬三位省里来的考古学家负责，县里的刘心健等人员则负责排水、传递器物、维持秩序等

长沙马王堆一号汉墓发掘现场（高至喜提供）

035

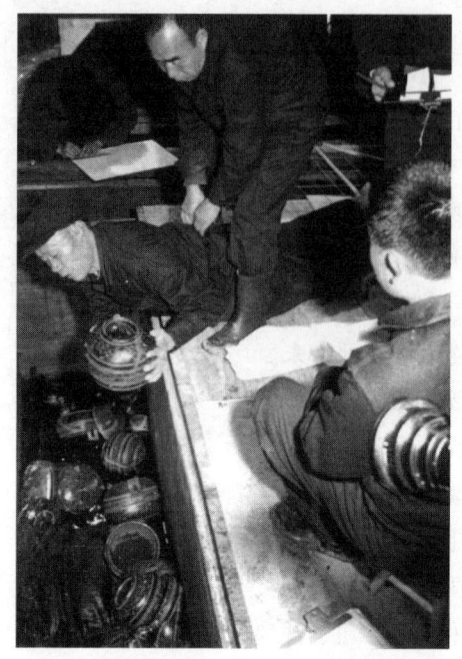

考古人员在马王堆一号汉墓内提取器物（傅举有提供）

二线工作。当一切正常运转后，于下午两点左右，吴九龙等发掘人员在边箱的西南角发现了一批竹简。鉴于上次被折断的教训，发掘人员找来一块大木板，由吴九龙、蒋英炬二人轻轻插入竹简的下部，然后将竹简和泥水一块托举出来，这一看似简单的做法，有效地避免了悲剧的重演。

当竹简被托出之后，为验证真伪，蒋英炬从中提取一枚查看。经用水冲洗，上面赫然出现了"而擒庞涓，故曰，孙子之所以为者"十几个墨书隶字。

"这文字与孙膑有关，是不是我们发现了《孙子兵法》？"蒋英炬脱口喊了一句，众人一听，精神大振，围上前来议论纷纷："上回刘心健抽出的那枚竹简就有孙子二字，这回又有孙子，上面的文字既有庞涓，又有孙子，那么这个孙子应该就是人们比较熟悉的孙膑，如果这批竹简记载的不是《孙子兵法》，也当与孙膑有关，假如果真如此，则这批竹简将具有不可估量的重大学术价值。不得了，不得了啊！……"大家议论着，猜测着，一时群情激昂，干劲倍增，仅用一天时间，边箱的器物全部清理完毕。

继边箱之后，发掘人员按照考古程序接着清理内棺。经测量，内棺南北长2.14米、宽0.66米、高0.62米，整个外部髹有黑漆。由于水的浸泡，漆皮大部分已脱落。发掘人员用钢钎等工具，慢慢将棺盖撬开，发现尸骨大部分已腐烂，性别难辨。尸骨腐烂的原因，据后来吴九龙考证，当与墓室四周的白膏泥遭到破坏有直接的关系。在内棺北端，发现彩绘漆奁一件，里面装有木梳、木篦及上饰草叶纹和八角连弧纹的铜镜子一面。从木枕和漆奁的方位以及尚存的几根尸骨推断，墓主的葬式为仰身直肢，头北向，具体测量数字是方向正北偏东20度，这样的葬式为古代墓葬所常见。除此之外，考古人员还在棺木的中间发现铜带钩一件，整个棺底铺有厚约3厘米的草垫，草早已烂掉，只留痕迹。由于棺内存放的器物比较简略，发掘工作至当日下午便告完毕。正当大家为此次发掘成果而庆贺之时，在同一天，远在千里之外的湖南长沙，几十名考古人员正云集马王堆一号汉墓的墓坑，打开了庞大厚重的棺椁，保存完好的千年女尸随之横空出世。这一偶然性的巧合，揭开了新中国成立以来又一轮震惊中外的考古发现的序幕，不仅大大提振了刚刚复苏的中国文物界的士气，同时也吹响了中国二十世纪"考古中兴"的号角。

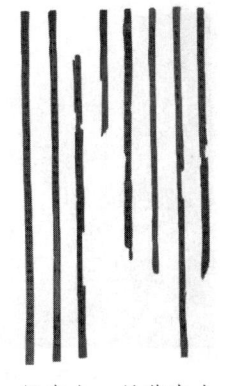

银雀山一号墓出土的汉简

王冶秋：速运北京处理

由于银雀山汉墓（此时根据出土器物等初步断定为汉墓）重大考古发现被证实，前来增援的蒋英炬和其他发掘人员把棺内的器物清理完毕后，准备连夜回济南复命。临行前，征得临沂方面同意，将已经抽出的那枚记载孙子与庞涓之事的竹简一同带回，以做实物证据让领导过目。出于安全考虑，蒋英炬专门派人到医院买来一支玻璃管，将竹简装入管内密封。随后和一同来的白云哲、魏队长乘坐临沂方面派出的汽车抵达兖州火车站，而后转火车赶赴济南。

第二天上午，已返回济南的蒋英炬把银雀山汉墓的发现、发掘情况，分别向省博物馆和省革委会文化组领导人做了汇报。当领导们看过那枚竹简后，惊叹之余，做出几乎相同的评价："这一汉墓出土的竹简，是山东乃至全国极其罕见、极其珍贵的重要文物，尤其在学术方面的价值不可估量。"根据蒋英炬汇报的情况，领导们比较冷静、清醒地认

墓内出土的《孙子兵法》木牍摹本

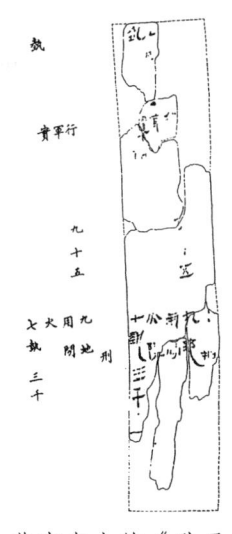

北京大学红楼，时为国家文物局办公楼（作者摄）

识到，在污泥浊水的侵蚀下，要想使几乎成为腐草的竹简得到妥善整理与保护，单凭山东方面的条件和力量恐怕很难，必须立即向北京方面请示汇报，只有依靠中央的力量才能解决问题。待这个意见形成共识后，鉴于情况紧急，省委文化组和省博物馆领导人决定，由蒋英炬携带大家观看的这枚竹简迅速赴京，当面向国家文物局局长王冶秋汇报。

蒋英炬受命携简赶赴北京后，直奔沙滩红楼国家文物管理局办公楼。"文革"爆发后，国家文物局由于受到强大冲击而处于瘫痪状态，此时正处于恢复之中。原文物局局长王冶秋在"文革"开始不久就遭到"四人帮"的政治迫害，并于1970年春被下放到湖北咸宁文化部"五七干校"劳动改造。随着中国政坛翻云覆雨的变化，以及周恩来等人重新控制局势，1970年5月，国务院成立"图博口领导小组"，在周恩来的具体安排下，王冶秋被从"干校"召回并出任副组长，主持全国的文物工作。自此，劫后余生的中国文物界随着王冶秋的复出，迎来了历史性的转折。

就在这一年的4月10日，原在日本名古屋参加比赛的美国乒乓球队，应邀来到中国。两天后，中美乒乓球队在北京进行了一场友谊赛。4月14日，周恩来总理亲自出面接见了美国代表团成员，并说道："请你们回去把中国人民的问候转告给美国人民，中美两国人民过去往来是很频繁的，以后中断了一个很长的时间。你们这次应邀来访，打开了两国人民友好往来的大门。"这次比赛和周总理的暗示，标志着轰动一时的"乒乓外交"的开始。同年7月9日，美国总统国家安全事务助理基辛格博士飞临北京，和周恩来等中国党和国家主要领导人进行了秘密会晤。

第一章 兵书出土

1972年2月21日，美国总统尼克松抵达中国。当他在首都机场走下飞机舷梯，并主动伸出那只有力的大手时，快步迎上来的周恩来总理说道："你把手伸过了世界最辽阔的海洋来和我握手，（中美两国）二十五年没有交往了啊！"两个小时后，在中南海一间普通的书房里，毛泽东、尼克松两位巨人的手又握到一起——中美关系由此揭开了新的一页。多少年后，尼克松在回忆往事的时候说道："我从未想到，中国的主动行动，会以乒乓球队访问的形式得以实现。"

湖北江陵古城

此时的尼克松当然更不会想到，自周恩来重新开始主持中国政局之后，他在谋划"乒乓外交"的同时，也在策划一场新的"文物外交"。在他亲自支持、批准下，国务院图博口调集全国各地的文物精粹，于1971年7月，在重新开放的故宫正式举办了"文化大革命期间出土文物展览"，这个展览引起了国内外的强烈反响。尼克松访华期间的1972年2月25日，王冶秋陪同这位特殊的美国客人参观了故宫，并观看了依然在展览中的出土文物。这次为期数月的展览，不仅揭开了中国文物保护工作新的一页，同时也打开了中国这块"神秘土地"的一扇窗口，为中国外交工作的开展给予了默契配合，并做出了独特而积极的贡献。正因如此，在周恩来的具体策划下，王冶秋着手筹办"中华人民共和国出土文物展览"，并开始从全国各地大量调集上等文物，拟走出国门，将展览办到海外去，更广泛地扩大中国及中国文化在国际上的影响。也就在这个对文物界来说起死回生的节骨眼上，蒋英炬恰逢其时地到来了。

当蒋英炬到达文物局后，不巧的是王冶秋外出开会未归，蒋只好到其他处室看看有没有相关的负责人来出面接待。但一圈转下来，只见到了几个普通工作人员，而这几个人还是为筹办出土文物展览先期从干校调回的。大批文物工作者依然在咸宁干校接受劳动改造，整个办公大楼空空荡荡，透着凄凉与落寞。在其他人无法做主的情况下，蒋英炬决定再到中国科学院考古研究所转转，看能不能遇到自己熟悉的专家或领导人。因两地相隔不远，蒋很快来到了考古所。此时的中国科学院考古研究所同国家文物局的命运一样，自"文革"爆发后，大多数专家学者被下放到河南"五七干校"劳动改造，所里只留有业务人员王仲殊和一位军代表主事。到了1971年底，虽有包括考古学大师夏鼐在内的几位考古学家陆续回所，但却不能涉足业务，依然要在"只能老老实实，不许乱说乱动"的政治夹缝中生存。

蒋英炬来到考古所，举目四望，只见墙上挂着，门上贴着，地上飘着一条条、一块块的大字报残迹，整个大院看上去凌乱且凋敝，散发着一股劫后余生的凄凉。经过询问，蒋英炬在得知主持考古所工作的王仲殊同样外出开会未归后，便在院内转了一圈，遇到的几个人全是年轻的新面孔，以前熟悉的前辈或同辈的考古学家一个也未碰上。这个情形不免令他有些沮丧。正黯然神伤之时，突然发现一个熟悉的身影拐过眼前的墙角走了过来。他很快认出，这是考古所著名考古学家、考古学大师夏鼐麾下"五虎上将"之一的安志敏。蒋英炬与其由于工作上的关系相互熟悉。二人见面热情地打过招呼，稍做寒暄，蒋英炬从包里拿出携带的那枚竹简说："安先生，我们在临沂银雀山发现了竹简，从内容上看，好像跟孙膑有关系。"安志敏闻听，立即睁大眼睛，又惊又喜地脱口而出："是吗？"顺手接过竹简，但只看了一眼，就匆忙还给对方，神色慌张地四下看了一眼，匆匆说着："也可能，也可能……"而后急转身，悄然溜走了。眼看对方态度如此急转直下，前后判若两人，蒋英炬感到莫名其妙，愣怔了好长时间，才似有所悟。由于安志敏所处的"不能乱说乱动"的政治处境，他才有了这前后大相径庭的突变。很显然，前者是性情使然，后者是政治胁迫下的无奈。"唉，这狗日的世道，已经变得人将不人，鬼将不鬼了！"蒋英炬面对墙壁上那一条条、一块块迎风抖动的大字报残片，心中骂着，轻轻摇摇头，叹口气，小心地将竹简放入包

第一章 兵书出土

中，返回文物局继续坐等王冶秋的到来。

大约下午两点多钟，一直在传达室坐等的蒋英炬听传达员小声说："王局长回来了。"循声向外望去，只见王冶秋已下了伏尔加专车向办公楼走去。蒋英炬走出传达室，加快步伐从后面赶来。眼见王冶秋的身影已进入办公室并将门掩上，蒋几步赶过来用手敲门，可能敲得过于急促，王冶秋开门时，一脸的惊恐之色。蒋英炬见状，才知道自己刚才的举动实在有些鲁莽冒失，忙说了句"对不起"，接着自报家门和姓名。王冶秋听罢脸上的阴影渐消，轻轻点了下头，示意蒋到自己办公室详谈。蒋英炬在办公室坐定，开始汇报银雀山发现古墓和竹简的经过，同时将随身携带的一枚竹简拿给王冶秋察看。王冶秋将装有竹简的玻璃管举到眼前，借着窗外透过的阳光反复观察，嘴里不住地说着："这个发现好，好啊，文物的学术价值大，难得，难得啊！"

王冶秋边看边叹，蒋英炬仍断断续续地汇报着，当蒋谈到出土竹简和污泥混为一体，已形同腐草，而且稍有不慎竹简就会断裂，并极有可能化为泥灰，山东方面深感无力保护，只得向中央求援时，王冶秋猛地离开座位站起来，脸上泛起紧张焦虑的神色，一边在办公室来回踱步转圈，一边着急地自言自语道："这怎么办，这怎么办？……"

过了一会儿，他打电话从楼上叫来两个年轻的工作人员，在简单地介绍了竹简的情况后，问对方有没有好的处理办法。这两个年轻人皱着眉头相互交换了一下眼神，各自摇摇头，表示无能为力。"真是酒囊饭袋！"王冶秋面露愠色地说着，一摆手示意二人退下，一边在屋里继续转圈，一边紧皱眉头做思考状。又过了一袋烟的工夫，王冶秋那魁梧的身躯猛地在蒋英炬面前停下来，用浑厚清晰的声音指示道：

1975年文物出版社线装本《孙膑兵法》之《擒庞涓》篇

041

墓内出土的《孙膑兵法》摹本

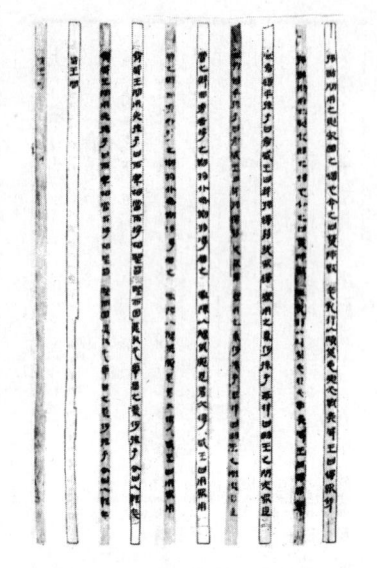

"这批竹简是我所知道的重大的考古发现，在学术上有着其他文物不可替代的价值，一定要想办法保护好。不管怎么说，这里的条件和力量总比济南要好些，尽管目前我还没有想出一个具体的好办法，但天无绝人之路，办法总会有的。请你回去告诉有关方面的领导同志，这次出土的竹简要迅速运到北京来处理，一定要抓紧时间，越快越好。"

蒋英炬领命后，走出文物局，快速跑到一个邮电所挂通了济南的电话，先行向博物馆领导人汇报了王冶秋的指示，然后乘火车返回济南。

至此，银雀山汉墓竹简的命运，随着蒋英炬的返回而暂告一个段落。但令人意想不到的是，就在蒋英炬返回济南的途中，另一座汉墓以及汉墓中价值连城的竹简又在银雀山被发现了。

第二章 揭开玄机

又一个偶然的机会，神秘的二号墓坑被发现。考古人员精诚合作，中国最早的历谱得以完整出土。文物是走是留，省、地、县三方纷争骤起，一阵吵闹过后，竹简如期送京。各路专家云集文物局，张营长神秘光临。竹简书研究成果公布，千年佚书面目初露。神秘的玄机一旦揭开，干涸的历史长河再度泛起浩瀚的波澜。

发现二号墓

银雀山墓出土竹简的一、二号墓墓坑形状

就在蒋英炬回到济南的第二天，建筑队的"驴"等几位工人在墓坑的周边清理时，偶然发现另有一个墓葬坑的痕迹，于是几人开始挖掘起来。当挖到地下两米多深时，果然证明是一座古墓。

根据"驴"等上报的情况，毕宝启、吴九龙、刘心健等再次前往银雀山察看，并证实这确是一座古代墓葬。由于银雀山只有一层薄薄的植被，植被下面就是巨石，墓坑是凿石而成，上面的覆土就显得格外松软，正是这种特殊情况，才让"驴"等工人轻而易举地发现了这座匿藏千年的古墓。考古人员根据此墓墓坑与已发掘的墓葬只有几十厘米之隔的现象推断，二者可能有一定的关系。尽管在发掘前不能确定为夫妻合葬墓，但就这种葬式论，发掘人员把此前的墓坑编为一号，未发掘的编为二号。

当银雀山发现二号墓的消息传出后，新闻界吸取了在一号墓的发掘中未能及时报道的被动教训，闻风而动，以新华社山东分社岳国芳为首的记者采访团，快速赶赴临沂欲进行采访报道。临沂军分区在总结上次教训与经验的基础上，增派一个排的兵力，对发掘现场和出土文物进行严密封锁与守护。霎时，整个临沂古城再度被发现古墓和珍宝的神秘气氛所笼罩，小小山冈又一次涌动起观望的人潮。

对于这座墓如何发掘清理的问题，按照毕宝启、吴九龙的想法，临沂文物组没有发掘的资格，像这样重要的墓葬必须上报，由上一级也就是省博物馆派人主持发掘。而临沂文物组几个人的发掘水平也实在是低了些,即使弄到了发掘权,也不能让他们单独发掘,必须与省博物馆合作。也就是说,毕、吴二人不但要参加发掘,还要当这个墓葬发掘的主持人。临沂方面的人员可作为"喽啰"跟着一起参加,但只能做些零敲碎打的杂活,绝不可主持大局。当毕宝启把这个想法跟临沂的尹松若局长说了之后,尹先是板着脸没有表态,后又说和地区的曹副政委商量一下再定。而此时的曹副政委已接到了省博物馆馆长张学和省革委会文化组负责人老金的电话,电话中明言省、地、县三方合作,发掘工作由毕、吴二人主持。曹副政委表示同意这一意见。尹松若局长尽管心中不痛快,但既然曹副政委已同意,自己就很难推翻,又考虑到方方面面的关系,只好忍气吞声,表示服从。而刘心健、张鸣雪等人一听这百年不遇的好事,正需要自己奋进之时,却被省博来的二人硬硬地斜插了一杠子,顿时火起,表示坚决不当"喽啰"而要当主持,并像许多年后央视《焦点访谈》栏目主持人敬一丹一样,义正词严地说道:"我们这里有庙有和尚,无须这两个外来的和尚再念经,即使他们跟唐僧一样佛术高深,我们也不去做跟着他傻跑乱蹦的孙猴子,更不当傻里咕咚的猪八戒,我们要做如来佛。即使不把他们攥在掌心中,临沂的事也应让临沂人民自己做主,我们要做这块地盘上的主人,不做他们的仆人,更不做奴隶。如果非要请外来的和尚念经,也要问问人民群众拥护不拥护、赞成不赞成、高兴不高兴、答应不答应。既然我们不答应,趁早让这两个和尚收拾行李回他的济南千佛山千佛洞去蹲着吧。"这种显然不友好的话语传到了曹副政委的耳朵,这位操控当地文化系统局势的军人,当场给予了迎头痛击,并特地传下命令,让临沂文物组有意见的人员立即闭上嘴巴,以大局为重,老老实实做分内的工作,不能乱说乱动,否则严惩不贷,并以军法论处。在这种声威下,刘心健等人只好表示听从命令,暂时将满肚子的怨气憋在心底,默默等待适当的时机再来个总体爆发,给毕、吴二人一点颜色瞧瞧。

就在这样一种暗流涌动、人心纷乱的境况中,经省、地、县三方协调和努力,最终达成共识,发掘工作由吴九龙、毕宝启二人主持,县文物组人员全力配合。由于有了一号墓发掘的经历与教训,在二号墓的发掘中,各个方面都小心谨慎起来。

4月18日下午,在吴九龙、毕宝启的具体指导下,刘心健等文物工作者

出土的陶器之一　　出土的陶器之二

会同"驴"等几位雇用工人,开始清理墓坑中的乱石和泥土。经过两天的努力,到20日上午,墓室中的棺椁全部显露出来。经测量,二号墓具体地点位于一号墓西侧50厘米,比一号墓低下50厘米,向南伸出50厘米,其他的情况基本相同。整个墓室南北长2.91米、东西宽1.96米,地表至墓底深度为3.5—4米。从墓室的形制上看,二号墓跟一号墓相同,都是在岩石上开凿而成的长方形竖穴,二者均没有发现墓道。墓坑与木椁之间填入了质地细腻的灰白色黏土,也即俗称的白膏泥。墓内椁室完整,其结构与一号墓基本相同,南北长2.41米、东西宽1.56米、通高0.88米,椁框四角以榫相接,椁顶横铺盖板,板分上下两层,上层为六块,东西横铺,每块长156厘米、宽27—55厘米、厚17厘米;下层七块,南北顺铺,每块长218厘米、宽9—37厘米、厚4厘米。与一号墓相同的是,椁内中间置一隔板;不同的是,西侧置棺,东侧为边箱。有点特别的是,二号墓椁内隔板中部还设有两扇小门,门高23厘米、宽28厘米,上下有框,可以来回启闭。

当例行的测量、画图、照相等一系列工作完成之后,接下来就是起运椁板。就当时的情形而言,整个中国物质极端匮乏,而作为革命老区的沂蒙山区,更是贫穷到了极致。多少年后,据吴九龙回忆,在这次后来震惊中外的考古发掘

第二章 揭开玄机

中，发掘人员竟连一双薄薄的手套都无条件配备，更遑论其他诸如排水、起吊等机械设备。而重达三四百斤的椁板，只有依靠人力抬出3米深的坑外。此时的吴九龙、毕宝启等发掘人员，正弯腰伸臂抓住椁板，瞪眼咬牙向外腾挪。由于墓坑深邃、狭小，抬椁板人员又必须站在椁箱之外，脚下几无立足之地，加之白膏泥粘足，弄得大家寸步难行。在这样一种糟糕的境况中，云集山冈看热闹的各色人等又乱上加乱。一群又一群先后赶来的人们，开始时尚能遵守秩序，但随着人不断增多，便开始蚂蚁造窝、老鼠争食样在坑口争吵、厮打、嗷嚎起来。先是飞石、土块冰雹一样纷纷坠落墓坑，接着是人称"饭桶"和"酒鬼"的两个在临沂城颇有些名气的著名莽汉，为了争抢最佳的观看点，在呈狗状打斗、撕咬一阵后，随着短暂的惨叫，双双带着满脸血污，稀里哗啦地栽入墓坑。肥胖的"饭桶"头下脚上栽入椁箱一角，身子圆桶样地滚入污泥浊水之中当场昏死过去。啤酒瓶样的"酒鬼"在剧烈地摇晃了三下之后，一个猛子扎于发掘人员抬起的椁板之上，顿时血流如注。发掘人员见状，于惊愕、愤懑之中，被迫扔下死人的椁板，将这尚存一口生气的一"桶"一"鬼"强行拖至坑外。短暂的混乱之后，解放军警卫部队重新控制了局势，并借机加强了警卫，秩序开始有些好转。

　　墓坑内，十几名发掘人员费了九牛二虎之力，总算将庞大笨重的椁板弄出了坑，而后一个个喘着粗气，又将注意力移向椁内。这椁内同样布有边箱，其中的器物同一号墓的情况基本相同。由于泥水的浸泡，已显得凌乱不堪，但经过小心谨慎地将污水排出，各器物的轮廓基本显示出来。出于对一号墓发现竹简这一事实的考虑，吴九龙、毕宝启等发掘人员初步判断二号墓中也可能有类似的竹简出土，只是数量多少而已。正

出土的陶器

墓中出土的半两钱

墓中出土的竹简原状

是基于这样的推断，当椁板揭开，污水排掉后，吴、毕二人首先观察是否真的有竹简随葬。在环视了几圈之后，发现边箱的东南角有些异样，很有可能匿藏着大家梦寐以求的无价珍宝——竹简书。但由于坑内污泥较厚，根本见不到器物的真颜，无法在短时间内做出结论。尽管如此，发掘人员还是在心中暗暗祈祷梦想成真。为了最大限度地保证东南角这批想象中珍宝的安全，吴九龙、毕宝启决定先从边箱的最北端开始清理，渐次向南推进，最后对想象中的竹简进行合围。

清理工作开始后，吴九龙、毕宝启密切配合，按照严格的考古程序，先后于污泥中提取了若干件陶鼎、陶盆、陶壶、陶俑等陶制器物。在两件形态各异的夹砂灰陶罐中，有一件肩部刻有"召氏十斗"四字。这四个字立即引起了发掘人员的注意，并成为后来研究该墓墓主的重要材料。

在清理过程中，吴、毕等考古人员发现了一个不同于一号墓的特殊现象，这就是出土的陶器几乎分散于整个边箱，由于通高都不超过30厘米，体积相对较小，并未占多大的空间，边箱的大部分空间都被漆木器所占。由于泥水的浸蚀，漆木器有部分脱皮、变形现象，但总体完好，尚称珍品。当清理工作推进到南半部时，接连发现了38枚半两钱，钱币的出土，为墓葬的时间断代再次提供了珍贵佐证。

半两钱清理过后，面对的就是那堆想象中的竹简。为了一次性提取成功，并做到万无一失，动手前，吴九龙、毕

第二章　揭开玄机

宝启又详细研究了一套清理方案，并按方案做了各种准备。当一切就绪后，具有决定意义的发掘开始了。

只见吴、毕二人身子趴伏在椁室中，手里各拿一把小铁铲轻轻地刮着淤泥。一刻钟之后，第一枚竹简露了出来，紧接着，第二枚、第三枚相继映入二人的视线，约一个时辰，大家期待已久的秘密——32枚竹简全部凸现出来了。这批竹简外观完整，排列有序，静静地躺在椁箱中，似在等待有缘者的相会。想不到有缘者真的穿越千年时光隧道，就在此时此刻与其相会、相识、相知了。趴在椁室中的吴九龙见时机成熟，从刘心健手中接过早就准备好的一块长方形薄木板，慢慢平插于竹简的底部，见各个部位都已妥当，两膀一用力，嘴里喊声："起来吧！"随着"哗"的一声响动，整批竹简被完整地托举起来。此时，所有发掘人员以及围观的人群，早已按捺不住心中的激动，以各种不同的表情和动作抒发着内心的情感。早已守候在墓坑边多时的记者岳国芳等人，抓住这千载难逢的时机，纷纷按动照相机的快门。刹那间，整个墓坑内外灯光闪烁，掌声雷动，一个永恒的瞬间定格于中国考古的辉煌史册中。

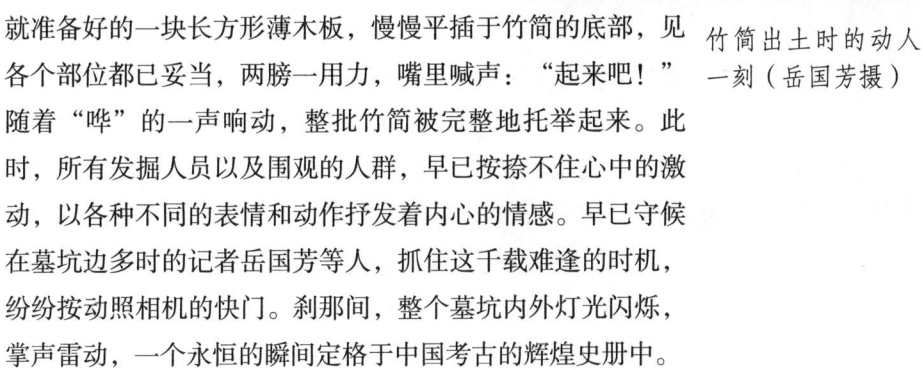

竹简出土时的动人一刻（岳国芳摄）

边箱清理完毕后，吴九龙、毕宝启又同其他发掘人员一起打开了棺盖。一切都在意料之中，墓主的尸骨早已腐烂，性别难以确定，但从棺内残留的木枕、漆奁和一面铜镜均在棺的南头来推断，可知墓主是以头向正南的方式入葬的。至此，银雀山一、二号古墓全部发掘完毕。接下来要做的，就是对出土器物的整理、保护与研究，并尽快弄清两座古墓的年代、性质、墓主是谁、具有何等身份，以及神秘的竹简都记载了什么内容，等等。但就在这些问题尚未来得及动手解

决之前，却又枝节横生，突发变故，围绕着竹简何去何从的问题，省、地、县三方展开了一场斗智斗勇的激烈交锋。

光棍夺锄

蒋英炬从北京返回济南后，把王冶秋的指示向省博物馆馆长张学和馆革委会主任郝兆祥做了详细汇报。张、郝二人很快又将竹简运京整理的意见向省革委会文化组领导人进行了汇报，并得到了同意送京的答复。鉴于中央和省有关领导的明确态度，郝兆祥先后两次打电话给临沂方面说明情况，同时通知毕宝启、吴九龙二人，令其迅速做好准备，将银雀山汉墓出土竹简和其他器物全部运往济南，然后转送北京。

毕、吴二人接到命令立即行动起来，在同临沂方面有关领导和业务人员协商后，根据出土器物的数量和具体情况，专门到木器厂定做了15个大小不同的箱子以作包装之用。按照双方商量的结果，文物押送济南的一切费用由省博物馆负担，因上次蒋英炬来临沂时已带了部分款子交给毕宝启以应急，现在正好派上了用场。从毕宝启当时所做的记录中可以看到，这些木箱在总体上分为装竹简的和盛放普通器物的两种类型，其中竹简箱的规格为：80厘米×12厘米×10厘米（盛放一号墓出土竹简）；50厘米×37厘米×30厘米（盛放二号墓出土竹简）。器物箱的规格为：90厘米×60厘米×40厘米（盛放大中型器物）；70厘米×50厘米×40厘米（盛放小型器物）。另外准备了铁钉5斤，包装纸3刀，锯末100斤，草绳50斤，等等，以和木箱配套使用。

临沂白庄出土的汉画像石上持刀欲搏的武士。历史中常隐含着未来的信息，剑拔弩张者何止古代的武士？

第二章 揭开玄机

当各种装载器具准备就绪后，已是4月24日。第二天，毕宝启、吴九龙会同临沂方面的刘心健等人开始清点一、二号墓的出土器物，并对大多数器物进行了清洗、晾晒等简单的保护处理，防止运输途中发生质变。

毕宝启当年的日记真实地记录了省、地、县三家文物工作者闹分裂的情形（毕宝启提供）

4月27日，定做好的木箱已运至临沂文物组，运载的汽车也安排妥当。临沂地区行署、县有关方面的领导人，先后对出土文物做了最后参观和告别。万事俱备，只待起运。此时的山东省博物馆馆长张学打来电话了解情况，并催促毕、吴要抓紧时间，尽快起程，将出土器物"及时、安全、顺利"地押运回济南。毕、吴二人满口应允，一再表示第二天就装箱起运。但是，令毕、吴意想不到的是，省、地、县三方酝酿、压抑了几天几夜的矛盾，终于在第二天爆发了。

4月28日，吴九龙、毕宝启一大早就来到文物组准备装箱，但文物组的张鸣雪、刘心健等人却突然告知，根据县文化组军代表郑指导员和县政治部张政委的指示，在装箱前必须明确三个方面的关系：

一、临沂文物组为出土器物的拥有方，省博物馆为借方，双方代表在交接手续上签字画押；

二、开列出器物移交的详细清单并双方签字；

三、共同装箱、共同押运。

面对突然开列的三个条件，毕、吴二人在大感惊讶的同时，觉得无法接受。按照二人的想法，根据国务院颁布的《文物保护管理暂行条例》，一切地下文物概归国有，压根儿不存在省、地、县归谁所有的问题，大家只有保护好文物的责任，应听从上级的指示和安排。就这两座墓的发掘而

言，省博物馆应是主要参与者和实践者，现在中央急于对出土器物进行保护处理，省博物馆就有责任和义务将东西运京。根据文物属国家所有的法律规定，运走的文物根本就无须跟临沂县搞什么所谓的交接手续。于是，对临沂方面的要求，毕、吴二人当场做了严词拒绝。见二人如此不识抬举，临沂文物组张鸣雪等人员在文物组副组长崔寔的指示下，也不再顾及双方的面子以及合作的友谊，索性撕破脸皮，扯下面具，当面锣对鼓地叫起板来。

考古人员在清理出土的竹简。左前为毕宝启，左后为崔寔，右前为吴九龙，右后为杨佃旭（岳国芳摄）

刘心健、张鸣雪代表临沂方面摆出强硬姿态，明确表示这两座墓的发掘，完全是临沂文物组自己的功劳，省博来的二人并不是什么两座汉墓发掘的主要参与者和实践者，而是令人讨厌的可有可无的帮闲者，是鲁迅笔下"未庄"的闲人，或者说是挟省博以自重，像《三国演义》中的曹操一样，不惜手段抢夺各路诸侯地盘和劳动成果的实践者，是现代社会中美帝苏修的忠实代表。对这样的代表，不但不能让其带走一件器物，而且应宣布对方属于不受欢迎的人，应立即驱逐出沂蒙山革命老区，拔掉这两颗外来的钉子，铲除心中的块垒。

在这种急转直下、完全出乎意料的情势下，毕宝启、吴九龙有些发蒙，心想怎么会突然出现了这样的反复？但很快就明白了过来，这是在墓葬发掘中临沂方面没能主持的报复性反击，是给自己一点颜色瞧瞧的具体体现，是压抑在心中怨气的总爆发。当然，除了这些，还有一个更重要的问题是这批文物的最终归属权落在谁家，是省博物馆，还是临沂文

第二章 揭开玄机

化局？按照毕宝启、吴九龙的想法，当然是省博物馆。但按临沂方面的愿望，应该留在当地。这一走一留，在不同的人心中产生的反应自然是不一样的。从对方的强硬姿态与默契的配合中可以看出，临沂方面是事先做了密谋的，目前毕、吴二人已经成为他们整个同盟的对立面，并被赤裸裸地抛在了阳光之下，陷入了极其尴尬的境地。经过短时间的沉默与思考，毕、吴二人意识到如继续跟文物组这帮人纠缠，即使由黑发变成白发也不会弄出个是非分明的结果，要想尽快解决问题并从中突围而出，就要直接去找躲在背后暗中操纵的郑指导员，只有和他讲明国家文物方面的政策法令，才有可能一见高下，决出雌雄。想到这里，二人怀揣着悲愤之情转身向外走去。

来到县政府大院军代表郑指导员的办公室，毕宝启、吴九龙当面质问对方为什么已经说好的事情突然又生变故，这样做是何道理？郑指导员对二人的到来似早有准备，他那沉稳、刚毅的目光在二人脸上横扫了一遍，略做冷笑与不屑状，然后单刀直入地说道："文物组的同志们所说是有道理的，你们二人尽管代表省博物馆参加了银雀山汉墓的发掘，但你们没有正式发掘手续，是属于帮助工作性质的，真正的发掘者和有功之臣是临沂县文物组，而不是其他人。所以这批器物的保管权是属于临沂县的，是属于为了人民的解放事业抛头颅、洒热血的沂蒙儿女，是属于英雄的沂蒙人民的。现在中央要保护，省里要运转，这一切行为就文物而言是属于上调或借调的性质，是暂时的，而绝不是说这些器物就归你们省博物馆所有了。如果省博物馆要占有这批文物，是于情于理于法都不相容的，是与人民的根本利益相冲突和对立的。沂蒙儿女是既不喜欢，也不乐意，更不会答应的……"

郑指导员话至此处，早在一旁不耐烦的毕宝启横插过来道："你在这里口口声声说帮忙，可他们又说是帮闲，这帮闲还是帮忙我们并不在乎，在这里我们出了多少力，出了什么样的力，你也许不清楚，但文物组的同志们是清楚的。如果不是昧着良心说话，文物组几位同志的业务水平是不敢恭维的，要单独发掘这么重要的墓葬是有困难的，或者说按照有关规定是不允许的。但是，现在墓葬已经发掘了，目前这个发掘已经得到了省和中央的认可，对这样一个皆大欢喜的结果，谁在中间出的力多，谁出的力少，谁发挥的作用大，你我双方自然是心知肚明的，靠讽刺挖苦是不能抹杀我们所做功绩的。现在，中央要出面整理、保护这批珍贵的文物，这是求之

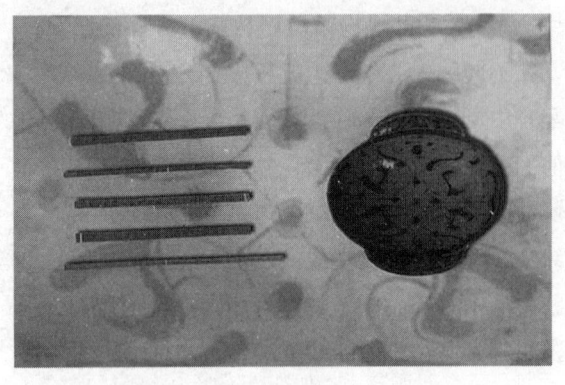

初步整理的银雀山汉墓竹简（左）与小型漆器

不得的好事情，省里让我们出面转运文物，这是地区和县文化组都同意了的。怎么时至今日又突然变卦，搞起了小孩子玩闹，你们到底耍的什么布袋戏？我想，你们这样做，全国人民是不会答应的，从中央到地方各级党组织也不会坐视不管的……"

未等毕宝启说完，郑指导员一挥手打断说："老毕同志，现在不要争论是谁发掘的了，依我看，这是大家共同努力的结果，省、县双方都出了力，都有功劳，你们都是人民的功臣，祖国感谢你们，沂蒙人民感谢你们。至于出土的器物，这是全党、全国人民的财产，是全世界三分之二的劳苦大众的宝贵财富。正是为了党和人民的财产不受损失，才要登记一下，留个底子，万一有个三长两短，也有个原始证据可核对和查找。关于这个问题，根据你们的意见，我再请示一下地区文化组的曹副政委，看他有什么指示。"郑指导员说着，很快接通了曹副政委的电话，简要叙述了毕、吴二人的意见。

曹副政委听罢汇报，明确指示道："银雀山汉墓的成功发掘，是省、地、县三级行政人员、文物工作者共同努力的结果，大家都出过力，大家都要负责任，至于谁出力多，谁出力少，大家不用明说，心中都有数。现在要把这些出土器物拿到中央去整理、保护，大家都要支持，要从大局出发，不要相互扯皮。对于要运走的器物，可以统一搞个表，说明共有多少东西，目前损坏的程度，损坏了多少，以及器物的下落去向，等等。这样搞了，不管现在还是将来，无论是对党、对人民，都好有个交代，对大家也都有益处。"

郑指导员将这道指令记录下来，又将电话递给了毕宝

第二章 揭开玄机

启。曹副政委向毕简单重复了一遍自己的意见,并希望能给予配合。鉴于对方所说的一大堆道理和看上去较为诚恳的态度,毕、吴二人表示同意在清单上签字。但到了下午,县文物组副组长崔寔突然拿出"手续",强行让毕、吴二人签字,毕、吴认为自己并未参加清点文物,对文物的多少心中无数,且老崔的这种做法也不符合曹副政委的指示精神,于是拒绝签字,双方再次叫起板来。这次叫板的内容并不局限于文物的去留,还牵涉到了方方面面的问题。毕、吴二人于气愤中又跑到县政治部找张政委理论,并提出了三条意见:一、文物组的领导人片面听取汇报,无理批评我们;二、他们说自己有能力发掘这个墓,我们不该参加;三、他们要和我们共同商量撰写一个发掘简报上报。关于这三点,我们认为:一、是某些人错误汇报,欺骗领导;二、文物组到底有没有能力发掘,大家心中都清楚得很,我们不争功,但实际情况要说明;三、上报的简报我们同意,但不能无限期地拖下去,越快越好。

对于以上三点意见,张政委表示一定要认真对待,和其他同志研究后给予一个满意的答复。毕、吴二人见话已至此,只好告辞,但合计之后又觉于心不甘,便直接找地区文化组的曹副政委汇报。二人在述说了事情的前后经过后,又强调了如下意见:一、文物组故意刁难;二、他们欺骗领导,说假话,情况不实;三、为了上下同志间的团结,我们可以忍让;四、领导指示还要办,装箱一事我们不参加了,但要争取时间,不能延误。

毕、吴二人说完之后,迅速来到邮电局挂通了济南的电话,将发生的新情况向省博物馆馆长张学做了汇报。

4月29日上午,曹副政委传达省文化组负责人金松源的意见:"有什么问题将来解决,要共同参加装运,可以办理手续。"

下午,吴、毕二人同县文物组的刘心健、张鸣雪等一起装箱。

晚上,装箱工作仍在进行。约19点30分,郑指导员突然来到文物组,冷冷地说:"老毕同志,你们要有事,就先去忙吧,箱子我们装,你们放心好了。"

毕宝启听罢一愣,抬头问道:"是领导决定和指示的吗?"

郑有些不耐烦地拖着长腔说:"不要问这些了,话说得明确些,就是我们的人负责装箱和运送,没你们什么事了,你们只管走自己的人就是了。"

毕一听此言，顿时火起，很是恼怒地说道："你的意思是让我们屎壳郎搬家——滚蛋？"

"我没这么说，那是你自己这么想罢了。你们是不是屎壳郎我不管，反正装箱的事你们就不要插手了，免得再节外生枝，制造混乱。"郑指导员答。

毕宝启争辩说："下午装箱是根据尹局长传达的两点：一、大家一起装箱；二、明天早晨一起起运。现在你们又要中途变卦，既然这样，那你们就自己运去吧，老子这就走人，不过购买器物费和运送费呢？"

"我们负责。"郑满脸坚定地回答。

毕宝启抬高了嗓门说："那好，我前两天已把省博物馆出的一笔款子给了刘心健，刘心健是不是把款还给我？"

正在装箱的刘心健转了个身，抬头答道："现在财务都回家了，拿不出钱，明天一大早我保证给你送去，你们就放心走吧。"

"那我们就回去了，再见！"毕宝启说完拉起吴九龙向外走去。

"不要说什么再见了，我们的关系一回就够了。"郑指导员望着刚转身欲走的毕、吴二人，抢补上一句颇有些挖苦的话。

"你们够了，我们也不想再见。"一直未发话的吴九龙接过郑的话头做出反击。

"不要再跟这个不讲理的纠缠了，我们走。"毕宝启说着，拉着吴九龙急转身向外走去。

"知道走就好，我们失去的只是锁链，得到的却是属于沂蒙人民的珍贵文物。"郑指导员望着毕、吴二人的背影不依不饶地又抢补上了一句。

二人回了下头，瞥了一眼对方，没有吭声，略显狼狈地走了出去。

4月30日，毕、吴二人在地委第三招待所等待刘心健送款，但直到下午两点多钟也不见刘的影子，毕宝启焦虑之中对吴说："那帮人他娘的吹大话容易，拿款却像登天一样艰难，岂不怪哉？！"在感到刘心健不会来送款的情况下，毕宝启愤怒地骂道："看来这个狗东西是不会来了，我们做自己的打算吧。"于是二人商定分头行动，吴九龙由兖州乘火车返回济南汇报情况，毕宝启于临沂乘汽车去探望在莒县工作的妻子。此时的吴、毕二人并不知道，正当他们焦急地等待刘心健送款之时，运送银雀山汉墓出土文物的汽

第二章 揭开玄机

车,已驶出层峦叠嶂的沂蒙山区,奔驰在通往济南的平坦大道上了。

毕、吴二人被撇开之后,临沂方面开始单独行动起来。跟随汽车押运文物的分别是曾参与汉墓发掘的杨佃旭、县文化馆干部刘大田、县宣传队负责道具的小黄等三人。按照尹松若局长的指示,押运人员除携带由临沂地区、县两级文化部门出具的介绍信之外,更重要的是携带文物清单。当文物移交后,省、县双方要在清单上签字画押,以作为省革委会文化组、省博物馆向临沂县借调文物的凭证。行前,尹局长特意叮嘱杨佃旭道:"到了济南后,除了移交文物,对方要问其他方面的事情,你们只能回答三个字——不知道。当然,不是让你回答一个不知道,而是要你们一问三不知,也就是说每人一次,连续回答三个不知道。如果对方问为什么不知道,你们就说你们三个人都不是文物组的,除押运文物外,其他一概不知。"面对这个神秘得如同谶语的嘱咐,懵懵懂懂的杨佃旭只好点头称是。

尹局长望着杨佃旭那一脸木然的表情,知道对方没有也不可能理解自己的战略,便不放心地再次对杨佃旭说:"刚才我的话,一定要严肃对待,决不能有半点马虎。"

"听明白了。"杨佃旭挺

30年后,杨佃旭指着银雀山汉墓大厅墙壁上的竹简摹本感慨万千(作者摄)

二十世纪七十年代的山东省博物馆,现已成为文保单位

起了胸脯，斩钉截铁地回答。

第二天一大早，杨、黄等人怀揣着高度的责任心与使命感，驱车向济南奔去。到达省革委会文化组办公楼前时，已是下午两点多钟，经通报，由文化组负责人金松源亲自出面接待，并对这批器物的处理情况做了两点重要指示：

一、这批文物，特别是记载先秦文献的竹简非常重要，正因为重要，才引起中央的高度重视。虽说文物都归国家所有，但东西是在临沂出土的，归属保管权应属于临沂，换句话说就是国家的这份财产正由临沂人民保管着，省里和中央只是暂时整理和保护，绝没有永久性占有的意思。现在竹简需马上送中央整理、保护、研究，其他的器物你们愿意弄回去就弄回去，不愿意弄，就和竹简一同交省博物馆暂时保存、保护。

二、准备派人到北京参加竹简的整理工作，省、县各一人。你们回去后转告尹局长，看派谁去合适，最好派一位懂业务的同志去，一边工作，一边向专家们学习，将好的方法、经验带回来，再应用到具体的革命实践中去。这个同志将作为一颗种子在当地生根发芽，把自己学到的知识传授给更多的同志，以后竹简回了临沂，不但对竹简的保护可以发挥有效的作用，对一直比较落后的临沂地区的文物工作也会有一个积极的促进。

金松源说完后，又专门修书一封让杨佃旭回去交给尹局长，书中内容同以上两条基本相同。由于有了老金的口头保证和这封信，老实巴交的杨佃旭心中不由自主地翻起一股热浪，他从怀中掏出的那份早已被热汗渍得皱巴巴的文物清单，开始在手中莫名其妙地不停地抖动。随着金松源谈话的结束，杨佃旭脑海中也展开了激烈的思想斗争，其主题是：要不要让老金在这个借调性质的交接清单上签字？按行前尹局长的吩咐，一定要让对方签字画押，唯其如此，文物的主权才能得以正式确定，临沂方面才能高枕无忧。否则，面对这变幻莫测的时势，其后果难料啊。但此时，当杨佃旭看到老金又是保证、又是修书的真诚态度，感到不好意思再让对方签字了。杨佃旭一咬牙，决定不当小人做君子，不再让其签字盖章。于是，他那哆嗦的双手，重又将那张皱巴巴的借调清单连同老金的手书叠在一起，塞于汗渍渍的上衣口袋里，面带笑容，谦恭温顺地弯腰点头道别。未等对方的屁股离开那把已被摩擦得油光发亮的椅子，杨佃旭便将那双粗糙的大手在半空中猛地一挥，断喝

第二章 揭开玄机

一声"走！"，遂率领手下两个弟兄，走出办公室，咚咚地冲下楼去，爬上汽车，一溜烟向省博物馆驶去。这个时候的杨佃旭没有意识到，历史赋予临沂方面的一次重要机会，就这样随着车轮卷起的满天尘土飞扬而去了。

待杨佃旭一行来到省博物馆，刚和相关的人员接上头，对方便问道："我们去的两个人回来了吗？"

杨佃旭想起老局长的叮嘱，轻轻摇摇头说："不知道。"另两人也分别跟着摇摇头说"不知道""不知道"。

对方并不知道其中的猫腻，又接上一句："这两人上了哪儿？"

"不知道。"杨佃旭回答，其他两人随声附和。

"哎，你说这两个人是咋回事？一点音信也没有。"对方显然是属于二百五之类的人物，彪乎乎地有些不识时务，仍不依不饶地进行着无聊的盘问。

"不知道，我们知道的就是三个字，叫作不——知——道，即使你今天铡了我的头，也还是这三个字。"杨佃旭在看似玩笑中流露出不耐烦的神色，对方还想继续追问，但看到三人不再愿意搭理自己，只好知趣地打住了。

按照省文化组负责人老金的指示，运至济南的器物除竹简暂时留在省博物馆外，其他的可以拉回临沂整理、保存，但杨佃旭认为这样来回折腾没有必要，也得不偿失，干脆全部在省博卸下，回去时既省心又省力。在这个思想的指导下，他率领手下两个弟兄，忙前跑后、气喘吁吁、满头大汗地将车中文物一箱箱或扛或抬全部弄了下来，又帮着对方以

毕宝启在当年山东省博物馆竹简存放库房前述说往事（作者摄）

059

学雷锋的姿态扛进仓库,大有被人卖了还热心地帮人点钱的架势。在这个明眼人一看就感觉甚为不妙的决策指导下,银雀山两座汉墓出土的文物,全部轻而易举地落入山东省博物馆囊中。由于杨佃旭没有搞明白到底哪头炕热,不知轻重地做出了拱手相让的抉择,临沂方面不战而败。此前无论是军代表方面,还是文物组的崔寔、张鸣雪、刘心健,抑或文化局局长尹松若等所做的一切努力、算计、争吵、阴谋与阳谋,都随着杨佃旭手中木箱的落地而付之东流了。

第二天早晨,当杨佃旭率领手下弟兄乘车离开济南时,随着旭日的照耀和暖风的吹拂,汗渍不断消失,他那发烫的头脑也渐渐冷静下来。其时,杨佃旭猛地意识到,昨天自己至少在两个关键问题上产生了重大失误:一是不该为了顾及对方的面子,而没有让老金在借调手续上签字;二是不该将竹简以外的文物无条件地留在省博物馆。想到这里,杨佃旭懊悔不迭,暗骂自己竟如此糊涂,有心掉转车头返回济南要回文物,反败为胜,但又觉得有些鸭子吞筷子——不便回脖,因而始终犹豫不决。就在这反反复复的内心搏斗中,汽车驶出了平坦大道,开始进入沂蒙山腹地。随着一阵阵盘峰越谷、穿云钻雾的急剧颠簸,心中的念头也渐渐被一腔无奈隔绝开来并抛之脑后了。

回到临沂后,杨佃旭把省革委会文化组金松源的手谕交给尹松若局长,并婉转地汇报了济南一行的全过程。尽管在"两个不该"的问题上,杨做了轻描淡写的处理,但在转述老金要求临沂派人到北京参与整理竹简的意见时,却不遗余力地进言,希望采纳老金的建议,直接派人加盟。在杨佃旭看来,这是继自己弄出的极为糊涂和不理智的"两个不该"之后,关乎银雀山汉墓出土文物命运的最后也是最为关键的一招,是历史赋予憨厚老实的沂蒙人民的最后一次契机。如果顺水推舟,派人北上,就有机会对竹简的去取存留堂而皇之地进行监控,并有可能牢牢控制住竹简的所有权,让这批珍宝的窥伺者无机可乘。唯如此,临沂方面才能反败为胜,挽回颓局,保住半壁江山。至少不至于落个鸡飞蛋打,赔了夫人又折兵的悲惨下场。但是,此时临沂县文化系统的最高长官尹松若同志,并未认识到问题的严峻,也没有意识到上帝老人对一直多灾多难的沂蒙人民的一点小小惠顾将被自己的疏忽与不作为而白白地葬送。他仰靠在椅背上,两只眼睛似睁非睁地思考了一会儿,说:"我们这里人少活多,哪有合适的人可派,东西既然都被他们弄走了,

第二章 揭开玄机

我们就不要再掺和了,他们爱怎么弄就怎么弄去吧,管他娘的呢!"仅仅几句话,就把心怀爱恋之心的上帝老人送回了西天。临沂方面在丧失了历史赋予的最后一次机会的同时,也丧失了这批珍贵文物的监护权,这给沂蒙人民带来的是无尽的悲凉与伤痛。尽管三十年后沂蒙儿女不好意思地将这伤痛委婉地透露给了时任共和国总理的朱镕基,此时大权在握的总理纵然有心相助,但面对历史形成的痼疾,亦无回天之术矣。

张营长神秘赴京

由于临沂方面拒绝派人北上,根据山东省革委会文化组的指示精神,省博物馆决定委派本馆吴九龙和修复室的青年修复专家杨正旗押运竹简赴京,并作为山东方面派出的专家,与国家文物局组织的专家会合,共同对出土竹简进行整理、保护和研究。

鉴于时间紧张,博物馆方面来不及订购车票,1972年5月8日凌晨2点51分,吴九龙、杨正旗携两箱竹简登上了由上海开往北京的14次特快列车。当吴、杨二人上车后,发现车厢里早已人满为患,不仅座位全无,狭窄的过道里也满满当当,整个车厢弥漫着呛人的烟味和熏人的臭气。无奈之中,二人只好把箱子放在两个车厢相连的过道里,由于木箱有较强的承重能力,每人放一个

主管全国文物工作的王冶秋

061

在身下，既保证了安全，也算有了个硬座。

列车在济南站短暂停留后，又喘着粗气缓缓向北驰驶，当越过著名的黄河钢架大桥后，开始加速奔驰。略带几分凉意的暖风从打开的窗子飞蹿而入，在车厢中来回飘荡，让人在微醺中昏昏入睡。面对暗淡的灯光和纷乱中渐渐沉寂下来的车厢，吴九龙对杨正旗说道："你闭上眼睛打个盹吧，箱子我照看着。"

"还是你先来吧。"杨正旗推让着。

"你知道，今晚我是睡不着的，一是惦记着咱的箱子，再一个是就要见到我的父母了，心里感到热乎乎的。"吴九龙说着，有些湿润的眸子里闪着激动的亮光，随后又苦笑了一下，眼望漆黑的夜幕，在隆隆的列车行进中，断断续续地忆起了来山东前后所经历的一段悲欢离合的往事——

自打由中科院考古研究所下放到浙江省军区乔司农场劳动，随后又被发配到嘉兴农机厂当了一名车工之日起，吴九龙觉得也许他这一生都将与自己所钟情的考古工作绝缘了。

谢元璐（左）与考古学家苏秉琦在山西侯马考古工地留影

面对当时的政治形势和自身所处的工作、生活环境，他不得不放弃学生时代的理想，一门心思干好眼前的工作。由于在北大读书时自己学过绘图，对工厂的图纸很快就能看懂领会，进厂两个多月便可作为骨干力量开始和师傅们轮流顶班劳动了。1971年底，随着政治形势的好转和国家筹办"两大文物展览"的契机，在周恩来、王冶秋等人的努力下，图博口下放的部分业务人员开始陆续归队。趁此机会，在国家文物局工作的考古学家谢元璐给远在浙江嘉兴的吴九龙写信，希望他能归口工作，继续为新中国的考古事业做贡献。谢在信中透露，除北京、上海、天津等三个直辖市明确规定不能进入外，其他省市都可自行联系归口事宜。吴九龙是在北大读书时，在随老师和同学到山东临淄春秋故城的发掘工地实习时和谢元璐相识的。当时谢作为著名考古学家，代表国家文物局负责这个考古工地的协调工作，吴只是一名普通学生，但就这样两个无论是地位还是年龄都悬殊的人，却阴差阳错地建立了深厚友谊。尽管后来二人天各一方两茫茫，但友谊之情未了，来往书信未断，在这个节骨眼上，吴九龙接到了谢元璐的来信，并准备按照谢的意图开始行动。因为从事考古工作是自己终生的理想。自从当年由中学毕业考入北大历史系后，吴九龙就曾设想进考古专业学习。一年后，历史系开始分为中国历史、世界历史和考古等三个专业，吴九龙被划到了历史系。为了实现进考古专业学习并成为一名考古学家的梦想，他找到了对自己倍加关爱的中科院考古研究所考古学家杨泓。经杨泓向当时北大考古教研室主任、著名考古学家苏秉琦推荐，才改修考古专业，并因各方面优秀的成绩当选为考古班班长。这位当年的一班之长，自然不能抛却自己的追求和梦想，所以当冬天过去，春天再度来临之时，他要从蛰伏的大地深处探出头来，重新回到生机盎然的天地之中一显身手，干一番轰轰烈烈的事业。

　　吴九龙要走的消息很快在工厂传开，由于他在工厂的出色表现，从厂领导到普通工人都劝他留下，他的师傅不无动情地劝道："九龙啊，不管怎么说，嘉兴是鱼米之乡，在我们这里娶个姑娘安个家不错了，你就留下来吧……"面对同事们的盛情挽留和三个直辖市不能进入的硬性规定，吴九龙心中犹豫起来。正在这时，在北京家中的母亲突然患病昏厥，而父亲正远在外地干校接受劳动改造，处于自身不保的境地，对这一切自然无从知晓。幸得邻居发现并及时送医院抢救，才算保住了性命。得知这个消息后，吴九龙在加深了对母亲担忧与挂念的同时，也坚定了离开嘉兴的决心。于是，他主动给山东省委下放干部分配办公室写信，说明自己的情况，要求到山东省工作。之所以做这样的选择，一是因为山东离北京较近，二是自己曾在山东临淄实习，和省博物馆文物组的人员熟悉。如果到了文物组，无论是工作还是生活，较之在其他省市都将顺利和愉快一些。不久，吴九龙收到了山东方面的回信，大体内容是同意安置，但对"文革"毕业生的分配方向，原则是要下放到农村教中学,以便更直接更有效地接受贫下中农的再教育。尽管这个消息令吴九龙有些不快,但想到学校每年尚有寒暑两个假期,可以借这个难得的自由时间,回北京探望一下多病的母亲,也可缓解积郁在心中的担忧与挂念之情。想到这里,便打点行装,辞别了嘉兴那块为之洒下青春汗水并给予自己温暖与安慰的热土,匆匆向泉城济南奔去。

当吴九龙风尘仆仆地来到山东省委分配办公室时,仍怀着一线希望,向一位专管接待的负责人叙说了自己依然想干考古工作的想法。这位分配办的负责人原是一名刚离开部队不久的转业干部,听完后冷冷地回答道:"山东这个地方历史不长,只有学可教,没有古可考,你们这些臭知识分子整天婆婆妈妈真是难伺候。话说得干脆一点,你如果乐意留下,就到农村去好好给我教书,且只有老老实实地教,不许向学生宣传反动思想和散布资产阶级流毒,否则,我这里不留。"

面对这位负责人没头没脑、不可一世的蛮横与霸道之态,吴九龙感到自己的人格和尊严受到了侮辱,内心充满了愤怒与不屑,他沉默了一会儿说道:"1965年,我在北大读书时,跟着老师来山东实习过,多少了解一点情况,也有了些感情,今天只是表达自己的一点愿望罢了,如果此事不成,就按您说的办吧。"吴九龙于无奈之中在答应对方要求的同时,也提出了一个附加条件,那就是趁此机会回北京探望一下病中的母亲。想不到这个请求出乎意料地得到了对方的恩准,并给予了十天宽松的时间。

走出分配办的门口,悲喜交加的吴九龙脑子里乱哄哄的,总觉得这次交涉的结果不尽如人意,也令人心有不甘。他怀着试一试的想法,在去火车站之前,又来到了山东省博物馆,找到此前相识的文物组负责人杨子范请求帮助。杨子范热情地做了接待,在答应尽一切力量给予帮助的同时,又让吴到省革委会文化组找一位叫高寿安的负责人求助。这高寿安是一位刚从干校劳动改造中放出来的老干部,中等略胖身材,满头白发,和蔼可亲,给当时正茫然的吴九龙留下了很深的印象,以至若干年后,每当吴九龙回忆起这段往事的时候,总是对这位老人心怀感激之情。二人见面,高寿安真诚地对吴九龙说:"你们分配的事不属于我管,如果博物馆乐意收留你,我就和杨子范同志共同去做省革委会分配办的工作,假如我们从中周旋得当,你的运气又不错,或许这个愿望是能实现的……"

第二章 揭开玄机

吴九龙心怀一线希望告别高寿安，踏上了北去的列车。第九天，当他返回济南到省革委会分配办报到时，那位粗俗霸气的负责人依然神气十足，却又不忘卖好地说道："看你小子还有点理想，我这次就特批你一回，到博物馆报到去吧。"吴九龙闻听惊喜交加，嘴上连忙称谢，但脑子尚未糊涂，心中暗想，如果不是杨、高二人鼎力相助，现在要去的地方绝不是博物馆，而是一个偏远山区的乡村中学了。真是一个两面三刀的变色龙呵。吴九龙心中发着恨，拿了报到通知书，昂首挺胸走出了分配办。

由于有了此前的铺垫，来到省博物馆报到后，吴九龙被杨子范点名要到了文物组，在招待室暂住了两个晚上之后，即赴临淄春秋故城发掘工地，参加山东省博物馆文物组等单位正在进行的考古发掘。此时正是农历年的年尾，这一年的冬天山东奇冷，雪也分外多，鉴于越来越恶化的天气，整个发掘工地加紧缩小范围，以尽快揭示预期的秘密。吴九龙身穿一件破棉袄，外套粗布罩衣，在寒风呼号、大雪纷飞的夹击下，同其他考古队员一道，于泥水中不断追寻、探索、破译着一个又一个千年秘密。待一天忙活下来，衣服早已湿透，因无其他衣物可替换，湿透的罩衣、棉袄要等到了晚上用火炉烘干后，第二天再接着穿上去工地劳作。这样的生活大约持续了半个月后，吴九龙奉命向省博送图。当时全国各地正在大搞农田水利基本建设，而这个建设跟文物遗址的保护又有很大矛盾。许多遗址如果让农民们任着性子挖下去，势必遭到破坏；如果不让挖掘或修筑灌溉设施，又会出现大片农田浇不上水的情形。临淄齐国故城的文物保护工作在这种两难的矛盾中，已反复折腾了多年，并渐渐引起了当地民众对政府和文化职能部门的不满。为了尽可能地减少这一矛盾，做到兴修水利与文物遗址保护、发掘兼顾，国家文物局在得知这一情况后，立即指示发掘人员主动缩小保护与发掘范围，并以最快的速度制出缩小后的图表送北京，以便做出批示。因情况紧急，发掘队决定派吴九龙先将图送往省博物馆请领导们过目，然后送北京报批。吴九龙受领任务后，不敢怠慢，骑上一辆自行车顶着漫天大雪，先从临淄发掘工地到达张店火车站，再搭乘火车奔赴济南。因大雪下得紧，积雪过多，火车于半夜时分在中途停住不能动弹，经询问列车人员得知，原来火车铁轨的一个道岔被冻住，扳道工使出浑身的力气，怎么也弄不动那已埋在大雪中的道岔，因而火车只有趴在原地不动。经过几个小时的折腾，列车总算又挪动着笨重而疲惫的身躯，冲进了茫茫雪野。饥寒交迫、又困又乏的吴九龙，眼望窗外漆黑的夜幕，心中渴盼着列车早一点到达济南，但那列火车却如同一头行将倒毙的老牛在寒风中左右摇晃，就是不肯加速前行……

正这样朦朦胧胧、时断时续地回忆着，列车喇叭突然响起，北京站就要到了。

5月8日上午9点10分，列车到达北京站。吴九龙、杨正旗二人肩扛木箱，手里提着简单的行李走出站口，花八角钱雇来一辆三轮车，拉着人和木箱直奔位于沙滩红楼的国家文物局。不巧的是，王冶秋外出开会未归，吴九龙便找到在文物局文物处工作，并一直关注自己成长的老一辈考古学家谢元璐说明情况。谢听后大喜，在将竹简验看之后，立即让吴带上竹简照片直奔中华书局。此时，中国历史、文物界的一流学者张政烺、启功等刚刚得到平反，并根据周恩来总理的指示，正云集中华书局做标点二十四史的工作。待见到张政烺后，由谢元璐简单地说明了情况，吴九龙将照片拿出来展示，张政烺看罢说："快请启功先生看看。"于是著名古文献专家、文物鉴定专家、书法家启功被从另一间屋子请来，开始观看照片。过了一会儿，启功猛地抬起头，神情激动地对张政烺说："这个东西不得了，要赶紧想办法整理、保护，不能再耽搁了。"紧接着又转身对吴九龙说道："你们先回文物局等王冶秋，我们几位过一会儿也赶过去，大家一块想办法，看怎么个搞法合适。"吴九龙答应着，随谢元璐乘车返回。

下午四点多钟，王冶秋回到文物局，吴九龙、杨正旗在谢元璐的引荐下，来到王冶秋的办公室做了简单汇报，随后开箱验看了竹简。王冶秋看罢，脸露惊喜之色，但很快又由晴转阴，只见他眉头紧锁，面色沉重地说："想不到损害这么严重，这个墓到底是怎么挖的？九龙呵，你说说看，弄成了这个样子，叫我怎么办，怎么办？谁负责挖的这个墓？……"王冶秋一边说，一边不住地抖着手，冲吴、杨二人发起火来。

面对王冶秋焦急、忧虑、嗔怒的态度，吴九龙心中有话想说但又觉得不好表达，他不能说出发掘中的前因后果，毕竟发掘已经结束，历史不可能再给一次重新发掘的机会了，目前急需要做的不是对发掘者打不打屁股的是非清算，而是如何尽快保护和整理竹简，最大限度地减少损失。关于这一点，王冶秋也是心知肚明，他的话只是由着性子，发发牢骚罢了，一个愚昧、荒唐加无知外兼乱哄哄的年代，自然要产生一些荒唐、无知和乱七八糟的事情，这是历史老人对人类自身的无知和缺乏理性的报复和警示。这样想着，王冶秋紧锁的眉头慢慢舒展开来，焦躁不安的心绪也渐渐趋于平和，那迷惘的眼睛突然为之一亮，温和地对吴九龙说："哎，有了，二楼，先到二楼，走，咱去看看。"说着将手高高举起，冲门口猛地一挥，心性十足地带领谢、吴、杨三人向二楼走去。

2002年秋，杨正旗向作者讲述当年押运竹简赴京整理的经过（作者摄）

此时王冶秋腿部有病未愈，走路时一瘸一拐地有些吃力，但他拒绝别人搀扶，一个人坚持蹬上楼梯并在二楼找到了一间内有自来水管的屋子。他伸手将水龙头拧开，一股清洌的水"哗"地流了出来。"好，就在这里吧！"王冶秋精神抖擞、声音洪亮地说着，又很快转身对谢元璐道："老谢呵，你看是不是就在这里？"

"目前也只有这里了。"谢元璐深知此时文物局的条件，苦笑了一下，轻声回答。

当年竹简整理人员工作的地方，2001年国家文物局撤出红楼，现该楼已改为五四新文化运动陈列馆

"那你找办公室的同志收拾一下这个屋子，弄几张桌子和清理竹简用的东西，准备工作吧。"说完又扭头对吴九龙道："九龙啊，你们先找老谢安顿下来，我尽快调集专家前来整理，你们要积极配合工作，有什么问题、什么困难直接跟我说，我帮助解决……"吴、杨二人急忙点头称是。

当天，在中华书局工作的启功、张政烺等史学界大腕儿

来文物局找到王冶秋,针对银雀山汉墓出土竹简的保护以及未来的研究等问题做了探讨,这些老学者对竹简如此重视,让王冶秋很是感动。

第二天,红楼二层的那间屋子已收拾完毕,一位姓常名惠的七十多岁的专家被找来。这位早年毕业于北京大学的著名鲁迅研究专家及文物鉴定、保护专家,到来之后立即带领吴、杨二人投入了工作。当他看到吴九龙工作起来不慌不忙、颇有些条理的样子,不禁问道:"九龙呵,你是哪儿毕业的?"

"北大。"吴九龙答。

"噢,我们还是同学呢。"常惠微笑着说。

"可不敢这么讲,您是前辈,我是晚辈,这活还靠您多指导呵。"吴九龙出于对这位老专家真诚的尊重,颇为谦虚地回答着,二人的感情自此变得越来越亲近。

不久,王冶秋来到清理竹简的房子,对吴九龙等人说:"跟你们说过的王丹华同志今天报到来了,这可是吃过洋面包、喝过洋墨水的专家,这竹简清理的事,就以她为主好了。"说到此处,转身对一位女士做着介绍。大家看到,面前这位女同胞,大约四十岁的年纪,中等偏瘦的身材,齐耳短发,面色略带倦意,属于典型的知识分子模样。见王冶秋在众人面前夸自己,王丹华面带羞涩,不好意思地对王冶秋,也是对大家说道:"看看,王局长又吹上了。"说罢微笑着和大家一一握手,自此算是加入了这个特殊的阵容,并开始主持整个银雀山汉墓竹简的清理、保护工作。随着工作的进展和彼此感情的交流,吴

王丹华(左)与杨正旗在整理竹简(杨正旗提供)

九龙、杨正旗对王丹华的人生经历，也有了更进一步的了解。

作为当时为数不多的归国女留学生，王丹华的留学与研究方向都和王冶秋有很大关系。新中国成立后，王冶秋作为文物界最早也是最主要的领导人之一，对文物的保护修复一直惦念在心，他既看重中国传统的文物保护修复技术，同时又十分重视现代科学技术在文物保护上的运用。面对新中国成立后百废待兴、文博人才特别匮乏的现状，王冶秋和文物界的领导者们都意识到，要掌握现代科技，就必须进行专业人才的培养，而培养的途径除国内的大学和举办各种形式的培训班之外，还要走国外培养的路子。只有两条腿走路，才能产生视野开阔、技术过硬的一流人才。在这个思想的指导下，自1955年起，文博系统开始利用各种机会选拔人才到国外留学。由于波兰的哥白尼大学设有文物保护专业，而且波兰的文物保护技术水平在当时甚至以后相当长的一个时期都名列世界前茅，因而有许多国家的留学生到哥白尼大学攻读文物保护专业的学位。在王冶秋的力主下，1955年，中国文物系统选派优秀青年业务人员王丹华、胡继高二人前往哥白尼大学留学。

1958年，中国掀起了"大跃进"浪潮，许多海外留学生站在对岸，观望东方扑面而来的汹涌潮头，怀着真诚与幼稚的心愿，迫不及待地要求提前回国，加入"高歌猛进的大跃进"浪潮之中。远在波兰的王丹华、胡继高，也在这股大潮的冲击下，按捺不住心中的激动与兴奋之情，立即致信国家文物局党委，请示是否只选学几门课程，以便提前打道回府，报效祖国和人民。王冶秋和其他局领导人研究后，认为这种想法是"胡闹台"，极为不可取，必须打消。便立即回函王、胡二人，令其不要一听到刮风就认为要下雨，人家要上吊，你也急忙找绳子。祖国需要的是人才，而绝不是一瓶不满、半瓶晃荡的"二混子庸才"。需一切从长计议，仍按波兰学制规定进行系统学习，并攻读硕士学位，如果拿不到学位证书，就不要回国。

王、胡二人遵照这个指示，决定打消刚刚生发的"胡闹台"的念头，并转变找绳子的上吊思想，继续在海外求学，一直坚持读完硕士课程。在决定毕业论文的选题时，王、胡又专门请示国家文物局，请求指导主攻方向。王冶秋和其他领导人商讨后认为，从已出土的大量文物来看，漆木器脱水和古纸保护最为急需，也最为重要，希望二人分别选一题目作为主攻目标。根据这一指示精神，胡继高选择了漆木器，王丹华选择了古纸保护，经过刻苦学

出土的《孙子兵法》残简

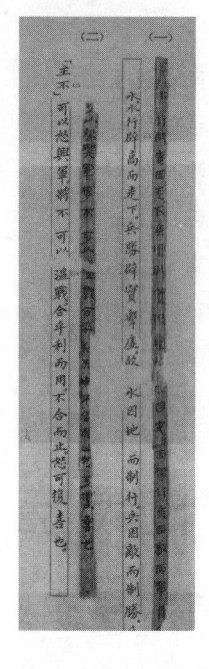

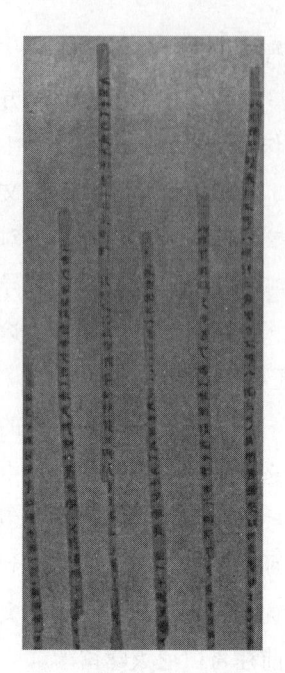

习，最后二人均以满分五分的成绩通过了论文答辩，并获得了硕士学位。回国后，二人被同时留在中国文物博物馆研究所工作。随着不断的工作和具体实践，王丹华深深体会到当年进行系统学习的重大作用，并领悟到王冶秋等领导者的真诚与远见。假如当时为追逐时髦和浪潮，半途而废，势必在后来许多出土文物的保护问题上处境尴尬甚至无奈，而摆在面前的这批竹简就是最好的明证。

当王丹华查看木箱和案板上的竹简时，见多识广的她还是大吃了一惊。出土竹简呈深褐色，绝大部分与灰白色黏土连在一起，形成了一团又一团不规则的竹块，有的竟十余根重叠纠缠在一起，并伴有若干残片竹屑，状如乱麻，极难分离。由于竹简的含水率高，纤维组织被破坏，质地脆弱，完全失去了竹子的韧性，如同一堆腐朽的烂竹柴，只要水纹一有大的波动，便会使其折断，若用手指轻捻即成粉末状。又由于竹简出土时遭到了人为的毁坏，越发加重了清理的难度。面对本身条件如此糟糕和令人望而生畏的一批竹简，王丹华尽管觉得极其为难，但也只好拿出平生所学，鼓起勇气与常惠、吴九龙、杨正旗等，在做了一番周密的计划和准备后，按照十个大的步骤小心谨慎地操作起来。其清理的主要过程为：

1.把与泥水混合的竹简分别盛于5只平底搪瓷盘中，短简编为1—4号，长简编为5号，用蒸馏水浸泡。

2.提取无字残简，反复进行清理试验，根据试验情况确定方法、步骤及使用的材料。

3.提取粘连成块的竹简，浸泡在盛蒸馏水的搪瓷盘中，然后进行分离、清洗，一部分用极薄的牛角片轻轻分离，一部分先后使用表面活性剂、渗透剂进行浸泡，而后再轻轻分离。由于竹简极为脆弱，用手触摸时稍不留神就会折断，必须谨小慎微，尤其注意避免字迹被泥水粘掉。

4.用无色有机玻璃板托起浸泡在蒸馏水中的竹简，倾斜控去流水，持小号羊毫毛笔，用其笔尖顺竹丝轻轻洗去粘泥。由于竹简的质地已极疏松，多刷几笔字迹就会脱落，简片也往往会散开，这就要求在洗涤泥垢中需特别小心，不得触伤墨迹。

5.由于清洗过的竹简极为脆弱易折，在脱离水面时不能承受水的吸引重力，必须用薄玻璃片托起，一根根装入编号的玻璃管内，用蒸馏水浸泡。塞口之后，平放在垫衬塑料泡沫的平底搪瓷盘中。

6.每10枚为一组，给予编号，然后分别从玻璃管内取出，放入平底盘中，以2%—3%草酸溶液进行脱色。脱色后，字迹变得清晰起来。

7.将脱色竹简按顺序平放在托板上，进行拍照，随后立即用蒸馏水浸泡多遍，使之洁净。已经拍照的竹简，其编号应与玻璃管的编号绝对相符。

8.已拍照的竹简，放入盛蒸馏水的平底盘中，用特制的薄玻璃将其托起，当调整好位置之后，正面再合加一条玻璃片，以丝线分三道轻轻捆扎，然后放入装有蒸馏水的玻璃管内。

9.向玻璃管内注入五氯酚钠溶液，用以防霉防腐。

10.熔蜡封口。

对于以上10个步骤，大多数能在国家文物局二楼完成，但也有少数项目如照相等，要到故宫博物院照相室才能完成。王冶秋得知后，认为文物局到故宫这段路途必须多加小心，一旦发生意外，后果不堪设想。于是，以后再到故宫拍照，王丹华、吴九龙则乘坐王冶秋的专用坐骑——伏尔加轿车往返，这样自然就安全了许多。

正当王丹华、吴九龙等专家倾尽全力对竹简进行清理时，竟出现了一段包含着诡谲色彩的意外插曲。山东省博物馆军宣队代表张营长突然来到北京，把吴九龙、杨正旗二人悄悄找到自己居住的旅馆，寒暄过后，从一个小木箱里掏出一捆竹简神秘而严肃地说："这是临沂那伙人偷偷留下的，这次我奉领导之命专程送来，馆领导的意思是你们拿回去，悄悄放进正在整理的那一堆竹简中，别让其他人知道，更不能让王冶秋知道，一定要做得神不知鬼不觉，就像电影里上演的日本鬼子向高家庄进行扫荡一样，'打枪的不要，悄悄地进村'。一旦声张出去，让王冶秋等领导知道，要追究起来可就麻烦大了，弄不好大家都要吃不了兜着走。"对于张营长的言谈与神色，吴、杨二人开始有些丈二和尚摸不着头脑，待对方叙述了事情的经过，方才明白内中缘由。

原来，当杨佃旭随车押运银雀山出土文物奔赴济南后，临沂县文物组的张鸣雪突然将一个靠墙角的黑色小缸搬了出来，缸中尚有一部分竹简正浸泡在水中。由于这个小缸所在的地方比较隐秘，在此之前的装箱中，竟被文物组的几个人故意匿藏了起来（毕宝启、吴九龙说是故意匿藏，杨佃旭说是无意中遗漏，此事尚有争议）。等去济南的杨佃旭走后，张鸣雪将小缸搬出来满脸兴奋地对身旁的刘心健说："嘿，小刘，你来看，他们非逼我们把东西全部送走，想不到大伙还是在这里藏了一把，这可真是天不灭曹呵！"

看到张鸣雪摇头晃脑、得意忘形的样子，刘心健想起了发掘中的不快，此前和毕宝启、吴九龙较劲时结成的对外联盟迅速解体，由外战的外行变成了内战的内行，他怀着极度的厌恶之情白了对方一眼道："哼，别高兴得太早了，谁知道是福还是祸，一旦让人抓住把柄，你跳进黄河也洗不清。"说完，头转向一边，不再理睬对方。

张鸣雪似乎还沉浸在莫名其妙的兴奋与激动中，他并不理会刘心健的态度，依旧不识好歹地说："是福不是祸，是祸躲不过，明日我把它清理出来，看看是福还是祸。"

"整一个丧门星，我看你是不见棺材不落泪，没有祸你也会惹出祸来的。"刘心健扔下一句秤砣一样塞人的话，撇了下嘴，扭头走出了屋子。

张鸣雪感到自己讨了没趣，大跌面子，禁不住心中火起，冲着刘的背影大声说道："狗东西，你不要西北风刮蒺藜——连风（讽）带刺！"见刘心健头也没回，张鸣雪更感跌份儿，气恼之下，喊了声："管他娘的是福还是祸，老子就是见了棺材也不落泪。"说着弯腰臂，"呼"的一下将缸搬起，口下底上对着一个铁盆子倾倒起来。按张的设想，如此做法必能将缸中竹简倾巢倒出，但连倒三次都未能如愿。此时的张鸣雪如同受到了羞辱，索性抱着黑缸在空中抡了三圈，又在地下晃了三晃，这一抡一晃，缸中的大部分竹简已零落成泥碾作尘，再往外一倒，只听"哗"的一声响，缸中残简

第二章 揭开玄机

加泥水全部倾覆于铁盆中。当张鸣雪将这批被遗漏的竹简清理出来时，其数量已十不及一。本来这惨重的损失足以令人扼腕，想不到临沂方面的领导者竟像什么也没有发生一样对此置若罔闻，没有人再去理会。后来在尹松若局长的指示下，竟作为临沂县考古的重大成果，堂而皇之地参加了1972年8月在临沂地区艺术馆举行的全地区文物展览。就在这次大张旗鼓的展览中，受邀前去捧场的山东省博物馆领导人，突然发现自己的眼皮底下竟出现了银雀山汉墓竹简，在不可思议的同时对参展的竹简提出疑问，待弄清楚了事情的前因后果后，对临沂方面私藏竹简隐匿不报并没事人一样公开展览的态度表示强烈不满和愤慨。在省博领导人看来，临沂方面的这个做法，是对省和中央文物部门权威的公然挑衅，是对文物保护法的蔑视与肆意践踏。为了保证这批竹简尽可能地完整，在学术研究上少受损失，省博物馆领导人以上报省革委会和中央相要挟，迫使临沂方面撤展，交由省博物馆派人送往北京。于是，便有了张营长携简赴京，并计划通过吴、杨二人做内应，在外界神不知、鬼不觉的情况下，将残简悄悄放于正在整理的竹简中的一幕。至于这样做的理由，正如军代表张营长所言，主要是怕王冶秋知道后提出批评。尽管此事错在临沂，但临沂属于山东的一部分，而山东省作为一个地域上的整体，文化方面是一个系统，所有的领导者都是一根绳上的蚂蚱，只是这蚂蚱有大小之别罢了，一旦出了事，对谁都没有好处。本着家丑不可外扬，打掉了牙和血吞，以及宁让国家吃亏，决不让自己倒霉的战略意图，采用三十六计中的瞒天过海之计，将这一看似棘手的事情摆平搞定。对于张

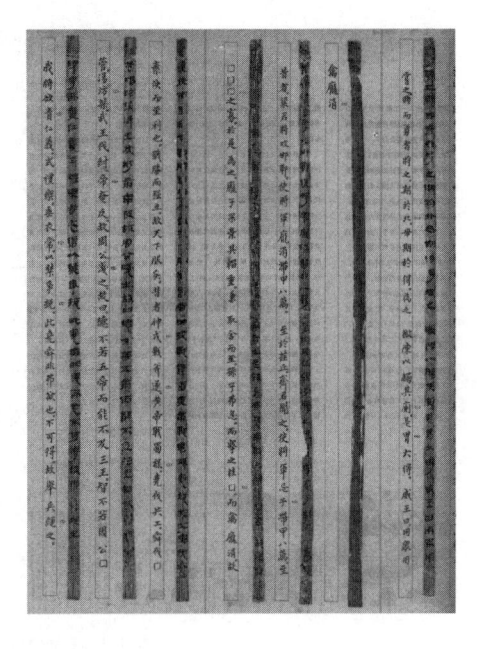

《孙子兵法》竹简及摹本

营长提出的这一要求和计策，吴、杨二人尽管觉得不够光明磊落，但想到这瞒天过海总比借刀杀人要好，在这到处都在借刀杀人或者干脆亲手杀人的世道里，弄个瞒天过海也没有什么大的罪过，况且再光明磊落也无法弥补这些竹简的损失了。想到这里，吴九龙、杨正旗各自叹口气，按张营长的意图，将送来的残简收拾好，在无外人知晓的情况下，悄悄放于整理室中，并同其他竹简一起进行了整理和保护。这个意外插曲也算是有了一个令山东方面比较满意的了结。

经过近两年夜以继日的工作，银雀山汉墓竹简的清理工作基本结束。据初步统计，一号墓出土编号竹简共4942枚，完整竹简每枚长27.6厘米、宽0.5—0.9厘米、厚0.1—0.2厘米。残损竹简长短不一，无法一一统计。二号墓出土竹简共有32枚，每枚长69厘米、宽1厘米、厚0.2厘米。由于二号墓发掘时方法得当，保护有力，出土竹简基本保持了整体的完好。

从总体上看，银雀山汉墓竹简出土数量之多，内容之丰富，以及残损之严重，都是十分罕见的。因此，银雀山竹简的成功清理，为后来的学术研究创造了最基本也最重要的前

甘肃武威磨嘴子出土的《王杖诏书令》简册（文物出版社提供）

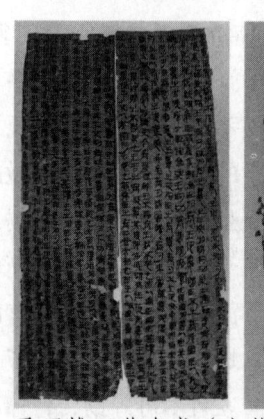

马王堆汉墓帛书（文物出版社提供）

第二章　揭开玄机

提条件，为抢救保护这批珍贵文物做出了重要贡献。这一具有划时代意义的清理工作一经完成，即在国内外引起了强烈反响，王冶秋等文化界、文物界的领导人，以及著名专家学者商承祚、夏鼐、苏秉琦、罗福颐、顾铁符等都给予了很高的评价。除中国新闻媒体做了报道外，日本报刊也曾给予了长篇累牍的宣传报道，称这项工作不仅为中国的"考古中兴"写下了辉煌的一页，也为世界各国特别是中东和远东地区出土的同类或类似竹简、漆木器等古老器物的清理，提供了典范。这一方法在为后来的清理工作提供了宝贵经验的同时，也对中国的文物保护事业产生了广泛而深远的影响。事实上，继这次银雀山汉墓竹简成功清理之后，在全国各地又陆续出土了安徽阜阳汉简、湖北睡虎地秦简、湖南长沙走马楼三国竹简等大批价值连城的竹简，而这些竹简的清理工作，无一不是以银雀山汉墓竹简的清理方法为样板进行的。当然，对王丹华、吴九龙、杨正旗和王冶秋等领导人而言，一切都是后话了。现在急于要做的是立即对竹简内容进行研究，以便尽快揭开那充满无穷魅力与强大诱惑的玄机奥秘。

揭开墓葬之谜

就在王丹华主持清理工作开始不久，相应的整理研究工作也已展开。在王冶秋的斡旋、努力下，自1972年开始，从故宫博物院调来罗福颐、顾铁符两位著名古文字学专家临摹竹简，并与吴九龙一起对出土竹简初步开始辨认、省识、校录等工作，为以后整理研究工作的全面展开做了铺垫。

此时，刚刚挣脱了锁链的中国考古事业如同得到天助，"哗"的一下进入了新中国成立以来第二个辉煌时期。就在银雀山汉墓发掘前后不长的一段时间，考古人员又于湖南长沙发现、发掘了马王堆汉墓，在新疆吐鲁番地区发现、发掘了唐代文书。随着一系列重大考古发现与发掘，一个"考古中兴"的局面业已形成。鉴于上述地区出土文物的重要性以及在国内外引起的广泛瞩目和震动，经周恩来总理批准，王冶秋亲自主持，于1974年10月，相继在北京成立了"银雀山汉墓竹简""马王堆汉墓帛书""吐鲁番唐

代文书"等三个整理小组，全国各地大批著名专家、学者被从不同的单位和不同的地区抽调到国家文物局，集中力量共同对早已湮没的古代文化信息展开了大规模的破译、诠释与研究工作。一时，国家文物局办公大楼内，学者云集，专家如云，文物局内部招待所全部被各地来京的专家学者占满，有许多学者因一时找不到铺位而索性在自己的整理室内过夜。尽管条件如此艰苦，但每个专家学者脸上都洋溢着快乐与幸福，因为这样的局面预示着黑暗的尽头，光明与希望的到来。每个人都对中国的未来充满信心，愿献出平生所学，以迎接伟大时代的到来。在众多的专家学者中，参加银雀山汉墓竹简整理工作的主要有中华书局杨伯峻、刘起釪、魏连科；中国历史博物馆史树青；中山大学商承祚、曾宪通；故宫博物院罗福颐、顾铁符；中科院历史研究所张政烺；北京大学朱德熙、孙贯文、裘锡圭；山东省博物馆吴

1974年，在红楼参加古文献整理小组的部分学者

银雀山汉简整理小组成员李家浩（一排左三），马王堆帛书整理小组成员周世荣（二排左二）、李学勤（二排右五）、马继兴（二排右六）、于豪亮（一排右三），以及新疆唐代文书整理小组唐长儒（二排左五）、马雍（二排左三）等专家从全国各地云集北京（周世荣提供）

九龙等。随着这项工作的不断进展，银雀山汉墓竹简文书的玄机奥秘被层层揭开。

从整理的情况看，一号墓出土的竹简，因长期在泥水中浸泡，又受其他随葬器物的挤压，连缀竹简的编绳早已腐朽。但从残简遗留的痕迹，可窥其简册的形制大多以先削好的单条竹简，采用三道丝绳编连的方法进行。在上下两端编连时，各留出约1—2厘米的空白作为天地头，中间加一道编连，待简文连成册后再用毛笔蘸墨书写而成。每枚竹简书写一行，每行字数多在35—36字之间，最多的40多字，少的也有20多字。竹简上的文字全部是用毛笔蘸墨书写的隶书，字迹有的端正，有的潦草，显然不是出于一个人的手笔。但字迹除个别文字漫漶难辨外，绝大部分都显得较为清晰。由于发掘时竹简受损程度较严重，每简的字数差别较大，如在编辑的4942个号码中，自3000号以下，多为仅存两字至三四字的断简。简书的每篇篇题，多写在简文第一简的简背，全篇结束后又于尾部标有全篇总字数，也有的篇题书于篇末，或

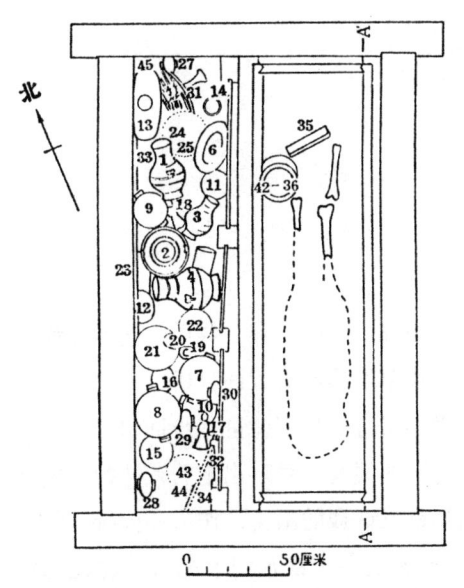

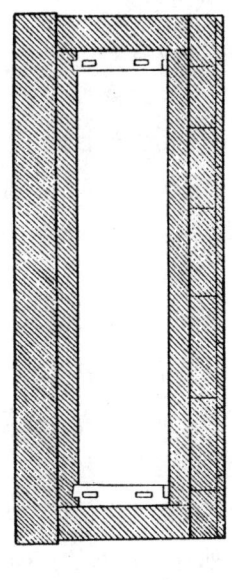

银雀山一号汉墓平面图及剖面图

篇首篇末均有，但这样的情况只在《孙膑兵法》中的《八阵》一篇出现。有的由于内容残损，未见篇题，后由整理小组根据篇文内容拟加，并加以〔〕以示区别。为便于检寻，整理小组让每篇文章自成一卷，以尾简为轴心，文字朝内自左向右卷起，卷后其首简背面的篇题即呈现于外，看上去一目了然，检寻起来极为方便。

银雀山汉简整理小组通过对竹简认真释文并加以分类校勘，将其重点内容分为以下两个部分：

第一部分　周秦诸子

1.《六韬》十四篇

2.《守法守令》等十三篇（简本只得十篇，包括《墨子》《管子》等篇）

3.《晏子春秋》十六篇

4.《孙子兵法》十三篇

5.《孙子》佚文五篇

6.《尉缭子》五篇

第二部分　佚书丛录

1.《汉元光元年历谱》

2.《孙膑兵法》十六篇

3.《论政论兵》之类五十篇

4.《阴阳时令占候》之类十二篇

5.其他（如算书、相狗、作酱法等）十三篇

考古人员和整理人员从一号和二号两墓出土的陶器、钱币、铜器和漆木器等器物的形制、纹饰、风格等特点以及墓坑形制等方面分析，断定这是两座西汉前期的墓葬。而鼎、盒、壶等陶器组合的出现，进一步证明了这一推断。此前曾提及的一号和二号墓出土的半两钱及一号墓出土的三铢钱，更是确定这两座墓葬年代的有力佐证。尤其是三铢钱的出土，作为一种特殊的标志更加有力地证明这一推断的正确。据《汉书·武帝纪》记载，建元元年

第二章 揭开玄机

（公元前140年），始铸三铢钱，到建元五年（公元前136年）"停罢"，流通的时间仅为短短的四年，由此可以进一步断定，一号墓的年代，上限不会早于建元元年。在这座墓葬里出土了半两钱，却没有发现武帝元狩六年（公元前117年）始铸的五铢钱。由此可以推断，该墓葬年代的下限不会晚于元狩五年。即一号墓的确切年代当在公元前140年至公元前118年之间。

陈久金在野外考古现场考察（陈久金提供）

考古人员在二号墓的发掘中，除了出土半两钱以外，还发现了一份完整的《汉武帝元光元年历谱》，这同样是判断墓葬年代的重要依据。当年由吴九龙从墓坑棺椁中完整捧出来的这份历谱，其简长69厘米、宽1厘米，约当汉代的3尺。简上存有丝纶痕迹四道，出土时散乱残折。此简移送北京后，整理小组人员吴九龙将残简进行清洗、分离和照相，并对书写的文字进行考释，由著名学者罗福颐做了临摹，此后请中科院自然史研究所的研究人员陈久金、陈美东两位专家按照摹本排比其简首数字。通过两位天文历法学家的研究，"知其干支顺序皆横向排列，并发现一简上有十月至后九月的字样，方知这是汉代改用三统历以前的历谱。细观此历，只见前半部有少数残损，所幸的是十月至后九月一简中虽有残损，但尚未断折，据其他竹简摹本干支加以编连排比，补其缺失，再以宋人《资治通鉴目录》审校，其结果与元光元年岁首的晦朔大致相合。由此初步断定，出土的这部分残简就是《汉元光元年历谱》"。

在研究中，陈久金和陈美东二人又于凌乱的竹简摹本中发现了"七年夙日"一简，夙字虽不可识，但据二陈推断应

079

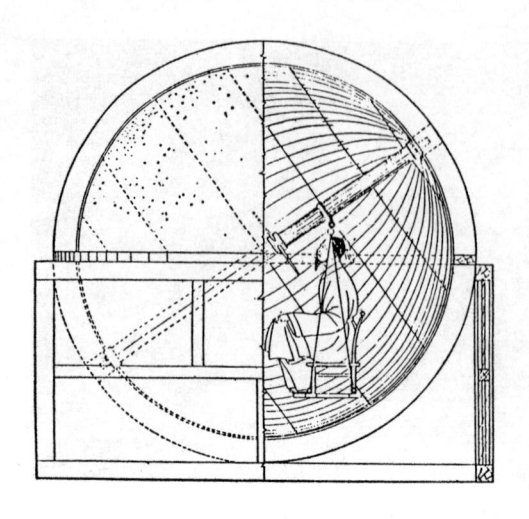

自内向外观看的浑天仪（引自《陈久金集》）

是历日的意思。"根据《汉书·武帝纪》记载，建元六年次年改为元光元年，此简却写于七年，推测此转抄者在抄写此历时改元尚未公布，故写作七年。有了这一佐证，更确知这一历谱为元光历无疑。"经考证，此"七年厥日"一简，当是此历谱的首行，犹如后世历书的封面。又据《汉书·五行志》载：元光元年"七月，癸未，先晦一日，日有食之。"查该竹简历书，七月先晦一日的干支正是"癸未"，由此进一步断定这就是元光元年的历书。至于竹简所书"七年厥日"，据两位研究者的推测，应是决定改元前所用的年号，即汉武帝建元七年。

银雀山二号墓出土的《汉武帝元光元年历谱》，是中国考古史上所发现的中国最早也是最完整的古代历谱，历谱中还附记了与农事有关的节气时令征候等，它较《流沙坠简》著录的汉元康三年（公元前63年）历谱，要早七十余年。在此之前，汉代太初以前所用的历法究竟是什么样子，由于缺乏实例，始终是一个未解之谜。由于银雀山汉墓中出土的元光元年历谱，为建元六年尚未改元时所制翌年（公元前134年）的实用历，不但可以校正以往推算的历史年代千年来沿袭之谬误，而且为学术界提供了研究古六历的重要实例，对研究整个古代历法具有其他文献不可替代的重大作用和价值。

由于有了《元光元年历谱》作为标志，年代上限应断定为汉武帝元光元年（公元前134年）。即银雀山二号墓的年代，当在公元前134年至公元前118年之间，起始年代比一号墓晚了6年。

墓葬的年代已经确定，所葬竹简产生的年代，下限究属汉初哪一阶段，学术界尚有争论。据吴九龙、毕宝启执笔的《银雀山汉墓发掘简报》称："根据竹简中有汉武帝元光元年历谱，据此推断其产生年代下限最晚亦在汉武帝即位的第七年（公元前134年）。"但有的学者认为这样论述不够确切，其时间跨度太大。在这批汉简中，有105枚计1000余字的《孙子兵法》残简，通过对这些残简的研究，可以深入思考许多问题。据竹简《九地篇》残文与传本相校，可发现汉简本作"卫然者，恒山（下缺）"，传本此句作"率然者，常山之蛇也"。前者不避汉文帝刘恒名讳，则可知其产生年代非但不在武帝元光年间，而且跨越了汉景帝在位期间的16年（公元前156—公元前141年），上溯到文帝刘恒即位（公元前179年）之前，即西汉王朝开国或吕氏专权时期，这就比《简报》的推断提前了许多年，而这个推断似乎更接近事实本身。

银雀山二号汉墓平面图

除此之外，还有一个较明显的证据是，从出土竹简字体来看，其抄写年代当在秦到文景时期，这又比《简报》的推断提前了若干年。从另一个侧面也可以看出，汉简本《孙子兵法》的抄写年代，比早期著录《孙子兵法》的《史记》《叙录》和《汉书·艺文志》，都要早几十年至二百余年。可知汉简本《孙子兵法》更接近孙武手定的原本，因而也得以让现代人首次有机会窥知西汉早期《孙子兵法》一书的真实情形。

一号汉墓出土的具有重大研究价值的《孙子兵法》竹简书，其整简和残简近300枚，计2600多字，超过宋代刻本

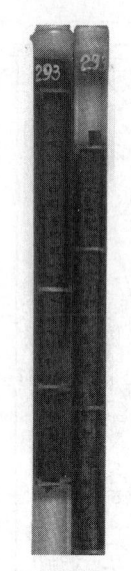

银雀山汉墓出土的《孙子兵法》竹简（山东省博物馆收藏）

出土耳杯的杯底刻有"司马"二字，似乎传达出墓主人的信息

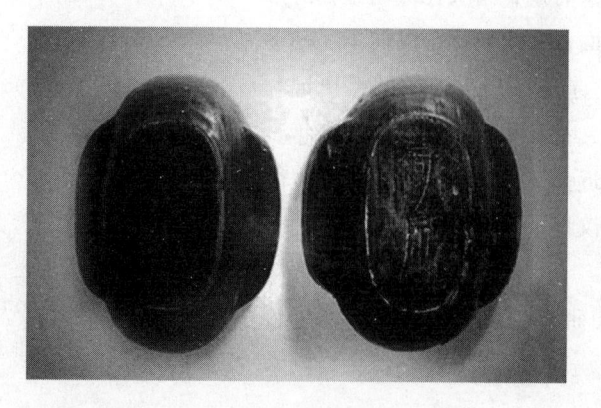

《孙子》全文的三分之一。通过校释，竹书《孙子兵法》与宋本《孙子》内容基本相符，但也存在明显的差异，主要表现在：

1. 文字简约。如宋本《虚实》篇"能因敌变化而取胜者谓之神"，竹书作"能与敌化之谓神"。

2. 竹书多用借字、古字。借字如胃（谓）、皮（彼）、立（位）、冬（终）；古字执（势）、县（悬）、恿（勇）等。宋本则一般都改用本字、今字。

3. 竹书不避皇帝名讳。如前所述，竹书《虚实》篇中另有"兵无成势，无恒形"，其中的"恒"字宋本作"常"，当是汉人避文帝刘恒名讳所改。

4. 竹书用字有较宋本优胜处。如宋本《形》篇"胜者之战民也"，竹书句首有"称"字。称者，权衡、较量也。结合上下文意，似竹书更符合孙子军事思想。

至于所发掘的银雀山两座墓葬的主人，由于缺乏完整的具有说服力的资料，考古发掘者与汉简整理小组人员都难以做出确切的判断。在一号墓出土的两个耳杯底部刻有隶书"司马"二字，刻工较粗，据此墓的发掘者吴九龙、毕宝启等学者的估计，这个"司马"应是墓主人的姓氏，不会是官衔。因为按照一般习惯，不会把官衔随意刻在器物上。但是从墓葬出土的大批兵书来看，可以推断墓主当是一位关心兵法或与军事有关的人物。在二号墓出土的陶罐上，其肩部刻有"召氏十斗"四字，据吴九龙、毕宝启推断，"召氏可能是墓主姓氏，但从1951年湖南长沙西汉刘骄墓曾出土署有'杨主家般'四字漆盘的情况来看，也可能是赠送人的姓氏"。

第二章 揭开玄机

按照出土汉简整理小组人员、著名古文字学家罗福颐在《临沂汉简分类考释序》中所说：一号、二号汉墓为"夫妇合葬墓。一号是男墓，二号是女墓，不仅因其随葬竹简内容，更有椁内柩的方位符合男左女右的成例可以为证。汉代合葬并不一定同圹，曾见《汉书》上有过记载。一号墓随葬二漆耳杯，底均刻画有'司马'二字，始为墓主的姓氏。以其无一件兵器而多兵书，则其身份推想可能是将军幕府中的谋士或幕僚，而绝非武夫"。

但这个说法却遭到了吴九龙的反对，按吴的说法，这两个墓深度不一样，一个略高，一个略低，头向也不太一致，且还错位，不太可能是夫妻合葬墓。因为如果是夫妻合葬墓，按常理应该是一样高低，方位平行。但这个观点同样遭到了部分学者的质疑，从两个墓的先后顺序看，二号墓要比一号墓至少晚6年，也就是说当一号墓的主人入葬6年之后，二号墓的主人才刚刚死掉，此时一号墓的地面标志不会全部消失干净，如果不是与此墓关联密切的人，不会紧挨着它的旁边再开挖一个墓穴。即使对方要这样做，恐怕一号墓主的后人也不会答应，只能是夫妻合葬墓才会相隔如此之近。由于一号墓已被封土埋掉，其穴位外貌只能看个大概，所以当二号墓开挖时便出现了稍有错位的现象。又由于同样的原因，一号墓的深度已不可测，二号墓的深度也就出现了比一号墓低下50厘米的情况。这个情况虽不能确切证明一、二号墓就是夫妻合葬墓，但也并不足以否定其是合葬墓的可能。这个观点，后来也得到了吴九龙的认可，他在没有更充分材料的情况下，不做肯定，但也不再坚持原来的否定意见。

关于一、二号墓是不是夫妻合葬墓的问题，由于材料的缺乏，看来是难以弄清楚了，好在后人更加关心的是另一个问题，那便是这两座墓出土的器物中，占比重最大，也是最具学术价值的书籍。望着这堆用竹简刻就的书籍，不能不令人想起另一堆书籍和中国历史上著名的《汲冢书》的故事。据《晋书·束晳传》载，晋武帝太康二年，"汲郡人盗发魏襄王之墓，或言安釐王冢，得竹书数十车"。从各种典籍来看，《汲冢书》确为一个名叫不准的盗墓者首次发现，据当代史家李学勤考证，盗墓地点为河南汲县以西，"以地志，在抗战前发掘的山彪镇大墓一带，由竹简内容和伴出土器物可定为一座战国墓葬"。据说，当这位叫不准的盗墓贼在月黑风高夜中打开墓穴之后，发现竹简遍地，为了寻找墓中的金银财宝，不准干脆以他认为最不

083

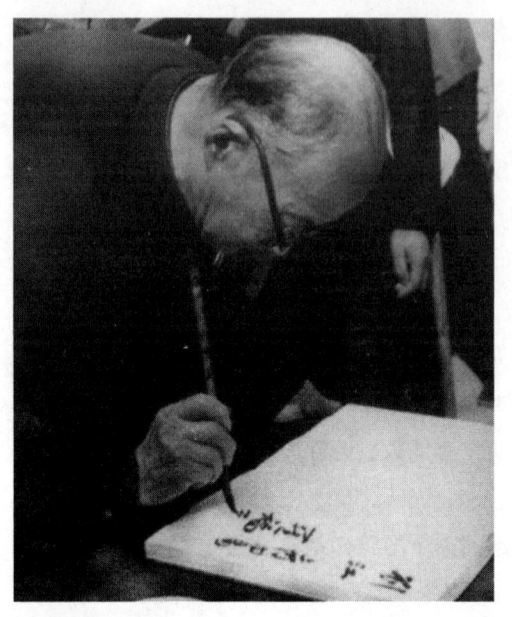

罗福颐在鉴定书上签字

值钱的竹简为火把,对墓中财物进行了大肆劫掠。后来此墓被盗情形为官方闻知,开始派人追缴被盗文物,以及清理墓内残余遗物。其中发现的竹简除被烧毁的一部分外,尚有相当大的一部分被收缴,所得竹简经束皙等当时的鸿学硕儒整理后,编辑成《竹书纪年》《周书》《穆天子传》等佚书共七十五卷(篇),其中《竹书纪年》占十二卷,或说十三篇,主要叙述夏、商、西周、春秋时晋国和战国时魏国的史事,可谓一部魏国的编年史,也是先秦史上最为重要和最具学术价值的古文献之一。

通过上述事例可以看出,用书籍随葬并不只是银雀山汉墓主人的特殊爱好,有这个爱好的在历史上大有人在。结合文献与考古资料可知,以"生平之物"随葬,是古代的一种风气。所谓"生平之物",当然是死者生前日常用品和心爱的珍贵物品,从秦皇汉武陵墓地宫中那一堆又一堆穷奢极欲的物质财富中可以感受到这股风气的强劲。据文献载,用书籍随葬,古人谓之书殉笔葬,此风由来已久,这个葬式最早起于何时何人已难以考证,但不是一种制度,因为在西汉以前不见记载,后来才渐渐有所记录。如东汉周磐临死前,令他儿子编二尺四寸简,写《尧典》一篇,以置棺前。另据《晋书·皇甫谧传》载,晋朝时的史学大家皇甫谧,临死前的遗嘱是让后人用《孝经》一卷为他随葬。但这似乎仍看不出是一种制度,仅属个人爱好罢了。这个时候,无论是活人还是将要死去的人,对书籍都是很看重的,所以就有了零零碎碎的一篇或一卷书简随葬事例在民间流传。

书籍真正变得"不值钱",是印刷术比较普及之后的事了。印刷术始自唐代，唐以前，书籍的流通全靠手抄。买卖书籍的店铺叫"书肆"，据参加银雀山汉简整理考释的著名史家杨伯峻考证，这种书肆可能起于西汉末。从考古发掘的情况看，在马王堆三号墓墓主所生活的西汉前期，书籍既赖传抄，可能当时还没有借以流通的书肆，那么书籍的难得就可以想见了，因而书籍也就自然地变成了一种可贵而高雅的"平生之物"。

随葬品既是墓主生前所习用和珍爱的东西，自然也和墓主生前的思想倾向有关，甚至在一定程度上还可能反映出当时一个阶级或者阶层的思想风貌。这种反映，在随葬的书籍中尤其敏感。按杨伯峻的说法，因为东汉的周磐是一介儒生，且是《尚书》经师，所以要用《尧典》随葬。皇甫谧的思想中混杂儒道两家，所以要用《孝经》随葬。再如1959年发掘的武威磨嘴子六号墓，据考古人员的推测，墓主很可能是一个传授《仪礼》的经师，所以用平素所诵习的半部《仪礼》随葬了。与银雀山汉墓差不多同时发掘的长沙马王堆汉墓，其三号墓也出土了大量帛书和地图之类的文物，因为这个墓的墓主是轪侯兼长沙国相的儿子，自然有力量雇用抄手抄书。从出土帛书中可以看到，其品类比较杂，抄本也不统一，其中《老子》一书即有两种不同抄本。墓主以这些书籍随葬，表明他在生前是喜好这些东西的，这和历代帝王将相以大批宝物随葬，内容虽有不同，但其为个人珍爱的"生平之物"这一点则是相同的。

在银雀山汉简出土前后的20世纪70年代，整个中国都在"批儒评法"，学者们对古代文献的一个基本评判就是属于儒家还是法家。有学者从马王堆三号墓出土的帛书中，看出和《老子》同抄的还有颇具法家思想的佚书《经法》等，认为这从另一个侧面反映了汉初"外黄老而内法术"的政治路线。而有学者根据银雀山汉墓出土的书籍以兵家为多的特点，将这些兵书的思想划入法家范畴。尽管这个划分未免有些知识分子的投其所好，并兼有武断和书生意气的性质，但如此多的兵书战策同时在一个墓中出土，这和战国以来兵书的风行与畅销是吻合的。

战国以来，特别是秦汉之际，武装斗争和封建割据在全国范围内激烈地进行着。就秦汉时代论，一方面，以陈胜、吴广为首的劳苦大众、无业游民、流寇盗贼加流氓无产者，正火烧火燎地反对秦二世和赵高政权；另一方面，六国国王和大臣世将的后代，怀揣着复仇与复国的双重梦想乘机举兵攻秦。不论哪一个营垒，哪一个武装集团，其主帅战将和谋主军师都急于吸取前人关于战争的经验和理论，以应用于眼前的斗争实践并在实践中加以发展。这种新的形势造成了兵书的盛行，而阅读兵书战策也很自然地成为当时的一种潮流，如韩信的属将大都能引用兵书来提作战原理及战略战术等问题。那位在秦汉之际较为著名、总爱以大儒自居的陈余，也停止了"军旅之事未尝闻之"的老调而高谈兵法并和来人辩起难来。萧何是刘邦集团的总后勤部长，兼管兵员补充和给养供应，但对兵法战策也颇为精通。据《汉书·艺文志》载，当时流行的兵书计有182家之多。自流氓无产者出身的刘邦成了气候并统一天下后，开始"命韩信申军法"。韩信于182家中"删取要用，定著三十五家"。据说韩信本人也借着兵书战策在人民群众中畅销的大好时机，也鼓捣出了《韩信三篇》兵法刊布于世，并派手下在军内外广泛推销，有时还强行摊派，此书居然风行一时，跻入各大书铺的排行榜居高不下。据野史说，韩信本人从这部兵书中赚了一笔数目可观的版税，并用这笔稿酬买了几只名鸡放在床铺上扑棱了好长一段日子。作为刘邦手下最著名的战将，韩信在全国尚未解放的隆隆炮声中，就曾要挟刘邦而做过齐地的父母官，以他对兵书的喜爱和自己的军事素养，自然对齐国之地特别是统治阶级内部产生影响。不管是出于实际应用还是臣僚部下的阿谀奉承，兵书的大量抄写和流传，当与韩信主齐与本身的影响有一定的关系。从银雀山汉墓竹简兵书的发现来看，像《孙膑兵法》这种佚书出土于山东临沂地区，应该说并不完全是一个偶然现象或巧合。

当然，银雀山汉墓出土竹简除自身的学术价值外，还揭示了两千多年来一直争论不休的一个大问题，那就是，

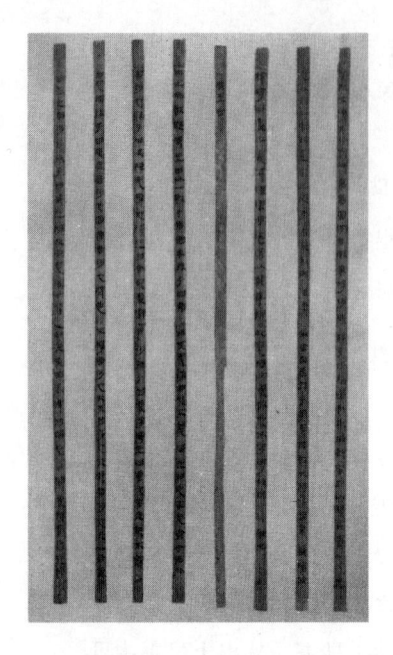

《孙膑兵法》竹简

第二章 揭开玄机

当年的秦始皇究竟焚毁和禁绝的是哪些书？是见书就焚？还是有其政治目的地选择？选择的标准是什么，可操作或不可操作的空间有多大，等等，这些都或多或少地在银雀山出土竹简中得到了诠释。

据《史记·秦始皇本纪》载："三十四年。丞相臣斯昧死言：'臣请史官非秦纪皆烧之，非博士官所职，天下敢有藏《诗》、《书》、百家语者，悉诣守尉杂烧之……令下三十日不烧，黥为城旦。所不去者，医药、卜筮、种树之书。若欲有学法令，以吏为师。'制曰：'可。'"

秦始皇帝焚书坑儒图

从以上记载可以看出，"焚书"之策，最先是由历史反革命分子、秦国的丞相李斯所提出，由摇摆不定的资产阶级右翼秦始皇亲自划圈批准的。在《史纪·李斯传》中，所记载焚禁之书，与《本纪》所载基本相同。

由此可知，李斯建议对书籍的处理情况是：所焚烧、收禁的，主要是"以古非今"的儒家经典《诗》《书》五经和百家语，秦以外各国的史书，医药、种树等纯讲生产和科技，没有政治倾向的书籍，还可以保留下来。按照汉代学界大腕儿王充的解释，李斯所说以及后来所焚的书，包括《书》《诗》《易》《礼》《春秋》等，这些书籍，有一部分没有烧，收藏在官府，专门供教授、博士生导师和院士们研究。可惜后来项羽怀着复仇、复辟的心理，率领一伙由强盗和流氓组成的军队，在攻入秦都咸阳之后，将大批的宫殿、官府、署衙焚毁殆尽，这些仅存的只供学者们研究的书籍，也就随之烟消云散了。

自秦始皇"焚书坑儒"之后，在强大的封建地主阶级

087

生还者说

的专政面前，秦王朝统治下的那些只知动口不知动手的教授兼博士生导师们，当然不敢明目张胆地"以古非今"，反对秦政权所实施的封建统一的国家制度了。在秦首都咸阳以外，尽管民间仍有人偷偷收藏和诵习《诗》《书》以及其他儒家的著作，如《史记·儒林传》曾载楚汉相争，刘邦举兵围鲁的时候，"鲁中诸儒尚讲诵习礼、乐"等等，但可以肯定的是，这种事情已经不多了。如果结合银雀山墓葬的入葬时间和地点做一些分析，问题也就更加清楚突显出来。

银雀山一号汉墓入葬的时间，如《简报》所言，其上限不会早于汉武帝建元元年（公元前140年），下限不会晚于汉武帝元狩五年（公元前118年）。这就是说，离秦始皇三十四年（公元前213年）的"焚书"已经过去了九十多年，而这么长的时间之后，随葬的众多的竹简中，为什么独不见儒家的经典？这显然与秦始皇焚书有一定的关系，按当代史家宗彦群的说法，临沂一号汉墓的墓主虽不能断定是什么硕学鸿儒，但所藏著作在当时来说已经不算少了。流传于世的宋代刻本《孙子兵法》据统计只有5973个字，但写在银雀山汉墓简牍上的《兵法》竹简就有300多枚，若编缀起来则是规模不小的一捆。而一同入葬的《管子》《晏子》等书的字数则要多得多，写在竹简上编缀起来就会有十大捆。随葬的这些著作的简编，合起来的数量虽到不了通常说的"学富五车"的五车，但也绝不能算少。如此看来，墓主人可称博学了。但是，就是这样一个博学的人，在他的藏书中为什么独独没有儒家的经典呢？把这些现象综合起来，可以做出这样一个解释：随着新兴的革命的封建制逐步战胜腐朽的反革命的奴隶制，到秦始皇统一中国的前夜，法家著作的影响越来越大，民间收藏法家著作已十分普遍。这个说法的一个佐证是，生活在战国后期，晚年被他的老同学用毒药所害的韩非，就曾经描述过他目睹的盛况，"今境内之民，皆言治，藏商管之法者，家有之"。秦始皇在焚毁儒家经书的同时，又采取了韩非提出的"以法为教"的政策，用法家思想取代反动奴隶主阶级的儒家思想，并进行了一场血淋淋的毫不含糊的专政，将儒家思想强行装进了高高的大纸帽子之中，令之难有跑出来兴风作浪的机会。西汉前期，从汉高祖刘邦到汉宣帝刘询，统治者又大抵因袭秦政，同时还要继续打击旧贵族复辟的残余势力，它的政治措施按《汉书·元帝纪》的说法就是"以王霸道杂之"。汉武帝虽然采纳了董仲舒"罢黜百家，独尊儒术"的献策，实际并未全面施行，直到汉宣帝时还是如此。西汉前期的儒家既未定于一尊，而秦时遭灭顶之灾，元气尚未恢复，民间自然很少学习儒家经典了。临沂一度为旧鲁地和齐地的边缘地带，远离秦都咸阳，且为受儒家思想影响最深的地方。就是这样一个儒家思想传播的老巢和根据地，在90多年后的西汉前期，儒家经典的流传仍然没有能恢复"焚书"前的规模。由此可见秦始皇"焚书坑儒"政策对当时的儒学和儒家思想的打击是多么沉重。

银雀山两座汉墓一次性出土类别、字数如此之多的先秦古籍，这是自西晋太康二年（公元281年）在河南汲县经盗墓贼不准盗掘的那座古墓出土《竹书纪年》等大批竹书之后的近1700年间，最为重大的一次发现。据史载，汲

《人民日报》文章

冢出土的古籍，大部分又重新散佚。而银雀山汉墓出土竹简，大部分得到了整理与保存，特别是大批兵书的出土，其意义当更为独特和重大。自宋之后的近一千年来，学术界许多大师巨擘都曾把《六韬》《孙子兵法》《尉缭子》《管子》《晏子》等古籍，统统说成是后人假托的伪书和不值一看的臭狗屎，压根儿不能当作真正的学术著作来研究。这次在银雀山西汉墓中发现的大批竹简书，以无可辩驳的事实证明了这批古籍至少在西汉早期就已存在并开始广泛流行的事实。尤其是失传一千多年的《孙膑兵法》的面世，使学术界聚讼千余年的孙武、孙膑是否各有其人并各有兵法传世的历史悬案豁然冰释。

1974年5月底，银雀山汉墓竹简的整理工作基本结束。6月7日，新华通讯社向世界播发了长篇通讯稿，对银雀山汉墓发现、发掘，以及对出土器物、竹简书等研究成果，做了大篇幅的报道。中国最权威的报纸《人民日报》在头版用大字号标题做了全文转载，其标题和内容是：

我国文物、考古工作者在毛主席的革命路线
指引下取得又一新成果

著名的《孙子兵法》和失传的《孙膑兵法》等竹简

在山东临沂银雀山发掘的西汉前期墓葬中发现
对于研究先秦儒法斗争历史和古代军事思想
提供了重要的新资料

新华社一九七四年六月七日讯　我国文物、考古工作者在山东临沂银雀山发掘的西汉前期墓葬中，发现了著名的《孙子兵法》和已经失传一千多年的《孙膑兵法》等竹简四千多枚。这批先秦古籍的发现，是无产阶级文化大革命以来我国文物、考古工作者在毛主席革命路线指引下取得的又一新成果。

现存的《孙子兵法》的作者是孙武，司马迁在《史记·孙子吴起列传》中说，孙膑是孙武的后世子孙，各有兵法传世……由于《孙膑兵法》失传，上述疑案长期得不到解决，这次《孙膑兵法》和《孙子兵法》同时发现，使这个长期争论的问题得到了解决。

……新发现的这批竹简中，有大批先秦典籍，但却没有儒家的书，这座墓葬在秦始皇焚书以后不久，这就证明秦始皇焚书是有严格政治选择的。他所焚禁的是儒家的反动经籍，沉重地打击了"是古非今"的反动复辟势力。这也是对叛徒、卖国贼林彪攻击秦始皇"焚书坑儒"的有力批判和揭露……对于研究先秦儒法斗争历史和古代军事思想，提供了重要的新资料，同时对古代文字学、隶书的演变和书法的研究，也很有价值……文物出版社把这批竹简的影印材料和有关研究文章，编辑成《孙膑兵法——临沂银雀山汉墓竹简》等书籍，准备陆续出版。

随着这一消息的发布和在世界范围的传播，人们惊奇地发现，这批文化瑰宝中有相当一部分古籍对生活在20世纪的现代人类是久已失传的佚书，即使是两汉时期的司马迁、刘向、班固等学术巨擘也无缘一见。这批竹简在悄然无息地掩埋了两千多年之后又横空出世，不仅丰富了中国古代史的内容，订正了流行史书中许多错误的记载，同时洞开了一个湮没日久的古老神秘的世界，并由此引发历史烟云中一道道干涸的河床重新泛起狂涛巨澜。而在这条长河中曾呼风唤雨、显赫一时的姜子牙、管仲、晏婴、伍子胥、孙武、孙膑等风云人物，又以鲜明的个性和不同的姿态，携带着历史滚滚风雷与一幕幕悲欢离合的往事，再度跃入现代人的视野，并以全新的音容笑貌向我们一步步走来……

第三章 兵家始祖

绝代兵圣

72岁的牛贩子兼倒霉蛋姜子牙，怀揣造反有理、换个活法的革命理想，独自离开商都那座臭烘烘的牛市，流窜到渭水河畔潜伏下来，在装神弄鬼的同时，等待发家致富的机会。周文王磻溪访贤，子牙入周得以发迹。周灭商汤，武王分封，姜子牙入齐，建国安民的大业得以开始。

贩牛专家姜子牙

按照银雀山汉简整理小组人员的排列，在所发现的周秦诸子中，《六韬》被排在了首位。因为就时间的先后论，只有这部著作的作者、滚刀肉式的倒霉蛋兼传奇英雄姜子牙才配享有这份殊荣。

姜子牙，姓姜名尚，字子牙，又名姜太公，原为东海上人，因其先祖曾辅佐大禹治水有功，被封于吕（今山东省莒县），习惯上人们又称其为吕子牙、吕尚。据有关史料记载，此人在中国历史的长河中，生活于商代的末年，大体上和那位中国帝王系列中最为臭名昭著的殷纣王同一个时代。

姜子牙画像

作为在中国历史上曾创造了光辉的青铜文明的殷商王朝，原是一个光被四表、协和万邦，具有光荣与梦想的繁荣鼎盛的王朝，是一个天地互为经纬，人鬼交相感应，智者明君贤相云集的东方大国。就是这样一个在人类历史的长河中显赫了五个多世纪的辉煌王朝，到纣王的时候，那长江后浪推前浪的盛景不再，而是江河日下，一日不如一日地衰落与颓败下去。作为一国之主的纣王，不知道前世是个什么动物，当他长大成人并登台亮相之后，就成了一个尚武轻文、好勇斗狠、酷爱美女、宠信奸佞、刚愎自用、嗜血成性、无恶不作的魔鬼式的昏君。在这位昏君的统治与淫威之下，整个大商国朝廷上下莽夫昏君奸佞共存，庙堂内外君臣之间离心离德、人人自危，百姓生活到了苦不堪言、生不如死的境地。正是和这样一个风雨飘摇、动荡不安的时代不期而遇，后来留下光辉篇章《六韬》的作者姜子牙才历尽世间沧桑，

第三章 兵家始祖

饱尝人情冷暖，一生坎坷，命运多舛。尤其在仕途道路上更是升降沉浮，大起大落，使其整个人生旅程染上了浓厚的传奇色彩，成为一个神龙见首不见尾的诡秘人物，以至最后竟被弄成著名的神话志怪小说《封神演义》中的男主角。在这部瞎编乱造、胡言乱语，不见辛酸泪、只有荒唐言的爱好文学男青年编派的小说中，人们看到这位姜子牙32岁上昆仑山跟随元始天尊学道，72岁时奉天尊之命下山辅佐周王室，后在渭水边垂钓时被周文王姬昌访到，拜为国家安全事务助理兼秘书长。文王死后，姜子牙帮助武王姬发起兵伐纣，并亲自统领大军和一帮神通广大、法力无边、怪里鬼气的道士进兵朝歌，共同攻打商纣王。经过一番激战，在牧野大败商军，灭掉商朝，建立了西周王朝。

事实上肉体凡胎的姜子牙，显然没有这般神秘和奇特，但他在事周之前具体做了些什么，人生历程是怎样的一番景象，就连司马迁这样的史家也只能说出个大概轮廓，且这个轮廓尚不统一。尽管如此，毕竟龙行有影，虎行有风，倘以司马迁所言为本，结合历代学者特别是银雀山汉墓出土汉简《六韬》考证，便可透过历史的风尘雨雾，捕捉到一些蛛丝马迹。

史实记载，子牙年轻的时候，曾在大商王朝殷都朝歌做

姜子牙在日照市东港区丝山乡冯家沟村二组居住遗址。不远处的海边有太公钓鱼石一块。据当地传说，姜子牙自商都牛市上失意后一直定居于此地。因无谋生本领，穷困潦倒，生活难以为继，不甘寂寞和贫困的风流老婆领着孩子狗蛋不辞而别，远走他乡。光棍一条的姜子牙索性抱了土炕上那张已经揉搓了30多年的光板无毛狗皮褥子，来到村外海边一块大岩石上坐定，每日不是钓鱼就是睡觉，一晃就是27年。约65岁之后，姜子牙离开冯家沟村，先赴商都朝歌，后辗转来到周人实际控制区岐地，被周文王发现后得以重用，从此登上了发迹之路。时年姜子牙72岁（武警日照边防分局任家台边防派出所提供）

过商朝的官吏，至于这顶官帽的名称和大小，《封神演义》的作者许仲琳给冠了一个司天监，职别为下大夫衔，也就是相当于现在北京郊区一个副乡长或副科级的天文台长。从子牙70岁之后所表现出的才干来看，他出任这一官职是可能的，也应是称职和称心的。只是这一说法没有得到权威人士如司马迁等史家的认可，尚不能作为铁证妄下论断。不过按司马迁的说法，由于当时的殷纣王暴虐无道，子牙不久就辞官或被罢官离开了商都。对于这段历史，据好事的学者考证，离开了商都的姜子牙到了东海之滨一个在若干年之后被称为日照市的东港区丝山乡冯家沟村二组的小渔村隐居下来。在这期间，由于子牙既不知道怎样下海捕鱼，也不知道如何在旱地里耕种黄烟和棉花，很快就弄得家徒四壁，穷困潦倒。一起生活了几年的妻子见日子过成了这般模样，自己找的男人如此废物、饭桶、草包、酒囊饭袋，常常表现出极度的愤懑，在多次劝说、警告无效的情况下，便悄悄地同本村一个生产组长有了一腿。就在给子牙戴了两年绿帽子之后，这位风韵犹存的半老徐娘，先是在东港区一家叫作"来找我"的酒铺做前台主管，后来索性带着孩子小叫驴同一个来自诸城贾悦镇宋古庄，人送外号小扁嘴的杨姓大款远走高飞到了岚山头王家海屋码头潜伏下来，秘密过起了现实主义与浪漫主义相结合的幸福生活。眨眼成了光棍一条的子牙，只好不由自主、稀里糊涂地过起了近乎乞讨的混天熬日头的无聊日子。

大约在后来的日照市东港区寺山乡冯家沟村二组生活了20年之后（现遗址犹存），已经半死不活，眼看就

位于日照海域的姜子牙钓鱼石

要入土的子牙不知受了什么刺激，突然青春勃发起来。他决定要摆脱眼前这种贫困、寂寞、生不如死的生活，离开波涛汹涌的东海之滨，重新回到中原那座天下最伟大的城市，拾回年轻时的陈年旧梦，在朝廷里混个一官半职，干一番力所能及的事业。于是，在一个雾气茫茫的清晨，子牙怀揣一块半生不熟的地瓜饼子，踏着惨淡的星光，在萧瑟的秋风中向中原的朝歌进发。

鼓刀（屈原《离骚·天问》插图。明·萧云从作）
原文：师望在肆，昌何志？鼓刀扬声，后何喜？武发杀殷，何所悒？载尸集战，何所急？
注释：师，官名。望，吕望，即姜太公。肆，市。昌，周文王的名。志，或作识，认识、了解。鼓刀扬声，动刀割肉，发出声音。后，周文王。王逸《章句》："吕望鼓刀在列肆，文王亲往问之，吕望对曰：'下屠屠牛，上屠屠国。'文王喜，载与俱归也。"按王逸的解释，姜子牙在牛市贩牛与屠牛之时，就已被周文王发现并惊其才学，载于周地封官。此种说法后世多未流传，而姜太公在渭水垂钓的故事却流传久远，并被后人普遍接受。

此时的子牙并不知道，像发情的公狗一样蹲在朝歌城内的那个混账殷纣王越发混账，他贪恋女色、听信谗言、暴虐无道、重用刑辟、脯醢大臣、役使诸侯、残害百姓、无恶不作。整个商都已被他折腾得乌烟瘴气、鸡飞狗跳、人人自危。举国上下腥风飘洒、血泪飞溅，并出现了士农工商学各路人士惶恐不安、四处流窜、争相逃命的混乱凄凉景况。在这样一种白色恐怖笼罩下，子牙的升官发财之梦自然宣告破灭。为了填饱肚皮以便于继续活在世上，他不得不另谋他途。他先在商都朝歌工商部门办了个营业执照，在繁华闹市小吃一条街的一角弄了个小摊以屠牛为业。当费了九牛二虎之力借钱买来一头牤牛宰杀之后，因顾客稀少，最后弄了个肉臭不售而赔本。面对债主上门逼债的强大压力与威胁，他索性不辞而别，溜之乎也，偷偷跑到棘津一带黄河岸边，一边钓鱼，一边思考着今后的出路。在一位当地商人的指点教

元子挟矢，伯昌秉鞭作牧，赐醢，上帝罚殷（屈原《离骚·天问》插图。明·萧云从作）

原文：伯昌号衰，秉鞭作牧。何令彻彼岐社，命有殷国？迁藏就岐，何能依？殷有惑妇，何所讥？受赐兹醢，西伯上告。何亲就上帝罚，殷之命以不救？

注释：伯昌，即周文王。秉鞭作牧，即执掌诸侯权柄，或作诸侯王。《楚辞》专家闻一多说，周文王在殷时受命作牧，已是89岁的高龄。受赐，指周文王接受殷纣王之赐。兹醢，指纣王杀掉文王的长子伯邑考并用其体熬成的肉羹。对这一段史实，闻一多考证说："盖相传纣以醢赐文王，文王受而食之，后乃知其为伯邑考也。痛而告祭于天，愿以身就罚，不意天不降罚于文王，而降罚于纣，遂以国亡身死也。"

导下，他开始试着织席贩卖。但席子织成之后，到了市场竟无人问津。无奈之中只好在黄河岸边开了一块荒地，从事最简单，也是最艰苦繁重、最下流的农业劳动。想不到含辛茹苦地干了一季下来，收获的粮食不足以抵偿播下的种子。在这种窘境中，他再转而赴棘津结网捕鱼，但捕鱼所得，尚不能抵偿渔网的价钱。后来又在一位好心人的帮助下，借了一袋麦子磨成面粉赶集市叫卖，想不到刚到市场将担子放下，还未来得及叫喊一声，只见一匹受惊的军马冲进市场后闪电般朝自己奔来，眼看大祸来临，子牙嘴里含了半天的"卖面粉"赶紧改换成"我的娘"，但这三字尚未来得及呼出，狂奔而至的军马已将眼前那担面粉"腾"的一声踢翻在地，接着是两个陶罐被撞成碎块的脆响。就在这脆响余音未尽之时，一阵狂风突然从面前掠过，地上的面粉随着腾起的烟尘瞬间飘散于茫茫天空，无踪无影。面对突然而至的灾难，子牙不知该找谁诉苦求援。茫然四顾中，想起了命运的不公、生活的多艰，不禁悲从中来，先是仰天长叹，接着大哭不止、泪如雨下。正当他高呼着"苍天睁眼，救小民于水火"之时，一只特大号的乌鸦从头顶飞过，一块手指般大小的黑色屎棍从鸦的屁股中喷薄而出，箭一样射入子牙仰天张开的大嘴里……这段显然掺杂了演义的成分，尽管有些过多地叙述苦难与悲怆，但却道出了一个不受磨难不成材

第三章 兵家始祖

的人生哲理。可以看出，正是这艰苦的生活、酷烈的环境、人世间的冷暖，以及人与人之间的相互倾轧争斗，使已不再年轻的姜子牙增长了见识、磨砺了心志、提高了才学，直到最终把他锤炼成一位满腹经纶、胸藏甲兵的旷世奇才。

时间飞驰，恍惚间，姜子牙已是72岁的老人了，此时的他正以贩牛专家的身份混迹于朝歌的街市上。而这时的商都朝歌，从城台上那歌舞升平与血雨腥风相互交织的迷雾和玄机中，已透示着整个殷商王朝已是日薄西山、气数已尽，只待某日某时那撼天震地的崩溃之音轰然响起。

与此同时，在沃野千里的黄土高原上却吹拂着和煦的春风，一个历史几乎与殷商民族一样古老的民族正在渭水流域的黄土地上崛起。从一位叫弃的先王开始的周族，历经坎坷磨难，国势一天天强大。在"重农慎狱，敬天保民"的旗帜和号令下，周族全体上下休戚相关，患难与共，团队精神日渐强烈。那扶弱济贫、主持公道的对外政策，使周族赢得了周边地区众多方国的尊敬。周族统治集团内部那种见贤思齐、求才若渴的真情，又使四方人才纷纷来附。就在这样一个时代背景下，正以贩牛为业的姜子牙，面对商朝即将崩溃，大周将要崛起的新的天下格局，突然聊发了少年的狂气和志气，久埋心底的革命理想死灰复燃，这种理想的烈焰直烧得他心惊肉跳、坐立不安、茶饭不思、夜不能寐。他思前想后，终于做出了人生路上又一次重大抉择。他要离开整日臭烘烘的牛市，奔赴西部春光明媚、风和日丽，革命歌声嘹亮的黄土高原和那座许多人向往的周族的大本营——岐地。按他的理想，到达岐地之后，先设法投到周文王的麾下，再寻找可以发迹的机会。此时72岁的姜子牙因经历了世间诸多风雨磨难，已不是当年在商朝为一副科职官吏时那个嘴上毛茸茸的小伙子了，苦难和磨炼已使他成为老奸巨猾、道行颇深的大内高手。当这一历史性的抉择做出之后，他深知凭着自己目前一介布衣兼牛贩子的身份和名气，不但算不上一个力挫群雄的大腕儿，就是自称一个小腕儿，也不见得有多少人认可。这样的行头不仅不能接近周文王，弄不好双脚刚踏上周族的临时首都，就被猎狗一样围上来的警察，以没有首都户口簿、身份证和打工证等"三证"为由当场拿下，是死是活听天由命……想到这里，老谋深算的姜子牙在痛恨了一番世道不公、人心不古、天下苍生命如草芥、形同蝼蚁之后，经过几个昼夜的苦思冥想，最后决定先在岐城郊外潜伏

099

下来，弄一块地盘，以先农村后城市的方法，将自己的理论与纲领慢慢向周族中心部位渗透，最后达到体面地钻入城市内部并争取以自己的实力左右大周政局的目的。

这是一个黄昏即将到来的时刻，子牙对着一头仰天嚎叫的小牛犊，轻轻地拍了一把它的屁股，在外人看来有些莫名其妙地说道："小兄弟，都说纣王牛气，我看你才是真牛，纣王不亡，是无天理。兄弟，你还年轻，如果你真牛，就好好活着，看到那一天，问题是会有个最终结果的，老夫走矣！"说罢，转身告别苍蝇纷飞的牛市和几位牛贩子哥们儿，回到住处背起行囊，趁着夜色悄然无声地走出了阴森恐怖的朝歌城，一路急奔向西走去。当他风餐露宿，奔走了一个多月来到岐城郊外渭水岸边一个叫磻溪的地方时，举目四望，只见此处石壁陡峭、幽竹邃密、林泽秀丽、人迹罕至。石壁幽竹之间，有一清泉，泉水自成渊渚，清冷神异，汩汩不竭。泉水自南向北流淌，直奔渭水而去。子牙感到此处正是个隐蔽的理想场所，便决定暂时留下来，再好好想一想如何接近并镇住周文王和那帮国际社会还没有正式承认的周族小朝廷的命官们。

姜子牙垂钓图

在当地找了间破旧的石屋稍事拾掇，子牙便神不知鬼不觉地潜伏下来。在随后的几天里，他除了吃喝就是在石屋中躺在随身带来的那张牛皮褥子上想自己的心事。按他的想法，先在当地拉起一帮无产阶级弟兄，搞一次五月暴动或六月起义，首先在磻溪泉地区打拼出一块地盘，搞一个武装割据政权。待势力壮大之后，再在商周临界的地方弄一个边区

第三章 兵家始祖

小国，以实现割据的初步胜利，最后达到吞商灭周统一全国从而实现最后胜利的伟大理想……这样想着，子牙不禁兴奋起来，在那张宽大柔软的牛皮褥子上，翻来覆去、豪情满怀，心中的热血喷涌奔腾了一个晚上之后，随着第二天灿烂的阳光照亮了那间黑咕隆咚的小石屋，子牙睁开睡眼惺忪的二窍，望望屋外的天空大地，又望望自己干瘪得如同地瓜母子一样的身子，以及枕头边那个同样干瘪的行囊，苦笑了一下，便低了头，什么脾气也没有了。

这时他已清醒地认识到，目前自己无论横竖，都不具备暴动、起义和武装割据的实力，如果非要屎壳郎趴铁轨——愣充大铆钉，那无疑是自己在错误的时间、错误的地点、拉了一次错误的杆子，后果自然是死路一条。既然此路不通，就不能硬着头皮走到黑，让一泡尿给活活憋死。子牙怀着此次的目的一定要达到并且一定能够达到的必胜信念，在经过了又一番痛苦焦灼的思考权衡之后，决定放弃武力暴动，转而进行人身依附，也就是要像作家身上的虱子——评论家一样，想方设法钻入西方霸主周文王的身上，慢慢地吸吮他的血，这样既省心又省力，应算是一条不错的捷径。如果依附成功，凭着自己满肚子的花花肠子和三寸不烂之舌，说不定真能蒙住这个偏于西北没见过多少世面的文王。假如这个老实本分、憨头憨脑的老家伙一高兴，赏个师长旅长甚至尚书宰相的干干也不是没有可能。主意打定，便开始寻觅接近文王的策略。

几天之后，子牙从外面弄来了竹竿、竹篓等钓鱼的一套行头，开始在磻溪泉边悠然自得地钓起鱼来。这一举动，慢慢引起了前来砍柴、采药、打猎等各色人等的注意，不时有人前来一探究竟。想不到这一看就有了三分印象七分惊奇，除了子牙那须发皆白、仙风道骨的扮相，最惹眼的是他钓鱼的方式是长竿短线，离地三尺，直钩垂钓且不设钓饵。钓者的口号是愿者上钩，不愿者拉倒。这稀奇古怪的另类钓鱼法，如同一位美丽少妇，在好端端的牛仔裤上剪出几个不规则的窟窿，以示对世俗的蔑视及与社会主流不合作的宣言。很快，磻溪泉边有个古怪而神秘的钓鱼老汉的奇闻，在四面八方悄然风行开来。一时间，越来越多的砍柴、采药、打猎者，甚至四方百姓、八方官员和部分旅游团队都纷纷来到磻溪，一睹这位钓者的奇行和怪状。而每当有人来此，子牙总是很热心地和对方攀谈，并像若干年后的留洋学者跟他那苦难的大陆同胞对话时，总在汉语中不时地插上几个半生不熟的英文单词—

周文王像

样,说上几句高深莫测,玄而又玄之类的神秘谶语,让对方在不知所云又似懂非懂的朦胧状态中,确信自己对面端坐的这个老朽就是前记五百年、后记五百载,洞察宇宙万事万物、刀枪不入、整日喝凉水西北风、力大无穷、通天彻地的超级鬼神,并非一个从娘肚子里出生的有血肉且每日要吃五谷杂粮的活生生的肉体凡胎。在不断的伪装、诱骗、蛊惑下,子牙很快成了四方皆知的传奇式的英雄。既然是英雄,就要有另外的英雄崇拜,否则便不再是英雄。子牙在苦苦等待了三年之后,一个英雄与英雄相互倾慕、风云际会的日子终于到来了。

这是一个阳光明媚的春天,雄心勃勃的周文王带领一群张牙舞爪的男人和花枝招展的女人,浩浩荡荡地来到岐城郊外渭水南岸猎杀老虎和兔子。临近中午时分,文王正在树下小憩,有位叫散宜生的臣僚凑上前来说磻溪泉有个钓鱼的老汉甚是奇特,此处离磻溪不远,何不去瞧个究竟?文王听了散宜生的一番叙述,觉得很有看一眼的必要,便率领手下那群男男女女,骑马牵狗、驱车驾鹰、呼呼隆隆地向磻溪泉赶奔而来。

此时的子牙已结交了几个砍柴、打猎的铁杆弟兄,文王的行踪通过这些弟兄的眼线已尽在他的掌握之中,眼看好事就要来临,子牙心中暗道:"为了这一天,我已苦等了三年,要不是整天装神弄鬼,肯定引不来这位大爷。贫穷不是我姜子牙的追求,升官发财才是硬道理,如果这次能把对方蒙住,便可立即脱贫致富奔小康,至少身下这张牛皮褥子可以换一换了。机不可失,时不再来,千万不能错过这大好机会呵!"这样想着,遂精心准备了一番,只待来者上钩。不多时,远处的山谷里升腾起一阵尘土,接着是乱糟糟的马嘶驴叫、人窜狗跳。子牙知道,自己朝思暮想的主子到来了。

磻溪泉边,文王与子牙不期而遇,开始了具有重大历史意义的促膝交谈。

子牙深知这次风云际会的分量,若只弄几句似是而非的谶言,显然无法达到目的,必须来点真家伙、真学问、真道理,方能让对方喜欢、乐意、答应并心悦诚服。他按照事先准备好的白皮书,先向文王抛出了一个纵论天下大势的总纲,然后又推出了具体的治国要略和大政方针,并提出了酝酿已久的"三常主义",这个主义变成文字便是:"一曰君以举贤为常,二曰官以任贤为常,三曰士以敬贤为常。"概括地说就是:立国从政,务必要以贤为本,重视发现、使用和尊重人才,万不可七大姑八大姨、老岳丈小舅子,不管人才庸才栋梁之材还是残品次件,都一股脑地安排到领导岗位上,以致这些人占着茅坑不拉屎,祸国殃民,最后落个国破家亡,妻离子散的悲惨下场……这个"三常主义",在子牙死去三千多年后,从银雀山汉墓中被挖了出来,得以广为人知。面对这个"主义"的横空出世,有专门吃死人饭的当代历史评论家评论说,在当时的境况下,子牙竟敢对文王当面提出以尊贤重才的大略方针,来代替统治阶级上层根深蒂固的任人唯亲和裙带关系这一阻碍社会发展的顽疾,的确让对方耳目一新,不得不加以

泽及枯骨(《帝鉴图说》,明·张居正撰)

周史纪:文王尝行于野,见枯骨,命吏瘗之。吏曰:"此无主矣。"王曰:"有天下者,天下之主;有一国者,一国之主。我固其主矣。"葬之。天下闻之,曰:"西伯之泽及于枯骨,况于人乎?"

张居正解:夫文王发政施仁,不唯泽被于生民,而且周及于枯骨。所谓"为人君,止于仁"者,此类是也,岂非有天下者之所当取法哉?

重视、刮目相看。

后来发生的事实跟这位评论家所言相差不大，或者说这位评论家跟当下大多历史学家一样，就是在毫无意义地重复既定的历史结果。据当时的史官或相当于史官的秘书记载，在听惯了阿谀奉承的周文王看来，子牙的一席话，实如醍醐灌顶，当头棒喝，使自己从朦朦胧胧的大梦中幡然悔悟，真正领略了对方的政治胆略和远见卓识。

此时子牙一看文王的表情，觉得有门儿，便越说越来劲，越说越精彩，直说得唾液飞溅、手脚乱舞，进入了一种跳大神式的迷幻状态。文王被这种迷幻状态所感染，深陷其中不能自拔，他越听越激动，越听越上瘾，最后禁不住一把抓住子牙的胳膊，一边摇晃一边动情地喊道："哇塞！早些时候我的先君太公曾经预言，当有圣人辅佐周族，大周才得以兴旺发达。今天看来你老汉就是那位圣人了？我的先君太公盼望你可是好久了，今天叫我遇上，这是老天有意兴周呵！你就不要再在这里装神弄鬼地钓什么鱼了，快收拾一下东西，跟我到岐地去，我让你明天就五子登科，什么帽子、位子、房子、车子、女子，统统不在话下，连你那张牛皮褥子也可以考虑换成狗熊皮的，那样搂个女子睡着比在臭烘烘的牛皮上舒服多了。"子牙听罢，心中窃喜，假意推托一番，而后双腿发软，浑身打战，情不自禁扑通一声跪倒在地，感激涕零地谢主隆恩。末了，在众喽啰的帮助下，急忙收拾行囊，坐上文王第70位婆姨的车辇，兴冲冲地向大周的临时首都岐城奔去。

来到岐城之后，文王根据自己的承诺，先给子牙戴上了一顶国家安全事务助理兼秘书长的帽子，又封了个不三不四的名号叫太公望，意为周族的先太公一直盼望的圣人。之后对其他"四子"也准备做相应的安排。

灭商封齐

文王既让子牙这老流浪汉加穷光蛋，一夜之间就五子登了科，如在梦中的子牙自然本着士为知己者死的处事原则和生活准绳，使出浑身解数报答这份恩情。于是，在商代末年的中国历史上，两个注定要载入史册的传奇人物在众目睽睽之下一起登场了。在子牙的帮助下，周文王励精图治，开始了灭商的大计。仅用了六年的时间，周族就在不断开疆拓土、东征西讨中，形成了"三分天下有其二"的大好局面，并渐渐完成了对商都朝歌的包围。面对新的局势，在子牙的策划下，周文王审时度势，从临时首都岐地迁到沣河西岸的丰城，作为正式首都，为灭商做了最后准备。遗憾的是，就在大功垂成之际，周文王不幸死去，灭商的重任落到了继位的武王姬发身上。

此时，商纣王的荒淫残暴日甚一日，域内域外烽烟四起，诸侯纷纷叛离。尤其位于商国东南两处的诸侯，更是刻无宁宇，叛乱连连，殷商王朝的大厦已是风雨飘摇，几欲沉坠。

眼看伐纣的条件业已成熟，但子牙却提醒武王不要轻举妄动，其理由是商王朝毕竟经营了数百年，可谓"百足之虫，死而不僵"。武王听从了子牙的建议，并与一帮心腹臣僚对面临的形势做了冷静、客观的分析后，制定出了一套新的策略。首先把都城由丰迁到沣河东岸离商都更近的镐，对商形成更广阔、更直接的包围，为一举灭商做最后的准备。

公元前1048年冬，周武王在子牙的协助下，率领本部人马及800个附属国派来的军队，浩浩荡荡向殷商统治区扑来，准备一举灭掉商王朝。但当大军行至离商地不远的黄河南岸孟津一带即将涉水渡河时，占星师夜观天象，发现自夏天以来稳定向南方朱鸟座顺行的木星，突然改变方向，开始逆行。这个突如其来的变化，使特别相信天命的周武王大惊失色，认为是不祥之兆，他慌忙下令全军停止前进，即刻撤退。这一决策遭到了子牙等部分臣僚及盟军将领的质疑与反对。面对此情，武王焦急地对反对派们说"汝未知天命，未可"，依然坚持撤兵回返。众臣僚见劝阻无效，只好随全军按武王之令自孟津班师，回到渭河谷地的周族地界待命，这就是历史上著名的"孟津观兵"事件的真相。

又过了两年，那个混账的殷纣王更加昏庸暴虐，杀了敢于直言规劝的大臣比干，又接着囚禁了箕子与太师疵两个朝中政治大腕儿，直折腾得朝野上下鸡飞狗跳、哭爹喊娘，贤臣良将争相避灾逃命。最后连音乐界大腕儿少师疆也抱着乐器连夜出逃，投降了周族。此时殷商王朝已到了最危急的关头，面临着灭顶之灾。

眼见灭商的时机已到，在姜子牙的授意下，武王决定再度兴兵伐纣。

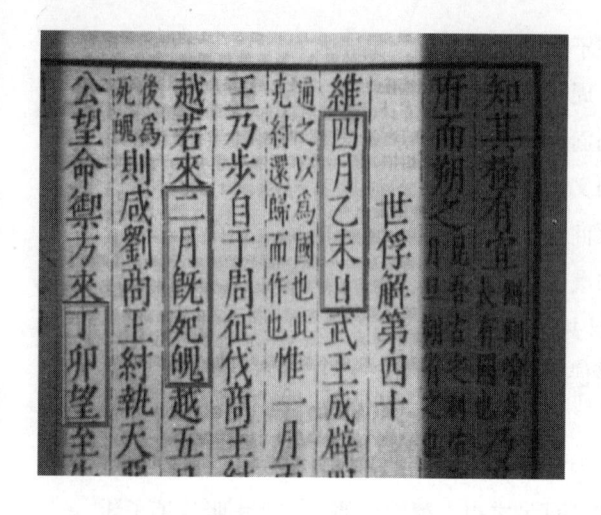

《逸周书·世俘解》关于武王伐纣天象的纪录

出师前，武王命令占卜师占卜，得兆"主大凶"。向来以视卜兆为天命且不可违背的武王及众臣僚对此深感恐惧，但此时的子牙却不管那一套，力劝武王千万不要轻信那些以枯草朽骨玩弄出来的鬼把戏，应抓住时机，赶紧下令兴兵伐商。为了表示对所谓天命的蔑视，子牙一把将龟甲从占卜师手中夺过，先是奋力将龟甲摔在地下，抬脚噼里啪啦地踩成碎块，然后抬起头，当着满朝文武的面，神色庄严、满面亢奋地挥动手臂鼓动道："同僚们、同胞们，大周国民革命到了一个严重时期了，革命的往左边来，不革命的快走开去……"子牙的演讲使得众将士群情振奋、热血沸腾，革命热情立刻高涨起来，一致要求武王率部打进商都去，推翻殷纣王，解放全中国——这个具有历史性意义的演讲，对后来历次中国革命都产生了重大而深远的影响。

武王见子牙一招一式地像真事一样演讲，先是惊愕，接着顿悟，心想这老汉说得好、说得妙，我也别在这里站着发呆了，干脆也照子牙的方式演讲，让将士们拼了吧！于是奋然而起，对文武众臣大声叫道："纣王这个龟孙，整天搞女人、杀大臣，骑在人民头上作威作福，犯下了滔天罪行。这样的混蛋君王不除，天理不容。现在革命的时机已经成熟，是我们武装夺取政权的时候了。下面我正式任命国家安全助理姜子牙为前敌总指挥兼总参谋长，兴兵讨伐殷纣王。"

随着武王命令的颁布，子牙统领兵车三百乘、勇士三千、甲士四万五千人，开始了大举伐纣的行动。周师从镐京出发，一路旌旗蔽日、鼓角相闻、浩浩荡荡向东推进。当

第三章　兵家始祖

行至汜水牛头山时，忽见风急雷疾、鼓旗毁折，武王的参乘惊吓而死，周师大乱。面对此情，对这次出征伐纣一直摇摆不定的前敌副总指挥、武王的弟弟周公，真名叫旦的家伙，再度显示了其两面性，他胆战心惊地对武王和子牙说道："在出战前的军事小组会议上，我就警告过你们'事逆太岁，龟灼告凶，卜筮不吉，星变为灾'。可你们就是不听，非要一意孤行。看看吧，今天的征兆就是老天爷对我们的最后警告。依我看，胳膊拧不过大腿，草木之人不能违背天神之意，还是赶紧收摊开溜吧。"

子牙听罢，未等武王发话，便以革命精神和将革命进行到底的坚定信念，对周公怒斥道："像殷纣王这样误国害民的反革命伪政府首领，不打倒他，才是天地不容的事情。事已至此，死活就这一锤子买卖了，谁怕死就回去，不怕死的跟我向前冲！"子牙说着，径自来到中军大帐，手持象征最高指挥权的令箭，命令手下将领从军中挑选了一批流氓无产者和亡命之徒，组成了一支坚定不屈的以姜子牙的名字命名的敢死队，这些敢死队员每人先发金条两根，并许诺事成之后，还要官升三级，一个班长可立即成连长，连长可变为团长，团长自然就成了军长。这帮号称姜子牙敢死队

叔旦揆命，并驱击翼（屈原《离骚·天问》插图。明·萧云从作）

原文：苍鸟群飞，孰使萃之？列击纣躬，叔旦不嘉。何亲揆发，定周之命以咨嗟？授殷天下，其位安施？反成乃亡，其罪伊何？争遣伐器，何以行之？并驱击翼，何以将之？

注释：苍鸟群飞，喻武王伐纣，将帅勇猛如苍鹰群飞。列击纣躬，即分解殷纣王的尸体。《史记·周本纪》曰："至纣死所，武王自射之，三发，而后下车，以轻剑击之，以黄钺斩纣头，悬大白之旗。"叔旦，武王之弟周公旦。伐器，作战的武器，指武王的军队。并驱击翼，指同时攻击殷纣军队的两翼。萧云从自注："武王之将帅如鹰之群飞，此孰聚之者。白鱼入舟，周公曰：'虽休勿休。'故曰：'叔旦不嘉。'见人心之附骏，则奋于苍鸟。征天道之灵耻，则跃于白鱼。"

的流氓无产者一听，心想既有金钱又有美女，这样的好事哪里找，拼了吧。于是精神大振，表示誓与敌人拼个你死我活，以报答主子厚待之恩。子牙见状，伸出大拇指，说了声"好样的"，便以这支敢死队为前锋，先行翻山渡河，向着敌人的领地扑去。武王一看这阵势，现在劝说、阻止已毫无作用，于是一咬牙迎合道："革命尚未成功，诸君还需努力，同志们，跟着太公往前冲吧，事成之后，一切条件会兑现的！"说完转过身，朝旦的屁股猛踹一脚，然后转身同子牙一道继续率大军前行。

当周师在殷商朝歌郊外的牧野与前来援周灭商的方国联军会合后，武王召开了中国历史上著名的誓师大会，从而士气更加振奋，斗志越发坚定。当殷纣王闻听周军会师牧野、兵临朝歌的消息后，惊恐之中钻出爱妾妲己的怀抱，于慌乱之中匆忙拼凑起17万由农村进城打工的民工和"三无"人员组成的杂牌军，号称70万之众，开到牧野迎战周军。公元前1046年1月20日凌晨5点47分（2000年国家夏商周断代工程最新成果推算数据），中国历史上规模空前的牧野之战在鼓声如雷的震撼声中拉开了大幕。

根据战前部署，首先由前敌总指挥姜子牙率部到阵前挑战，随后武王以精锐之师"虎贲（勇士）三千人，戎车（兵车）三百辆"为先导，如急风暴雨般向商军冲杀过去。面对周军的凌厉攻势，商朝组织的进城民工与"三无"人员不堪一击，随之在阵前哗变。这帮长期在商朝首都遭受压抑、歧视、压

牧野誓师

榨、折磨、涂炭，生不如死的生灵，纷纷掉转戈头，同周军一起向朝歌杀去。面对洪水一样汹涌而来的周军，在城外督战的殷纣王知道自己大势已去，转身逃回城中，登上平日寻欢作乐的鹿台，穿上那件用玉石做成的昂贵衣服，引火自焚。至此，作恶多端的殷纣王亲自奏响了近六百年殷商社稷的绝唱。

周人及其盟军赢得了牧野之战的胜利，商都朝歌内的百姓满怀喜悦迎接周军的到来。

灭商的第二天，即1月21日上午10点整，周武王命人清扫道路，和子牙、召公、周公等重臣举行了庆捷大典，武王登上新搭建的高坛，正式宣布登基即位，并隆重宣告："按上天的旨意，大周革命业已成功，商家王朝恐怖统治遂将结束，大周王国正式宣告成立，周族人民及殷商王国被压迫、被剥削的劳苦大众，从此彻底得以解放了！"

登基大典告毕，武王携姜子牙等重臣又来到设立的奠坛前，拜奠列祖列宗以及为国捐躯的将士，并以沉痛悲怆的语调宣读了奠文："我——武王，仅以普天之下最高领导人的名义，向万能的上天祈祷，自孟津观兵两年以来，在灭商的战争中牺牲的英雄永垂不朽！"

当一连串的仪式举行完毕后，周武王成为众所公认的天下共主，自此，一个新兴的王朝在华夏大地上诞生了。

夺得了天下的周王朝，为了巩固刚刚建立起来的革命统治，除了以优惠政策收买、安抚殷商遗民外，还出台了一个"选建明德，以藩屏周"的治国安邦的行动纲领。按照这一大政方针，凡周武王的同宗、亲戚以及在灭商战争中的功臣，都得到了不同地盘的封赏，并被允许在各自的地盘上

会朝争盟，何践吾期（屈原《离骚·天问》插图。明·萧云从作）

注释：会，甲，即甲子日。朝，早晨。期，指约定的日期。

萧云从自注："武王将伐纣，纣遣胶鬲视师，还报以甲子日，会大雨，武王曰：'吾甲子日不至，纣必杀胶鬲，吾欲救贤者之死。'乃于甲子日赶到朝歌郊外并誓师伐纣。"

周武王像

分赐同姓

建立诸侯国，以形成拱卫周王室的政治、军事屏障，这便是历史上"封建"一词的由来。

在最早封赏的一批中，就有原贩牛专家、老流浪汉、灭商前敌总指挥姜子牙家族的齐；那位在灭商伐纣战役中摇摆不定的周公旦家族的鲁；武王的堂弟召公家族的燕；以及武王另外两个弟弟叔鲜、叔度的管、蔡等地。周公旦与召公的封地和姜子牙算是邻居，后来的齐鲁经过多少代人的火并攻伐，终于成了一家的地盘，自此齐鲁大地被连在一起叫了几千年，至今还没有分开的意思。

姜子牙既已被封，便选了个风和日丽、阳光明媚的早晨，告别了大周国那繁花似锦的首都镐京，带领一家人浩浩荡荡地向齐地进发。一路上，面对高山秀水、乡野田畴，子牙禁不住手捋长髯暗自慨叹。遥想当年，自己光棍一条，流浪汉一个，无奈中挟着一条牛皮褥子西来求职，本想弄个一官半职安度晚年，了却残生。想不到苍天有眼，命运不薄，竟在古稀过后的衰颓之年偶遇明主，一下子弄了个五子登科。

子牙家族来到齐地后，很快建立了一个新的国家并在营丘（今山东临淄北）建立了首都。

就在姜子牙受封不久，大周王朝的缔造者和最高统帅武王姬发不幸与世长辞，国家与民族的重担落到了只有10岁的武王之子成王姬诵的身上。

第三章　兵家始祖

因成王年纪太轻，肩上的担子太重，周公旦趁机挟天子令诸侯，以国家安全助理的身份摄行了国家的重要事务。被封于管、蔡之地的叔鲜、叔度等王公大臣，对这位替国摄政的资产阶级右翼分子颇不服气，于是便联合一帮殷商王朝的破落贵族，搞了一次规模浩大的"清君侧"军事行动。这个行动翻译成现代汉语就是，让周成王身边的安全助理立即滚蛋，将大权交给成王或其他人。在这场声势浩大的军事行动中，叔鲜等各自率领自己王国的军队和殷商破落贵族组成的还乡团、投机分子、机会主义者，气势汹汹杀奔镐京向周公旦兴师问罪。远在东夷的燕国、蒲姑氏、徐夷、淮夷等国的领导人一看这边闹了起来，也相继起兵响应，一时狼烟四起，天下震动。正替国摄政、挟天子令诸侯的资产阶级右翼分子周公旦一看大事不好，急忙修书向召公和姜子牙求救，并承诺自己当这个安全助理只是暂时的，绝无犯上作乱、篡夺国家最高领导权的意思。子牙接书看罢，心想你篡不篡位，都是你们姬姓家族的事，与我何干？常言道，肉烂在锅里，这天子之位一时还轮不到我姜子牙老汉，况且凭你也成不了什么大的气候。倒是叔鲜、叔度这帮王公大臣，或者说是乱臣贼子，因其封地离自己太近，并形成了对齐国的包围之势，很有必要灭掉，否则后患无

丹书受戒（《帝鉴图说》，明·张居正撰）
周史记：武王召师尚父而问曰："恶有藏之约，行之行，万世可以为子孙常者乎？"师尚父曰："在《丹书》。王欲闻之，则斋矣。"……师尚父西面道书之言，曰："'敬胜怠者，昌；怠胜敬者，亡；义胜欲，从；欲胜义者，凶。'藏之约，行之行，可以为子孙常者，此言之谓也。"王闻之而书于席、几、鉴、盥、盘、楹、杖、带、履、觞、豆、户、牖、剑、弓、矛，皆为铭焉。
张居正解：夫武王是个圣君，能屈尊老臣受戒，作为铭词，传之后世。周家历年八百，享国最为长久，非以其能守此道也哉？

111

平定管蔡之乱

穷。想到这里，子牙修书一封，很明确地告诉旦说，我老汉可以调集齐国军队，并献出平生之经验，帮着你出谋划策，干掉这帮真正犯上作乱的阶级敌人。但事成之后，你必须让我的地盘有所扩大，并授予相应的特权，否则我不会当磨沟里的傻驴——听你喝呼。周公旦接到书信一看，禁不住骂道："姜子牙，你真改不了牛贩子的本性。"待骂过之后又想道，这个牛贩子再怎么折腾也还是牛贩子，是为一岁不成驴，到老是个驴驹子，牛贩子的本性就是赚点小便宜，答应他也无妨，天下横竖都不会落入这个贩牛专家手中的。想到此处，周公旦痛快地答应了姜子牙的要求。

眼看一笔交易得到了双方的认可并签字画押，子牙开始协助周公旦收拾那帮兴师问罪的弟兄，经过三年拉锯式的打拼，周公旦一方取得了最后胜利。按照当初的交易合同，子牙得到了他梦寐以求的大片国土，疆域所及，东抵海滨，西及黄河，南达穆陵（山东沂水县穆陵关），北至无棣（山东无棣县北），统辖范围达到了二千余里，遥遥傲居于其他一切诸侯国之上。鉴于这种已经形成的尾大不掉的大国实力，周成王于无奈之中特别授权，凡齐地范围之内及周边地区的五等诸侯、九州方伯，只要子牙看哪一个不顺眼，要杀要剐，要煮要烹，任其处置。有了这份红头文件撑腰，牛贩子出身的姜子牙老汉，这时才算真正牛起来。

当然，已牛起来的子牙老汉，依然拿出当年做牛贩子的干劲及小车不倒只管推的革命精神，起早贪黑地为国家与人民操劳。他根据齐国土地辽阔，东面、北面濒临大海，物产丰盈的自然环境，以及生产水平相对先进、异族势力较为雄厚的经济、政治条件，确立了治齐的重大策略和战略方针。他拿出了作为小商贩与屠户的看家本领，因袭当地风俗，简化礼仪，开放工商各行业，为商人、捕渔业和制盐业大开绿灯，使齐国百姓从当地资源中得到了实惠。他抛弃资产阶级右翼分子的代表人物周公旦鼓吹的一套"亲亲上恩"的政治主张，逐步建立起一套革命的"尊贤上功"的用人之道，限制宗室贵族的特权，以才能升迁，论功行赏，反腐倡廉，开拓创新，等等。这一系列方针政策的出台，为齐国的发展奠定了良好的政治、经济、文化基础，仅用了一年多的时间，就使齐国成了东方军事大国，并相继创造出了具有"泱泱乎大国之风"的发达的经济和灿烂的文化。之后的齐国在很长一段历史时期内发展迅猛，遥遥领先于其他诸侯所控制的国家和地区，并成为西周王朝所依仗的东方最重要的一根庞大支柱。

对于齐国的情形，司马迁在《史记·鲁周公世家》中曾这样记叙道："鲁公伯禽之受封之鲁，三年而后报政周公。周公曰：'何迟也？'伯禽曰：'变其俗，革其礼，丧三年然后除之，故迟。'太公亦封于齐，五月而报政周公。周公曰：'何疾也？'曰：'吾简其君臣礼，从其俗为也。'及后闻伯禽报政迟，乃叹曰：'呜呼，鲁后世其北面事齐矣！夫政不简不易，民不有近；平易近民，民必归之。'"

这段记载的大体意思是说，姜子牙主齐后，本着脱贫致富奔小康的原则，不拘泥烦琐的礼法，因地制宜，在充分尊重当地民风民俗的基础上，灵活地处理政务，很快就出现了"人民多归齐，齐为大国"（《史记·齐太公世家》）的良好局面。而鲁国以资产阶级右翼分子伯禽为首的领导阶层，整日搞一些尊尊亲亲、婆婆妈妈的腐朽政策，并不时地玩一些小资情调，弄出一堆虚情假意的礼节，其结果是举国上下的臣民都如同戴着镣铐跳舞，难以发挥个人和群体的主观能动性，国内的政治、经济、军事等诸方面就不可能有一个良好的发展。周公旦等人看出了这一点，似乎又无力改变这种现状，遂发出了若干年之后鲁国将臣服并事奉齐国君臣的哀叹。

周公旦们在这件事上倒真没看走眼，当历史的长河流动到春秋中期，周王室逐渐走上衰微之时，位于东方的齐国在众诸侯国中率先脱颖而出，其政治、经济、军事力量达到了如后来苏秦所说的"带甲十万，粟如丘山。三

113

军之良，五家之兵，进如锋矢，战如雷霆，解如风雨"的超级大国的坚强实力，在诸侯国中首屈一指，无人能够匹敌。齐国君主正是凭借这股强大的政治、经济、军事实力，成为纵横中原、左右天下局势的"五霸"之首。到战国时期，齐国更是跻身于"七雄"之列而显赫一时。

周康王六年，齐国的开国领袖、一代政治宗师、兵学鼻祖、著名贩牛学专家姜子牙不幸与世长辞，死后曾留下了兵书战策多部，其中在银雀山汉墓中发现的著名的兵学圣典《六韬》便是流传后世的其中之一。

太公与《六韬》

流传于世的《六韬》或称《太公六韬》，按照《隋书·经籍志》的说法，乃"周文王师吕望撰"。全书以姜子牙答周文王、周武王父子问的形式写成，共有文韬、武韬、龙韬、虎韬、豹韬、犬韬等六个部分，全书六十篇，两万余字，其大体内容如下：

《文韬》主要讲政治和战前准备，强调政治是军事的基础，军事是政治的继续。如第一篇"文师"，主要描述了周文王渭水访贤结识姜子牙并立之为国家安全助理兼秘书长的情景。在这次千载难逢的具有革命现实意义与深远历史影响的风云际会中，子牙暗示文王，貌似强大的殷商王朝即将烟消云散，而一向默默无闻的周人将要登上历史的舞台且"其光必远"。因为"天下乃天下人之天下，同天下之利者得天下，擅天下之利者失天下"。子牙以钓鱼作比，提出了"以禄取人，人可竭；以家取国，国可拔；以国取天下，天下可毕"和以仁德、义、道收揽天下人心，使"各归其次，而树敛焉"的理论，并示意文王要千方百计招揽人才，首先把自己的事情办好，韬光养晦，看准时机，夺取天下。

《武韬》从战略角度讲了"修德"与"安民"的道理，其目的是要争取民心，瓦解敌人，看准时机，运用各种政治手段，以加速敌人的崩溃，使战争以最小的代价取得胜利。《武韬》中特别提到了"文伐"的策略，而且提出了十二种具体运用智术达到不战而胜的方法，并尽可能充分地利用敌国内部矛盾和空隙，分化瓦解，激化矛盾，挑拨离间，最后削弱敌人或使其自我溃乱。至少可以为军事进攻创造有利时机，以最小的代价，换取最大的胜利。

除《文韬》《武韬》二韬外，其余四韬都是讲在各种情况下的具体作战原则。《龙韬》着重讲军事上的指挥和部署，《虎韬》着重讲宽阔地带的作战问题，《豹韬》着重讲狭隘地带的作战原则，《犬韬》着重讲步、车、骑兵协同作战的组织与战略战术问题。

从全书的观点看，《六韬》颇具唯物主义的味道，对一向被古人认为极其神秘的盈虚祸福，作者明确提出在人事不在天时，特别强调人的因素，把爱民作为治国治军的首要前提。认为战胜攻取，必先富国爱民，顺农时，薄赋敛，休养生息。明确提出了"天下熙熙，皆为利来；天下攘攘，皆为利往"这一被许多人所回避或半遮半掩的根本性问题。并表示只有"顺人心以启发天下之事"，才能在军事上取得胜利。此外，书中还强调了阴符、阴书的运用，说明了古代军事通信的保密要求，对后世兵家的思想具有一定的启迪意义。《六韬》由于在中国军事史上具有独特的价值和地位，得以留传后世，并成为著名的《武经七书》之一，为历代军事家和政治谋略家所尊崇。

传世的《武经七书》，是北宋朝廷作为官书颁行的兵法丛书，是中国古代第一部军事教科书。由《孙子兵法》

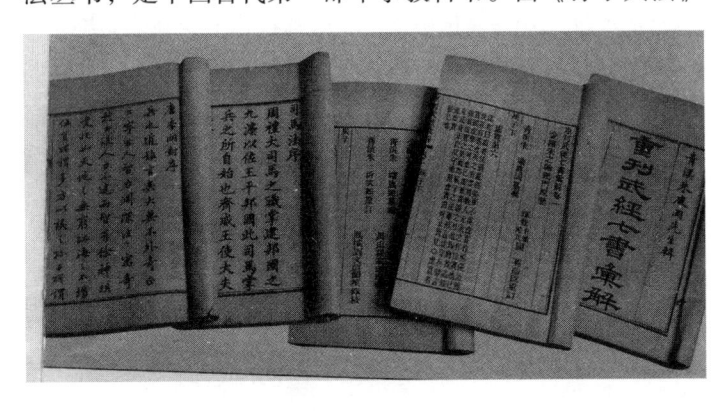

《武经七书》书影

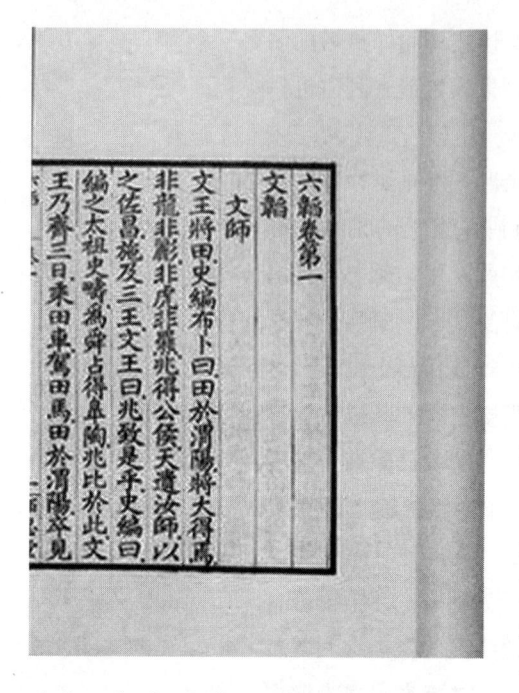

姜太公著《六韬》书影

《吴子兵法》《司马法》《尉缭子》《六韬》《三略》《唐太宗李卫公问对》等七部著名兵书汇编而成。元丰三年（公元1080年），宋神宗诏令国子监"校定《孙子》《吴子》《六韬》《司马法》《三略》《尉缭子》等书，镂版行之"。此事由国子监司业朱服主持，参与者有武学博士何去非等。校定工作历时三年余，于元丰六年（公元1083年）告竣。校定后的《武经七书》是从当时流行的数百部兵书中挑选出来的，基本代表了先秦至唐代中国军事思想和战略的最高水平，不仅对宋代武学建设意义重大，而且其影响泽及后世，特别是在建构古代军事家的主体知识方面，发挥了重要作用。

由于《六韬》的内容规模阔大，又多史实方面的推测，某些内容明显超越了姜子牙时代，故在成书年代上，自汉以来就一直有相当大的分歧。班固在《汉书·艺文志》中把它列入儒家，并说"《周史六韬》六篇。惠、襄之间，或曰显王时，或曰孔子间焉"。也就是说，这部著作的完成年代，最早则在周惠王与襄王之间，相当于春秋鲁僖公、文公之际（约公元前676年—前619年）。中则在孔子少年至老年，鲁昭、定、哀三公时代（约公元前551年—前479年）。最晚则在周显王在位四十八年间，即战国时（约公元前368年—前321年）。后有众多学者认为，《六韬》的内容虽是周文、武二王和姜子牙之间的问答，但具体整理的这个人却是周的史官。整理此书者，并没有认为它是姜太公吕尚的著作，但《隋书·经籍志》却弄出了一个"周文王师吕望撰"的字样，这显系妄解或托名，其真正的作者已难详考。

除这种说法之外，尚有疑古家持不同的观点，如宋人王应麟在其《汉书·艺文志考证》中认为，《六韬》为战国时期孙、吴之后的谋臣策士托古所作。明人胡应麟在其《四部正讹》中认为"《六韬》称太公，厥伪了然"，于是断定《六韬》是魏晋以后的兵家掇拾古兵书剩余而作。清人崔述在《丰镐考信录》中认为，《六韬》乃秦汉间人士托古而作。另一位疑古人士姚际恒也信其伪，并言："其辞俚鄙，伪托何疑？"著名的《四库全书提要》也因其书不见于《汉书·艺文志》兵家录，而生出"今考其文，大抵词意浅近，不类古书"的疑问。至清嘉庆年间，考据学者孙星衍站出来为此书辩诬，可惜举证既不充分，也未能自圆其说，没有为儒林所共服。

面对诸多分歧，当代史家陈青荣认为班固的断代"惠襄之间"是唯一正确的。《六韬》一书并非伪作，只因其成书早，流传复杂，更改较多，使人们不能看清它的真正面貌而已。从《六韬》的著述形式看，符合周代史官左史记事、右史记言的规则，全书内容都以姜太公与文王对话的形式表现出来，同时还录有文王与周初名臣散宜生、周公旦等大臣的对话。除此之外，在其他一些文献中，还保留有周代史官记录君臣对话的明确记载。如在《敦煌遗书》唐人手抄《六韬》中就有"维正月，王在成周，召三公、左史戎夫，曰：'今昔朕语遂事之志。'戎夫主之，朔如闻舍"的记述。另《竹书纪年》有云："穆王二十四年命左史戎夫作记。"陈青荣由此推断，这个左史戎夫很可能就是

周公告士图

《六韬》的记录者之一，并认为《六韬》从周室的金版档案，到整理成在社会上流传的兵学著作，当有一个发展过程。在这个过程中，有散佚和改篡增补，当是正常和自然的现象。姜子牙死后，其后人对这位太公生前有关兵学的著录加以整理并代代相传，是完全可能和自然的事情。陈青荣在论述时还特别指出："现在人们看到的《六韬》，是宋朝编辑《武经七书》时的删定本，已不能反映《六韬》的原来面貌。所以此书从总体上看起来，有些庞杂和凌乱。而银雀山汉墓出土的竹简《六韬》除了为这部书的成书年代提供了可靠的佐证之外，还对今本的部分缺失做了相关的补充，使其更接近于历史的原貌。"

银雀山汉墓出土的竹简本《六韬》，共整理出残简125枚，有4000余字。整理人员将竹简分为14组，其文字内容可分为三类，有今传本的《文韬》《武韬》《虎韬》，有各种类书所载及正史所引的《六韬》片断，也有今已不见的佚文佚篇。根据汉墓发掘者和竹书整理者吴九龙的释文校注本可分类如下：

1. ［文韬·文师］[①]
2. 尚正（即传本《文韬·六守》）
3. 守正（即传本《文韬·守土》）
4. ［文韬·守国］
5. ［武韬·发启］
6. ［武韬·文启］
7. 三疑（即传本《武韬·三疑》）
8. ［《群书治要》所录《武韬》］
9. ［《群书治要》］所录《虎韬》］
10. 葆启［即《六韬》佚篇］
11. ［《北堂书钞》所引《六韬》文］
12. ［《太平御览》所引《六韬》文］
13. ［《吕氏春秋·听言》《汉书·晁错传》所引《六韬》文］
14. ［《六韬》佚文］

如前所述，银雀山汉墓出土竹简的书写年代至少应在西汉前期，那么《六韬》作为其中的一部分，也应在这个时间段之内。继银雀山汉墓之后，1973年河北省定县汉墓也出土了部分《太公》竹简，共144枚，计1402字。这些竹简上有许多文王、武王问，太公曰等字样，其中许多内容与今本《六韬》相同或相近。经考证，墓主人为中山怀王刘修，刘修死于汉宣帝五凤三年（公元前55年），墓中的竹简书成书年代应早于墓主下葬的年代。从银雀山到定县，前后两座汉墓竹简的出土，足以说明《六韬》一书在汉以前或汉初就已经广泛流传，有了这一证据，所谓的汉、魏晋伪撰一说便不攻自破。如把竹简本与今传本有关内容做一比较，便发现二者大体相同。竹简本保留了今传本的大体风貌，并对姜子牙政治思想和军事思想的许多方面做了真实的反映。正因为有了银雀山汉墓竹简本《六韬》的发现，学术界才坚信此书虽非姜太公亲自所撰，却源于周代史官对姜太公与周王对话的真实记录。因而，《六韬》是目前人们研究齐国开国之君姜太公及其时代所产生的政治、经济、军事思想的一部最重要的学术著作，其价值在先秦学术史上具有不可替代的独特地位。

注释：

①带［ ］的篇名系整理时所拟。

第四章 管仲与司马穰苴

从流浪汉到太子的老师，从太子的敌人到君王的朋友。车槛的灾难既脱，齐国的霸业已开。《王兵》与《晏子》，乱世枭雄大聚会。司马穰苴拜将，辕门斩对手，战场显神威，田氏家族如日东升。齐景公一声令下，司马英雄吐血而卒，年轻的孙武踏上了离齐奔吴的革命道路。

一 匡霸业为齐开

继《六韬》之后，从整理出的银雀山汉简"周秦诸子"的时间先后排序看，位居老二的是由24枚残简共667个字组成的《王兵》。这篇并不算长的简文，大部分谈及的都是用兵之道，整理小组人员罗福颐、吴九龙经过考证，知其内容分别见于传世本《管子》的《参患》《七法》《地图》《幼官》《兵法》《轻重》等篇，竹简本与传世本文字相近或相同。由此认定，出土竹简《王兵》与《管子》有一定的关系，或者说《王兵》就是《管子》的一部分。

自姜子牙独自奔赴西天极乐世界之后，他所开创的齐国大业在姜姓子孙的手中，随着周王朝的沉浮兴衰一路颠簸动荡走了过来。当周王朝逐渐走向衰微，历史进入春秋时代时，齐国在第16代姜姓君主——齐桓公小白的治理下，以强大的国力和军威，首先登上了霸主的地位，并开始号令天下诸侯。颇具戏剧意味的是，这位君临天下的国王，居然启用和他有一箭之仇的敌手管仲来做宰相，而正是这个差点要了他性命的人，辅佐他成了春秋时代第一位霸主。

管仲像

管仲，名夷吾，字仲，安徽颍上人，原为贵族出身，后降为平民。此人脑子灵活，粗通文墨，爱好武艺，其箭术尤为精湛。因少年时代家道中落，他不得不弃学为生活奔波。据说他先后给大户人家养过马、打过工，做过许多低贱的职业。后来结识了一个同样给人打工名叫鲍叔牙的人，由于二人命运相似，意气相投，很快便成为要好的哥们儿。有一天晚上，这哥俩弄了几文大钱，偷偷到酒馆喝了一场小酒后，开始火气攻心、豪情万丈、斗志昂扬地要离开自己的工作岗位，一同结伴闯荡江湖、浪迹天涯，渴望有朝一日恢复失去的贵族地位，进入梦中的天堂。后来二人借着青春年少的血性，真的按这种理想做了一番奋斗。若干年后，管仲曾不无感慨地对别人说："吾始困也，尝与鲍叔贾，分财利多自与，鲍叔不以我为贪，知我贫也；吾尝与鲍叔谋事而穷困，鲍叔不以我为愚，知时有利不利也；吾尝三仕三见逐于君，鲍叔不以我不肖，知我不遭时也；吾尝三战三走，鲍叔不以我为怯，知我有老母也。"对于管仲的说法，鲍叔自有另一种解释，他曾颇为感慨地对人说过："人这一辈子，有机遇好坏之分，而机遇的好坏对人的命运影响重大。管仲此人如果有好的机遇，一定会成为百无一失的强者，干出一番惊天动地的大事业来。"这些话在鲍叔交往的圈子里慢慢传扬开去，管仲闻知，很是感动地说："生我者父母，知我者鲍叔也。"二人的关系越来越密切，直至成为生死之交的铁哥们儿。这哥俩在工作、学习和生活的道路上精诚团结，相互扶助，经过多年的打拼，终于实现了当初的梦想，双双成为齐国君主齐釐公麾下权倾一时的重臣。

齐国自姜太公死后，在相当长的一段历史时期内，总是处于动荡不安之中，直到齐庄公、齐釐公时，才逐步走向稳定，国力也随之加强。想不到好景不长，就在釐公归天后的不长时间，齐国又接连爆发了内乱。而像大多数诸侯国的内乱与火并一样，齐国的内乱也源于对一国之主这把椅子的窥视与争夺。

齐釐公有三个儿子，分别是老大诸儿、老二纠、老三小白，三人属同父异母的兄弟。待三个儿子长到一定年龄时，按照"立嫡以长"的老传统，老大诸儿被立为太子，成了堂堂正正的国君接班人。与此同时，釐公又分别给老二和老三找了辅佐的老师，也希望这哥俩能成为修身齐家治国平天下的栋梁之材。按照分工，管仲、召忽二人共同辅佐公子纠，鲍叔辅佐公子小白。既然已有明确分工，作为辅导的老师，就理所当然地各为其主忙活起来。

釐公魂归西天之后，太子诸儿顺利接班，是为齐襄公。这位襄公原是位纨绔子弟，也是生活中的另类。他在当太子时，竟敢违背伦常，与其同父异母的妹妹文姜有了一腿，后来文姜嫁于鲁国的帅哥桓公为妻。这鲁桓公当然不知道自己被戴上了绿帽子，在携文姜来齐国探亲时，更想不到襄公、文

123

文姜画像

姜借此机会旧情复发，又开始了新一轮翻云覆雨的人体磨蹭大战。这个战果很快被鲁桓公安插在齐国朝廷的地下工作者侦知，并很快密告了桓公本人。这位鲁国帅哥闻听大怒，当即找来文姜质问并劈头盖脸地一顿臭骂。文姜见秘事已泄，心中害怕，但嘴上却一口咬定绝无此事。待这位帅哥火气渐消，看管放松之时，文姜瞅个机会悄悄溜到宫中，将这一情况向襄公做了密报。襄公以另类思维模式想到："眼下的鲁国已是江河日下，摇摇欲坠了，作为一个破落王国的国王，能把我的妹妹兼情人弄到手，已是癞蛤蟆吃上了天鹅肉。现在我给你戴几天小小的绿帽子，你还不乐意。你觉得心中如同吃了个苍蝇，那我的心中就如同感到吞了你这个癞蛤蟆。"想到这里，面对哭哭啼啼、又怜又爱的妹妹兼情人，襄公怒从心头起，恶向胆边生，对文姜悄悄说道："你是不是觉得这个王八蛋活腻味了，不如干脆杀了他算了，免得日后再反攻倒算，没完没了地来捣乱。"文姜听罢，先是大惊，而后在性欲之火的撩拨下，流着热泪点头同意。晚上，襄公设宴请鲁桓公大吃二喝一顿后，就秘密令人将其打发上了西天。

鲁桓公因为一个女人而稀里糊涂地送了命，此事在齐鲁两国朝野内外引起了极大的震动，鲁国君臣鉴于自己衰弱的国力，只好接受了这个比吃了苍蝇还要难受的事实，不再提及。而齐国的臣僚及诸公子，从这件事中更加清醒地认识到，这位另类君主连自己的妹妹都敢往床上弄，杀掉自己的妹夫兼鲁国的最高领导人，如同宰一条狗一样轻松和满不在乎。可想而知，以自己的身份和地位，若襄公哪一天看上了自己的老婆并要行云雨之事，倘稍有不满，那结果就只能像鲁桓公一样枉送性命。面对这种淫气迷漫、杀机四伏的险局，各色臣僚连同公子纠与小白等都惶恐不安，为了怕不明不白地被这位生活中的另类君主强奸或弄死，都纷纷开始率领自己的妻妾儿女逃往国外。公子纠的母亲是鲁国人，便在管仲和召忽两位老师的保护下逃奔鲁国。公子小白也在他的老师鲍叔的保护下逃奔相邻的莒国躲避起来。

鳌公活着的时候，非常喜爱自己弟弟的一个儿子公孙无知，由于过分喜爱，就令这位无知小儿在衣服、工资和生活待遇方面，同职别比他高的太子一个档次。这一不顾传统规章制度和违法乱纪的行为，引起了太子的强烈不满，这位太子曾多次当着其他臣僚的面骂道："公孙无知，你他娘的算个什么东西，竟敢和我平起平坐，一旦有机会，非收拾你小儿不可。"当太子诸儿真的即位变成了齐襄公之后，很快以一种报仇雪恨的心态，废除了公孙无知的待遇，并在行政职务上给予了贬黜的处分。如此剧烈的变化，自然引起了无知对襄公的愤怒与痛恨，从此二人结下了不共戴天之仇。公孙无知怀揣满肚子的怨恨，暗中寻找机会欲制襄公于死地。意想不到的是，这个机会很快到来了。

这一年，襄公曾令大夫连称、管至父戍守葵丘，约定次年瓜熟时另派人替换。可到了第二年瓜熟季节，这位襄公既不派人替换，也不供应给养，弄得戍守官兵苦不堪言。连称、管至父在忍无可忍的情况下一商量，既然国君都不管我们的死活了，那我们还在这里受什么罪，干脆反了算了，二人把这个想法悄悄地向襄公的宿敌公孙无知做了汇报。无知一听，正中下怀，说了句"这个兔崽子早就该死了，活到现在纯粹是多余"。在进行了一番密谋后，连称、管至父与公孙无知联手，在襄公外出行猎中将其弑杀。

襄公一死，其他两位公子都在国外，公孙无知见朝中一时没有制衡自己的能人，遂野心顿起，索性自己弄了顶帽子戴上，一板一眼地当起了国君。这一突发的革命政变，使整个朝野为之震动，许多臣僚贵族对无知这一弑君自立的做法表示不满，心想齐国朝野上下再没有能人，这把君主的椅子也轮不到你这个犯上作乱的孽臣贼子来坐。于是，有大胆的臣僚暗中串通一气，准备瞅机会除掉这个祸害。

第二年春天，志得意满的无知率领一群男男女女浩浩荡荡地到齐大夫雍廪的领地出游，雍廪及其族人早就对无知的所作所为心怀怨恨，见对方趾高气扬，目空一切的做派，便有了袭杀的念头。待无知第二次前来出游时，早已做好准备的雍廪族人毫不客气地将其当场击毙。

无知既死，齐国政坛再度震动，为预防发生不测，雍廪立即调动各种舆论工具对外宣布："由于野心家、阴谋家、反革命分子公孙无知弑君夺权，倒行逆施，损害了朝廷上下及广大人民群众的利益。我做出为国除奸、为民除害的正义之举，将这恶棍斩断拔掉。我本人绝没有做君王的野心，至于哪位公子来当这个接班人，大夫们推举之后，我坚决服从，坚决拥护。"众人一听这位仁兄的宣言，知道他有篡位的贼心而没有贼胆，便不再理他，瞩目的焦点立即集中在既沾满了鲜血，又充满了无穷诱惑，现已空出的那把君主的椅子上。就在群臣为这把椅子到底由谁来坐最为合适而争吵不休，相互指责叫骂，甚至大打出手之时，远在莒国的公子小白，接到了他的好友、齐国大夫高傒的密信，让其速返齐国继承君位。在鲍叔和莒国君主的支持下，小白立即起程，乘快车急速向齐国奔来。几乎与此同时，鲁国也接到了无知被杀的报告，便连忙派兵护送公子纠回国争抢君位。当时的形势显而易见，小白与纠两位公子谁抢先回国，那把高高在上又虚位以待的椅子，就可能归谁所有。问题是，莒国离齐近而鲁国离齐远，处在莒国的小白很可能捷足先登，在这关乎个人与国家前途命运的紧要关头，身为辅佐导师的管仲，一面安排公子纠跟随鲁国军队星夜兼程，尽快回国，一边自带三十乘兵车，轻装捷径，飞速前进，以便在途中拦截小白。当鲁国的轻车驶上莒国去齐的大道后，探知小

射杀小白

第四章　管仲与司马穰苴

白果然已经先前而去。管仲驱车急追，终于在离齐不远的地方赶上了小白的车队。小白的老师鲍叔见管仲率兵杀气腾腾地追来，急忙调一部分卫兵拦截，另一部分人则掩护小白疾行。管仲一看这阵势，急忙引弓搭箭，"嗖"的一声向站在车中的小白射来。只见小白大叫一声，应箭而倒，双方官兵立即张弓对射。混乱中，管仲以为凭自己高超的箭法，小白胸部已经中箭，必死无疑。既然目的已经达到，便命令手下停止追击，原地守候，一面派人将战果驰报鲁主，一面等待公子纠的到来。

令管仲意想不到的是，小白应箭而倒只是假死，当时管仲射出的利箭，正巧击中小白胸前佩戴的衣带钩而未伤丝毫皮肉。但绝顶聪明的小白深知管仲箭法的厉害，怕对方再次将箭射来，便急中生智，应箭而倒，做身受重伤状。就在管仲和其手下官兵被迷惑并停止追击的空隙，小白藏身车中，快马加鞭，先于公子纠到达齐国，并在自己的铁哥们儿高傒等群臣的拥戴下，步入神圣的殿堂，坐上了那把令无数人颠倒梦想的椅子，光明正大地成了齐国开国以来第16代君主，也就是后来中国历史上赫赫有名的齐桓公。

原来的公子小白，现在的齐桓公，在即位后做的第一件事就是清除异己，同时发兵攻鲁，并扬言要杀管仲，以报当初的一箭之仇。眼看自己昔日的铁哥们儿要遭大难，鲍叔有意相救，便趁机向桓公进言道："管仲乃当今天下少有的奇才，只要能让他为齐国服务，保证国家会蒸蒸日上。"

桓公听罢，极其愤怒地说道："你不要再替这个家伙辩护了，他那一箭差点要了我的小命，现在想起来，恨不得将这只王八放进油锅里烹了，或煮了喝汤，想来味道一定

由姜小白到齐桓公

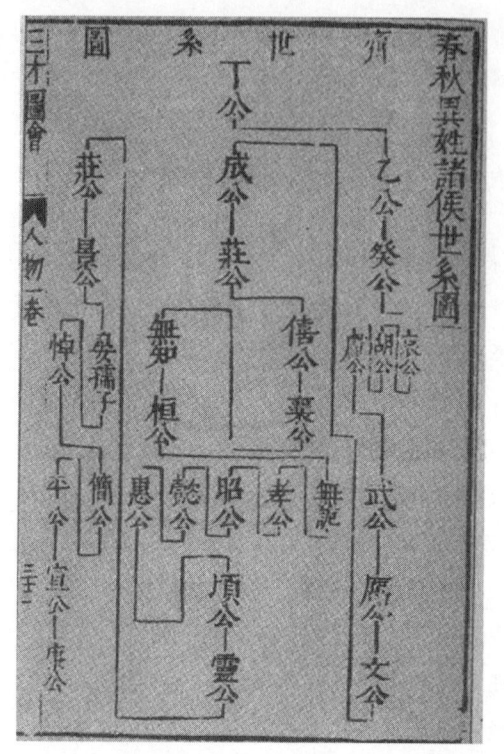

春秋齐国世系图
（僖公即釐公）

不错。"

对于桓公的态度，鲍叔似早有准备，他微笑着劝解道："现在都什么时候了，你还想报那一箭之仇？你要明白，做人臣的职责就是各为其主，当初管仲是为了公子纠的利益而射杀你。如今则不同了，你已成了齐国的最高领导人，而公子纠只不过是我们将要通缉捉拿的一名罪犯，正所谓成者王侯败者贼。以你目前的身份去召管仲，他就会弃暗投明、抛贼抱主、死心塌地为你效犬马之劳。如果仅仅是治理好齐国，有高傒与我随便哪一个足矣。如果你要称霸天下，非管仲不可。我这样跟你说吧，管仲所居国国重，所去国国轻，千万不能小看了这个家伙的能量。"

鲍叔的一番鼓吹，搞得桓公有些心动，最后一咬牙说道："命令各部将士暂停攻打鲁国，你先想办法把这个人给我弄来，再看看给他戴个什么帽子合适吧。"

君臣密谋一番后，鲍叔以大军压境相威胁，派人来到鲁国，胁迫鲁君杀掉公子纠以绝后患，并要求放回管仲、召忽，对外宣称让桓公亲自斩杀，实则要暗中招之以用。此时已是泥菩萨过河——自身难保的鲁国，在齐使的威逼利诱下，不得不将公子纠活活处死，而将管、召二人放回。谁知这召忽得知公子纠已死，自觉无颜见齐国父老，索性来了个头撞石柱，一命呜呼。只有管仲心中窃喜，随来使一同赶往齐国。

闻知管仲已动身，鲍叔亲自到齐国境内一个叫堂阜的地方恭候迎接，二人一见面，管仲便满面愧色地说道："我和

第四章 管仲与司马穰苴

召忽兄奉先主之托，辅佐公子纠，但我既没有保他登上君位，又没有与他同死于难，现在我已是既失去了理想，又臣节不全的罪人了。若召忽兄灵魂有知，当耻笑我于九泉之下。"

鲍叔摇摇头答道："夷吾兄，此言差矣，我听说过这样一句话，'成大事者，不怕蒙受小耻，立大功者，不拘小节'。老兄你本来拥有治国平天下的旷世之才，只是没有遇到好的机会罢了，现今刚上台的公子小白心气颇高，野心颇大，如果你能帮着他干，除了享不尽的荣华富贵之外，说不定还能干出一番大事业来。到那时，你不但有望成腕儿，而且还可能成为一个大腕儿。至于先主托孤的那件事吧，现在公子纠都上西天找他姥姥去了，你还惦念他干啥？而像召忽这个守节如命的老匹夫、赌气拼死的莽汉、本本主义的书呆子，我看是老糊涂了，他的死一钱不值，比鸿毛还轻。实话告诉你吧，现在这个社会，为人处事不要太认真，什么真理、道义、良知等所谓的优良传统，只不过是在庙堂之上唱给别人听的高调，千万不要当真，否则那才是糊涂虫一个。我们齐国的祖师爷姜子牙老师，早年就曾对周文王谆谆教导说，'天下熙熙，皆为利来；天下攘攘，皆为利往'。这话说得多实在，这才是颠扑不破的真理呵！识时务者为俊杰，

鲍叔牙像

仿建的齐国都城（作者摄）

现在你需要擦亮眼睛，看清形势，迅速投到小白的膝下，在为这位君主驾车开道，以效犬马之劳的同时，你就可以成为国人瞩目，敌人畏惧，"一人之下，万万人之上"，天下皆知的二大爷了。

管仲听着鲍叔一连串的说教，苦笑了一下道："不要怪我不明白，是这个世界变化太快，环境真改变人呵！那就按你说的办，看看你那位学生怎样待我吧。"说完，同鲍叔一道乘车向齐国首都临淄飞奔而去。

来到朝中，面见高高在上、正襟危坐的桓公小白，管仲急忙双膝跪倒，叩首谢罪。由于小白提前接受了他老师的洗脑，这次接待管仲还算客气，除了假模假样地将对方扶起外，还弄了一个小马扎让管仲坐着。为了看看这个管仲是不是如鲍叔说的那样神乎其神、玄之又玄，小白以如何修身、齐家、治国、平天下为题予以测试。这管仲不愧为先主釐公钦定的师傅，对小白提出的那一套似早有准备，加之这么多年都是靠耍嘴皮子吃饭，因而话匣子一打开，就如同弹棉花的木头机器，喊里咔嚓响个不停。又如同民间艺人演说大鼓书，环环相扣，层层递进，跌宕起伏，不亦乐乎。当说到齐国在摆脱了第三世界的窘境，由第二世界升格为第一世界，然后成为天下两个超级大国之一，最后将另一个和自己并驾齐驱的超级大国挤垮，成为天下唯一的超级大国，使整个天下形成一超多强的战略格局，齐国便可为所欲为，想揍谁就揍谁，无一诸侯国敢龇牙或从牙缝里蹦出半个不字时，小白激动地拍案而起，大声说道："好，痛快。我说管老师你听着，从现在起，你就帮着我治理这个国家吧。"

管仲见这位新主已被自己刚才那一阵舌卷风雷之势镇住，知道发迹的机会真的来了，为了达到既抓住机遇又抬高自己身价的目的，这位管老师大着胆子以"贱不能临贵，贫不能役富，疏不能制亲"相要挟，迫使小白许给自己高官厚禄。小白借着高兴劲，很痛快地全部答应下来，除了给予部分市租以使其尽快富起来之外，还对管仲当场许诺道："从今天起，你就是大齐国的丞相兼我的仲父了，你提的大富、大贵、大亲全都混在这一个锅里了。过几天你再给我划拉几个能真正干点事的人，每人给他弄顶高帽戴上，就算是有个高层领导集体了。有什么事你们先研究，然后再告诉我即可，反正这个家底全部交给你了，你就给我折腾吧。我很乐意尝一尝齐国成为超级大国之后，作为君主可以绕开不结盟共同体，想揍谁就揍谁，各路诸侯敢怒不敢言的滋味。想来那个滋味一定很爽吧。"管仲听了，急忙跪拜，叩首谢恩，并表示一定不辜负领导的期望，将刚才说的那一揽子计划，从嘴上落到实处。

管仲上台后，不再含糊，在他的策划和主持下，本着贫穷不是超级大国以及必须要搞多种经营的务实精神，进行了一系列富国强兵的改革。在政治体制上，将国都地区划分为二十一个乡，其中不服兵役的工商之乡为六个，服兵役的士农之乡为十五个。在各乡行政区内，又各有划分并规定了相应的职责。

为了有效控制全国居民，管仲提出了"四民分业定居"的理论，按照士、农、工、商不同的职业划定固定的地域和居所。按照规定，凡处士，使就燕居；凡处工，就官府；处商，就市井；处农，就田野。各类人等互不混杂，世世代代各司其事，从而出现了许多高素质的国家公务员、个体工商户、养猪专业户、养鱼专业户、养狗专业户、万元户甚至百万元户等一系列各行各业的暴发户，达到了既发展经济又稳定社会秩序的目的。

在军事上，管仲建立了一套军政合一的军事体制。在所划分的轨、里、连、乡的行政编制中，建有相互对应的军事组织。在十五个士乡中，每五个乡设一军，每军一万人，共三个军三万人，这是齐国军队的主力和常备军。与此同时，在首都之外的五十个县，也建立了相应的军事组织，整个齐国形成了完备的军事政治体制。

齐国都城先进的地下排水设施遗址（作者摄）

在经济上，管仲首先改革了土地租赋制度，按照土地的肥薄和等级，征收不同的税赋，为齐国的经济奠定了基础。除此

妓院的创立者管仲，后世妓女把管氏奉为行神

娼妓神管仲

之外，实行的另一项重大改革，就是盐铁从西周以来的私营，转变为官营。盐铁的流通由官府严格控制，从而为国家开辟了重要的财源。

在这些措施——落实的同时，管仲当然没忘了他的最新发明——创办妓院。

管仲一声令下，全国各地官府衙门、团体组织、个体工商业者，特别是社会闲杂人员、无业游民、流氓无产者，无不欢欣鼓舞，立即响应，纷纷投入轰轰烈烈的行动之中。各衙门里的秀才动用一切舆论工具，以不同的形式、不同的方法、对不同的对象进行相同的宣传鼓动。霎时，整个齐国上下，从庙堂之高到江湖之远，从城镇到乡村，大约有四分之三的群众迅速投入这项伟大的行动中来。一时间，全国各地院铺林立、妓女云集、嫖客密布，形成了一道独特而亮丽的景观。许多一时找不到铺面或门头的老总，索性在城镇文化中心广场或大街的某个角落，或某停车场、养马场和垃圾处理场，办起了露天妓院。这种艰苦创业、艰苦朴素、艰苦奋斗的实干家精神，得到了朝野上下的肯定和支持，整个齐国上下出现了一派欣欣向荣的繁忙景象。这一举世瞩目、独一无二的奇观异景和新生事物，司马迁于惊艳之余在《史记·苏秦列传》中曾有声有色地描绘道：整个齐国首都临淄，"其民无不吹竽鼓瑟，弹琴击筑，斗鸡走狗，六博蹹鞠者。临淄之途，车毂击，人肩摩，连衽成帷，举袂成幕，挥汗成雨，家殷人足，志高气扬。"此时的临淄城，已变成了一个妓院巨无霸，或者称航母级的特大号妓院。

在相当长的一段历史时期内，整个齐国首

都的大街小巷，到处激荡飘扬着一派淫声浪语，鸡飞狗跳，人欢马叫、歌舞升平的繁荣景观。当然，由于国家对这项产业的强大诱惑力事先估计不足，明显缺乏宏观调控和微观分配与管理的经验，也曾一度出现了院多客少并为此争抢嫖客而大打出手的混乱局面，使整个齐国在短期内陷入了一片为嫖客而战的汪洋大海之中，在国内外造成了一定的不良政治影响。

尽管如此，由于妓院的创办、发展与繁荣，整个齐国的税收猛增了十几倍，并带动了一批相关产业的发展，出现了一大批超大型航母式的配套国有企业，齐国国民经济在较短的时期内就得到了迅速提高。每年增长指数超过了17.8%，列各诸侯国发展之首位，就业人数明显大增，失业人员锐减，从而为齐桓公称霸诸侯奠定了坚实的经济基础。

由于管仲是历史记载中最早公开地、大规模地设置妓院和创立妓女制度者，具有开历史先河的丰功伟绩与不朽盛业，因而，当后来的妓女成为社会不可或缺的一部分和一个文化流派后，管仲被奉为这个行业的祖师。妓女所供奉的神明除通用神外，还按照不忘本原则与人道主义精神，设置了行业内的专用神——管仲，称为娼妓神，或鸡神。清代的纪昀在《阅微草堂笔记》中云："娼族祀管仲，以女闾三百也。"纪氏所言的"女闾三百"一事，典出《战国策·东周策》，策云："齐桓公宫中七市，女闾七百，国人非之。"明人谢肇淛的《五杂俎》云："管子之治齐，为女闾七百，征其夜合之资，以佐军国。"

屈原《天问》插图（明·萧云从作）

原文：天命反侧，何罚何佑？齐桓九会，卒然身杀。

注释：反侧，反复无常。佑，保佑。九会，九次召集诸侯会盟。卒然，终于。身杀，指齐桓公后期任用奸臣，造成内乱，最后被群小围困在宫中，饥渴而死。

萧云从自注："齐桓九合，卒至身杀，知假之不可久也。取尸虫出户、五子争位，以为不远之戒。"

当齐国国力日渐强大，国内政局逐步稳定之时，按照管仲的策划，齐国开始了一连串的对外用兵行动。先是利用各种方法安定中原各路诸侯，接下来就是对北部的山戎等诸夷用兵。待北方安定后，转而南伐蔡、楚等国。经过三十多年的东拼西杀、南征北战，终于使齐国在各路诸侯中异军突起，并成为春秋时期力压群雄的第一个超级大国。为了显示这一超级大国的力量，齐桓公三十五年（公元前651年），桓公出面邀请鲁、宋、曹等诸侯国的国君，先后两次在葵丘筑坛会盟。周天子听到这一消息，急忙令宰孔带着大批礼物赴会祝贺，以示承认。葵丘之盟，在正式确立了齐桓公作为霸主的顶峰地位的同时，也标志着整个春秋进程中一个重大的历史转折点的形成。会盟之后，齐桓公志得意满地放言道："寡人南伐至召陵，望熊山；北伐山戎、离枝、孤竹；西伐大夏，涉流沙；束马悬车登太行，至卑耳山而还。诸侯莫违寡人。寡人兵车之会三，乘车之会六，九合诸侯，一匡天下。昔三代受命，有何以异于此乎？"从那一派得意扬扬、大言不惭的表情中可以看到，当年管老师夸下的海口，终于从嘴上落到地下。可以说，大齐革命得以成功，管仲功不可没，诚如后来太史公所言："齐桓公以霸，九合诸侯，一匡天下，管仲之谋也。"

位于临淄郊外牛山的管仲墓（作者摄）

第四章　管仲与司马穰苴

到了齐桓公四十一年，管仲驾鹤西去，死后葬于临淄郊外的牛山上。关于管仲与齐桓公的恩怨故事与开创齐国伟业的风范，古人曾不无感慨地叹道："幸脱当年车槛灾，一匡霸业为齐开。可怜三尺牛山土，千古长埋天下才。"

管仲死后，后人将他的言论搜集整理，编辑成了《管子》数篇，从这部著作中，可以触摸到当年管仲相齐时的政治主张及思想轨迹，从而对他所处的那一时代，有更加清晰、深入的了解与透视。

古人咏管仲诗，现刻于管仲墓碑之上

❀ 《管子》与《王兵》

管仲生活的春秋时代，正赶上周王室衰微、天下动荡、诸侯争雄之时。各诸侯国之间为了自己的政治、经济利益，隔三岔五地要来一场战争，整个天下到处可见涌动的血水，空气中不时荡涤着腥臊之气——那是人头落地之后对芸芸众生的最后一点警示。但这警示没有人理会，滚滚红尘中，依然呈现着刀光剑影、厮杀连绵、鲜血喷涌、人头四处滚动翻飞的凄惨场景。这种政治总方针、军事总趋势、生活主旋律，使得管仲的思想融入了较多的军事成分。后世史家对管仲的军事思想，按照八股文的条框，分别以富国强兵，寓兵于农、军政一体，先计后战，以人为本，先前准备等五个方面的"原则"做了界定。事实上，流传于世的版本《管子》一书所透示折射出的庞杂而深刻的思想内涵，远不是这"五项原则"所能包容的。如果

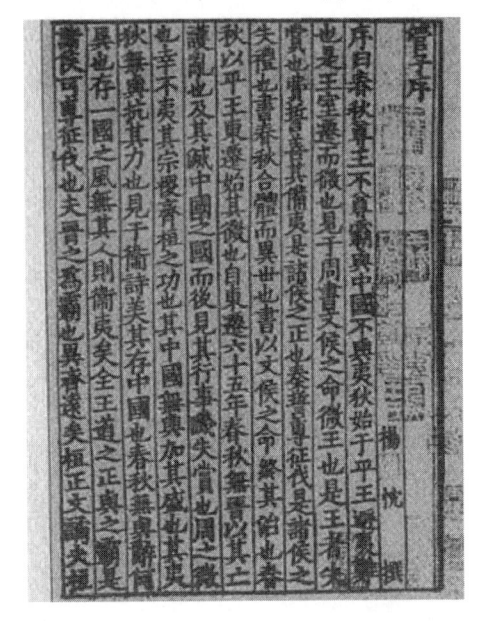

《管子》书影

135

将银雀山汉简整理小组对出土的24枚竹简所整理出的《王兵》篇,与传世的《管子》篇相对照,就能更加广泛而准确地窥见和了解这部著作的内容以及管仲的政治军事思想脉络。

《王兵》《管子》对照表

《王兵》	《管子》
1. 主所以卑尊贵贱,国所以存亡安危者,莫凿于兵。故□诛暴乱,伐不道,必以兵,□□奸邪,闭塞奇施,必以刑。然则兵者,固所以外诛乱,内禁邪。故兵者,尊主安国之主□□□□□□□□地必损而国必危矣。内不用□□□□□□□□□□□□□□□□□□□□□一至三至当战。故□□□□□□□□□□□□□□□□□□胜者。攻城围邑,主人竭尽,易子而食之,□□□□□□□□□□非以圈也,见胜而起,不见胜而止。故计必先定,然后兵可以起,计未定而兵起者,兵自息者也。	君之所以肆尊,国之所以安危者,莫要于兵。故诛暴国必以兵,禁辟民必以刑。然则兵者,外以诛暴,内以禁邪。故兵者,尊主安国之经也,不可废也。若失世主则不然,外不以兵,而欲诛暴,则地必亏矣。内不以弄,而欲禁邪,则国必乱矣。故凡用兵之计,三惊当一至,三至当一军,三军当一战。故一期之师,十年之蓄积殚;一战之费,累代之功尽。今交刃接兵而后利之,则战之自胜者也。攻城围邑,主人易子而食之,析骸而爨之,则攻之自拔者也。是以圣人小征而大匡,不失天时,不空地利,用日维梦,其数不出于计。故计必先定而兵出于境,计未定而兵出于境;则战之自败,攻之自毁者也。《参患》)
2. 是故张军有不能战,围邑有不能拔,得地有不能刟。三者见一焉,则可破取也。故不明敌国之制者不可伐也,不知其蓄积不能约,不明其士卒弗先陈,不审其将不可军。夫以治击乱,以富击贫,以能击不能,以教击殴民。此十战十胜,百战百胜之道。	是故张军而不能战,围邑而不能攻,得地而不能实。三者见一焉,则可破毁也。故不明于敌人之政,不能加也。不明于敌人之情,不可约也。不明于敌人之将,不先军也。不明于敌人之士,不先陈也。是故以众击寡,以治击乱,以富击贫,以能击不能,以教卒练士击殴众白徒,故十战十胜,百战百胜。(《七法·选阵》)
3. 故号令行,卒□阵,则士知胜矣。所喜之国能独利之,所恶之国能独害之,令行□□□□百则天下	是故器成卒选,则士知胜矣。遍知天下,审御机数,则独行而无敌矣。所爱之国而独利之,所恶之国而独害之,则令行禁止。是以圣王贵之。胜一而

续表

《王兵》	《管子》
畏之。位虽□而权多，则不下权多，则天下畏之。位虽□而权多，则天下怀之。必罚有罪而赏功，则天下从之。□□□取天下精才，论百工利器，收天下豪杰，有天下俊雄。春秋角试，以练精才。动如雷神，起如飞鸟，往如风雨，莫当其前，莫害其后，独出独入，莫能禁止。	服百，则于下畏之矣。立少而观多，则天下怀之矣。罚有罪，赏有功，则天下从之矣。故聚天下之精财，论百工之锐器。春秋角试以练，精锐为右。成器不课不用，不试不藏。收天下之豪杰，有天下之骏雄。故举之如飞鸟，动之如雷电，发之如风雨，莫当其前，莫害其后，独出独入，莫敢禁圉。成功立事必顺于理义。故不理不胜天下，不义不胜人。故贤知之君必立于胜地，故正天下而莫之敢御也。（《七法·为兵之数》）
4. 有风雨之疾则不难远道，有飞鸟之起则轻犯山河，有雷神之战则能独制而无敌。	故有风雨之行，故能不远道里矣。有飞鸟之举，故能不险山河矣。有雷电之战，故能独行而无敌矣。有水旱之功，故能攻国救邑。有金城之宁，故能定宗庙，育男女矣。有一体之治，故能出号令，明宪法矣。风雨之行者，速也。飞鸟之举者，轻也。雷电之战者，士不齐也。水旱之功者，野不收，耕不获也。金城之守者，用货财，设耳目也。一体之治者，去奇说，禁雕俗也。（《七法·选阵》）
5. 不难远道，故擒绝地之民。轻犯山河，故能制悖固国。独行而无敌，故令行天下。伐国破邑，不待权□□□□□□□□□□天下莫之能害，故可以有地君国。出号令，明法制□□□□□□□□□□□□	不远道里，故能威绝域之民。不险山河，故能服悖固之国。独行无敌，故令行而禁上。故攻国救邑，不恃权与之国，故所指必听。定宗庙，育男女，天下莫之能伤，然后可以有国。制仪法，出号令，莫不响应，然后可以治民一众矣。（《七法·选阵》）
6. □□无将，不蚤知。野无吏，无蓄积。官府无长，器械苦窳。朝廷无正，民幸生，先见敌□□□独行，有积委，久而不匮。器械备，功伐少费，赏罚□，民不幸生，则贤臣权尽。	故事无备，兵无主，则不早知。野不辟，地无吏，则无蓄积。官无常，下怨上，而器械不功。朝无政，则赏不明，赏罚不明，则民幸生。故早知敌人如独行。有蓄积，则久而不匮。器械功，则伐而不费。赏罚明，则人不幸，人不幸，则勇士劝之。（《七法·选阵》）

7.是故将者，审地形，选材官、量蓄积，选勇士，察知天下，□御机数，而图险阻：舟车之险、濡轮之水、山陵、林陆、丘虚、沮泽、蒲苇、平荡、斥卤、津洳、涂淖、大亩、深基、经沟、下泽，测水深浅，邑之小大，城□□□□□□□□入相错者，乃可以行军围邑，举措起居，知先后，毋失地便。	故兵也者，审于地图，谋十官，日（此字衍）量蓄积，齐勇士，遍知天下，审御机数，兵主之事也。《七法·选阵》 凡兵主者，必先审知地图。轏辕之险、滥车之水、名山、通谷、经川、陵陆、丘阜之所在，苴草、林木、蒲苇之所茂，道里之远近，城郭之大小，名邑废邑困殖之地，必尽知之；地形之出入相错者尽藏之。然后可以行军袭邑，举错知先后，不失地利。此地图之常也。人之众寡、士之精粗、器之功苦尽知之，此乃知形者也。知形不如知能，知能不如知意。（《地图》）
8.王兵者，必三具：主明，相文，将武。主事者，将出令起卒有日，定所欲攻伐国，使群臣、大吏、左右及父兄毋敢议于成，主之任也。相国者，论功劳，行赏罚，不敢隐贤，使百官恭敬悉畏，毋敢□惰行□，以待主令。大将者，□□……	故主兵必参具者也，主明、相知、将能之谓参具。故将出令发士，期有日数矣，宿定所征伐之国，使群臣大吏父兄便辟左右不能议成败，人主之任也。论功劳，行赏罚，不敢蔽贤，有私行用货财供给军之求索，使百吏肃敬，不敢解怠行邪，以待君之令，相室之任也。缮器械，选练士，为教服，连什伍，遍知天下，审御机数，此兵主之事也。（《地图》）

　　从对照中可以看出，《王兵》是一篇完整的作品，而流传本《管子》各篇则有许多地方显露出经过割裂拼凑的痕迹。《王兵》的内容被分割在《管子》的不同篇节之中。如《王兵》为："动如雷神，起如飞鸟，往如风雨，莫当其前，莫害其后，独出独入，莫能禁止。有风雨之疾则不难远道，有飞鸟之起则轻犯山河，有雷神之战则能独制而无敌。不难远道，故擒绝地之民。轻犯山河，故能制悇固国。独行而无敌，故令行天下。"

　　这一段文字，层次分明，文义紧凑，句式连贯，浑然一体。而在《管子》书中，这段话被分割成两部分，分别见于《七法·为兵之数》和《七法·选阵》中。这种现象的出现，当与《管子》的成书过程有一定的关系。据学者们考证，《管子》一书是由西汉的刘向所编定，原定八十六篇，今存七十六篇。刘向对所收集到的有关管仲的言论传本，进行了有选择的重新

续表

编排，而各种传本在抄录或流传过程中，可能有所佚失或文字变动，也可能按照编者对内容的理解不同，被编在不同的篇目下。《王兵》虽未收入《管子》一书，但其中的部分内容却因编在其他篇目下而被收进了《管子》之中。

那么，《王兵》是不是管仲的著作呢？从《管子》一书看，它是一部集众家之说的著作，其中有儒家、道家、法家、兵家的思想观点，也有农家、纵横家、阴阳家的言论。而刘向编书时的原则是"与其过而废也，宁过而存之"。也就是说，刘向对当时把握不准的篇目，因担心废失便一同收存了下来。虽然有些篇目的选定未必得当，但绝大多数应是正确的，即使有些篇目非管子所作，但就其主旨思想而言，与《管子》的思想不相背离。因此银雀山汉简整理小组专家认为，在不能断定《王兵》作者的情况下，把它作为研究管仲思想的资料当不会有大的偏差。

晏子与司马穰苴

按照太史公在《史记·管晏列传》中记载："管仲卒，齐国遵其政，常强于诸侯。后百余年而有晏子焉。"也就是说，一代才俊管仲被长埋了一百多年之后，又一位足以呼风唤雨的乱世枭雄晏子诞生了。颇有些巧合的是，在银雀山汉墓出土的先秦文献中，经整理小组专家整理校释，继《管子》之后就是著名的《晏子春秋》。

晏子，名婴，字平仲，曾历任齐灵公、庄公、景公三朝重臣，并一度出任丞相。尽管此人只是一个侏儒，说起话来声音如同蚊蝇哼哼，听上去既没有磁性也没有刚性，但他在困难环境中所表现出的果敢机智，却令人拍案称奇。尤其那"橘生淮南则为橘，生于淮北则为枳"的名言，以及"二桃杀三士"的经典故事，更为后世所称道。

管仲死后，齐国到了灵公、庄公时，由于各种复杂多变的原因，国力大不如前，并有些江河日下的趋势。直到齐景公（名杵臼，为姜齐第二十五

河南南阳出土的画像石——二桃杀三士

代国君，公元前547年至公元前490年为君主，在位58年，是齐国在位时间最长的一位国君）一朝的初期，在相国晏婴的辅佐下，齐国采取了省刑罚，薄赋敛，鼓励、保护农业生产，以及开仓赈贫、赈灾等一系列恤民、爱民政策，受到了人民大众的欢迎，一时朝野内外颇有些重振桓公伟业的新气象。这个气象，对齐国而言是难得的机遇和好事，但对敌人来说，则是不愿看到的坏事。于是，在各自的利益驱使下，强大的晋国和凶悍的北燕，分别向齐国的阿、鄄和河上之地杀掠而来。齐国虽出兵抵抗，但终因对方攻势过于凶猛而败退。眼看敌军步步进逼，齐师又无力阻挡，搞得朝野震动，四方不宁，刚过了几天好日子的齐景公更是满面焦虑，深为不安。就在这样的危难之中，丞相晏婴向齐景公推荐了司马穰苴。

司马穰苴像

司马穰苴的祖辈本姓田，陈国人。陈厉公时，陈国发生了一场争夺王位的反革命政变，按传统的老规矩，本应继承王位的大公子陈完在这场突如其来的政变中败北，为了苟活性命，便趁月黑风高之夜，溜出国门，逃往齐国投奔威名显赫的齐桓公。鉴于当时齐、陈两国交情不错，而陈完本人在陈国的口碑也不是很坏，慷慨大度的齐桓公不但收留了陈完，而且还表示要给他个省部级的位子坐坐。这陈完也算

第四章 管仲与司马穰苴

是个明白人，知道自己只不过是一个寄人篱下的高级乞丐，按照无功不受禄的处事原则，委婉拒绝了这番好意，只是要求当了一名管理百工之事，官名为"工正"的正科级基层领导干部。因陈、田二字声近，同时不太乐意让外人知道自己是个倒霉蛋，他索性改陈氏为田氏，陈完也就变成了田完。这个田完不但是田穰苴的祖辈，同时也是著名的兵家孙武、孙膑在齐国的祖先。

司马穰苴故居

尽管田完自己舍弃了高官厚禄，但齐桓公还是颇大气地破格给了他一块地盘作为养家糊口的补贴。从此，田氏家族在齐国扎下了根，并一代代延续下来。到了齐庄公时，田完的第三代孙田文子与年轻有为的名臣晏婴同为朝中大夫，因二人政见较一致，遂成为拜把子兄弟，田、晏两大家族也自然地亲近起来，并形成了一个政治同盟。这个同盟在不断发展壮大中，对齐国政局产生着越来越大的影响。而田完的第四代孙田无宇（桓子），则成为一名既能统兵作战，又能施展政治策略，并极具胆识的政治家和军事家，官拜上大夫之职。这无宇挟政治、军事双重声威，使田氏家族的地位不断提高，领地不断扩大，同时在卿大夫的相互倾轧攻伐中连连得手，成为齐国最显赫的家族之一。田氏和晏氏家族也一直作为政治联盟

晏婴使楚图

141

银雀山二号墓出土的上书齐桓公、晏子字样的汉简，现藏于山东省博物馆

维系在一起，荣辱与共，休戚相关。鉴于这样一种具有政治企图的利害关系，在国家急需特殊人才控制军权并为此建功立业之时，已经不再年轻的老相国晏婴本着肥水不流外人田的原则，自然想到了本集团的利益，便不失时机地提到了田穰苴。但是，这齐景公并不太乐意上晏婴这个老匹夫的黑当，便以穰苴不是田氏家族的嫡系相推诿，实则想借机委任自己的宠臣庄贾为将。晏婴见状并未就此轻易放弃，遂以强硬的姿态辩解道："穰苴虽然是田氏家族的旁系子孙，但此人志向远大，才气过人，文能附众，武能威敌，我劝君主还是先试用一下看看再说吧。"

"想不到咱国家还有这等人才？"齐景公既不情愿，又半信半疑地小声嘟囔着，碍于对方的威望和面子，便顺水推舟地说："那就把他弄来看看再说吧。"

当天晚上，晏婴派人把田穰苴召到相府，而后又把晏、田政治联盟的主要人员找来，召开了一个小型的秘密会议，会议除坚决支持穰苴拿出平生所学，将齐景公蒙住以把军权揽到手外，还一致决定：鉴于景公身边那位叫庄贾的弄臣想捞取兵权，而这次如果不能如愿，其势必会借景公对他的宠爱，组织恐怖分子对晏、田联盟给予报复。面对可能出现的后患，晏、田联盟必须做好反恐准备，并尽快给予庄贾以致命打击……这个决议做出之后，围绕着如何反恐和把庄贾置于死地等问题，他们又进行了长时间的磋商，并做了相应的部署。待一切商量妥当后，大家便各自散去。

第二天上午，穰苴随晏婴拜见景公，在陈述了自己对天下大势、诸侯纷争、用兵策略的见解后，齐景公深以为然，连连赞叹道:"不错,不错,你的见解很有道理,很有道理,想不到我们齐国真是藏龙卧虎之地呵!"言罢正式宣布拜穰苴为大将军,先行率兵车500乘,以抵御晋、燕大军的攻击。

穰苴受领军权后,向景公提出了一个条件,说道:"臣出身卑贱,是君主爱惜人才,将我从市井百姓中提拔起来,并授予兵权,委以重任。如此骤变,可能会使许多人不服,军权难以有效地行使。为避免这种不利的情况出现,我请求君主特派一位国人所尊重,君主所宠信的重臣担任监军。这样,就能做到令行禁止,指挥自如了。"

齐景公听罢,沉思片刻,转头问侍候在一旁的晏婴:"相国看看这事咋办?"

晏婴上前施礼道:"穰苴说的不无道理,派个监军便于服众和工作。主公若要派的话,我认为朝中上大夫庄贾兄比较合适,不知主公意下如何?"

景公一听让庄贾出面担当此任,自是称心如意,但却手捋胡须装模作样地权衡了一会儿,说道:"就按你的意见办吧,把庄贾叫来,让他担当这个差使好了。"

庄贾被召来受领了任务之后,又在穰苴的要求下,当着景公的面约定次日午时出发。

第二天一大早,穰苴就来到军中料理事务,并特地令一军吏立木为表,在以日影的倾斜来掌握时间的同时,也一道掌握着庄贾那人头是否落下的命运。

眼看日影渐渐由西向东移动,当南北成一直线,标志着午时已到之时,却没有见到庄贾的人影。穰苴望了望木表,嘴角掠过一丝外人难以察觉的冷笑,心中暗自喟叹道:"人这一生,有一个很大的悲哀,就是有时候如常言所说的盲人骑瞎驴,夜半临深池,死到眼前尚不知晓。这庄贾绝没有想到,明年的这个时候就是他的奠日。"

此时的庄贾正在酒桌旁和一群哥们儿喝得正酣,他自恃景公的恩宠,加之年轻骄纵,压根儿没把这军旅大事放在心上。至于那出身卑微的田穰苴,更是不当一盘菜看待,昨日二人相约之事,早已抛到了九霄云外。当然,令庄贾第一个想不到的是,这场饯行宴会,已被晏婴做了特殊安排,其中有三人的秘密使命,就是尽量设法拖延时间,不让庄贾按时起程。

穰苴立的木表日影已经东斜，军吏已报未时，仍不见庄贾到来。于是，便下令把木表放倒，独自登坛誓众，公布行军纪律。当一切例行程序就要结束时，日头已经偏西。这时，只见庄贾乘坐着高车驷马缓缓驶来。待车在军营停下后，庄贾醉眼惺忪地在侍卫们的拥扶护卫中，摇摇晃晃地登上点将台。穰苴端坐将位，不但未起身迎他，反而厉声质问道："监军为何姗姗来迟？"

庄贾听到喊声，将耷拉着的脑袋抬了抬，吞吞吐吐地说："今儿个要……要远行，哥儿几个在一起，多……多喝了几杯。痛快，喝得痛快！呜……哇……"说着酒水上涌，开始朝穰苴身上吐将起来。

穰苴在急忙起身躲开的同时，面带杀机，对着庄贾大声骂道："为将者，从受命之日起即忘其家，临军指挥即忘其亲，冲锋陷阵即忘其身。如今，敌兵犯境，国内震动，士卒暴露于野外，我大齐君主寝不安席，食不甘味。大敌当前，主公把三军托付给你我二人，希望杀敌立功，保家卫国，救百姓于水火。可你他娘的却置十万火急之军情于不顾，竟跟一群狐朋狗友饮酒行令，吃喝玩乐，成何体统？"

"哇……哎……"听罢穰苴的一席话，骄横的庄贾恼羞成怒，借着酒劲破口反骂起来："你他娘的算个什么东西，竟敢教训起爷爷我来了，睁开你那双狗眼看看，老子是谁的人？我看你是蚂蚱赶蛤蟆——找死。"

田穰苴更不示弱，拍案而起，怒斥道："大胆庄贾，你倚仗有君主撑腰，公然破坏军纪，怠慢军心，死到临头，还敢给我嘴硬。"说罢大声问身旁专管执行军法的军正："按大齐军法，故意延误行期该当何罪？"

"斩！"军正干脆利索地回答。

穰苴点点头说道："好，现在正缺少一个祭旗的刀下之鬼，那就按军法从事，把这个龟孙推出去斩首，为我大军出征开刀祭旗吧！"穰苴话音刚落，身旁官兵箭步上前，一个扫堂腿把庄贾撂倒在地，而后三下五除二将其捆绑起来。庄的随行人员一看大事不好，要出人命，有机灵者迅速跳下点将台，从众官兵的裤裆与大腿之间窜出重围，驾上自己的马车，冲过营门，飞奔驰报齐景公。

齐景公接到报告大惊，心想田穰苴你小子是哈巴狗咬月亮——不知天高地厚，居然拿我的男妓兼宠臣开刀祭旗，这还了得，假如男妓一死，往后

第四章 管仲与司马穰苴

的日子我还怎么过？这样的大内高手再到哪里去找？情急之中，他吩咐另一位宠臣梁丘据手持象征君权的符节，迅速赶奔穰苴大营，制止对方行刑。梁丘据接令，知道事关重大，不敢怠慢，乘车疾驰而去。

梁丘据刚走到路途的一半，庄贾的人头已被作为牺牲挂在辕门外的旗杆上祭祀苍天了。但这一幕梁丘据并不知情，他手持具有最高权威的符节，快马加鞭，一溜烟穿过辕门冲进大营。穰苴望见，知道是景公派人而来，既然庄贾已经杀掉，就不差再多上一个了。想到此处，他命令军士立即阻止疾驰而来的车子。军士们得令蜂拥而上将车拦住，接着从车中将梁丘据揪出来扔到地下连踹三脚，又抢了几拳，然后押上点将台，听候穰苴发落。

穰苴依然端坐台上，大声问军正："按军法规定，军中不得驾车奔驰，如有违犯者，该当何罪？"

"斩！"这军正每天一睁开眼，所盼望的就是杀人，但杀人的机会一般很少，今天好容易盼到一个杀人的机会，兴奋之中，所做的回答也咬钢嚼铁般不容置疑。

梁丘据冷不丁地听到一个"斩"字，惊得面如土色，浑身哆嗦。他顾不得裤子被尿浸湿的尴尬，急忙跪地求饶："在下是奉命而来，实不干在下之事，恳请将军饶命。"说着从袖中掏出了符节。这个小小玩意儿的突然亮相，使穰苴吓了一跳，见节如见君，穰苴反复权衡利弊，认为原制定的干掉庄贾的目的已经达到，这个家伙的到来只是个意外插曲，犯不上跟他较劲。于是

辕门前穰苴下令砍庄贾之头

决定既对此人给以教训，又不失体面地将其放掉，免得引起太大的麻烦。主意已定，穰苴摆出一副大度的姿态道："既然你是奉命而来，肩上那个肉球就暂时先在脖子上放着吧，但这军法可不是小孩子戳尿窝窝，想咋弄就咋弄的，必须有个表示。"说到这里，穰苴脸色骤变，厉声喊道："来人，把这哥们儿的仆人给我宰了，砸毁车子的左驸，杀掉套在左边的马匹，以殉我三军将士！"

霎时，一次又一次，鲜血喷溅而出，人头与马头几乎同时滚到了点将台下。梁丘据免于一死，抱头鼠窜而去。

这一连发生的两起惊心动魄的事件，令三军震慑，群情亢奋，穰苴乘势率部出征，很快抵达前线阵地。晋军听说这位新上任的将军田穰苴，连君主的宠臣兼男妓的脑袋都敢给他搬下来，估计其所率军队一定纪律严明，攻无不克，战无不胜，搬敌人的脑袋如同搬土块一样不费吹灰之力，自己肯定不是对手。于是，晋军慌忙连夜逃遁。燕军一听强大的晋军不战而逃，自己也不愿睁着眼跟这位活阎王较劲找死，于是亦引军渡河北归。穰苴趁势率部追击，斩敌首万余级，燕军大败，齐军很快收复了失地。

齐景公一直为自己的男妓加宠臣被斩一事对穰苴怀恨在心，经晏婴在中间周旋，并将提前预备的一个更加年轻漂亮的男妓献上，景公才火气渐消。这次见齐军凯旋，火气全无，亲自率晏婴等人到郊外迎接并犒赏三军将士。穰苴见到君主，故意提及庄贾之死，以摸清对方的底牌。景公爽快地答道："那个家伙早该死了，你杀得好，为国除了一害，立了大功。"为了对这次征战的胜利予以表彰，景公拜穰苴为大司马，让其掌握国家的重要兵权，其他有功人员的官职各有加封。自此以后，田穰苴又被称为司马穰苴，若干年后，穰苴的军事思想由田氏家族的后人——已夺取齐国最高领导权的齐威王令学者整理成书，是为《司马兵法》。

晋、燕两国军队败北后，齐景公甚为得意，尽管此时整个齐国已经苍老，内政外交又开始江河日下，但景公依然沉浸在昔日泱泱大国的霸主梦中不能自拔。由于相邻的莒国在交往的礼节中有所冒犯，齐景公不禁大怒，决定出兵攻伐莒国——也就是当年齐桓公小白即位之前避难的有恩之国，以此教训一下那位不知天高地厚的小国之君，对其他邻国也起到杀一儆百的作用。

第四章 管仲与司马穰苴

战争之初，齐景公派一位名叫高发的将军率师征伐，莒国君主主动弃首都率部退奔纪鄣城拼死抵抗。见齐军久攻不下，齐景公便改派老谋深算、久经战阵的田书为将，再度对纪鄣城展开围攻。

田书，字子占，为正宗的田氏家族后裔，是齐国上大夫田无宇的儿子，与田穰苴属同族兄弟。田书在继承父亲的政治谋略和军事才能的基础上加以发扬光大，因而在年轻的时候就被齐景公拜为上大夫并得以重用。尽管他现在已年近花甲，但宝刀不老，仍经常统兵打仗，尽军人报国之职。

纪鄣城虽小，但设防完善，兵精粮足，易守难攻。田书通晓兵法，尤擅长于谋略制敌。兵临纪鄣后，他充分利用地形地物，白天轮番做表演性质的佯攻，以麻痹敌人，使其疲惫，渐渐放松警惕。几天之后一个月黑风高、伸手难见掌的夜晚，田书令兵卒利用一名织妇所献绳索，缘绳登城。但刚刚登上六十多人，绳索突然发生断裂，部分兵卒如同地瓜一样噼里啪啦从高耸的城墙上摔将下来。这个意外事件惊动了城内的敌人，在这显然无法于短时间内继续登城的紧急关头，田书果断命令城外的军队击鼓呐喊，城上的六十多兵卒也立刻响应，一时城上城下里应外合，鼓声、喊声震天动地。正在熟睡的莒国君臣突然在暗夜里闻听外面如此大的响动，误认为是齐军已经破城并向城中掩杀过来，于失魂落魄中连忙命人打开西城门老鼠搬家样迅速逃窜，齐军一举占领了纪鄣城，取得了本次伐莒的胜利。

位于临淄的梧台，以广植梧桐树得名，相传梧台始建于春秋时代，是齐国的议事官室。好大喜功的齐景公曾在这里接见和宴请过"外国"使臣

147

位于临淄的齐景公殉马坑

齐国田单大摆火牛阵破燕军，雕塑，齐都博物馆制作（作者摄）

由于这次伐莒取得了胜利，齐景公又赢得了一次在诸侯面前抖威风的机会，自然格外高兴，他不但下令将一个被称作乐安的地方作为采食之邑赐给田书，又赐了一个孙氏的姓氏给田书，以表彰其功。从此之后，在田氏家族中，自田书之后都改姓孙氏。这也就是后来的孙武、孙膑等著名兵家之所以姓孙的源头。

齐景公因有了伐莒的小胜而得意扬扬，从此不再过问政事，整日在后宫过起了荒淫无度、醉生梦死的生活。朝中的卿大夫们一看君主过起了神仙日子，心想我们也别闲着，也弄几只鸡扑棱着玩吧。于是，齐国朝中开始了一场弄鸡玩鸡扑棱鸡的大比拼。一时间，整个临淄城鸡飞狗跳，浪气横流，搞得很是热闹红火。当然，并不是所有的朝廷官员都在这股淫语浊浪中漂流，其中以田、鲍、高、栾四大家族为首的政治势力，趁此机会，开始了更富刺激和惊险的以争夺齐国政权为最高目的的大拼杀。

大司马田穰苴和上大夫田书，在分别对晋、燕、莒的攻伐战争中兵胜回师后，除了得以加官晋职、封地赐姓赏爵之外，还联合起来操握兵权，控制军队，使整个田氏家族在齐国的地位更加尊显，威势日隆，大有羽翼丰满、遮天盖日之势。这种显赫的地位和磅礴的威势，使朝野为之瞩目。而田氏家族的敌对势力——齐国贵族高氏、国

第四章 管仲与司马穰苴

氏、鲍氏等政治集团，更是感到了一种强大的压力与威胁。为了打破这种被动局面，高、国、鲍三个家族摒弃前嫌，组成暂时的政治联盟，以战略进攻的姿态，利用一切可能的机会和各种不同的方式、方法和手腕，向田氏家族实施外科手术式的政治打击。与此同时，三族联盟还暗中勾结齐景公的夫人燕姬，让其在景公面前大作枕边吹风文章。这燕姬不负重托，在同景公一番云雨过后，于轻声细语中略带杀机地说道："如今田氏家族兵权在握，尾大不掉，君令不行。如此下去，很快将爆发反革命政变，到那时齐国就不再是姜家的齐国了。现在就有情报说，他们已组建了一个秘密组织，并有了自己的培训基地，时刻准备对您及齐国要害部门实施打击，到那时可就要天下大乱、生灵涂炭了……"如此一篇又一篇的文章，把齐景公搞得晕头转向、是非难辨，最终做出了宁信其有、不信其无的决定，将田穰苴削职为民，宣布孙书离休，并立即离开首都，回到乐安自己的采邑去颐养天年。与此同时，凡与田氏家族沾亲带故的各色人等，无论官职大小，一律调离国家机关，远离权力中心。这一顿不问青红皂白的拾掇，使田氏家族呕心沥血建立起的权力大厦和权力网络在一夜之间轰然倒塌、全线瘫痪。面对主公的昏庸和政敌的幸灾乐祸，年轻气盛的田穰苴悲愤交加、忧郁成疾，不久便撒手人寰。

古代云梯（《武经总要·前集》卷十）

田穰苴之猝死，在朝野内外特别是田氏家族中引起了极大震动，赋闲在家的孙书于极度的悲愤中，知道田氏家族自此之后处境将更加困难，说不定哪一天会遇到灭门之灾。在

149

沿临淄中轩路一直向北，在齐都镇尹家村南250米处，有一座高10米，南北长25米，东西长38米的大墓。这就是齐景公时代大司马田穰苴的长眠之地

经过一番深思熟虑之后，于万般无奈之中，将他的儿子孙武叫到面前，以忧伤的语气说道："阿武呀，如今孙氏家族已进入了低潮，我们的对立面已成洪水决堤之势，快要将孙氏家族这片庞大的权力森林淹没了，但是洪水总是要流走的，森林是要长久留下的，只是目前我们家族需要保存实力，把根留住。只要有根，森林淹没了还会再次发芽，并长出更加繁茂的新的林带。为避免灾祸及造成无谓的牺牲，现在你走吧，到国外去，远走高飞，在那里养精蓄锐，发动群众，打拼出一块新的地盘，以迎接国内革命高潮的再次到来……"

已是二十四岁的阿武面对父亲忧郁的神情和期待的目光，说了声"孩儿遵命"，便俯身顿首叩拜。当他站起身时，父子二人相对无语，泪流满面。

第五章 英雄际会

绝代兵圣

　　穹窿山中，青年孙武招兵买马，组建游击兵团，开始以革命的名义，操枪弄炮，造反夺权。楚国朝廷重犯伍子胥星夜逃窜，神秘老汉巧施诡计，子胥浑水摸鱼闯过昭关。英雄落难吴市街头吹箫抒怀，一朝出山子胥露出真容。深山密林英雄际会，广阔天地伍孙联手欲展宏图。

绝代兵圣

❋孙武奔吴

　　孙武腰佩长剑站在一辆高大宽敞的战车里,携带着四名卫士、一个二奶另加一个小蜜,离开了自己祖辈的封地——齐国乐安,踏上了去吴国的大道。

　　他所要去的吴国位于长江下游,亦即许多年之后以苏州为中心的大片地盘。从孙武赴吴的那个时期再上溯一千多年,中原各国已先后进入了发达的农耕社会,但这里仍是一片尚未开垦的处女地。当时,生活在此处的是一些被中原人称为荆蛮的土著。后来周文王的两个叔叔离开周国的首都,悄悄流窜到这里,开始给这片土地带来了生机,中原的良种和耕作技术使荆蛮的经济得到了极大的改善和发展,文王的两位叔叔渐渐赢得了土著人的拥戴,并在一次民主选举中,成为一个千余人的小国领袖。到了公元前584年,这个当年

南岳两男子
(屈原《天问》插图,明·萧云从作)
《史记·周本纪》载:"古公有长子曰太伯,次曰虞仲。太姜生少子季历,季历娶太任,皆贤妇人,生昌,有圣瑞。古公曰:'我世当有兴者,其在昌乎?'长子太伯、虞仲知古公欲立季历以传昌,乃二人亡如荆蛮,文身断发,以让季历。"《吴太伯世家》说:"季历果立,是为王季,而昌为文王。太伯之奔荆蛮,自号句吴。荆蛮义之,从而归之千余家,立为吴太伯。太伯卒,无子,弟仲雍立,是为吴仲雍。"屈原《天问》载:"吴获迄古,南岳是止。孰期去斯,得两男子?"明末画家萧云从据屈原辞绘《离骚图》传世,南岳两男子图为其一

第五章 英雄际会

的小国已变成足以和周边国家抗衡的第二世界国家。这一年，吴国的第十九代国君寿梦第一次率兵越过长江，征服了位于西北部的郯国，在扩大了统治区域的同时，更以不凡的政治军事实力，强烈地震撼了当时自以为天下中心的中原各国。到了春秋中晚期，吴国终于以它辽阔的疆域、强大的军队和丰富的物产而一跃成为南方的军事强国。差不多就在这个时间的早些时候，孙武踏上了吴国的土地。

风华正茂的孙武

像许多电影里尤其是武侠影片中扮演古代人物的男主角一样，此时的孙武年轻英俊、长发飘飘、目光忧郁，具有小资与愤青的双重情调。多少天之后，当那高大的战马拉着高大的战车映衬着孙武高大的身躯以及身边二奶那柳条状曲线形的剪影，在灿烂温柔的夕阳沐浴下，来到吴国境内穹窿山下时，孙武让驭手勒住战马，自己像一位将军观察战场一样，手搭凉棚，面对在暮色中葱郁苍茫的群山沟壑，用他那极富磁性略带沙哑的声音大声说道："我有一种预感，革命的源头就在这里，走上前去，让我们在这几百里云霄雾霭中

吴县穹窿山（孙武到吴国后隐居于此。程晓中摄，苏州市孙武子研究会提供）

153

开辟出一块根据地吧！"自此，一行人就在这浩瀚苍茫的穹窿山驻扎下来。

接下来的日子，孙武率领几名侍卫和刚刚联络的一群社会闲杂人员、"三无"人员、下岗职工、流浪艺术家及一小部分愤青和知识分子，以革命乐观主义和革命英雄主义相结合的时代精神，在吴国后来的首都姑苏城外一百多里处的穹窿山脉，一边了解当地风情，紧密联系群众，主动接近无产阶级兄弟，团结具有进步思想并倾向革命的地主、土豪和资产阶级右翼分子，联合当地乡勇、民团，以及山区地方游击队，秘密召开会议，制订联合方针和作战计划，以先占领山区后夺取城市的战略部署，准备在适当的时机搞一次穹窿山区武装暴动，先在一个或几个地区夺取吴国地方官府的政权，最后将整个吴国旧势力荡平铲尽，重新建立新政权、新秩序。

按照这一大政方针，孙武和他的追随者，在连绵的山野、茂密的丛林、偏僻的乡村，开始了具体的实践活动。随着工作不断深入，形势逐渐好转，根据地在不断扩大。在早期创业的这段日子里，孙武觉得在穹窿山的每一天，都被战友、兄弟们那高涨的热情和极富诗意的理想激励着，精力格外充沛，浑身有使不完的劲。为了对正在兴起的革命大业尽可能多地做一些贡献，孙武在艰苦复杂的组织和领导工作之余，对齐国的开国元勋姜子牙、一代名相管夷吾、本家叔叔兼著名将领军事家田穰苴等一个个英雄大腕儿那修身齐家治国平天下的理论与实践，进行了广泛深入系统的研究，结合穹窿山革命发展历程中的经验和教训，先后写出了《论穹窿山的割据》《兵法十三篇》（征求意见稿）等光辉篇章。这些著作，对中国乃至世界历次革命实践，都产生了巨大而深远的影响。若干年后，孙武的思想理论作为不可或缺的制胜宝典，除在古代战争中产生了一系列流传千古的影响外，在中国近现代革命进程中所进行的推翻帝制、铲除列强、打倒军阀的斗争，以及伟大的土地革命战争、抗日战争和解放战争中，都发挥了重大而深远的指导、启迪作用。

一晃五个年头过去了，孙武和他的追随者在穹窿山地区组建了一个规模浩大的游击兵团，游击队员由当初的几十人发展到七千余众，号称万人兵团。正当孙武以总司令的身份，怀揣着满腔的热情、崇高的理想、坚定的信念，以"革命尚未成功，同志仍需努力"来号召他的追随者团结起来，以摧枯拉朽的战斗力和爆发力，荡涤吴国境内一切污泥浊水之时，一个流浪汉的

第五章 英雄际会

穹窿山中的孙武苑·兵圣堂（程晓中摄，苏州市孙武子研究会提供）

意外闯入，使正乘风破浪的航船悄然无声地搁浅于穹窿山的一条阴沟里。

这是一个春光明媚的日子，穹窿山根据地突然闯进一伙猎人打扮、身份不明的武装分子。孙武所属游击兵团警卫营执勤战士，立即将其一举拿下，押送总司令部保安处审查。兵团保安人员整日无所事事，除了睡觉就是相互骂娘，每天都巴望着有个刺激的事情在身边发生，最好有个娘们儿突然出现，无论是丑是俊，都是件令人愉快的事情。这次执勤战士突然送来了十几个犯罪嫌疑人，虽没发现夹杂着俊俏的娘们儿，但还是令这伙寂寞难耐、欲火正旺的保安人员极度兴奋。本想大刑伺候，但对方的首领却不打自招，自称叫伍子胥，名员，原是楚国人氏，因避祸来到吴国，先是以吴王宾客的身份混饭吃，现在已下岗在家待业，算是无业游民。因无事可做，又闲极无聊，便伙同一帮家人和狐朋狗友出来打猎，想不到刚到穹窿山不久就作为猎物被执勤人员擒获了。

伍子胥像

155

"我们乃吴国大大的良民，不知所犯何罪，罪在哪条？"这位号称伍子胥的无业游民不卑不亢地质问着，骨子里散发出的傲气与冷气，令保安处长大为不快。这位整天就想着如何整人、制人、杀人的混世魔王，禁不住在心中骂道："一个无业游民也敢到我们的阵地上撒野，这还了得，看来不给他点颜色看看，这个野驴一样的崽是不知道游击兵团铁拳的厉害的。"想到这里，保安处长铁青着脸问道："你说得天花乱坠，总是空口无凭，把你们的良民证拿出来我检查一下，是真是假，自然见分晓。"

伍子胥抬手在口袋里摸了一下，又环视周围的几个弟兄，说道："我们这是出来休闲，没有带良民证。"

"根据规定，不管干什么工作，干不干工作，有事还是无事，是出来打柴还是打猎，是杀人还是放火，良民证是一定要随身携带的，只要没有良民证，一定就是坏人，应立即抓起来乱棍打死。来人，给我把这几个可疑的家伙捆起来，先吊在外边的树上风干一会儿，然后准备辣椒水和老虎凳，让他们亲自尝一尝无产阶级铁拳的滋味吧！"保安处长颇有些诗意地下着命令。几个喽啰一听主子发了等待已久的信号，如饿狗扑食一样"蹭蹭"地扑上来，三拳两爪将子胥等人打翻在地，用绳子捆了，像吊"威亚"一样，一个个挂到了门外的大树上。

大约过了一个时辰，老虎凳搬来了，滚烫的辣椒水装在一个皮罐里，咣当咣当地抬了过来。保安处长命人将子胥从树上滑下来，按在老虎凳上准备行刑。当一舀子热气腾腾的辣椒汤放到伍子胥的嘴边时，保安处长目露凶光地问道："你到底承不承认你们是打探情报的奸细？"

"我们不是奸细，你们这样做是对诸侯联盟宪章的公然挑衅，是对吴国公民人权的粗暴践踏，我要到诸侯联盟国际法庭控告你们！"伍子胥躺在老虎凳上，挣扎着断断续续地抗辩道。

号称混世魔王的保安处长冷不丁地听到国际法庭几个字，心中顿时添了几分顾虑，但又不甘心就此罢休，遂硬着头皮继续审问道："不是奸细，那你脸红什么？"

"洋河大曲喝多了，酒精串了皮。"

"怎么又黄了？"

"那是防风涂的蜡。"

第五章　英雄际会

"好小子，你死到临头还敢狡辩，快给我灌，狠劲灌，往死里灌。"保安处长刚才的顾虑一闪而过，又迅速恢复了混世魔王的本性，歇斯底里地叫喊着下达了行刑命令。

当散发着高强度热量的舀子即将伸到子胥嘴里的刹那间，像众多武侠小说和古装电视剧中英雄遇难的场面一样，孙武作为男配角一个猛子跃出丛林，大喊一声："住手！"众人回眸一看，孙武健步走了过来，令人给对方松绑。

这位穹窿山地区游击兵团总司令本来是散步至此，想不到正遇上一个灌辣椒汤的场面，出于好奇，便悄悄地前来观察。当他一见到伍子胥时，突然觉得有一种不可名状的神秘力量震撼着自己的身心，禁不住走上前来仔细打量。只见这伍子胥约有三十岁年纪，生得身长一丈开外，腰大十围，眉广一尺，目光如电，胡须呈棕黄色，面貌中透着坚毅果敢。刚才在抗诉辩解时露出的牙齿似是一块整板，看不出牙的颗数。说话时的声音如同巨钟敲响，宏大而深沉，极富穿透力。尤其在这山野沟壑、松涛激荡的丛林深处听起来，既像刚从河边沼泽地里爬上来的一条特大号鳄鱼，又像是狼虫虎豹在饥饿时的低声长吟。孙武亲眼领略了对方的相貌特征，

伍子胥与孙子对饮图（砖画像，江苏铜山冈子汉墓出土）

157

聆听了刚才的一番对话，深知眼前的这个鳄鱼状的动物非等闲之辈，便快步走上前去亲自给子胥一行十几人解了围。接下来一面虚情假意地表示道歉，一面将子胥领到自己的住处，摆上酒席给对方压惊，顺便来一个英雄相会。

这伍子胥虽懵懵懂懂地犯晕，但毕竟是见过世面的人物，见有酒宴伺候，并不客气，比自家人还实在地开始胡吃海喝起来。当三杯洋河大曲下肚，孙武问起子胥的身世和为何要弃楚奔吴的经历时，子胥先是长叹一声，很深沉也很忧郁，声音洪亮并带有磁性地说道："这些事真是孩子没娘，说来话长呵，兄弟如真想知道，就听我慢慢道来吧。"于是，葱郁苍茫的穹窿山中，伍子胥借着烈酒的冲劲开始叙述起自己那奇特而又惊险的传奇经历。

坐在孙武面前的伍子胥，原是楚国贵族之后，其祖父伍举是楚国的重臣，曾事奉楚庄王，颇受宠信，并以直谏名噪一时。父亲伍奢为楚平王太子建的导师，仍受到楚平王的倚重。生活在贵族家庭的伍子胥，自幼受到良好的教育，由于"少好于文，长习于武"的爱好，在青少年时期就已声名鹊起，并被一帮闲人和拍马溜须者誉之为"文治邦国，武定天下"的旷世之才。成人后的伍子胥，相貌越来越奇特，不但牙齿由一块整板组成，整个肋骨也是由两片厚厚的骨板构成，而茂密的胡须则呈棕色，整个一个生活中的另类。正当这个异己分子满腔热情，雄心勃勃地准备在楚国政坛上大展文才武略时，一场重大的政治变故促使他的人生道路发生了根本性转折。

如同世界上大多数真正的事件都离不开女人一样，伍子胥人生之旅变故的源头也应追溯到一个女人。

这一日，楚平王派太子建的导师费无忌，到秦国去为太子建说亲娶妻。当一切烦琐的礼节性手续办完之后，费无忌发现太子要娶的那位秦国女人竟是一位貌若天仙、性感超群的绝色佳人，此人如同一颗熟透的娇艳欲滴的紫红色石榴，是那种让人一见就强烈感到既酸又甜，接着便垂涎三尺的尤物。无忌心想，这等上好的尤物让那太子小儿不费吹灰之力就尝了鲜，真如同一只蜥蜴吞吃了恐龙蛋，着实令天下人可惜，不如我想办法先扑腾了再说吧。如果换个角度来看，作为太子的导师，面对这样的绝色，不先咬她几口，也同样是件可憾之事。想到这里，无忌便整日心旌摇曳，想方设法和这位秦女接近，以寻找能够一举拿下的机会。如此谋划了大约一个月，无忌终于在

第五章 英雄际会

一家高级宾馆和秦女秘密相会时，趁势将其放倒，然后颠鸾倒凤，过了一把巫山云雨之瘾。当无忌从欲仙欲死的高空回到坚实的地板上时，他从秦女临走时那回眸暗含哀怨的目光里，感到了事情的严重与危急。如果让她顺利跟太子成亲，按照女人特别爱好虚荣的天性，只要和这位具有强大权势前景的太子在柔软的床上滚上一夜，那蜥蜴跟恐龙就很可能会臭味相投、携手并肩，恩爱有加甚至制造出一个怪物来。若这女人再借着床上扑腾的高潮，心中一激动，在献了青春之后，为了再向对方献忠心和表决心，将我老费暗中打劫的勾当跟太子一汇报，那自己不但会威风扫地、身败名裂，连身家性命怕是也难保全了。想到此处，费无忌打了个冷战，额头上沁出了点点汗珠。就在这刹那间，一个解脱的念头也从脑海中蹦了出来。

回到楚国后，费无忌把本次赴秦办理公务的情况向楚国最高领导人、著名酒色鬼楚平王做了汇报，并极富渲染地谈了秦女之美和如何性感诱人，如同天人般让观者无不热血奔流、心惊肉跳等等。当看到平王张着口，呆瞪着双眼，已完全沉浸在对秦女的遐想与梦幻之中时，费无忌越发煽情地进言道："这些年我见过的女人不能算少，但能跟这位秦国女人相媲美的还未看到，不但您后宫里那一堆妃嫔无法与之匹敌，即使是当年名满天下的妲己、褒姒，从其美色、气质、档次等综合素质来论，给这位秦国女子做个提鞋扎腰带的侍女恐怕都难以般配。"

"你说得太玄了吧，天下居然还有这样的绝色？"平王惊愕而半信半疑地说。

聘礼行迎图（漆画，湖北荆门十里铺楚墓出土）
原绘在一个直径28厘米的漆奁上，是目前中国年代最古老、保存最完好的漆画，由此画可窥当年楚国上流社会的着装和礼仪

159

"一点都不玄,千真万确。别看我干别的不行,作为妇女问题专家还是称职的,考察个女人还是手拿把攥,不会出现大的偏差。"无忌很自信地应道。

平王沉默片刻,长叹一声道:"照你这一说,我这个楚国最高领导人算是白做了。"

无忌见平王已经上套,屏退左右,悄悄地说道:"这等上好的尤物被太子生吞活剥了实在可惜,我看大王您还是亲自跃马挺枪先拾掇了她算了。"

平王闻听不觉一惊,抬头问道:"你在说啥?"

"我是说把这个女子挑于马下的应该是您,而不是太子。"费无忌干脆利索地回答道。

"不是说好给太子,我这半路戳上一枪,合适吗?"平王显然已经心动,试探着问道。

费无忌见火候已到,更加坚定地鼓惑道:"这有什么行不行的,既然这个国家都是您的,那按我的理解,凡是在这块土地上的一切,不管是死是活,是人还是猴子,是狗还是鸡,都理所当然属于您。也就是说,只要秦国这个女人一踏上楚国的土地,首先是属于您的怀中尤物。这个尤物您想给谁就给谁,不想给就自己留着享用,是很正常,也很自然的事情。再说若论常规,像这种稀奇的尤物,如同活蹦乱跳的一只雏鸡,您一国之君还没有尝尝是什么味道,不知是酸是甜、是咸是淡,谁还敢隔着锅台上炕,揭开锅盖就喝汤?"

平王沉思了一会儿,轻轻点点头,狡黠地说道:"好吧,管他娘的,爱谁谁,就这么定了,给我想办法弄来,我先尝个新鲜再说。要知道梨子的滋味,就得亲口尝一尝,哈哈。不过群臣和太子那边总要想些办法,不要让他们提出过多的异议,或反了天。我们毕竟是一个泱泱大国,一旦事情掀动起来,会对国际社会造成恶劣的影响,对双边关系以及贸易往来、外交战略等都会产生不利因素。"

无忌凑上前来,笑哈哈地对平王耳语道:"这个我早有打算并已做了初步安排,那秦国女子身边有一个侍女,是齐国人,原也是名门望族出身,才貌双全。我准备在迎亲时,一进入楚国境内,就用调包计把秦女和齐女做个调换,这样您娶秦女,太子建娶齐女,两相隐匿,各有所得,岂不快哉?"

无忌一席话，顿时让平王眉开眼笑，连称"妙计、妙计"。而后一拍大腿，大声说道："你就给我大胆干吧！"

未过多久，无忌通过一番严谨的谋划与巧妙安排，终于弄假成真，将秦女弄进了王宫。而太子建则稀里糊涂地弄了个侍女做了婆姨。满朝文武全被蒙在鼓里，皆不知无忌之诈。

平王见秦女果如费无忌所言，乃绝色美人一个，自此搂在怀中，整日除了宴乐，便在床上翻云覆雨，国家的一切事务全部委托已成为楚国政坛新星的费无忌来处理。面对如此骤变，朝中开始沸沸扬扬。先是议论君主该不该得到了美人就开始不问国事，再是这个无忌凭什么就一跃成为新星并主持国政？后来以太子的另一位导师伍奢为首的部分臣僚，觉得事情有些不太对劲，慢慢对秦女入宫之事有所警觉并产生了怀疑。当这议论之声传到无忌耳中时，他深知纸里毕竟包不住火，早晚有一天阴谋会暴露出来。可以想象的是，到了那时，太子是不会和自己善罢甘休的。按照先下手为强、后下手遭殃的处世哲学，无忌在反复权衡利弊之后，索性来个一不做二不休，先将太子置于死地以绝后患。

决心已定，无忌便按照自己的预谋，先是借平王之口将太子及其导师伍奢一同贬往一个叫城父的边关重镇守卫，接下来又以谋反的罪名，准备将伍奢和太子拿回楚都。为了把事情做大，无忌亲自选派了一支劲旅前往城父去捉拿太子和伍奢，想不到这劲旅中有一个头目平时与太子私交甚好，见突然发生如此变故，于心不忍，派家人骑快马先行赶往城父将险情报告给了太子和伍奢。经过一番紧急磋商，伍奢让太子携家眷迅速出

伍奢像

逃，暂往宋国避难，自己留在营中应付一切。当无忌派出的劲旅到达城父时，只有伍奢一人还在。待把伍奢带往都城之后，无忌怕自己遭到对方辱骂，便把平王搬出来开堂审理。已成傀儡的平王见了伍奢问道："太子建暗中谋反，要赶我下台，你这个导师知不知道？"

伍奢原本是位性情刚烈之人，平时就很是看不起蝇营狗苟、投机钻营的费无忌，这次太子险遭不测，自己被从城父解回都城，他早已猜出是无忌从中调拨离间、故意陷害。面对眼前依然沉浸在醉意中不辨忠奸的平王和极度清醒但忠奸颠倒、无事生非、扬扬得意的无忌，伍奢心中压抑许久的悲愤之情，像原子核突然发生裂变一样在刹那间释放出来。他不再顾及身家性命，声色俱厉地对楚平王指责道："你身为太子的父亲，又是楚国人民的伟大领袖，居然把儿媳妇弄到你的床上，如此伤风败俗成何体统？把女人抢走了还不罢休，如今又听信费无忌这个乱臣贼子的蛊惑，平白无故地怀疑你的亲生儿子谋反作乱，真是岂有此理，一派混蛋做法……"

伍奢尚未说完，楚平王早已恼羞成怒，大声喊道："伍奢，你他娘的死到临头还满嘴喷粪，搞得朝野臭烘烘的。来人，快把这个现行反革命分子给我抓起来，打入死牢！"

平王话音刚落，从四面角落蹿出几条狼狗一样的黑毛大汉，捕兔一样将伍奢弄翻在地，然后捆绑起来，拖出大厅，送进了死牢。

眼见伍奢已有了着落，无忌并未就此罢休，他遵照斩草要除根的治人纲领，再度向平王进言道："主公呵，现在这个伍奢已经是绑倒的死猪蹬歪不了了，倒是他那两个猪崽子令臣放心不下。这两个小猪崽原来就在城父携助太子和他那个混蛋老子镇守边关，身边有一帮亡命之徒，伍奢被抓，他们很可能会搞反革命的恐怖活动，如果我们不及时反恐，不对他们给予坚决的镇压，就有可能酿成大患。"

"那你说该咋办？"平王脸上掠过一丝惶恐之色，不安地问道。

"根据大楚律法，谋反作乱不但要满门抄斩，重者还要诛灭九族。这伍奢谋反虽尚未查实，但仅凭他的态度就够满门抄斩的了。以臣之见，还是尽快斩草除根，以绝后患吧！"无忌眼露凶光，恶狠狠地说。

平王满面严肃地问："你看咋个弄法？"

无忌沉思了一会儿道："鉴于他身边聚集了一帮亡命之徒，加之伍奢走后大部分兵权被这二崽所控制，现在不宜明着与其发生冲突，以防引起骚乱。您不妨直接派军统特务人员秘密跟他俩接触，告诉他两个儿子，说他们爹伍奢犯了谋反作乱之罪，按律当斩，但看在其多年侍奉太子的分上，暂且饶过，现急召二竖子进京谢恩，并接受新的委任。"

"这一套法子能行吗？"平王对这个主意心中有些打鼓地问道。

无忌很自信地说道："绝对没问题，这二崽的秉性我清楚，他们深爱其父，并唯父言是从，听说朝廷免除他老子的罪过，必然十分欢喜。这样，就不愁他们不应召而来。只要他们一到，立即拘拿并就地正法，杀个狗日的。"说到此处，无忌将手稍稍扬起，呈菜刀状，然后猛地抡下，做了个杀头的姿势。末了，又补充道："只有这样，反恐之事业才能成功，您才可以高枕无忧矣。"

楚平王听罢这番有声有色的讲演，打消了刚才的顾虑，就具体细节问题又和无忌做了磋商，然后下令把伍奢从死牢里提出，一面假装安慰，一面说道："你跟太子纠缠在一起图谋不轨，本该斩首示众，但念你祖父对先朝有功，加之你一时糊涂，误入歧途，我不忍心治你的罪，这事就算过去了。现在你立即给两个儿子写封信，让他们到京城来，以便改封官职，以示朝廷对你们一家的恩典。"

伍奢一听这显然有些蹩脚的话，当场明白这是一个显而易见的圈套，目的是把自己连同两个儿子一网打尽。平王刚才之言，就是自己父子三人的悼词。伍奢想到这里，禁不住悲从中来，心中暗道，人就是这样，让你说话的时候你可以啰唆几句自己想说的话，不让你说话的时候，你连个屁都不能放。伍奢看了看平王，嘴角微微一笑，这一笑既有身陷囹圄的无奈，又包含着对权力与阴谋的轻蔑。待笑过之后说道："知子莫如父，我的长子伍尚，敦厚老实，若见到我的信会应召而来。但少子伍员就不见得，他幼小喜文，长大后习武，许多人曾说过，他的才华文能安邦，武能定国，是个能成就大事之人，如果蒙冤受辱，必然会发誓报复。而像这种足智多谋之人，也不是一封短信所能哄骗得了的，他是不会轻易上你们的当的。"伍奢说完，心中既有悲哀，又有希望，一时百感交集，泪如雨下。

平王有些不耐烦地呵斥道："你他娘的少给我废话，让你写你就赶紧给我写，这小兔崽子要是来了便罢，若不来，就地正法。"

伍奢用刻毒的目光狠狠地瞪了平王一眼，心中骂道："写就写吧，若苍天有眼，我儿是不会束手就擒的，将来必报此仇。"这样想着，便按平王指令，写出了一封引诱二子上钩的书信。其大体内容如下：

尚、员二子，我因进谏触犯了君主，现正在狱中待罪。君主念我祖上有功于先朝，免我一死。你兄弟二人需星夜赶来，以便改封官职。若违命误事，必将获罪，见信速速动身。

信写完后，平王和无忌分别看过，尽管觉得有些直白，且破绽很大，但事情本身就是糊弄人的买卖，很难做到天衣无缝，只能如此。于是，缄封之后交给军统局局长，一面令其迅速派得力干将采取行动，一面重新将伍奢打入死牢，等待跟他两个儿子一道开始西天旅行。

伍子胥星夜流窜

楚国国家军统局受领任务后，经过慎重研究，决定派特务处处长鄢将师亲率一帮弟兄，驾驷马之车，携带书信印绶，以最快的速度赶奔伍尚兄弟原来的居住地棠邑，以防恐怖分子潜回老窝兴风作浪。待鄢将师一行到达后，经秘密侦察，得知兄弟二人仍在边关城父值班，便马不停蹄地追至城父。当进入守军大营见到伍尚后，鄢将师便拱手作揖，连连口称贺喜。伍尚大感奇怪，不耐烦地说道："你是不是有病，我家老爷子无缘无故地被抓走，现在死活不知，我他娘的哭还找不着个地方，有什么可贺的？"

鄢将师满脸堆笑地打着哈哈回答道："我正是为此事而来，请你不要着急上火，听我慢慢从头说来。事情是这样的，原来我大楚君主误信坏人之言，一时激动，就把令尊给抓了起来。后来朝中臣僚们听说此事，一时群情激昂，纷纷上奏保举，说你们家乃三世忠臣，决不会做那种缺德事。君主派纪检人员做了详细调查，发觉其中确有冤情，便决定收回成命。为消除此次事件在朝廷之内以及广大群众中造成的恶劣影响，补偿已经造成的损失，主

第五章 英雄际会

公决定加封令尊大人为相国，位在一人之下，万万人之上。并准备给你们兄弟二人各戴一顶帽子，你的帽子是鸿都侯，你弟弟伍员的帽子是赐盖侯。这两顶帽子可不是纸做的，而是用黄金制成的，闪光耀眼的金子呵，你说该不该祝贺？"

鄢将师说着，令随从将印绶拿出来让伍尚当面验看。伍尚一见金光闪闪的省部级领导干部的印绶，立即激动得全身哆嗦，嘴唇上下抖动着，结结巴巴地说："父亲侥幸赦免，我们兄弟已心存感激，想不到还给我二人高官厚禄，主公真是心明眼亮，普天之下少有的明君啊！不过这无功受禄，叫我们怎么好意思接受？"

"都谁跟谁，一家人不说两家话，别客气了，你就笑纳吧。"鄢将师如同真事一样说着，又极其自然地补充道："你家令尊大人刚释放出狱，心中非常想念你们兄弟，也非常希望你们二人能尽快把两顶新帽子戴在头上，以光宗耀祖。所以就写了这封亲笔信，派我迎奉二位进都，最好现在就动身，免得令尊大人挂念。"说着将书信递了过来。早已被新加封的帽子压昏了头的伍尚，将信看罢，表示找弟弟商量后，立即起程共同奔赴京都。

当伍尚找到弟弟，将刚才之事叙说一遍，又将父亲的亲笔书信给伍员过目后，想不到这伍员真如父亲伍奢所言，足智多谋，他当即以十分肯定的口气说道："这是诱杀我们兄弟的毒计，千万别上他们的黑当。小人无忌一定知道，他若枉杀了咱家老爷子，我伍子胥决不会善罢甘休，非报仇不可。所以他们就想悄悄地把咱兄弟二人一同骗到都城去，然后秘密杀掉，以绝他们认为的后患，这就是无忌等小人的真正想法。以我的推断，老爷子之死已成定局，如果我们不去，他们还有一点顾忌，或许情况会好一些。如果按信中所言去做，可以肯定的是，我们到达都城之日，便是父亲命丧黄泉之时。"

面对子胥的推断与劝解，伍尚颇不以为然，他将手中的那张纸抖了抖说道："父亲的手书还能有诈吗？我们不去，万一信中所言属实，不是落个不忠不孝的罪名吗？管他三七二十一，咱先进城看看再说吧。"

"问题是看看容易，可这一看我俩的头就没了。"子胥为哥哥的糊涂有些着急也有些愤慨地说着。

想不到伍尚的牛劲加糊涂劲已绞成一股劲在心中乱窜，他想了片刻，一咬牙，有些悲壮地对子胥道："只要能见父亲一面，脑袋掉了也心甘情愿。"

子胥见哥哥如此一意孤行，知道难以挽回，不禁仰天长叹道："既然你的头不想要了，那就去好了，我的头还想在肩膀上多扛两天，人各有志，那就只好各奔东西，就此诀别了。"

经此一说，伍尚顿觉悲从中来，对子胥道："我走之后，你不要在这里纠集众徒惹是生非，以免灭了父亲活下来的最后一线希望，但也不要再待在这里等死，还是悄悄地逃到国外去吧，或许那里有你的容身之地。倘真如你所言，那我就以殉父为孝，你以报仇为孝，咱们各行其志吧。"说毕，伍尚已泪流满面。

"也好。"伍子胥答应着，含泪向哥哥作别，然后收拾行装，携带弓箭、宝剑等防身兵器，悄悄从后门出走。前来执行诱捕任务的鄢将师见子胥已逃走，只好带着伍尚一人回楚国首都——郢都复命。

一到郢都，伍尚就被关进了大牢。费无忌听说伍子胥已潜逃，极为恼怒，急忙向楚王献计，一面派出由军队与军统特务组成的联合追捕小组火速追捕子胥，一面发出特级通缉令，画影图形，在全国范围内进行通缉。

根据案犯总是向自己平时熟悉之地逃亡的特点，追捕小组驾车骑马，执剑扬斧，以虎狼之势首先扑往子胥的原住地棠邑，在没有发现踪影后，马上意识到子胥很可能要叛国投敌。而根据以往恐怖分子大都潜往东方强敌吴国的特征，追捕小组组长决定连夜向东追赶，以截住在逃的罪犯伍子胥。

当一伙人呼呼隆隆地追出300多里地时，果然在一片旷野里发现了正撅着屁股逃亡的伍子胥。此时的伍子胥歪戴帽子斜着眼，惶惶然如丧家之犬，茫茫然如漏网之鱼。已是人困马乏的追捕人员，见到伍子胥这般狼狈不堪的模样，立即神情大振，群情激昂，禁不住大声喊道："伍子胥，你往哪里跑，赶快举起手来，向我们投降吧！"子胥听到喊声，回头观看，只见一哨人马向自己围追而来，他的头"嗡"的一声响，不禁打个激灵，两腿一软，差点瘫倒在地。待稍过片刻，他强打精神，撒开双腿向不远处的一片树林奔去。追捕小组组长一看子胥要从自己的眼皮底下溜掉，立即指挥手下弟兄快马加鞭，呈扇形包围过来。子胥一看这阵势，心中喊声"不好！"便停住脚步，引弓搭箭，怀着对追击者的刻骨仇恨，一箭射倒了车中的甲士，紧接着又向一位指挥将领射去，这位将领一看大事不好，急忙掉转车头向后撤退。

第五章 英雄际会

年轻气盛的伍子胥一看这当官的要开小差，立即来了精神，禁不住破口大骂道："无能之将听着，我本该一箭射死你，现在留你一条狗命去向那昏王报个信吧。你回去对他说，要想楚国安定，多活几天，就不要杀我父亲和我兄长，不然的话，我要灭了楚国，亲手砍下昏王的狗头，以祭奠天地和我失去的亲人……"子胥骂着，头脑蓦地清醒过来，心想这可不是平日里骂大街的地方，赶紧开溜吧。趁混乱之机，一个鹞子翻身钻进了树林。楚军官兵围过来，在树林中搜索半天不见子胥的踪影，只好停止了追剿，返回郢都交差去了。

楚平王见追捕小组没有捉到伍子胥，一怒之下，下令将伍奢、伍尚父子二人绑赴刑场砍头，然后挂在百尺高杆之上展览示众。当地百姓一看伍奢父子的头被砍了下来，都普遍认为这父子俩一定是做了什么见不得人的勾当，否则代表人民根本利益的政府不会把他们的头随便砍下。既然头已经砍下，就表明伍氏父子是十恶不赦的反革命分子，是整个国家与人民的公敌，不砍他们的脑袋当是一件天地不容的罪孽。为了斩草除根，楚平王又严令全国驻军、侦查机关和联防人员，城市中的居委会、治安协管，农村中的治保主任，各个角落里的社会边缘分子、无业游民，以及赌徒、恶棍、地痞流氓等，要密切注意伍子胥的动静，只要见到此人，务必作为国家的首要罪犯立即拿下，不管是死是活，朝廷方面都会给予大大的奖赏。

此时的逃犯伍子胥躲过了一劫，并未因此轻松，反而越发紧张起来，他深知朝廷方面抓不到自己并不会善罢甘休，一定还要四处搜捕、八方缉拿。于是，他只好昼伏夜出，一路沿江东下，准备投奔吴国。怎奈路途遥远，一时难以实现，正在为难之际，忽然想起了太子建，心想我老爸出事时，这个家伙已投奔宋国而去，现在应该到达了，目前自己所在的位置离宋国最近，不如趁此机会先到宋国看看再说。想到这里，转身向宋国的都城睢阳进发。

未走多远，忽见对面有一队车马乱哄哄地驶了过来，伍子胥一惊，以为这是前来拦截自己的楚军，便一个猛子扎入道边的树丛埋伏起来，暗中向外窥视。待这队车马走到近前，子胥蓦然发现，坐在车中的主人并不是楚军将领，而是与自己有八拜之交的好友申包胥。惊喜交加的伍子胥忘记了自己是正在被通缉的朝廷重犯，突然从树林中蹿出来，对着车马仪仗大喊一声："包胥兄，别来无恙乎？"

167

申包胥正端坐车中，见面前猛地蹦出来一个衣衫褴褛、披头散发、人鬼不分、面目恐怖的家伙，情不自禁地打了个激灵，大喊一声："我的娘呵！"身子一歪，便从车中滚落下来。这个出乎所有人意料的插曲，顿时令随行的车马仪仗大乱。慌乱中，受过反恐训练的几名随从人员箭步上前，一边抢救、护卫申包胥，一边将面前这个人鬼不分的恐怖分子拿下。待局面控制之后，醒过神来的申包胥手摸摸额头上碰出的两个紫包，来到早已被捆绑起来的家伙面前想瞧个究竟。随着伍子胥又一声喊，申包胥才恍然大悟，这面前捆着的人，竟是自己以前结识的好友伍子胥。

子胥被松了绑，随申包胥来到一个僻静处，与申包胥互道短长。

原来，申包胥作为楚国的外交部长，代表楚王到其他几个友好国家访问，想不到在归国途中和伍子胥不期而遇。子胥向申包胥哭诉了自家的悲惨遭遇，并怨恨不已、指天戳地、咬牙切齿地对申包胥发誓道："父母之仇，不共戴天，我伍子胥不报仇雪恨誓不为人。"言罢大哭。当申包胥问子胥准备到何处去，并打算如何报仇雪恨时，伍子胥抹了把眼泪恶狠狠地说道："我将投奔他国，借兵攻打楚国。目标是踏平楚国首都郢城，车裂楚平王之尸，生嚼楚王之肉。"

面对子胥口中的豪言壮语，申包胥本打算用君臣之分上下有别等古礼给对方一番教训，但看到眼前这位昔日的朋友、现在的恐怖分子，一副可上九天揽月，可下五洋捉鳖，刀山火海我敢闯的流氓无产者的模样，也就打消了这个念头。他在心中暗暗诅咒人性之恶的同时，也旗帜鲜明地表明了自己的阶级立场："作为昔日的朋友，我说什么呢？若支持你报仇，则为不忠，假如规劝你不报仇，则为不孝，我看你就自勉吧。看在朋友一场的分上，此事我决不泄露给别人。但是……"说到这里，申包胥略做停顿，而后义正词严地说道："有一点我要警告你，我乃大楚之臣，朝廷命官，自然要尽人臣的本分，为我大楚的兴衰存亡尽心竭虑，贡献自己的一份力量。你伍子胥有种，能发动恐怖分子搞各种恐怖活动，我申包胥不才，必能发动楚国人民群众予以反恐；你能发动反革命武装力量颠覆大楚国，我必能凭借革命的枪杆子保住大楚，并让你和你的武装叛乱分子陷入人民战争的汪洋大海之中；你能借用阴谋诡计和邪恶轴心的势力把楚国搞乱，我必能靠光明正大和人民的力量收拾残局，让大楚再度步上伟大的民族复兴之路。兄弟，告辞了！"申

第五章 英雄际会

包胥说完，冲伍子胥一拱手，转身离去。

伍子胥站在树丛边呆呆地望着申包胥坐在豪华车中，车队浩浩荡荡地驶向远方，心中骂道："你算个什么东西，居然跟我较起劲来了，如果有一天我率部攻破郢城，连你这个楚平王的狗腿子也一块打发上西天，看你到时还牛不牛。"

子胥愤愤地往前走着，终于有一天到达了宋国并和前逃犯太子建取得了联系。二人先是抱头痛哭一番，接下来召开了一场除他们二人之外，另有家眷、奴仆等十几人参加的痛斥楚平王和费无忌罪恶的扩大会议。会议结束后，伍子胥问宋国的君主是什么态度，太子建长叹一声道："宋国现在正陷于内乱之中不能自拔，君臣互相攻讦，朝廷内外人人自危，唯恐遇上飞来横祸，为了平息内乱，国君忙得不可开交，我至今连他的影子都没见着，更遑论其他了。"

"唉，你真是个无用的饭桶！"伍子胥拍了一把大腿，长叹一声，满腔豪情随之飘散，全身像泄了气的皮球瘫软在地。

太子建所言不虚。此时，宋国的内乱方兴未艾，反革命政变的嚣张气焰一浪高过一浪，面对大宋政府军的残酷镇压和步步围剿，叛军方面力感不敌，开始向超级大国领袖楚平王紧急求援，楚国很快发兵干涉宋国内政，要为政变军方面

伍子胥望着远去的车队愤然大骂

郑定公像

讨个说法。正沉浸在苦闷与彷徨之中的伍子胥，忽闻楚军即将入宋的消息，不敢久留，忙与太子建等收拾行装，朝郑国方向仓皇逃窜而去。

大大出乎预料的是，子胥与太子建一行到达郑国后，受到郑定公的盛情款待。子胥和太子一看对方的态度，觉得有戏可演，便三番五次痛诉在楚国遭受的冤情，强烈要求郑定公替天行道、除暴安良，为子胥和太子报仇雪恨。最后二人还向郑定公提出，最好郑国能出兵干涉，帮助太子建荣登大位，子胥做个相国，将整个楚国揽于二人怀中，等等。对于这一要求，郑定公明确表示："你冤不冤与我有什么关系？既然天无道，我不能去替天行道；国无政，你们也不要去替国摄政，一切都该顺其自然，不要整天胡思乱想，人不人鬼不鬼地发神经。若你们非要报仇杀人，或篡党夺权，我们郑国国小兵少，无法与楚抗衡，也不乐意为了你们二竖子的一点屁事，兴师动众，发兵攻楚。你们要么组织恐怖分子自己去干，要么去向超级大国晋国求援，何去何从请尽快抉择，免得误了各自的前程。"

郑定公的一席话如醍醐灌顶，使子胥与太子眩晕的同时，也清楚地认识到自己的冤情与郑定公毫无关系，找人家去为自己报仇纯属扯淡。尽管事实已经摆在眼前，但已被困苦劳顿折磨得神经兮兮的太子建，怀揣有朝一日荣登大位的梦想，告别子胥及家人，独自到晋国求援。这晋国国君见来了一个神经病加二杆子，便有意戏弄一番，遂让太子建作为晋国的地下工作者，悄悄潜回郑国做内应，待时机成熟，与晋国军队里应外合，共同灭亡郑国。只要郑国一亡，这块土地的新一代领导人自然非太子建莫属。于是，太子建怀揣一个虚幻的革命理想，肩负着晋国君主和人民的双重重托，信心百倍地回到郑国潜伏下来，开始了一系列地下特务活动。

当伍子胥得知太子建接受潜伏在郑国的秘密任务后，大吃一惊，明确劝阻道："你这个想法和做法都不现实，就凭

第五章 英雄际会

你的身份和目前的状况，要搞颠覆政权的活动，就如同拿着脑袋往铡刀上放，如果再不悬崖勒马，必然大祸临头，离死不远了。"

太子建对伍子胥的严厉警告并不以为然。他孤注一掷，把随身携带的所有家私都贡献出来，用以贿赂郑国重臣和招募恐怖分子，急不可待地要在郑国的中心舞台上发动一场反革命政变，推翻郑国国君的统治地位，另立中央。

由于晋国特工与太子建往来频繁，引起了郑国安全部门的注意，不久，政变阴谋被郑国安全部门侦知。郑定公在听完安全局局长的汇报并确信太子建要搞反革命政变后，不禁勃然大怒，厉声骂道："好一条丧家的资本家的走狗，我好吃好喝地伺候你，想不到你反过来咬我。看来落水的狗不但不可救，还非得痛下决心弄死不可呵！"随后和安全局局长密谋，将太子建擒拿并砍下他的人头，然后挂在城头的一根杆子上，免费让人民群众参观并拍照留念。

伍子胥闻知太子建被杀的消息，心想，果然未出我所料，这个家伙，死有余辜。一边骂着，一边找到尚未遇害的太子建的儿子狗剩（胜），悄然逃出郑国，转而向吴国方向流窜而去。

流窜中的子胥与狗剩二人昼伏夜行，风餐露宿，历尽千辛万苦，一路东行数日，来到了昭关之下。这昭关位于小岘山的西端（今安徽省含山县西北），两面是高耸峻峭的大山，此处环境复杂，地势险要，是通往吴国的必经之路。只要城门一关，鸡狗难闯，飞鸟难越。出了昭关不远就是滚滚长江，而一过长江，就是吴国的地界了。子胥眼望不远处的高山雄关，心中一阵激动，拉着狗剩向前疾奔而去。

就在接近关门时，警觉的子胥发现此处有军队和警察共同把守，对过往行人严加盘查，门洞两边的城墙上，挂着一块二尺见方的薄木板，木板上面是画有伍子胥头像的通缉令，尽管画像已被风雨剥蚀得模糊不清，但伍子胥还是一眼就认了出来。头像的旁边有几行字："伍犯子胥，反贼首领，现画影图形悬赏捉拿。有捉住此贼来献者，赏粮五万石，封为上大夫。有知其下落来报者，赏黄金千两。如有窝藏或知而不报者，一经查出，全家处死。云云。"伍子胥未等看完，头"嗡"的一声响，情不自禁地拉着狗剩躲到旁边一大片丛林之中，不敢贸然闯关。

171

伍子胥领着狗剩在丛林中像饿狼一样地乱转，同时不断思索该如何设法混过关去，正在痛苦无方之时，一个白发苍苍的老汉拄着拐杖走了过来。子胥上前作了个揖，请老者坐下来聊聊，想借此机会打听一下昭关的情况。想不到那老者有些好奇地对着子胥上下打量了一番，说道："敢问来者可是小伍子伍子胥吗？"子胥蓦地打个寒噤，周身的毛发根根倒竖起来，心想："坏了，有人认出了自己，这可咋办？"当这个不祥的念头迅速划过脑海之后，他强迫自己镇静下来，屏住呼吸望着眼前这个老汉，想从中看出点凶吉因缘。但从打份到相貌，再到眼神，觉得这老汉既不像军统特务，也并非一般的庄户老头，在一时吃不准对方意图的情况下，子胥模棱两可地反问道："你问这个有什么事吗？"

老汉四下看看，见无人注意这边的动静，小声说道："你不要怕，我是东皋公，是个医生，年轻时周游列国给人治病，如今老矣，隐居于此。数日前，楚平王特派右司马带领一帮弟兄驻扎在此，以堵截朝廷要犯伍子胥。前几日，右司马身体不适，邀我前去诊治。在城门外，我见到了伍子胥的画像，这画像与先生您颇为相似，故今日才有冒昧之言。不过先生不必多虑，老夫有治病救人之愿，却无杀生害人之心。寒舍就在后山之中，那里偏僻幽静，如不见外，就请先去休息一下吧，我还有话要对你说。"

通过这番看上去还算真诚的自我介绍，子胥进一步意识到这个老汉可能有两下子，但仍未打消顾虑，便进一步问道："不知老前辈有何见教？"

白发老者望着子胥，一脸庄重严肃地说："先生的相貌很特别，极易被人认出，以这副面目过关，是绝对不可能的，我带先生去寒舍，就是要想出一个万全之策。如信得过我，就请跟我走，信不过，就地留步，算我刚才是扯淡罢了。"

"老前辈见外了，有这等好事我伍子胥哪有不跟您走的道理？"说罢，带着狗剩随老汉向后山走去。

行数里，见山中丛林里现出一小小村庄，村中有几处茅屋，星星点点散落于几道山梁之上，这是一个既偏又静的处所。老汉领子胥与狗剩进入一个不大的庭院，绕过堂屋，进入一个小小的篱笆门。待穿过竹园，便是隐蔽于竹林深处的三间土屋。但见屋内有床有几，左右开有小窗，清凉的野风徐徐穿过窗内，使人顿觉有几分惬意与安然。

既然来到此处，伍子胥决定不再隐瞒自己的身份，便把自己的前后遭遇和复仇的志向同老汉叙说了一遍。老汉听罢，点点头道："小伍子啊，过去的已经过去，但这个楚平王也实在是他娘的混账。此人忠奸不分，黑白不明，整天无恶不作，确实是混蛋透顶了。念你世代忠良，我就成全你这报仇之事吧。从目前的情况看，在这个地方住上一年半载都不会被外人发觉，请你放心住下。至于过昭关一事，现在关口把守、盘查甚严，跟鬼门关没有什么两样，很难蒙混过去，在这个关健问题上万万不可冒失，还须谨慎行事。要想一个万全之策才好。"伍子胥闻听甚为感激，再三称谢。自此之后，子胥与狗剩就在老汉的茅屋里住了下来。

白发昭关

自二人入住之后，老汉每日以酒食款待，十分热情周到，但就如何过昭关一事却只字不提。子胥尽管心中着急似火，而又不好发作，只好耐住性子静候佳音。待七天过后，子胥实在有些熬不住了，心想这老汉到底耍的什么布袋戏，该揭开大幕了吧，便找个借口对老汉道："我伍子胥是有深仇大恨在身之人，此仇不报，何以为人？如今我在你这个黑乎乎的小屋里，像一条笼子里的狗一样整日无所事事，直感度日如年，生不如死。你老汉是一个重节尚义之人，能不为我的处境感到悲哀吗？"

老汉听罢，很有礼貌地点点头道："常言说得好，心急吃不了热粥，你的事情老夫早已成竹在胸，只是现在要等一个人前来帮忙，此人不久就到，你就安心等着吧。"老汉的一席话，让子胥半信半疑，一时弄不明白对方葫芦里到底装的什么药。当日茶饭不思，夜晚躺在床上翻来覆去不能入眠，思绪如同窗外的林壑松涛不住地翻滚起伏。现在，摆在子胥面前有两条道路可供选择，一是辞别这个跟自己耍布袋戏的老头子，独闯昭关，这样显然风险很大，若出现一点差错，不但闯不过关卡，弄不好还要惹来大祸。再一个是继续待下去，等老汉把布袋戏耍完，情况自明。但这个老头子等的到底是什么人，为什么非等他不可？难道死了驴就不推磨不成？这样住下去，不但白耽误功夫，若时间一久，说不定又节外生枝，弄出什么意想不到的事情来。唉，是走是留，性急似火的子胥如芒在背，辗转反侧，不能入眠。最后，他索性披衣坐起来，迈动小步绕屋而走，形同一只被关在笼中发疯的公狗，烦躁、不安、痛苦、悲怆、苍凉，直到东方破晓，一抹曙光出现在山脊，他那疲惫不堪的身心才在阳光的沐浴中渐渐安静下来。

子胥躺在床上，刚打了个盹，老汉便叩门而入。待一见伍子胥，不禁大吃一惊，不解地说道："小伍子呵，你的须发怎么一夜之间都变白了，难道是愁思焦虑所致吗？"

听了这话，伍子胥迷迷糊糊地起身，找来铜镜一照，顿时傻了。只见原本满头的乌发已变成绺绺银丝，一张又瘦又黑憔悴不堪的脸，配着这头银发，竟活脱脱是一个年过七旬的老汉。伍子胥目睹自己的怪异容貌，一股巨大的痛苦与悲凉从心中升起，他猛地把镜子摔在地上，仰天大哭起来，边哭边跺脚捶胸，唠唠叨叨地发泄道："天哪，天哪！想不到我小伍子一事无成，大仇未报，而头发胡子却抢先变白了，真是苍天无眼，命运不公啊！"

老汉蹲在旁边，冷眼观看着伍子胥悲愤的模样，摇摇头，心中暗想，这真是个滚刀肉式的怪物呵，这个怪物倘时来运转，飞黄腾达，一定是什么事都可能做出来。既然如此，何必当初。老汉有些后悔，突然觉得留下这个人实在是有悖常理的荒唐之举，现在要尽快把他打发走，否则将留下一个极大的祸患。说不定这个怪异的动物于烦闷中一阵火起，举刀将自己宰了都是可能的。想到此处，老汉打了个冷战，故作热情地劝说道："小伍子啊，你用不着摆出这个熊样，从医学的角度说，你的头发是由于忧愁、焦虑而弄白的，没什么大不了的，依老朽看来，这可是你的吉兆啊。试想，你原来高大魁梧，外人一眼就能辨认出来，而那些守城官兵对你的相貌举止更是门儿清。但今日却大不相同了，你一夜之间弄得鬓发胡子眉毛皆白，这个行头再配上你那张形容枯槁的脸，即使是熟人，猛一看也不会想到是小伍子了。这是老天开恩故意帮你渡过难关啊，因此老朽认为是大吉大利的一等祥兆。"

子胥听罢，觉得有理，当场表示要化悲痛为力量，本着打掉了牙和血吞的精神，振作起来，想方设法闯过昭关。

老汉见子胥脸上的阴云飘散而去，又像突然想起了什么似的"噢"了一声，补充道："还有一个好消息差点忘了告诉你，我们等的人如今已经来

第五章 英雄际会

了，我要演的戏即将成功，你渡昭关有望了。"接着，老汉拉子胥坐下来，将他要出演的布袋戏的猛料如数抖了出来。原来，老汉有一好友，名叫皇甫讷，此人身高九尺，身材魁伟，浓眉大眼，外貌极像伍子胥。老汉请他来的目的，就是让他扮成伍子胥，以引开守城之军，让真正的伍子胥悄然过关。只要一过昭关，行数里可到大江边，吴国便隔江相望了。

在没有其他更好办法的情况下，这个戏法也不愧为上乘之作，如果此举成功，那伍子胥将由狗变狼，如虎添翼，在未来的天地里自由地纵横驰骋了。只是这布袋戏虽好，但会不会给那位叫皇甫讷的哥们儿增添麻烦，或者确切地说这个叫皇甫讷的家伙能不能胜任这一角色，伍子胥于激动兴奋之中，向老汉说出了自己的担心。

"我们早已想好了对付的办法，你只管见机行事好了。"老汉信心十足地说着，来到自己的屋子把皇甫讷请出来与伍子胥相见。寒暄过后三人又将行动计划详细地做了研究和部署，就等在适当的时间予以实施了。

这天，天气阴冷，雨在淅淅沥沥地下着，只见一个身穿孝袍的武将模样的大汉突然出现在昭关之前，他先是行色匆匆地想闯过城门，但看到守门兵卒，又突然停住脚步，犹豫不决，鬼鬼祟祟地在城门附近徘徊起来。这一切，引起了守关官兵的警觉，并开始不动声色地观察此人的一举一动。过了一会儿，只见那大汉转到挂在高墙上那块画有伍子胥图像的通缉告示前，似毫无意识地望了一眼，只这一望，整个身子如同遭到了马蜂的进攻，猛地抽搐了一下，面部表情呈大惊失色状，接着转身欲逃。这一连串的动作，被守城官兵看得真切，只听关前突然爆发一声雷鸣般的断喝："伍子胥，看你还往哪里逃！"话音刚落，随着"嗷"的一声呐喊，十几个士卒如饿狼一样扑上来，三拳两脚将那大汉揍翻在地，随之喊里咔嚓捆绑起来。与此同时，早有贪功小卒飞报守军高级将领，这位守关将领早年与伍氏父子曾有过接触，如今听说伍子胥已被拿下，怀揣且信且疑的态度，从城楼之上向下观望，禁不住大声喊道："没错，就是他，此人正是伍犯子胥。千万别让这小子跑了。"说罢，匆匆跑下城楼。

连日来，守关的官兵因总见不着伍子胥的踪影，渐渐滋生疲倦烦劳之意，如今一听竟真的捉住了流窜数日、用暗箭射杀追捕小组主要成员，且扬言要砍下楚平王脑袋、数案在身的朝廷要犯兼恐怖分子小伍子，个个都觉得新鲜、刺激、好奇，纷纷挤上前来观望，连那当班值勤的士兵，也索性离开岗位，挤到逃犯身边乱喊乱叫，以显示自己在捉拿重要逃犯的"战斗"中立下了一次大功。守关将领更是激动异常，一时竟不知如何处理眼前的突发事件了。而附近的小商小贩，过路的四方百姓，听说小伍子已被捉拿归案，便争先恐后地蜂拥而至，欲一睹这百年不遇的奇景异观。

就在这乱哄哄、闹嚷嚷的情形下，已是白发苍苍的真的伍子胥，穿着仆人的服装，拖着一个衣衫破烂的孩子狗剩，低头弓背迅速溜出了昭关，向着浩瀚的长江疾速奔去。

昭关遗址

真的伍子胥逃走了，那位守城的将军，在一片混乱中却把刚才抓到的"伍子胥"押回营帐，欲大刑伺候。但棍棒绳索刚一拿来，司令官为了宣泄这些日子率领手下弟兄在此苦等苦熬的愤懑之情，便抬起虎头战靴铆足了劲，嘴里喊着"你这个家伙，害得我们弟兄好苦啊！"照准"伍子胥"的两肋、屁股，噼里啪啦地踹将起来。

这"伍子胥"一看自己即将面临骨断筋折的命运，急忙由猪状的小声哼哼改为大声呼喊："当兵的，这光天化日之下，你们竟敢无故绑架我这个遵纪守法的模范百姓，是何道理？"

"逃犯伍员，你今日落到爷爷之手，已经是绑倒的死猪了，还敢给我满嘴喷粪。来人，给我棍棒伺候，先杀一杀这头猪的威风。"司令官声嘶力竭地喊着，又用力在"伍子

第五章 英雄际会

胥"身上猛踹两脚,这两脚正踹在软肋上,痛得"伍子胥"嗷嗷乱叫满地打滚。

"看你还狡辩不狡辩。"司令官看着对方的狼狈相,心中的愤懑之气得到了释放,刚要转身离开。想不到正满地打滚的"伍子胥"趁此机会停止了嗷嚎,再次喊叫起来:"什么逃犯,我乃大楚国平王陛下所统治的一等公民。你们这些虾兵蟹将、乌合之众,我乃龙洞山下著名的一流隐士皇甫讷是也。"

这一声喊,引起了司令官和众官兵的注意,将士们围上前来仔细端详,突然觉得有些不对劲,再闭眼回忆一下城墙上挂着的画像,更觉得有些狐疑。那位趾高气扬、不可一世的将军也开始在心中打起鼓来。他一边端详一边琢磨,眼前这人,无论是个头、长相还是身材,都和前几年见到伍子胥时没有什么太大的差异,但若仔细观察,还是觉得二者有些不同。印象中的伍子胥,目光如电、声似洪钟,整个身心透出一股豪气、霸气、英雄好汉加流氓恶棍之气。而眼前此人的目光、声音,特别是周身散发出的气息,既软且黏,还有一种说不出的女人味,这与原来认识的伍子胥大相径庭。难道这个伍子胥是假的不成?或者伍子胥不假,只是这一路流窜、风霜劳顿、又惊又怕,把他弄成了这个皮软的知识分子并伴有女人气味的模样了?心中正这样反复想着,忽有士兵前来报告有人求见。

"来者何人?"将军问道。

"是一位白发苍苍的老者,他没有通报姓名,自称是您约他来看病的。"士兵答道。

"噢,知道了,请他进来。"司令官在下达指示的同时,转身前往迎接。刚走到门口,白发老者已抢先进得帐内。

正当司令官和老者相互拱手寒暄之时,被捆住手脚,正在地下挣扎的皇甫讷突然大声喊道:"哥们儿,你这是耍的什么布袋戏,我在龙洞山过着自由逍遥的隐居生活,且正集中精力创作一部足以畅销天下的言情武侠剧,你老汉偏约我出关东游。现在我才明白,敢情你们军民联手,合伙拿我开涮。老家伙,你今天把我搞得人不人鬼不鬼的,居心何在?哎哟,痛死我也!"说着,像驴子一样四脚蹬空,叫着在地下打起滚来。

那白发老者听罢,走上前来定睛一看,先是仰头大笑,而后又呈迷惑不

177

《文昭关》戏曲人物画像

解的样子问身边的司令官道："哎呀我的大将军,我倒要问问你要的什么布袋戏呀,怎么把我的老朋友高雅绝俗的著名隐士皇甫讷兄给绑到这里来了,莫非他犯了事?"

司令官望着老者那故作轻松又不容置疑的样子,转身看看正驴一样乱叫的皇甫讷,脸上布满阴云,嘴里自言自语地小声嘟囔着:"此人……伍子胥……皇甫讷?"

白发老人望着司令官痴呆呆有些失落的样子,再次放声大笑道:"此人的确不是伍子胥,是皇甫讷没错……"说着从袖中掏出昭关市公安边防检查站批准二人出关东游的签证给将军验看。对方看罢,血蓦地涌上头顶,脸色铁青,嘴唇哆嗦,鼻腔重重地哼了一声,而后咬牙切齿地骂道:"皇甫讷,我恨不得活扒了你的皮,砍了你的脑袋喂王八!"说着蹿上前,朝仍在驴叫的皇甫讷猛踹两脚,而后对白发老汉道:"现在我的心情糟透了,你先把这个龟孙弄回去,给我治病的事过几天再说吧。"说罢,命令手下弟兄给皇甫讷松了绑,自己则极其沮丧地低头弓背走到帐外。

白发老人扶着哼哼唧唧的皇甫讷走后,司令官再次严令部下把守关门,尽职尽责,对过往行人严加盘查,誓让伍子胥成为瓮中之鳖,而决不能让他成为漏网之鱼。此时这位将军没有想到,就在他公布命令之时,子胥却早已是龟鳖出瓮,蛤蟆脱钩,冲出昭关。伍子胥心中狂喜着一蹦三跳,放步而行。走不到数里,就来到了长江边上。子胥伫立江边,遥望浩瀚苍茫的江心,见无一条渡船出没,心中焦虑不安。为防止昭关方面发现上当受骗后派兵追赶,便携狗剩悄悄钻进岸边的芦苇丛中暂时躲了起来。

第五章 英雄际会

约莫过了一个时辰，从芦苇的缝隙中突然出现一个打鱼的老翁，正驾着一叶小舟摇摇荡荡地漂浮过来。伍子胥喜出望外，不禁仰天大笑道："此乃天不灭我！"笑罢，忙钻出芦苇丛，冲那渔翁大声喊道："哎，打鱼的哥们儿，渡我们过江吧，我给你十倍的工钱……"子胥边说边伸手拍拍挂在左边肩膀上的那个破烂的包裹，心里骂道："这里面可就剩下几块地瓜饼子了。"

老渔翁听到喊声，不声不响地把船摇了过来。

"哈哈，看来我这个地瓜饼子口袋还真的管用哩。"伍子胥暗自乐着，见小舟靠得岸来，便拉着狗剩一跃而上，那老渔翁把篙轻轻向岸边一点，小船漂流而去，只一会工夫便到达了对岸。

下了船，伍子胥一边装模作样地摸着肩膀上斜背的破包裹，一边假惺惺地问道："老前辈，你看给多少钱合适，大家出门在外吧都不容易，难免有求人帮忙的时候。"

老渔翁抬头望了一眼伍子胥，很干脆地挥了挥粗糙的手道："咳，要什么钱，只要你小伍子能闯出昭关，平安到达吴国就好。那个楚平王做事也确实有点过分，我只不过是为了打抱不平才渡你过江，要钱就见外了。"

伍子胥听罢，大吃一惊，脱口而出："你咋知道我的名号？"

老渔翁哈哈一笑，道："龙行有影，虎行有风，你现在是楚国的著名逃犯兼国际级恐怖大鳄，画影图形在岸那边散发的比屎壳郎还多还杂，谁不晓得？"

伍子胥听罢，心中暗自想道：既然如此，那我就赶紧来个屎壳郎搬家——滚蛋吧。遂说了声"多谢"就想溜掉。老渔翁一看，忙摆手道："小伍子，你用不着这么匆匆忙忙地溜掉，男子汉大丈夫，拿得起放得下，我看你们俩有些饿了，你先在这里等一会儿，我回家拿点饭，你们吃了再走吧。"言罢，不容子胥有何表示，便弃船向岸边一个村庄走去。

子胥望着渔翁的背影，一时不知如何是好，呆了样站在岸边不动。

过了好长一段时间，并不见老渔翁回来，伍子胥心中慌乱起来，悄悄对狗剩道："这么长的工夫不见那老东西回来，看来情况不妙，是不是那个老东西回去招呼人捉拿咱了。不能坐以待毙，还是到芦苇荡中去躲避一会儿，看他们搞啥鬼名堂吧。"说毕拉着狗剩钻进了葱郁的芦苇深处隐藏起来。

过了一会儿，只见老渔翁手中提着一个饭罐和一个包袱走了过来，待他来到岸边，并不见伍子胥的踪影，略一愣怔，随即顿悟，脸上泛起一丝鄙夷的微笑，转身冲芦苇丛中大声喊道："芦中人，芦中人，饭菜来了。"子胥听到喊声，透过芦苇的缝隙见并无其他人跟来，遂放心地拉着狗剩钻了出来，强扮感激状对老渔翁解释道："刚才狗剩要拉屎，我就领他到那边解决了一下，不好意思，多谢你的关照！"

"共勉，共勉！"老渔翁说着，将饭罐和包袱提到二人面前打开，子胥与狗剩不再客气，从包袱里拿了碗盛了饭，稀里哗啦地向那个干瘪并咕咕乱叫的臭皮囊灌去。

大吃二喝一阵之后，子胥与狗剩各自抹抹嘴准备前行。临别时，子胥望了一眼老渔翁那张充满人间大爱的面容，突然觉得自己有些狗咬吕洞宾——不识好人心。一股热血冲上心口，感到应回报点什么才对，遂伸手从腰间抽出佩剑，双手平举于胸前，满面真诚地对老渔翁道："再次感谢老人家的厚恩，不瞒您说，我的背囊里已没什么钱了，这口宝剑是楚先王赐我祖父的纪念物，能值百金，今天我把它送给您，聊表心意，还望笑纳。"

面对这突如其来的举动，老渔翁笑着道："想那楚王的五百石粮食和上大夫的爵位我都没放在眼里，况你这价值只有百金的宝剑乎？这剑对你来说当是不可或缺的，对我这一打鱼的老朽，实在是百无一用，你还是自个儿留着吧，说不定什么时候能用得上呢！"

见老人执意不收，子胥更感过意不去，便问老人尊姓大名，说是日后倘有机会再行报答。老渔翁拱手道："这个意义不大，就不要再问了。今天就算是你逃脱了楚难，我放走了逃犯，日后倘有机会见面，我就叫你芦中人，你就称我渔丈人好了。"说罢哈哈大笑起来。

子胥心怀愧疚，辞别了渔丈人，领狗剩向前走去。行不多时，突然觉得刚才发生的一切有些不对劲，但在哪个地方出了毛病尚不知晓，子胥于懵懵懂懂之中停住脚步，转身又朝正欲撑船离开的渔丈人走来。待来到面前，子胥深施一礼道："渔丈人，今天的事咱可说清楚了，我们俩自打渡过江之后，除了天知地知我知之外就是你知了，希望你做好事就做到底，不要中途反悔报了官兵，再要了我俩的性命。"说罢，阴鸷的目光在渔丈人的脸上来回晃动，四周温暖的空气霎时变得冰凉透心。

渔丈人先是愣怔了片刻,接着身子抖动了一下,像是打了个寒战。而后目光定定地望着伍子胥,微微一笑道:"不瞒你说,我这一辈子,吃喝嫖赌抽,坑蒙拐骗偷,没干过什么好事,本打算在临死之前做件半好不坏的事,真诚地救你一命,想不到你居然怀疑我背后捣鬼。为了把我平生难得做的这件事做到底,也为了证明这个世界上有比你想象的要好的人,顺便证明我的清白,我现在就死给你看好了。"言罢,伸手拔出子胥腰中的宝剑,猛地一挥,脖颈下寒光闪过,鲜血喷出,老渔翁"扑腾"一声栽倒在地,蹬歪了几下便不再动弹了。

子胥围着渔丈人蜷曲的尸体转了两圈,在确信他已经死掉之后,将溅在脚上的血在死尸身上蹭了蹭,然后转身扬长而去。走了不长的一段路程,便正式进入了吴国地盘,是年为周景王二十三年,即公元前522年。

吴都街头的吹箫汉

子胥携狗剩在吴国境内一路向纵深穿插,在一个叫吴趋的地方,偶然结识了一个头脑简单、四肢发达,名叫专诸的流氓无产者。此人相貌凶恶,声如巨雷,其特长是打架斗殴,好勇斗狠。就其生活志趣而言,打架就是过年,过年就是打架,不见鲜血无精神,一见鲜血就兴奋,为当地著名恶棍兼义士。

子胥与专诸的相识,如同深山老林中一条正被猎人追捕的饿狼,突然遇到一只独霸一方又孤独郁闷的狈,二者气味相投、嗜好相近、一拍即合,当场结为八拜兄弟,开始狼狈为奸图谋杀人放火之勾当。专诸凭着自己在当地作为著名霸头的所见所闻所感,向伍子胥介绍了吴国朝野内外的情况,并特地劝子胥寻找机会结识公子光。按专诸的观点和看法,名字叫僚的那位吴国最高领导人,是个无恶不作、不得人心的混蛋君王。而那位叫光的公子,则是位智勇兼备,礼贤下士,为吴国群臣和百姓敬重,日后必成大业的非凡人物。如果子胥能够得到他的帮助和扶持,在适当的时机借兵伐楚,当有很大希望。子胥得此指点,很是感激,但转念一想,就凭吴国一个流氓都能知道这么多朝廷内幕，可见这个叫僚的家伙实在是统治无术的窝囊废，那把最高领导人的椅子或许真的要挪动一下了。

子胥在同专诸的交往中，隐约感到这个狈身猪脑的家伙，以后可能会有些用处，便故作近乎又直白地说道："多谢老弟的指教，为兄一定牢记在心，倘日后需义弟相助之处，请千万不要推辞。"这句话的潜台词是：如果哪一天我打算杀人放火了，具体的事务还得你来操办。

专诸听罢，头高高昂起，手咚咚地拍打着胸脯高声嚷道："没问题，咱俩既已是八拜结义的哥们儿了，就如同骨肉之亲，你的仇就是我的仇，你的恨就是我的恨，凡在吴国地面上，如需我出面摆平的人或事，只要老哥言语一声，我舍出身家性命也要为哥尽力，毫不含糊。"

子胥望着专诸醉汉一样张牙舞爪的狂态，心中暗叹："好一只发情的公猪啊！看来历史正在证明，对待这只公猪，无须用多情的老母猪来引诱，只需一把糟糠放在面前，这只猪就会舍生忘死，撞翻栏杆，跳将出来，围着你的身边哼哼个不停了。唉，想不到这堂堂大吴国也是猪狗横行，苍蝇满天飞呀！如果这些猪狗不除、苍蝇不灭，这大吴也就永无宁日，至少这社会秩序和卫生条件就很难达到国际标准了。"子胥暗自叹着，做恋恋不舍状同专诸洒泪相别。

虽入吴境，但作为一名逃犯，子胥举目无亲，一时又难以找到和吴王接触、结交的门径，只好同其他的无业游民一样在街市上四处游荡，以寻找发达的机会。寻了几日，见无事可做，便弄了一只箫和一身讨饭的行头，摆出一副死猪不怕开水烫、爱谁谁的架势，携狗剩一边吹箫，一边讨饭，一边悄悄地等待机会。终于有一天，子胥吹箫从吴市街头走过，被一个名叫被离的人悄悄盯上了。这被离长相虽与专诸十分相近，却不是专诸一样的匹夫莽汉，此人乃一通天人物，无论是吴王僚还是公子光，都把他当作自己的心腹。但是，这吴王僚与公子光却有着不共戴天之仇，症结就在于吴国最高领导人那把金光闪烁的椅子。

吴国自建国起，王位传至仲雍第十九代孙吴王寿梦时，便成为有千里疆域并可以与强大的齐、晋、楚、秦、鲁等国抗衡的新生力量。这寿梦有四个儿子，分别是：长子诸樊、次子馀祭、三子馀昧、四子季札。寿梦奔赴西天之后，按照兄终弟及的内部规矩，诸樊、馀祭、馀昧三兄弟先后按序继位。

第五章 英雄际会

伍子胥吹箫乞市

史载：吴国国王诸樊死时传位给其弟馀祭，馀祭又传其弟馀昧。按照当时兄终弟及的礼制，馀昧应传其弟季札。季札不受，则应传给诸樊之子姬光。但馀昧却将王位私自传给了自己的儿子僚，从此埋下祸端（胡劭长绘）

但当馀昧死后，其弟季札对当王没有兴趣，不愿继位，而馀昧的儿子州于趁机抢占了君王的宝座，是为吴王僚。面对吴国政坛的突变和吴王僚登台的事实，诸樊的长子即公子光对此深为不满，按他的理解和吴国的老规矩，既然季札不愿意坐头把交椅，那这个位子就应该由下一辈人来继承，而在下一辈人中，公子光在兄弟中年龄最长，这把君王的交椅理所当然地应由他来坐，而不是由对方强行抢占。自此之后，吴王僚与公子光之间便埋下了仇杀的种子。按公子光的打算，早晚有一天他要除掉这个不按规章制度办事，与自己争抢宝座的吴王僚。

当然，事情并不那么简单，当时的情况是，满朝文武大部分仍属于吴王僚的死党，一时难以下手。不过公子光是位天资聪颖、文武双全且富于心计之人，他长于权谋，喜怒不形于色，对于自己的计划，在暗中做着积极准备。他通过领兵对外作战等手段，在捞取大量政治资本的同时，也骗取了吴王僚的信

183

任，形势一步步向着有利于公子光的方向发展。为了壮大自己的实力，公子光结交了一个整日走街串巷，替人算命看相、预测凶吉，名叫被离的流氓无产者。此人的言论和观点虽大多都是自欺欺人的鬼把戏，但毕竟在江湖流浪多年，自有他能言善辩、油头滑脑、随机应变的小聪明。在手下没有其他更优秀的人选的情况下，此人便暂时被纳入公子光的势力范围之内。为了便于工作，公子光亲自出面在吴王僚面前推荐被离当上了吴市的警察局长，有了这身行头做外衣，公子光又暗中任命被离为自己刚成立不久的一个秘密恐怖组织的领导人之一，其主要任务是帮助物色结交一流杀手，特别是要发现、笼络和收买国际级的恐怖大鳄，以为己所用。如此一来，原本流浪街头的算命先生被离时来运转，突然一步登天，冠冕堂皇地成了一名正式国家干部，且身居要位，从此开始人五人六地招摇过市了。从日常工作来看，他是吴王僚的臣，但暗中却是公子光手下的一名高级特务兼恐怖分子首领，也就是说他拿着吴王僚发的工资为公子光办事，且这些事都与推翻吴王僚的政权有着很大的关联。

被离带领几名手下弟兄，鬣狗一样在吴市以视察民情，了解治安状况，解决百姓疾苦，尤其是向五保老大娘送温暖之机，四处猎获所需要的人才。有一天，路过一个地下通道时，他突然听到了在阴影中的伍子胥吹动的箫声。被离立即驻足倾听，他早些年靠算命卖艺为生，所以对音律很是精通，只一听就大吃一惊。这箫声非同凡响，内中充满了悲怆忧愤的情感，洋溢着苍凉激越的味道，听上去令人不禁悚然。被离被箫声吸引，循声而来，待见了伍子胥，见此人相貌出奇，正是想象中的恐怖大鳄，便感到有过问一下的必要。于是立即以查良民证、暂住证、打工证等"三证"为名，将身无一证的伍子胥和狗剩带到治安分队一间密室开始审问起来。经过一番斗智斗勇的交谈，子胥终于吐露了真情，并表明了自己来吴国想图谋报仇雪恨的决心与志向。

面对这条可遇不可求的国际级恐怖大鳄，被离于惊喜之中一面派人告知吴王僚，一面暗中通报公子光，使后者及时掌握有关情况，以便利用对方为自己的政治行动服务。

这吴王僚一听国际恐怖大鳄伍子胥逃到了吴国，并已落入被离之手，带着好奇与惊喜命被离火速将人弄到王宫，看看这大鳄是一副如何令人恐怖的

第五章 英雄际会

嘴脸。当子胥被押入宫殿时，吴王僚看到的是一条气宇轩昂、相貌堂堂的血性汉子，完全不是想象中牛头马面、蛤蟆嘴老鼠眼的恐怖形象，遂对子胥产生了几分好感。殿前的子胥一看吴王的态度，立即意识到机不可失、失不再来，便抓住机会，满腔悲愤地痛说了一顿革命家史，直说得涕泪横流，满腔怒火。吴王僚被子胥的阶级仇、民族恨以及伍家的千古冤情所打动，当即拍案而起，表示一定要主持公道，伸张正义，兴兵伐楚，助子胥这条恐怖大鳄一臂之力，为伍氏家族报仇雪恨，解放千百万正处于水深火热之中的楚国人民，为谋求世界人类的福祉而贡献自己应有的力量。为表示诚意，吴王僚还当场弄了顶上大夫的帽子给子胥戴上。由此，子胥结束了流浪汉的生活，成为吴国朝廷中一名官员。

公子光得到伍子胥入吴的情报后，开始并未放在心上，直到听说被吴王僚所收买利用，才猛然认识到这条恐怖大鳄的价值。为将子胥弄到自己的门下，为自己正在预谋的反革命政变效力，一番思虑之后，他决定用计离间吴王与子胥的关系。公子光先是秘密对吴王僚说道："这伍子胥只不过是楚国的一名逃犯，是楚国朝野正在合力捉拿的现行反革命分子，是一条丧家落水的资本家的走狗，对这么一条落水狗，你不但不去痛打，反而还要把他弄出来，捧到轿子里抬着，你想一想，一条狗坐在轿子中，他能感激抬他的人吗？你这样做不是明摆着有病吗？"

吴王僚听了公子光一顿数落，深受启发，不禁大骂道："他娘的，差一点叫这条丧家之犬给耍了，赶明日给他点狗食，让他离得远远的，我再也不想见到他了。"此后，吴王僚命人在都城外的深山中划出一块地盘，让伍子胥携狗剩到那里开荒种地，自谋生路。子胥闻变，尽管很不情愿，怎奈人在屋檐下，不得不低头，只好暂去山中耕作活命，以图东山再起。

正当伍子胥隐居山中，白天耕作、夜望星空，并在忧郁中做着各种关于未来的梦时，公子光适时地造访，并多次送来米粟布帛和家奴姬妾等以示笼络。于是，在不知不觉间，伍子胥落入了公子光的圈套，并成为这位新主子的铁杆心腹。也就在这个时候，寂寞忧郁的伍子胥带领家奴外出打猎时，在穹窿山被孙武的部下活捉，并上演了强灌辣椒汤那惊心动魄的一幕，直到被孙武遇到并带到了自己的住处设宴款待。

子胥在穹窿山根据地的高级餐厅里，向游击兵团总司令孙武上将痛说了

185

自己的经历,以及流窜到吴国,准备发动一场伟大的革命战争,将楚政权一举推翻的崇高理想和远大志向。这个理想和志向与孙武的革命对象及政治主张虽有分歧,但大的路线方针基本相同,都是要先把天下搞乱,然后再一一收拾,此所谓只有天下大乱,才有天下大治的光辉思想。待二人在酒桌旁推杯换盏,酒过三巡,菜过五味,并经过了几乎所有酒场所具有的窃窃私语——慢声细语——豪言壮语——胡言乱语——默默无语等五大程序之后,两人便成了生死相交的铁哥们儿。

三天后,子胥在离开穹窿山游击兵团司令部时,握着孙武的手再次重申了自己的观点:"革命尚未成功,你我都需努力。你在这山中根据地率领兄弟们继续坚持游击战斗,我回去策动一次政变,待时机成熟,做你的内应,争取进一步胜利。"言毕,作别孙武,率领众家奴骑马驱狗消失在苍茫的山野峡谷之中。

第六章

孙武拜将

绝代兵圣

吴国权力中心，一场反革命政变酝酿成熟。宴席前，吴王僚流血倒地，阖闾登上了君主的宝座。孙武接受朝廷招安，于庙堂之上献出《兵法十三篇》，新主子阖闾突发奇想，令孙武以姬演兵。校场之上，战鼓响起，场内哗然。待三通鼓声响过，孙武一声令下，两姬头被砍落于地。

刺杀吴王僚

伍子胥回到住处后，加紧了同公子光的秘密联系，同时也加快了刺杀吴王僚、发动反革命政变的步伐。为物色一流的恐怖分子，子胥特地向公子光推荐了刚来吴国时结识的哥们儿——屠夫专诸。公子光在详细考察了专诸的情况后深表满意，密令手下恐怖组织的领导人，要不惜一切代价和手段，对这个屠夫进一步给予全面、干净、彻底的洗脑，让他尽快忘掉每日必食的具有重大诱惑力的糟糠，以及人世间的一切牵挂，在心理和意念上升入更高一个层次。也就是说，他的脑子里只有刺杀，只有舍生取义，奋勇向前，而绝无胆怯与后退之违背大法的企图妄想。

既然专诸已经归顺，并被训练成了指哪儿打哪儿，把死看得像回家一样平常，为实现埋藏日久的政变计划，恐怖大鳄伍子胥便与公子光秘密商定，由专诸担当刺客，以谋杀手段置吴王僚于死地。为了保证这一刺杀计划的顺利实施，根据吴王僚尤爱吃红烧鲤鱼的特点，特派专诸前往太湖岸边一家五星级饭店，跟一个年近八十的特一级炒菜学专家学习烧鱼。经过三个月的强化训练，终于以总分为5分的满分成绩通过了考试。专诸怀揣大红毕业证书喜滋滋地向伍子胥报到，子胥一面表扬一面报告了公子光，并提议给予专诸通令嘉奖，公子光一一照办。从此之后，专诸作为特一号厨师，潜入公子光的府邸悄然埋伏起来，等待下一步行动。

经过一番密谋，刺杀吴王僚的凶器确定为鱼肠剑。这鱼肠剑乃越国最著名的铸剑大师欧冶子所造，后被越王允常作为两国交好的特级礼品赠予吴国，再后来被吴王诸樊赐予公子光作防身之用。得此剑的公子光将其作为特级贵宝收藏于府内秘箧之中。在一个夜深人静的时刻，公子光从密室中悄悄取出鱼肠剑示于子胥观看，只见此剑形同一柄小巧玲珑的

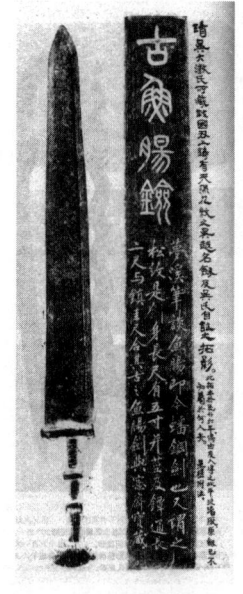

吴地出土的鱼肠剑

第六章 孙武拜将

匕首，造型优美，光亮耀目。从外表看去形体虽然既短又狭，但在实用中却削铁如泥、断石如粉、见血封喉，只要人体的要害部位触上此剑，绝无生还的可能。

当杀人的凶器正式确定之后，在恐怖大鳄伍子胥的总体策划和监督下，所有人员按各自的分工开始不露声色地悄然行动起来。公子光躲藏在世事纷纭遮蔽的暗影里，焦虑不安地等待着政变的时机。终于，这一天到来了。

或许是上苍的有意安排，在不长的时间内，朝中最具声望的老臣季札出使他国，而执掌兵权，号称吴王僚的左膀右臂、能征善战的公子盖馀、烛佣两位将军，奉命率吴国精锐之师攻打楚国，并陷于楚军的包围之中不能自拔。鉴于国内军营无良将，朝廷无重臣的现状，公子光与伍子胥商定抓住这稍纵即逝的历史契机，立即采取行动——刺杀吴王僚，发动反革命政变，夺取国家最高领导权。

于是，在一个风和日丽的日子里，吴国的最高领袖僚接到了公子光的一封请柬。柬曰：

吴王陛下钧鉴：

有一位神通广大、造诣非凡，具有神奇功能的特级厨艺大师朱小猪先生，从太湖方面专程来此造访。该大师除以上所述各种功夫外，最令人叫绝的就是做红烧鲤鱼。由于他在烹饪时发出了各种气功并借用了宇宙之气，遂使世间的万种植物精华俱被采之，红烧鲤鱼在这种精华的浸渍中，也具有了天上人间的混合气味，亦即宇宙之味。而这种味道此前只有神仙品尝过一二，其鲜美程度也只有神仙能知。如今吴王有德，上天特造神人朱小猪于天地间，为的是赐这一口福于陛下。倘陛下吃了这红烧鲤鱼，成不了神仙也能成半仙。机不可失，时不我待，请吴王务必于明日午时光临舍下赴宴，一尝红烧鲤鱼之美味，弄一个半仙当当，过一把人间天上来去自由的神仙之瘾。

——奴才姬光顿首
×年×月×日

吴王僚接到请柬，大悦，立即命人传话，谓明日准时到达，只是特意

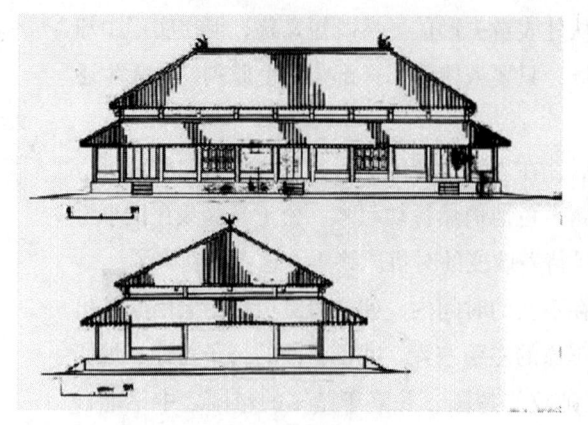

吴国宫殿复原图
（江苏省考古研究所绘制并提供）

叮嘱公子光不要太过铺张浪费。此时的吴王僚知道当下的吴国无一个官是正的，所以非常注意反腐倡廉，不断地提倡贪污和浪费是极大的犯罪这一富国强民的具有划时代意义的革命口号。但令他绝没想到的是，此时的公子光哪里还顾得上什么反腐倡廉，勤俭节约，有没有官是正的这档子小事，他关注的是如何夺取政权，有效地控制文武百官和吴国百姓，顺利地实施自己的治国纲领和独裁统治等大事。在接到吴王僚的回话之后，公子光和伍子胥迅速下令成立了政变战时总指挥部，由公子光本人担任总指挥，伍子胥任前敌总指挥兼司令长官，原主要领导人之一的被离出任副总指挥兼总参谋长，其他几百名恐怖分子，按照不同的职务和技术，针对政变时的攻防战术和可能出现的突发事件，都——做了详尽而周密的安排。整个公子光府邸如一只青春勃发、饥饿难耐的大鳄，正瞪着看上去有些苍凉呆滞的眼睛，张着峡谷一样深不可测的嘴巴，等待着吴王僚钻进去的那一激动人心的时刻。

第二天上午晚些时候，吴王僚装扮一番，欲到公子光府中赴宴，就在他走出宫中之时，突然有一种不祥的预感袭上心头，这种预感如同冷风钻进肺腑，令他不寒而栗且无法摆脱。他下令车马掉头，向太后宫中驶去。待见到太后，吴王僚面带惶恐不安之色，对自己的母亲道："今日公子光特地为我准备了一桌丰盛的酒席，邀我前去聚会，说是一个不得了的红烧鲤鱼大师亲自掌厨献艺。对这事我总感心中不踏实，姬光这家伙会不会另有所图，在背后耍什么鬼花枪？"

号称身经百战、在革命的风口浪尖上成长起来的老一代国母，听罢这不祥之语，沉思片刻，指出："据我观察，阿

第六章 孙武拜将

光这小子平日里总是怏怏不乐，时常流露出怨恨的表情，你今日最好不去，如果非要去，千万要小心谨慎，不可大意。"

听罢母亲的劝告，吴王僚经反复思索斟酌，觉得既已答应对方，就很难予以拒绝，还是硬着头皮前往吧，只是要多加些小心罢了，就凭阿光目前的实力，谅他也不敢对自己怎么样。想到这里，僚让车马仪仗迅速簇拥着自己回宫，而后在宽大的外衣之内一连穿上了三层优质铜片铠甲，令卫戍部队警卫战士手执精良兵器排列在大道两旁，并

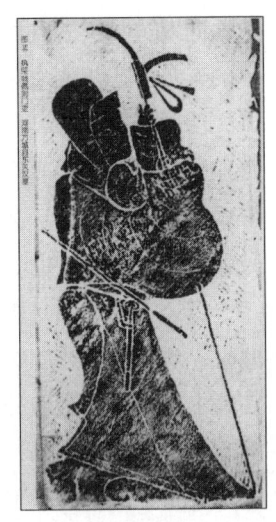

春秋执棨戟佩剑门吏（石画像，河南方城县东关汉墓出土）

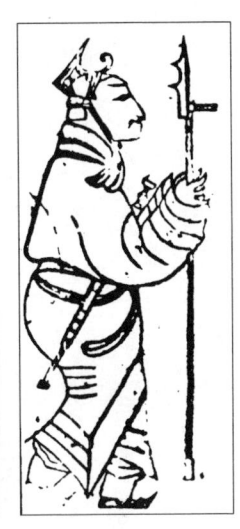

春秋吴国卫士（砖画像）

从王宫大门间隔一米的距离，一直排列到公子光府邸的庭院。当这一切安排停当之后，才起程赴宴。

来到公子光的府邸之后，吴王僚的侍卫手握长戟短剑，聚集在主子身旁警觉地注视着面前的一切，并随时准备不惜以身家性命赴汤蹈火，为主子保驾护航。霎时，一股凝重肃杀的气氛笼罩了整个宴会大厅。

席前的公子光对这一切似乎视而不见，他满面春风、谈笑风生又和蔼可亲并谦虚谨慎地同吴王僚说着闲话，含情脉

专诸刺吴王僚（武梁祠汉画像石之一）

191

脉地向对方传递着友好信息。吴王僚的卫士一看公子光这谦卑的架势，心想人家弟兄在一起喝酒捞肉，既谈亲情又谈女人，如此亲热开心，我们这是着的哪门子急，何必大眼瞪小眼地故作紧张，跟真有事似的。想到这里，也就渐渐放松了警惕，目光在游离于宴会主会场的同时，一柄柄寒光闪耀的长戟短剑的刃锋，也明显暗淡了下来。

当公子光感到时机到了，便谎称自己有事要暂时离席。此时，恐怖分子兼超级杀手专诸，接到了前敌总指挥伍子胥在暗中发出的攻击信号。于是，专诸面色平静、神情泰然地揣起了那盘刚刚出锅，正冒着淡白色热气的红烧鲤鱼，从容大方地走了进来。吴王僚一看这只有神仙才品尝过的红烧鲤鱼呈了上来，顿时眉开眼笑，嘴里嚷嚷着"要想知道这红烧鲤鱼的滋味，就得亲口尝一尝"，伸出筷子就要品尝。此时看上去即将离去的专诸，猛地转身三十度，身体稍倾，一只手按住鱼尾，一只手伸进鱼嘴，"唰"的一下将藏于鱼腹中的鱼肠剑抽将出来，紧接着大喝一声："我要杀了你！"话音未落，一道寒光在空中闪过，鱼肠剑以万钧雷霆之势飞速向吴王僚的胸膛刺去。只见专诸的鱼肠剑准确无误地刺

专诸刺吴王僚
（武梁祠汉画像石之二）

第六章 孙武拜将

向了吴王僚胸膛的肝脾部位，锋利的剑芒穿透了三层优质铠甲并刺穿了后背，吴王僚未及哼出一声便当场毙命。就在这迅雷不及掩耳的紧急关头，吴王僚的一名忠诚而机警的卫士，也手执长戟以泰山压顶之势向专诸胸肋劈将过来。随着"噗"的一声闷响，锐利的戟锋刺进专诸的胸部深处又从肋下钻出。尚清醒的专诸左手攥住刺来的戟柄，眼望吴王僚胸部涌出的血水，说了声："我要不死，天地不容。"言毕，早已被鲜血染红的粗壮笨重的身躯如同一座小山突然崩塌，"咣"的一声摔倒在地，绝气而亡。

当这惊心动魄又恍如梦境的格杀一闪而过之后，伍子胥立即指挥埋伏在各个角落的恐怖分子，向吴王僚的警卫及参谋秘书之党徒发起总攻。经过一个多时辰的激战，王师败绩，公子光取得了胜利。公子光乘胜满脸喜色入主王宫，登上了梦寐以求的吴国最高领导人的宝座，接受了百官的朝贺，自号阖闾。从此之后，春秋中期吴国历史上迎来了一个最为鼎盛的阖闾时代。

既然反革命政变已经成功，穷酸无聊的公子光也如愿以偿地变得贵不可言，权力大到无边的吴国国王阖闾，接下来要做的第一件事，就是以胜利者的姿态和革命的名义发出正义的呼声，郑重宣布吴王僚倒行逆施，自绝于国家和人民。对僚的亲信以及各个职别的女人、奴才，或砍头，或剁脚，喊里咔嚓做了较为干脆的处理。同时追封专诸为烈士，并为

蜂拥而至的武士（画像砖）

193

伍子胥受命筑新城

《武经总要》中的城制图，从画中可大致看出当时吴国城池的防御体系

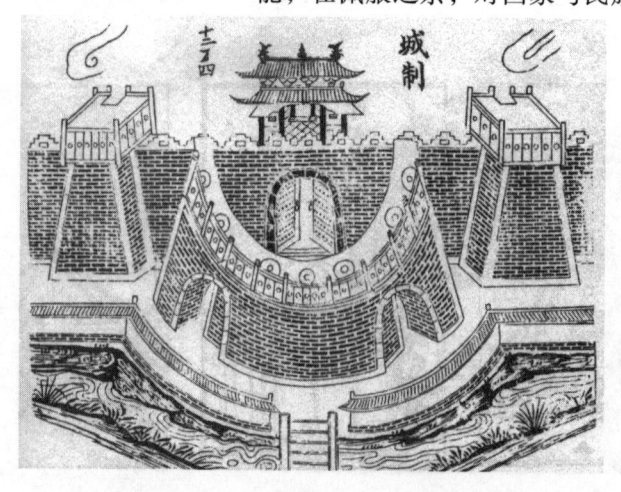

在粉碎吴王僚政治集团的战斗中抛头颅、洒热血的所有死难烈士默哀致敬。新的领导集团还全票通过了建纪念碑一座，立于王宫前的广场以示永久性纪念的提议。最后进行的是实质性的封赏，伍子胥被封为吴国国家安全事务助理兼外交总长；被离也被提拔为中统保卫局局长兼国家恐怖学院院长。其他在倒僚战役中尽职尽力的各色人等，均按功劳大小，得到了不同的加封与奖赏。

一连串的战后事务处理完毕，吴国首都街头因政变而涌动的热血，渐被岁月的风尘涂抹成冰冷而模糊的陈迹，朝野内外的臣僚和平民百姓，又开始了如往昔一样平静的生活。血气方刚、雄心勃勃的吴王阖闾，也将主要精力和工作重心转移到安邦定国、富民图霸的大方向上来。由于在发动针对前吴王僚的政变中，阖闾亲眼领略了伍子胥的政治军事才能，在佩服之余，对国家与民族发展方向中所遇到的大是大非问题，不时地向这位新任国家安全事务助理讨教，成为其工作中一项不可或缺的内容。

针对吴王阖闾的咨询，伍子胥并不客气，既然已正式出任吴国的官职，并拿着高额工资，不仅要对得起提拔重用自己的主子，更要对得起吴国

第六章 孙武拜将

纳税人。于是，在经过一番调查了解和深思熟虑之后，子胥毅然向阖闾提出了"先立城郭，设守备，实仓廪，治兵革，使内有可守，外可以应敌"的具有开创性战略意义的指导方针。阖闾听罢，觉得此话不是胡言乱语，确实有一定的道理，于是当场采纳，并由子胥负责组织完成。

子胥受此委任，自感任重道远，便拿出看家本领，废寝忘食地投入到工作之中。他率领工程设计人员，在著名的姑苏山周围观察土地，探测水文，视风相水，最后于姑苏山东北三十里处选择了一片上等之地建造大城，以此作为吴国新的首都。待周长四十七里、水陆各八个庞大城门的大城，以及周长十里，分别标有间门、蛇门等三个城门的小城建成之后，子胥专程迎吴王阖闾于新城，并正式宣布立都于此。紧接着，子胥奉命同被离等军事将领，广选兵卒，严加训练，教以当时世界上最先进的战阵射御之法，特别加强水军陆战队的训练。从此，整个吴国的政治、经济、军事等诸领域，均有了一个突飞猛进的发展，综合国力大大增强。

就在举国上下形势一片大好的凯歌声中，踌躇满志的子胥又先后将流亡吴国的楚国逃犯伯嚭，以及吴国本土的流氓

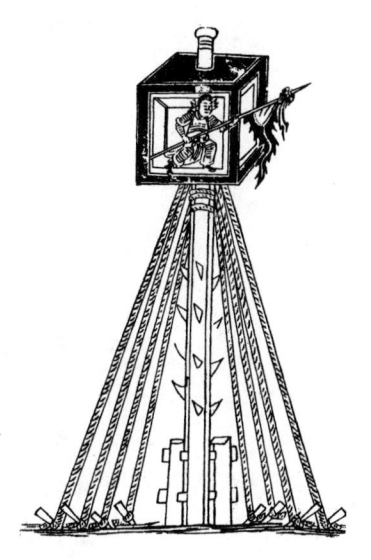

古代用于观察敌情的望楼（《武经总要·前集》卷十三）

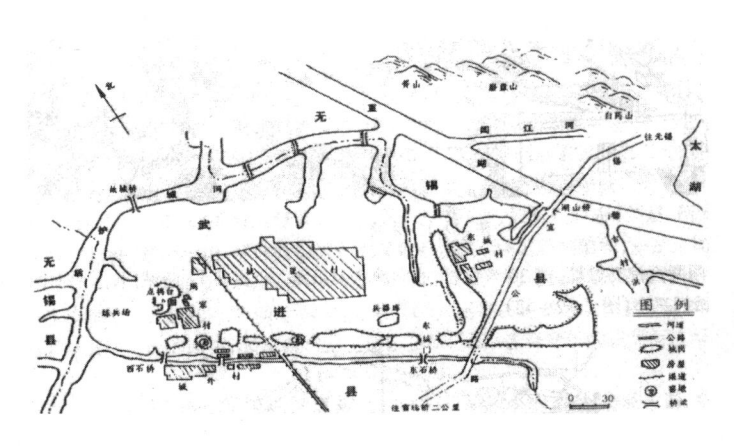

吴都阖闾城示意图（江苏省考古研究所绘制）

无产者、著名恐怖分子要离推荐给吴王阖闾，二人很快得到了重用。其中伯嚭出任了吴国的检察委员会副主任兼司法总长，要离则被委任为吴国国防部下的恐怖组织训练基地中将副司令官。一年之后，要离奉吴王阖闾之命进行一次重大的恐怖活动——刺杀潜逃于卫国的前吴王僚的公子庆忌，以便根除后患。要离不辱使命，用连环计将庆忌引出卫国并在长江中干掉。就在这次刺杀行动成功之时，要离良知突现于脑际，很为自己杀死一个无辜的人而后悔，在巨大的心理压力下，引咎自戮于江中。

眼见吴国后患根除，国力强盛，各项事业都蒸蒸日上，子胥觉得借兵伐楚、报仇雪恨的机会来临了。于是便同伯嚭一起，直接向吴王阖闾提出了请求。按子胥的想法，此前自己为吴王阖闾夺取大位以及整个吴国的发展立下了汗马功劳，这次也该办点自己想办的事了，料想这位新主子不会不答应。但出乎意料并令子胥有些失望的是，吴王阖闾有他自己的想法和思维方式。在他的眼里，子胥对吴国和吴王本人再尽忠尽力，毕竟是一个外国的逃犯，真要把兵借给他指挥同楚军作战，此人很可能只顾及报个人仇恨而不顾大局，从而使吴国军队吃亏上当，甚至一败涂地。若没有充分的把握，不要轻易对外宣战。而一旦战争打响，不是鱼死就是网破，就关系到国家安危、生死存亡。就吴国军队而言，尽管受过一些战术训练，但要同强大的楚国较量，能否取胜，前景很难预料。而伍子胥其人此前又的确帮过自己大忙，在几次重大事件中都表现得足够哥们儿意思，这次如果推辞，也实在不好开口。想到这里，阖闾自感左右为难，

吴王采莲图（年画）

心中烦闷，便独自走出宫殿，登上子胥专为自己散心解闷而督造的高台，面对吹拂而过的温柔的秋风，狼一样长啸不已。朝中群臣觉得今天主子的表现和动作有些反常，但不知何故，只有子胥猜出了事情的缘由，遂走上前去坦诚地问道："大王是否觉得楚国兵强马壮、战将云集，吴国兵寡将少，因而犹豫苦闷？"阖闾沉默了一会儿，叹口气道："有，但不全是，一言难尽啊！"子胥听罢，不再追问，开始琢磨相应的对策。为解除阖闾的困境，同时坚定他出兵的信心，伍子胥决定请一个人来晋见阖闾，以尽快实现自己的倒楚复仇计划。要请的这个人，就是在穹窿山的孙武。

走出穹窿山

当子胥与孙武在穹窿山地区这块吴国统治最薄弱的环节，同时充满了野性与传奇的根据地偶然相遇、相交后，二人便成了要好的密友。相隔不长时间，子胥就要带上家奴来到大山深处，和这位总司令会晤一番。双方根据当前的政治形势，谈一些革命英雄主义与理想主义相结合的话题，抒发着各自心中崇高的贵族阶级理想。后来，子胥由于策划、指挥了反吴王僚的政变，在成功后受到阖闾的重用，来穹窿山的机会渐渐少了。但是，作为国际级恐怖大鳄的伍子胥，早已意识到孙武及其手下一帮弟兄的重要性，像这样一支在大山深处神出鬼没的武装力量，如果吴国政府不及时控制和消灭，势必酿成大患。于是，子胥出于各为其主、在其位便要谋其事的政治原则，以国家安全事务助理的身份禀报阖闾，请求派兵对孙部进行围剿。阖闾深知匪患之害，表示同意，授权国防部调集各方面力量铲除以孙武为代表的黑社会性质的武装集团。与此同时，伍子胥联合被离等恐怖大腕儿，动用吴国国家恐怖学院和中统局的精锐力量，秘密派出特务打入孙武集团内部，悄悄进行窃取情报和策反的活动。正是根据从穹窿山送出的大量情报，子胥才感到一个新的机会到来了。

几天之后，子胥在自己那间宽大的办公室里，秘密召见了穹窿山根据地游击兵团一位人送外号老野猫的副司令长官。此人原是吴国土著，孙武刚来苏州。据传为春秋战国时吴国都城,位于城西南隅的盘门,为伍子胥建城时八门之一,它以古运河为护城河,有水路两门比肩而立,易守难攻(据现代考古发现和研究,吴国都城有今江苏苏州、无锡两说)

穹窿山中的孙武苑,乃孙武收养兵卒,密谋武装割据的大本营(程晓中摄,苏州市孙武子研究会提供)

穹窿山地区闹革命的那阵子,二人开始相识并相交,后来老野猫加入了游击队伍并渐渐成了孙武的得力助手,在此期间为根据地的建立与发展立下了汗马功劳。想不到当这老野猫被晋升为副司令之后,在内部的钩心斗角和相互倾轧中,渐渐被孙武冷落。他由于失宠而陷于深深的痛苦之中时,引起了子胥派去的特务的注意并被成功策反。从此,这位堂堂副司令长官由孙武的得力干将,一跃而变为吴国情报部门的一名高级地下工作者,开始专为伍子胥收集传送情报。

这次交谈,子胥从老野猫的口中得知,近来整个穹窿山根据地的行动出现了低潮,据游击兵团统治局调查处调查,尽管造成这种低潮的原因来自多个方面,但主要还是由于吴王阖闾上台之后,在子胥、伯嚭等人的辅佐下,实行了一系列重大改革。而随着吴国综合国力的不断提高,其政治、军事触角已经伸到了吴王僚时代统治的薄弱环节中来,并大有延伸和巩固之势。整个穹窿山根据地,已陷入

198

第六章 孙武拜将

了吴国中央军及各路军阀的包围和打击之中，孙武的游击兵团在弹药粮草极端缺乏、生活条件极端困难的情况下，仍凭借高山密林等有利地形坚持同国军周旋战斗，并连续四次挫败了吴国军事力量的围追堵截，暂时取得了战略上的胜利。但据观察家就近期的情报分析，由于交战双方在综合力量上过于悬殊，根据地已是人心涣散、军心不稳，控制地盘在不断地被国军蚕食、攻占，孙武的嫡系部队游击兵团第五战区精锐所控制的范围也越来越小。整个兵团内部局势大有风雨飘摇之感。鉴于这种危局，游击兵团被迫由以前的战略进攻转为战略防御以及有计划地退却。据孙武手下军统部门所掌握的可靠情报透露，国军方面已暗中调集大批军警，准备于近期实施一个被称作"铁桶合围"的计划，对穹窿山根据地和游击兵团进行第五次，也是有史以来最大规模的围剿。由此孙武在一次召开的高级将领会议上，曾慷慨激昂地讲道："我们已到了紧要关头，我们的革命已无退路，作为革命者在革命最需要的时候，要懂得宁为玉碎、不为瓦全的道理，只有将革命进行到底，跟阖闾反动派拼个你死我活，鱼死网破，直到流尽最后一滴血，才可称为一个坚定的革命者和人民民主英雄。"这段讲演，除了表明孙武在困兽犹斗之外，也标志着他和他的部下已经知道己方正处于最危急、可能要全军覆没的时刻。在确切地得知了孙武的底牌之后，伍子胥命令老野猫返回驻地，正式对孙武进行策反，明确摆出游击兵团当前的要害与出路，要求对方本着识时务者为俊杰的原则，立即放弃武装割据的狂妄非分之想，放下武器，无条件地接受招安，等待朝廷方面的考察和重新启用。

　　老野猫潜回穹窿山，开始联合其他地下工作者，做孙武及其重要助手连同部下的策反工作，经过一段时间的努力，工作已初见成效，孙武本人的思想开始动摇。面对这种新形势下的新动向，伍子胥立即意识到，只要趁热打铁，就有可能在近期取得成功。于是毅然决定自己亲赴穹窿山和孙武进行一次历史性的谈判，争取早日让这支半工半农半匪的杂牌子武装力量归顺朝廷，并为吴国即将进行的对外战争效力。

　　这是一个天朗气清、惠风和畅的秋日，温柔的阳光伴着子胥一行百余人来到了穹窿山根据地游击兵团司令部，作为总司令的孙武怀揣复杂的心情，接待了这位昔日的朋友、现在的对手。双方在友好而热烈的气氛中进行了礼节性的交谈，接下来，便是几天几夜或明或暗的单独会晤。在经过了一番

穹窿山孙武所部
习射图

电闪雷鸣又不时夹杂着和风细雨的争吵与辩论之后，孙武终于同意伍子胥提出的条件，即：放弃根据地，解散黑社会行会式的组织，一切武装力量归顺朝廷，并听从朝廷方面的改编。各将领的领导职务原则上职别不变，部分将领略有升迁或降落。当然，这个条件和对方的态度，只是为报纸电台准备的通稿，为掩国人耳目而做的新闻秀。其真正属于绝密，也是最重要的部分只有伍、孙二人知道，他们暗中达成的协议是：孙武通过伍子胥的举荐，在获得阖闾的信任后，同伍子胥共同操纵吴国军权，并设法带兵攻打楚国。一旦破楚，子胥将争取为楚王，吴国军权尽交孙武控制，假如时机成熟，孙武可在正确的时间、正确的地点发动一场正确的革命政变，将阖闾家族赶尽杀绝，自立为吴王。如此则子胥、孙武可成为天下最强大的两个超级大国之领袖。

既然双方已秘密达成了协议，为表示诚意，孙武便率领一哨精锐人马，随子胥向吴国首都赶去。

按照孙武的想法，既然在穹窿山闹革命如此费劲，效果又是如此缓慢，不如按子胥的计划到首都看看再说，如果自己真的能够执掌兵权，以后的事当然就省去了许多麻烦，这对一个职业革命者来说，或许是实现理想的一条捷径。而跟随自己闹革命的弟兄，或许也能随着这次转折，有个好一点的归宿。当然，不管自己有没有可能控制吴国的军权，穹窿山这支武装力量在任何时候都不能丢掉，必须牢牢地控制在自己的手掌中。因而当他离开手下的大队人马时，专门做了

第六章 孙武拜将

周密安排，并任命一位心腹为代总司令，全权处理根据地的事务。假如自己在首都有个三长两短，穹窿山根据地的弟兄将在代总司令的领导指挥下，继续将革命进行到底。

同孙武一样，此时的伍子胥也在打着自己的如意算盘。按他的人生志向和目标，为父兄报仇雪恨是头等大事，可谓悠悠万事，唯此为大。除此之外，当然就是要做一番男子汉大丈夫修身齐家治国平天下的大事业。但无论是替父兄报仇，还是要干大事业，处在如此一个军阀争战、刀兵四起的混乱时代，统率大军东征西讨，攻伐内外之敌，都是一件不可或缺的事情。遗憾的是，自己缺乏大气磅礴、撼天地、泣鬼神，百万军中取上将首级如探囊取物的军事才能。或许，吴王阖闾正是看出了这一点，才登高台以长啸，左顾右盼迟迟下不了派兵伐楚的决心。因为谁都明白若对强大的楚国用兵，其规模该是如何之大，耗费是如何之多，一旦战败后果又是如何不堪设想。既然子胥非要一意孤行，兴吴兵以伐楚，就必须摆出能打赢这场战争的有利条件，而在战争中起决定作用的是人而不是物。于是，子胥眼前一亮，想到了孙武。

记得几年之前的某个日子，当子胥奔赴穹窿山拜会孙武之时，二人主要就用兵之道进行了交流和切磋。初时子胥并未把孙武看得太高，在他眼里，一个打着替天行道的旗帜聚众造反、打家劫舍的山寨王，能有多大的能量？但当过招之后，子胥马上意识到对方出手不凡，心中暗自佩服。酒席桌前，子胥的态度更显得谦卑，言谈中无不透出对对方的倾慕之情。在酒过三巡菜过五味之后，孙武已有六分醉意，他借着酒劲，从箱子里拿出了他的大作《兵法十三篇》（征求意

再现孙武在穹窿山创作《兵法十三篇》（征求意见稿）的青铜像（苏州市孙武子研究会提供）

见稿）让子胥过目。这部兵书，是孙武自在齐国的时候开始，经过几年的时间陆续写成的。通篇在吸收了齐国的开国之君姜子牙，一代名相管仲等伟人的军事战略思想的同时，特别对一代名将司马穰苴的军事战略思想精华进行了吸收和发展。司马穰苴虽是田氏的支庶，但与孙武家族仍属本家，平时关系极为密切，作为孙武父亲孙信的同辈人，司马穰苴不仅善于统兵作战，还谙熟兵法，在军事理论方面有精深的造诣。由于两家经常走动，司马穰苴对从小就爱好兵法的孙武非常器重，曾在军事理论方面给孙武很大的帮助，而孙武对这位"文能附众，武能威敌"的前辈也十分敬重，处处以他为自己学习的楷模。待孙武长大成人并开始著书立说之时，他在吸收前贤思想精华的基础上，又进一步做了发挥，从而完成了这部著作的雏形。自孙武来到吴国穹窿山开始组建游击队，并公开造反欲推翻吴国政府之后，他将姜子牙、管仲、司马穰苴等军事战略大师前辈的理论，与革命的具体实践相结合，终于创造性地写出了来源于生活又高于生活、雏凤清于老凤声的光辉篇章《兵法十三篇》（征求意见稿）。对这部呕心沥血、几乎穷尽人生智慧的天才之作，孙武原本做了藏之名山、传之后世的设想，并未打算拿出来仓促示人。今天见具有恐怖大鳄之称的伍子胥对自己的兵学才识不住地连夸加赞，且还一脸真诚的模样，便不由得兴奋激动起来。随着头脑一发热，再加上酒火攻心，就有些把握不住自己的所作所为，心想干脆来个一不做二不休，再给对方加一棒子，基本上就可完全将其放倒在地了。于是离开酒桌，拖着醉醺醺的身子，将十三篇兵书稀里哗啦地弄到了子胥的面前，明为请对方指教，实为显耀自己的实力。

其时的子胥鉴于自己的客人身份，饮酒多有克制，不同孙武样醉意朦胧，基本保持了清醒状态。见孙武说着豪言壮语，将一堆竹片子弄到自己面前，看来不象征性地翻一翻，双方都会显得尴尬，这酒也就很难再喝下去了。处于这样一种心理，他才顺手翻看起来。他读完第一篇后，开始神情振奋，两眼放光。拿起第二篇读了几行，竟如同一个五天五夜汤水未进的乞丐，一下子扑到夹着奶酪的面包上。而第三篇尚未读完，子胥便忘情地拍案而起，大喊一声："牛，牛啊，真他娘的牛透了！"接下来，便顾不得喝酒捞肉，抱起那一堆竹片子神情肃然地向孙武的书房大步走去。

兵书观毕，子胥彻底被孙武的军事天才所征服，在他的心目中，孙武

第六章　孙武拜将

的《兵法十三篇》在军事战略史上，绝不仅仅代表一个时代的高峰，这是前无古人，甚至有可能后无来者的一座奇峰。正是出于对孙武这样一种认识和崇拜，也是出于英雄与英雄的相互倾慕与尊敬，伍子胥才和孙武建立了深厚的资产阶级贵族式的友谊。尽管子胥后来以吴国重臣身份帮助阖闾政府出谋划策，并积极主张和参与甚至在帷幄中指挥对穹窿山根据地的围攻扫荡，但像历史上许多类似的各为其主的人物和故事一样，伍、孙二人的贵族友谊基本没有中断，当新的机遇和历史契机到来之时，这分别来自楚国与齐国两个超级大国的野心家，为了共同的利益又重新走到了一起——现在，那座由伍子胥出任吴国建设部部长时亲自督造、周长四十七里、具有水陆八个城门、高大而坚固的吴国首都姑苏城已经遥遥在望了。

公元前512年，经伍子胥推荐，孙武晋见吴王阖闾，献《兵法十三篇》

来到首都，子胥找了个叫作凯迪克的五星级大客栈，先让孙武一行住下来，自己则驱车到王宫找主子阖闾汇报。

对孙武及其武装力量的歼灭或招安，阖闾及麾下的文臣武将，都一直把它当作关系到吴国国家安全的重大事件来看待和处理，并制定了一个孙武集团投降或接受招安后的处理方案。但由于孙武部队的顽强抵抗等原因，这个处理方案迟迟得不到落实。今见子胥风尘仆仆地来报，说孙武已被招安，且一行十几人还来了首都，住进了凯迪克大客栈，这让阖闾喜出望外。按照阖闾、子胥、伯嚭等人此前拟定的，由国家安全事务委员会与国防部共同通过的《关于孙匪及其所部被招安后的处理意见》（试行方案）的有关条款，孙武所

203

部的建制，应由原来的兵团改为吴国国民军第十四军，原总司令孙武改为第十四军军长，其他将领分别改为副军长、师、团、营、连、排等相应的职务。所部必须在"两规"（规定的时间、规定的线路）之内，全部撤出穹窿山区，到吴越边境某地驻扎。这次子胥面见阖闾，提出了两点修改意见：

第一，根据现实情况，应让孙武所部暂时留在穹窿山地区，这样可以稳住招安后复杂多变的军心，使之不至于闹出什么大的乱子。待以后随着军统打入其内部，以及潜伏特务和地下工作者的不断策反分化，这支由乌合之众组成的军队，将再度成为乌合之众，从而不战而败，直至最后自行解体。到那时，由吴国政府出面，将这些散兵游勇再度组织起来，成立一个半军事性质的建设兵团，借助山高林密、风光优美、没有被大工业化污染的天然条件，在穹窿山地区搞房地产开发建设，并注重在该地区大力发展旅游业，以房地产和旅游产业为龙头，带动其他行业蓬勃向前发展。

第二，为了坚定出兵伐楚的信心，并以较小的代价在对楚战争中取得决定性胜利，由孙武出任对楚作战部队的总参谋长，协助部队司令员率部对楚作战。这样安排的理由是，既可以利用孙武那如同鬼神弄兵的超人战争谋略，又可名正言顺地将其从穹窿山老巢调开，形成调虎离山、飞鸟断头之势。只要他一离开，穹窿山那帮穷哥们儿也就成了秋后的蚂蚱——蹦跶不了几天了。孙武被调到这边后，尽管身在吴国精锐部队之中，但由于他的特殊背景，只能协助主帅出谋划策，其他难有什么大的作为，再一个则是由于国军并不是他缔造起来的嫡系部队，相反的是所有军人都知道这是个缩头乌龟式的投降分子，不会有人主动去投靠他，所以根本不用担心他会像其他有些将领一样率部出走，或搞一个什么没有底的政变。如果确有人跟着他走或搞起了政变，那么当这个人被抓住后，用不着军法处费力审问，只要送到神经病医院就行了。

对于以上两点意见，阖闾表示基本同意，只是对孙武的军事能力表示怀疑。他很不以为然地说道："像这类以革命的旗号、人民的名义，纠集一帮乌合之众占山为王，整天胡作非为傻扑腾，除了打瞎子、骂哑巴、踢寡妇门、挖绝户坟、偷鸡摸狗、打家劫舍之外，他懂什么战略思想、战术理论，这不是一个笑话嘛！"

面对阖闾那傲慢与不屑一顾的神态，子胥很是恼火，心想你明着贬损孙

第六章 孙武拜将

武,其实真正用意只不过是为不想出兵伐楚找引子罢了。遂抬头望着阖闾那在眨眼间变得阴森可怖的脸,心中骂道:"狗日的,你不过是一好勇斗狠,胆大妄为的匹夫而已。别忘了你是怎么上台的,没有老子豁出身家性命,为你筹划组织并亲自指挥政变,你他娘的还当个屁国王,说不定早成了吴王僚的刀下之鬼了!"子胥心中骂着,仍觉不能解气,便以较劲的口气说道:"原来我自以为自己的军事才能在天下就少有人可比了,弄个政变、刺杀个国君之类的没有什么太大的问题。但我结识了孙武,特别是看了他的《兵法十三篇》之后,才确知其人精通韬略,并有鬼神不测之机、天地包藏之妙。同时也才清醒地认识到,自己以前对战争及军事韬略的认识是多么浅薄和幼稚,如果没有搞错的话,我想真正可笑的可能是我,以及大王统率下吴国所有的将领,而恰恰不是孙武。看来我们这些将领,也就是搞搞政变,弄个恐怖活动之类的小打小闹的料,如果是与强大的楚军作战则是哈巴狗咬月亮——无处下口。我可以很负责任地说,假如让孙武出任吴国军队的总参谋长,并授以实权,吴国军队可荡平天下,称霸诸侯,哪里还在乎一小小楚国尔。"

"你说得太玄了,他那么厉害何以接受招安,怎么不继续为匪造反,当他的总司令?"阖闾打断了子胥的话,颇不服气地反唇相讥。

"大王这样说纯粹就是抬杠了,所有的英雄都是时势造就的,离开了天时、地利、人和等风云际会的前提条件,英雄的产生就难乎其难。孙武号称的革命运动选在我们吴国,并在您统治的时代展开,当然违背了天时这个重要的条件。谋事在人,成事在天,天之不赐,即使孙武有鬼神之才,亦无能为力矣!现在大王您正处于一个千载难逢的风云际会的英雄时代,只要摈弃前嫌,以国家和人民的利益为重,一定会使吴国强盛起来,从而实现图霸中原、天下归心的大好局面。"子胥说完,目视阖闾,对方显然被子胥的话所打动,脸上渐渐有了喜色,精神也明显饱满了起来。见此情形,子胥抓住机会,进一步进言道:"如果大王您认为我今天说的话言过其实,只要亲自和孙武面谈一个时辰,甚至更少的时间,就知道我今日所说并非妄言。您不是经常谆谆教导我们,要知道红烧鲤鱼的滋味就要亲口尝一尝吗?那么要知道孙武的厉害,也要亲自跟他谈一谈、看一看才对呵!"

子胥的一番话,让阖闾一时觉得不知如何是好,犹豫片刻,只好接过子胥的话茬，借坡下驴地说道："好吧，今天就听你一回劝说，明天把这个叫孙武的家伙带来见我吧，我倒要见识一下这是一个英雄还是狗熊。"

子胥答应着，怀揣复杂的心情退了下去。

吴王问兵

第二天上午，子胥把孙武领进了王宫，接受阖闾的审察。在按吴国朝中规矩跪拜之后，端坐在宫中高台上的阖闾用鄙夷的眼神看了一眼孙武，觉得此人并不像想象中的匪首或造反领袖，一副歪鼻子斜眼、满脸横肉、凶神恶煞的样子。只见对方颀长的身子显得端庄挺拔，略黑的面庞，稀疏的胡须，两只眼睛放着自信但不自傲的光，这光中明显夹杂着几分忧郁，很有些为革命的前途而担忧不安的感觉，看上去很酷，活脱脱属于某言情片中的男一号。尤其是刚才参拜时发出的声音，具有金属撞击的清脆，兼有沙沙的带有磁性的迷人韵味，听得多了很容易让人当作偶像之声胡思乱想而不能自拔。阖闾沉默片刻开始问道："你就是那个所谓的穹窿山造反首领、游击兵团总司令、跨国恐怖组织头领兼黑社会老大阿武吗？"

"在下……正是孙武。"孙武红着脸，虽不情愿对方给自己戴几顶"桂冠"的言辞，但还是支支吾吾，无可奈何地做了回答。

"听说你是齐国人，算是出身名门望族，你本人也可称为将门之后，我整不明白，你不在你们齐国折腾，搞点修身、齐家、治国、平天下之类的事，跑到我们大吴来瞎搞什么造反和恐怖组织，本来生态环境极其不错的一座穹窿山，却被你们这帮乌合之众搞得乌烟瘴气、鸡犬不宁、鬼哭狼嚎、民不聊生。四周群众整日处在恐怖的阴影中怨声载道、四散奔逃。好端端的一个穹窿山地区，由于你们那个黑社会组织和所谓的替天行道的无耻谰言的散布，竟成了万户萧疏鬼唱歌的魔窟。我们接到了许多群众举报，纷纷责备大吴各级官府反恐不力，剿捕工作也做得不尽如人意。我作为吴国人民的国君，自然深深地爱着我的祖国和人民，你们闹的这事整得我后脑瓜子生痛，总觉得愧对我的父老乡亲、兄弟姐妹……"

第六章 孙武拜将

阖闾以审判与谴责的口气，不依不饶地说着，孙武的脸开始由红变白，由白变紫地起了各种颜色。站在孙武身旁的子胥越来越听不下去，心想，你这个阖闾也有点太过分了。常言道，杀人不过头点地，都到了这个时候，你还西北风刮蒺藜——连风（讽）加刺，不依不饶地啰唆个没完，这与一个大国之君的气度极不相称，真他娘的王八蛋。如果再这样嘟囔下去，非坏了我的大事不可。想到此处，子胥躬身施礼打断阖闾的话道："大王说的一切好在都成过去了，现在是一家人了，一家人不说两家话，以后孙将军还有为我吴国效力的机会，大家还是共勉吧。哈哈，今天孙将军带来了他的大作《兵法十三篇》，尽管是个征求意见稿，也不妨呈给大王御览一下嘛！哈哈。"

战国时期赏功宴乐铜壶（上）及壶上的水陆攻战纹饰图墨拓（下），从中可以看出这一时期兵战的阵势

经子胥如此拦腰一截，阖闾无法再顺着原来的话题唠叨下去，只好点头附和道："也罢，也罢，那就给我呈上来吧。"

孙武打开背包，将一堆竹片子交给宫中侍卫验看后呈交上去，阖闾打开兵书，稀里哗啦地翻看起来。不一会儿，便显出不耐烦的神色，他抬头看了一眼离自己较近的伯嚭说道："我有些近视，今天又忘了戴眼镜，这上面的字曲里拐弯的，看不太清，你过来帮我看看这都写了个啥子东西。"听到招呼，伯嚭不敢怠慢，急忙低头弓背，老鼠一样连蹿加跳地溜上台面，开始手忙脚乱地翻腾起来。这伯嚭极善于揣摩主子的心理，见阖闾并不把这一堆竹片子放在心上，也就心不在焉地开始读起各篇篇题："这第一个嘛，曰始计篇，

金鼓旌旗（山彪镇一号墓出土铜鉴上的纹饰）

第二嘛，曰作战篇，第三嘛，曰谋攻篇，四曰军形篇，五曰兵势篇，六曰虚实篇，七曰军争篇，八曰九变篇，九曰行军篇，十曰地形篇，十一曰九地篇，十二曰火攻篇，十三曰用间篇。"

伯嚭翻读完毕，斜着眼瞅了瞅阖闾，见对方表情木然，一时摸不清对方的底牌，便掉转头，懒洋洋地从第一篇开始慢慢朗诵起来：

兵者，国之大事也。死生之地，存亡之道，不可不察也。故经之以五，校之以计而索其情。一曰道，二曰天，三曰地，四曰将，五曰法……将听吾计，用之必胜，留之；将不听吾计，用之必败，去之……夫未战而庙算胜者，得算多也；未战而庙算不胜者，得算少也。多算胜，少算不胜，而况于无算乎？吾以此观之，胜负见矣。

完毕，伯嚭又望了一眼阖闾，见对方脸上稍有了一点精神，自己也赶紧打起精神继续朗诵下去：

第二篇，《作战》。凡用兵之法，驰车千驷，革车千乘，带甲十万，千里馈粮，则内外之费，宾客之用，胶漆之材，车甲之奉，日费千金，然后十万之师举矣……

伯嚭不紧不慢、有板有眼、抑扬顿挫地朗读着，阖闾突然抬手打断道："我都听到了，不错，有些意思，也有一定的水平，这天南地北地论起来头头是道，不容易，值得表扬，也值得各位统兵将领好好研究学习。但是有一点我整不明白，这兵书开口闭口总是战车几千辆，兵将十几万，寡人国小兵微，没有这么庞大的兵车战将，就是中原大国如晋、齐和我们的邻居楚，也难有这样的雄厚实力。不知道孙总司令是否亲自指挥过十几万人的游击部队、几千辆战车和吴国中央军较量过？"阖闾言罢，整个大殿的臣僚哄堂大笑。

面对如此场景，子胥顿时火起，刚要予以反驳，阖闾又一抬手阻止道："伍助理，我知道你要说什么，刚才我只不过是开个玩笑罢了。以寡人之见，这部著作如果不是抄袭他人成果，或者是盗版货，那么它还是有一定现实价值和历史意义的，至于这价值和意义到底有多大，留待后人去评说好了。不过我们都知道，是骡子是马需要拉出来遛遛才能知道，阿武弄出了这部书固然很好，但能不能经得起实践的检验，他本人究竟在多大程度上将理论运用到实践中来，并使二者有机地结合在一起，这当是一个很值得思考的问题，你说是不是这个道理？"

不待子胥发话，立在殿前早已按捺不住的孙武大声放言道："大王今日在众臣面前对我的讥讽，我暂时不做计较，待日后再向大王讨教。只是这理论与实践的检验问题，我看明后天就可以现场演示。请大王给我一支军队，我当场演示给大王及众臣，尤其是各位将军看一看，我之理论是不是文人墨客的清谈。当然，我之所以这样做，绝不是为了前来骗取不实的功名利禄，只是想证明我创建的这套军事战略思想与理论的得失。我再次陈述一遍我在《兵法十三篇》首篇中所说的那句大实话：如果大王听从我的计谋，用之于兵，必定会取得胜利，那我就留下来尽自己的一份力量。如果大王不听我的计谋，用之于兵，至少对楚国的战争必然会失败，那我就没有必要留在这里混饭吃了……"

阖闾听着孙武滔滔不绝的陈述，那带有磁性的沙沙的声音使他内心受到了一种莫名的感染和刺激。他脑海中也随之突然冒出了一个莫名的怪诞念头，他有些神秘地微笑着说道："好吧，我听你计，就让你演练一下军队让众位臣僚见识见识，也开开眼界。只是拿正规的国军演练实在没劲，我宫里的女人多得很，我建议你搞这次军事演练，不妨来一次改革，大胆启用一批宫中的女同胞，让她们编个队伍，弄个阵势练一练，从肉体到精神都让她们放松一把，更重要的是给国人以精神上的鼓励和刺激，以便更好地工作、学习和战斗，可说是一举两得嘛。我相信，在孙将军的具体指导和关怀下，这个在改革开放的大潮中诞生的、不同于以往任何一次的具有划时代意义的演练，一定会取得巨大成功。"阖闾说完，望着孙武，见孙武涨红的脸呈现出一副痛苦的表情，并不答话，继而转向子胥和伯嚭问道："你们两位老伙计看这个主意咋样？"

"我看只有两个字，那就是荒唐。"子胥愤然地说。

阖闾好像早有预料，脸上并没有露出什么异样的变化，他转身把目光落到伯嚭的脸上，停顿片刻问道："伯副主任是不是也这样认为？"

伯嚭皱了下眉头，面露难色，吞吞吐吐地说："这……这个嘛，我，都说我是内战的内行，外战的外行，要是让我在朝廷中悄悄地放倒摆平几个对立面的人还是不成问题的，可君主提出的这个既不是内战又不是外战，还不能悄悄放倒的演练，我就不懂行了。不过嘛，我是在想，这女人嘛，总比猴子要稍聪明一点。小的时候，我见街头耍猴艺人居然能把猴子调教得上墙爬屋、腾飞跳跃，那我们的军事家在女人身上实践一下有何不可呢？当然了，再聪明的猴子跟人比起来，总还是要差一截子，这演练效果当然也要差一点，但我们吴国自大王您上台以来，所提倡的不就是民主、平等、自由和博爱精神吗？把这些整日在宫中的女人放到宽阔的绿色操场上，让她们平等地自由一下，也正体现了您提倡的环保意识和人文关怀。总而言之，言而总之，我认为此事的确有创新意义，如果真能付诸实施，所具有的划时代性和历史意义是不言而喻的。我可以肯定，这个伟大的里程碑式的创造性典范，必将在世界军事史和人类文明的进程中写下光辉的一页。"

"说得好！"阖闾听罢拍案而起，大声宣布道："就按伯副主任说的办，明天准备，后天开练。具体操作嘛，伯副主任呵，我看由你牵个头，伍助理和阿武具体配合，成立一个三人军事领导小组开练就行了，有什么具体困难再找我汇报解决，你们看好不好？"阖闾说到这里，用有些迷醉的目光扫了众人一眼，见无人应声，便将手在空中一扬："就这么着吧，今天的见面会先到这里，退——朝！"随着一声喊，众人作鸟兽散。

从王宫出来，子胥和孙武同车去凯迪克大客栈。路上，孙武铁青着脸一言不发，直到在大客栈门口下车时，才突然冒出一句："什么国家领袖！马上打点行李回穹窿山，说什么也不想再看到阖闾这头蠢驴，更不想再听驴叫了。"

第六章 孙武拜将

客房里，孙武躺在柔软光滑的席梦思床上，嘴唇铁青，眼望天花板，心寒地沉默着，那灌满了不明气体的肚子，在快速地上下运动，越滚越大，最后成了西瓜状。坐在客椅上的子胥，很快打破令人窒息的沉默，开始给孙武做思想政治工作。他先是做愤怒状骂了一通阖闾如何王八蛋，接下来开始给孙武讲解"小不忍则乱大谋""英雄起于草莽""苦难是人生最大的财富"等至理名言。最后劝孙武以革命大业为重，克服在前进道路上的种种困难，奋勇前行，努力抵达理想的彼岸。经过一番苦口婆心的劝说，孙武肚子中的不明气体逐渐散去，思想从灰暗重新转向光明，嘴唇有了血色，眼睛也放出了淡淡的光芒，表示乐意接受和完成阖闾提出的女人演兵计划。当然，身在凯迪克大客栈的孙武清醒地认识到，自打他住进这家客栈那一刻起，已经由不得他随意进出了，更遑论回什么穹窿山。刚才他只不过是被阖闾的不屑与羞辱弄昏了头脑，一通胡言乱语罢了。当头脑清醒之后，孙武既不情愿又无可奈何地和子胥就即将进行的军事演练做了理论上的探讨和部署，拟定了几个主要步骤，并准备在适当时候给阖闾点颜色瞧瞧，以雪庙堂之上蒙羞之恨。

第二天上午，子胥、伯嚭与孙武一同入宫拜见阖闾，伯嚭道："大王昨天所做的指示，我们回去后做了深入调查研究，一致认为把女人组成部队进行军事操练，这个决策很好、很英明、很伟大、很有创意，也很有必要。尤其是在当前国际社会普遍反恐的大环境下，组建一支以宫女妃嫔为主体的训练有素的部队更是不可或缺的。这支部队完全可以成为我大吴国防军的形象大使，平时作为三军仪仗队专门接受外国国家元首的检阅，战时可奔赴硝烟弥漫的战场，配合中央军南征北战、东征西讨，为保家卫国建立功勋。鉴于这样一件功德无量的好事、大事，我们三人军事领导小组拟定了一个训练计划，现呈给大王，请给予批示。"伯嚭说完，将一份《大吴国王宫宫女军事训练计划书》呈递上去，随后又补充一句："因这些宫女名义上都是大王的女人，所以在这个问题上，还请大王放宽条件并授予一部分特权，这些在计划书中都已写明了。"

阖闾听罢，异常兴奋，当即拍板道："你们几个就给我看着办吧，我这里除正宫娘娘外，其他一切都交给你们，想咋弄就咋弄。"

"中，那就请大王签字画押吧。"伯嚭催促着。阖闾在计划书上扫了一眼，而后大笔一挥，在计划书的左上角歪歪斜斜地写下了"同意"两个大字，又在"吴王阖闾勋鉴"的题头中，将阖闾二字下部勾画了两个圆圈，算是做了正式批示。

"那我们可就要按计划行动了。"伯嚭言罢，和子胥交换了一下眼神，子胥似乎没有什么异议，于是同孙武一道告辞而出。

海报贴出后，立即在王宫引起了强烈反响，无论是靠吃国家俸禄的大小臣僚、太监、侍卫，还是妃嫔、宫女等等，无不纷纷奔走相告。妃嫔、宫女们先是震惊、发蒙，待确切弄明白不是太监开的玩笑和鼓捣的恶作剧后，无不欢欣鼓舞，一个个打扮得花枝招展，仰天大笑出门去，争先恐后地来到报名接待处填写各类表格，希望早日加入军事训练的行列，以便在这时代的大风大浪或者风口浪尖锻炼成长。在众多的报名参加者中，那些早已失宠或从来就没有得过宠，且一直在痛苦、彷徨、郁闷、压抑、桎梏、慨叹、愤懑、嫉妒、仇视中生活的妃嫔，更是欣喜若狂。她们冲出幽闭的深宫，每人弄根烧火的棍子，或找来一把打扫厕所的笤帚作为训练器械，三五成群，在宫殿内外疯疯癫癫地狂呼乱舞起来。仅仅一个多时辰，报名者就达二百之众，伯嚭命人放出

吴县·胥口——教场山，孙武演兵场遗址（程晓中摄）

第六章 孙武拜将

话来,让各位报名者报上名后抓紧回去准备,最好先在自己的住处伸伸胳膊、踢踢腿,免得到了训练场一不小心弄成骨折。第二天上午八时前在王宫大门外集合,由国家安全委服务局派班车送往首都外的小校场,过期不候。

与此同时,子胥、孙武二人在郊外的小校场也开始忙活开来。子胥先是找来了自己的嫡系加铁哥们儿被离,让他派国家恐怖学院一个区队(营)的兵力到小校场协助工作,被离领命后如期照办。于是,子胥与孙武共同从派来的军队中,任命一位副区队长为本次军事训练的执法官,两位中队长为军吏,主管传达命令,两位上等兵为司鼓。另外挑选身强力壮的武士数名,充当牙将,其任务是手持斧钺刀戟列队于坛上,以壮军容。其他官兵则分别承担警卫、训练设施、器械的传递和后勤供给等任务。当各个岗位如数安排之后,子胥专门让被离在这些官兵面前当着孙武的面,下达了战时命令。命令要求训练场如战场,在整个军事训练过程中,一切听从孙武将军的指挥,无论在这个过程中发生什么重大事件,或意想不到的突变,都必须坚定不移地绝对服从孙武的指挥。如有违背和延误者——斩!

第二天上午八点多,一辆又一辆班车将王宫中的各路妃嫔送到了小校场。霎时,校场内向来肃穆威严的气氛,被一阵阵欢声浪语所淹没,整个校场内外透着脂粉的气息。经清点人数,来者有380多,年龄在60岁以上的占23.4%,16岁以上的占61.6%,16岁以下的(含16岁)占15%,年龄最大的是侍候前先王的86岁的白发宫娥,年龄最小的是阖闾刚刚通过伯嚭选购而来的差一个半月满13岁的少奶奶小凤。前来服务的恐怖学院官兵开始将一捆捆士兵服装打开,分发给各位宫女妃嫔。与此同时,一箱箱的长短兵器也运将过来,开始按人头配备。就在一片你争我夺、撒娇耍横、衣帽满天飞、刀剑当空舞的混乱之中,吴王阖闾携正宫娘娘——吴国国母、第一夫人宁王后来到了小校场,并在伯嚭的导引陪同下,登上了高大的检阅台。

待阖闾与王后坐定,演兵训练就要拉开序幕。只见子胥来到检阅台,俯身到阖闾耳边悄声道:"大王,您以前跟我说庄妃和荀妃这两个中层妃子,整天缠着您要取代王后的位置,您看让这两位妃子分别当女兵训练队的队长咋样?"

"呵,她们当队长,为啥要她当?"阖闾有些不解地问道。

"要是这次表现好就可以上,表现不好就不要上嘛,我们可是为您老人家分忧解难啊！"子胥故作神秘地说着。阖闾听罢，嘴里"啊……好……"地胡乱应付着，脸上显出一副似懂非懂的样子。子胥并不理会这些，说了句："那我们就按计划开始了。"言毕走下检阅台。

不多时，只见三百余名老妇少奶全部换上了士兵的甲胄，分别手持利剑与盾牌，被分成左右两个方队站立于校场中央。在子胥的推荐和孙武的认可下，一直缠着阖闾、梦想在整个王宫女人的座次上入主第一、二把交椅的庄妃和荀妃，出乎她们自己和众人意料地被任命为左右两个方队的指挥官。在一阵吵吵嚷嚷和短暂的沉默之后，吴国历史上首次组建的宫女妃嫔特种部队军事演练拉开了帷幕。

孙武杀姬

孙武作为这次演练的总指挥，站在两个方队阵前神情严肃地高声宣布操练的规矩和纪律，并明确规定，既然各位来到了校场，就是战士，过去的身份暂时不复存在了。既是战士，就要严格遵守军纪，听从号令。校场如战场，来不得半点马虎，如果哪位违反了纪律，视情节轻重以军法论处云云。之后，开始朗声宣读起本次演练的规矩和纪律：第一，行进中不许打乱队伍行列；第二，不许放言喧哗；第三，不许故意违反纪律。当三条规则宣布完后，孙武又亲自排兵布阵，以五人为伍，十人为总，使各路队伍脉络清晰，条理分明。按照操作规程，孙武要求所有参加演练的宫女妃嫔，都要把自己当作一名进入战场的正式官兵来严格要求，必须随鼓声进退、回转。按照军规，当一通鼓响过，全体官兵正直前进；二通鼓，左队右转，右队左转；三通鼓，各自挺剑呈争斗之势。若听到铜锣响起，双方收兵。各个环节必须严格掌握，不能乱了方寸。言毕，要求全体官兵体会刚才所说的动作要领，并准备实际操练。

过了一会儿，孙武开始正式发号施令。按照程序，令司鼓手开始擂鼓，此前已交代得非常明确，这第一通鼓代表着全队前进的命令，所有的官兵都要迈步向前走去。但当鼓声响起时，方队中的官兵有的向前迈步，有的则无

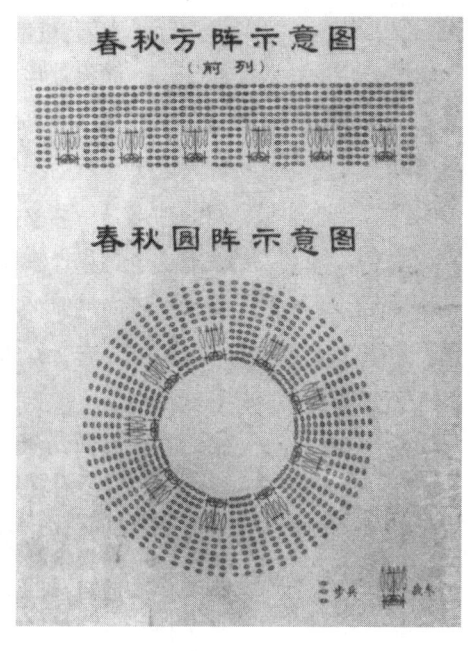

事一样地站着不动,这一走一停就使整个方队乱将起来。方队一乱,众人已忘了军中规矩,直把校场当成了王宫内的歌舞厅,开始掩口嬉笑,相互推拉,三五成群地纠缠搂抱在一起。

　　站在帅位上的孙武一看这阵势,大声道:"你们先不要吵闹,赶紧给我向前!向前!向前!"但不管怎么喊,方队中乱象依旧,没有人理会这位主帅的存在,更没有人顾及他的呼喊。孙武一看自己的话并未起半点作用,开始装模作样地引咎自责道:"约束不明,命令不起作用,这是将领的责任,也是将领的罪过。尔等听着,现在本大帅再给你们申明一次军令:第一……"

春秋阵法示意图

　　当孙武将原来宣布的三条纪律又啰唆了一遍后,煞有介事地命令司鼓手再次擂鼓。如雷的鼓声响起,震撼着整个校场,更震撼着检阅台上观阵的吴王阖闾。但鼓声中,两个方队的官兵不但没有什么进步,反而越发混乱不堪。

　　孙武见状,强忍着愤怒,从帅位上站起来,让一个军吏再次高声宣读刚才已申明过两遍的军令。但方队中依然哄笑不止,如同潮水一样席卷弥漫了宽阔明亮的校场。孙武再也按捺不住心中的激愤之情,他跃身跳下帅位,三步并作两步地蹿到战鼓前,将司鼓手弄到一旁,疯子一样挽起双袖,亲自擂起战鼓。鼓点越来越快,越来越紧。鼓声震荡校场,响彻云霄。老妇少奶们一看孙武放着大元帅的位子不待,竟自己降格凄凄惨惨地当起了孤独的司鼓手,越发张狂起来,混乱的人群在原庄妃与荀妃、现任左右两个区队队长的放纵与煽动下,开始高声喊道:"孙大帅,使劲,孙大帅,下边的槌子硬起来……"

215

校场中的喊声如同钱塘江大潮，一浪高过一浪，大有席卷宇宙、铺天盖地之势。端坐在检阅台上的吴王阖闾，望着这乌烟瘴气、一塌糊涂而不可收拾的场面，很是开心，不禁仰天大笑，最后笑得眼泪都流了出来。正在擂鼓的孙武见阖闾的神态，认为这分明是对自己的羞辱——尽管阖闾此时并没有这个意思。在忍无可忍中，孙武将鼓槌高高举起，然后又猛地砸向绷紧的鼓面，随着鼓声戛然而止和两支鼓槌从鼓面上腾空而起，众人的目光都"唰"的一下射了过来。只见孙武脸呈黑色，双目圆睁，脑门上火星四窜飞舞，大声骂道："他娘的，你们软的不要要硬的，我现在就给你们来点硬的尝一尝。"言罢，猛转身，大喝道："执法官安在？"不远处的执法官听到喊声，迅速跑将过来，单腿跪地，双手抱拳于胸前，满脸严肃地高声答道："末将在。"孙武匆匆瞥了执法官一眼，抬起头，望着鸡一样在校场中央乱扑腾的宫女妃嫔们，声音略显沙哑地说道："约束不明，命令不起作用，是我阿武的罪过。但我将命令申明再三，尔等仍不遵从，那就是你们的罪过了。"言罢，转身望着执法官问道："如此罪过，按照军法规定的条款，该如何处理？"执法官再次抱拳当胸，干脆利索地回答道："杀！"孙武听罢，说了声："好！"然后眼睛盯着庄妃和荀妃两位现任队长道："士兵不服从号令，罪责在队长身上，现在我正式宣布命令，把这两个带头捣乱的弄出来，给我宰了！"话音刚落，左右军士抢步上前，分别卡住两位队长的脖子，提鸡一样拽出了队列，而后找绳子捆了，一个勾踢肘击放倒在地。

这突如其来的一幕，令校场的官兵大为震惊，个个张口吐舌，呆了似的立在地上不再

吴宫教战

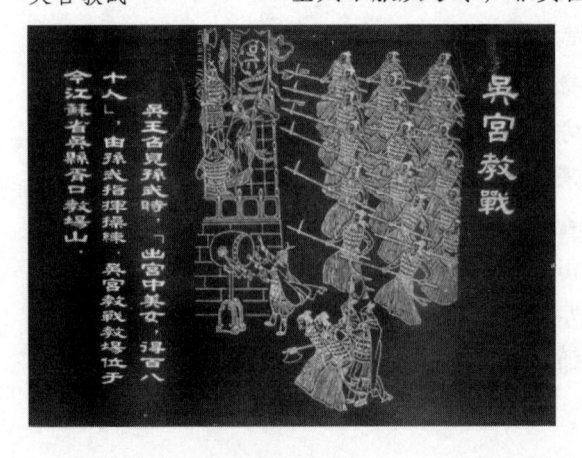

第六章 孙武拜将

动弹。端坐在检阅台上的吴王阖闾,一看两个爱姬被突然弄出来放倒在了地上,以为是操练的什么课目,禁不住笑着对身边的正宫娘娘道:"不知这个阿武又在玩什么阵法了。"王后瞥了阖闾一眼,冷冷地说道:"耐心等着看吧,这阵法好玩着呢!"阖闾哼了一声,便聚精会神地观看起来。正在这时,一个小太监如同猎人正在追赶的兔子,箭一样从校场蹿上了高大的检阅台,"噗"的一下跪在阖闾面前,结结巴巴地禀报道:"大王,不好了,庄、荀二姬就要被斩首了。"

"啊!"阖闾一听,打个激灵,端坐的身子情不自禁地蹿了起来,待定睛一看,校场中央确有些要杀人的迹象。阖闾大怒,顺口骂了一句:"阿武,你他娘的想造反吗?"身子如同一只被猎人逼入死角的狼,站起身在原地转了两个圈后,抄起随身携带的节符交给小太监,急切地说道:"救人要紧,你赶紧持我的节符对阿武说,让他刀下留人,一切事情留待以后再好好地研究解决。"小太监领令,又兔子一样蹿了下去。坐在阖闾身边的王后望着面前的一切,并不言语,只是嘴角露出了一丝狞笑。

当小太监蹿到孙武跟前,趾高气扬地持节传达阖闾的指示后,孙武抡圆了胳膊照准小太监的脸"啪"地打了一记耳光,接着破口大骂道:"你敢在军阵中胡言乱语,妖言惑众,给我拿下。"话音刚落,几个军吏冲上来,雪中捕兔一般将早已嘴角流血的小太监按于地下,跟着一顿拳脚揍了个鼻青脸肿。

此时,孙武如同一只被激怒的狮子,瞪着血红的眼睛,在地下来回走动了几步,而后抖擞起精神,对着检阅台方向慷慨陈词:"演兵场如同战场,军中无戏言。既然我阿武已受命为本次演练的主帅,就有权严明军纪。将帅在军中,虽有君命,但可不予理会。如果仅仅因为她二人是君王宠爱的尤物,就饶恕了她们的罪过,那我这个主帅不就成了个可有可无的傀儡了吗?如果我连二姬都杀不掉,还怎么去杀强大的敌军将帅?"

孙武说到此处,停顿片刻,以雄狮般的激情大吼道:"你们都给我听着,我阿武不才,既不是软蛋,也不是傀儡,我是大帅,是整个校场军阵的总指挥。今天这二姬的所作所为,是对我大吴国防军条令条例的粗暴践踏,是对吴国朝廷与国民的大不敬,是对我这个总指挥的蔑视。鉴于上述一切理由,现在我代表吴国人民以及战时军事法庭,正式判处庄、荀两人的死刑。

来人，速将二姬的头给我砍下！"

随着话音传出，早已恭候多时的刀斧手大喝一声，双臂扬起，寒光闪过，随着两股黑红的鲜血喷出，两个人头如同半生不熟的西瓜，霎时滚到了地下。

见两个活蹦乱跳的美女眨眼间横尸校场，众女先是目瞪口呆，接着像突然听到枪声的鸡群，惊叫着扑扑棱棱地四散奔逃。孙武从地下抓起了那根崩飞的鼓槌，猛地一敲战鼓，大声喊道："都给我回来，有临阵脱逃者，格杀勿论！"此时，一直在校场内暗中控制局势的伍子胥，早已通过被离指挥手下官兵，将炸了群的宫女妃嫔团团围住，然后一顿枪戟横扫，将众人逼回了原来的位置。在惊魂未定之际，孙武又让身边的军吏从人群中拉出了两个老宫女，充当两个方队的队长，而后大声宣布道："现在重新开始演练，如有不听号令者，与刚才那二姬同罪。"说罢，奋力敲响了第一通战鼓。

面对血淋淋的一幕，众人再也不敢怠慢了，经过一阵短暂的混乱，队伍在两个队长的带领下，开始有规有矩地前行。第二通鼓敲响，左右两队开始按规定向不同的方向行走转动。第三通鼓响起，众人开始纷纷拔剑做格斗状。当三通鼓完，开始鸣锣收兵。而后再从第一通鼓起，直到收兵。如此往复三遍，整个队伍越来越整齐划一，步伐越来越娴熟。

孙武看罢，觉得火候已到，便派军吏到检阅台向吴王阖闾报告，说现在军队已经训练完毕，请下台检阅。已被刚才的血案弄得懵懵懂懂的阖闾听罢，慢慢回过神来，他望了望校场内的队伍和指挥的孙武，勃然大怒道："我还

苏州吴县·胥口——二妃墓遗址（程晓中摄，苏州孙子兵法研究会提供）

第六章 孙武拜将

检阅个啥？给我滚！"说着猛起身，双手一用力，身前的案桌被"咣"的一声掀于台下，阖闾用手往校场中心一指，骂道："好一个阿武，你害得我好苦！"言罢被卫士们前呼后拥地扶下检阅台，起驾回宫而去。

当队伍中的庄妃与荀妃刚被绑于军前之时，坐在阖闾身边的伯嚭以为是孙武在开玩笑，故意逗着大王开心，也就当作玩笑观看起来。待二姬人头落地时，他猛地意识到这绝不是玩笑，而是一件犯上作乱的反革命政治事件。想到这个事件所带来的严重后果和自己将要承担的重大罪责，伯嚭眼前一黑，一头栽倒，昏厥过去。待醒来时，阖闾早已回宫，便急忙追到宫中准备承担罪过。此时子胥早已来到了阖闾的身边，并劝说道："兵者，凶器也。不可虚谈，更不可开玩笑。身为将帅，对那些不服从军令或擅自行动的人，或把军旅当儿戏的人，坚决予以诛杀，这是合情合理的，也是完全正确的。大王要想征楚而称霸天下，就必须找到良将，而寻找良将的一个主要标准就是果敢坚毅。孙武今天的所作所为，并不是胆大妄为，犯上作乱，而恰恰是果敢坚毅的表现，也正是您要找的良将呵！纵观吴国上下，如果不以孙武为将，谁能率领您的军队跨淮河、越泗水、千里奔袭敌国呢？常言道，美色容易得到，而良将却难以寻求啊！如果为了两个妃子而丢弃一员良将，这跟为了苍蝇而丢弃鹰犬有什么区别。再说，这二姬也确实不知天高地厚，整天和王后及其他妃嫔争风吃醋，没少给您添乱，这样的女人养着只会制造更大的麻烦……"

子胥刚讲到这里，阖闾就粗暴地打断道："你他娘的不要跟我讲这些大道理了，我看你跟这个土匪阿武是一丘之貉。打狗还要看主人呢，你们杀我的爱姬也应该问一问老子我喜欢不喜欢，乐意不乐意，答应不答应嘛！"未等子胥解释，匆匆赶来的伯嚭抢步上前主动做起了检讨："这事是臣等不对，老臣我代表三人军事领导小组，向大王谢罪……"

想不到伯嚭刚说到这里，身边的正宫娘娘横插过来，以冷冷的语气打断道："伯副主任，你是认为孙将军不对，这'鸡'杀错了吗？"绝顶聪明的伯嚭斜着眼一看王后那阴沉的脸和暗带杀机的眼神，在"呵……哈……呵……"地愣怔片刻之后，突然明白了什么，心想："他娘的，原来是你们几个合伙搞的这场阴谋，好一个阴毒的伍子胥，居然背着我杀鸡宰羊，还差点把我装进去，真不够仗义，往后咱走着瞧吧。"伯嚭顾不得多想，连忙回王后的话道："这个嘛，违反军规，是……是要受到惩罚的。"大奶听罢，长长地哼了一声，拿着腔调说道："这还差不多，既是违背军规嘛，当然就要按军法从事，要不谁还听取将帅的命令，这是个连小孩子都知道的理儿嘛，怎么到了大王这里就糊涂了，是真糊涂还是假糊涂？我看今天这事，纯是她们在找死，不杀不足以平民愤，杀得好！"大奶说到这里，转身问阖闾："你看是不是这个理呵？"阖闾听罢大奶的话，知道其中必有猫腻，又怒又恨又无可奈何地摇着头大声道："我不知道，我什么也不知道，你们就这样杀下去吧，连我也宰了算了……"阖闾大吵大闹发泄完心中的愤懑之后，便回了后宫。子胥、伯嚭相互瞪了一眼，各自悄悄地退去。

第三天，阖闾专门派人找来伍子胥，对其说道："我这几天做了冷静思考，觉得用宫女练兵并不是明智之举，庄妃和荀妃虽然死得有些可惜，但既然死了不能复生，也用不着为争夺位子整天跟大家闹别扭了。昨夜我跟王后商量了，准备在首都之外的横山之上修个纪念馆，立块碑，将二人的尸体移过去，就让她们好好在那里待着吧。"阖闾说到这里，脸上掠过一阵忧伤和悲痛。子胥望着，心中也泛起一丝怜悯之心，觉得此事做得有些过了。但不这样无以树立孙武的威望，也无以消解王后之恨，也许阖闾已隐约地感知到了，此事如无王后在暗中支持，她二人是不至于身首异处的。正是她二人不识时务地卷入了你死我活的严酷的宫廷权位之争，才引来了这次杀身之祸。悲夫！这样慨叹着，只听阖闾在沉默之后，又强打起精神说道："关于孙武的安排，就依你说的办，封他个上将参谋长，主管出谋划策工作，与你一道主持练兵事宜，待时机成熟，兴兵伐楚，完成图霸天下的大业吧。"

子胥听罢阖闾这一反常态比较明智的言论，知道这是王后在床上所吹的枕边风起了作用，但还是感动得泪水涟涟，急忙上前跪拜道："大王圣明，就凭您今日之言，楚国可平，中原可图，天下可定矣！"

第七章 历史在这一年拐弯

绝代兵圣

孙武受命，率部伐楚。柏举之战，郢都陷落。楚王出逃，吴军乘胜入主郢城，历史的进程由此拐弯。吴王阖闾大行淫乐之道，恐怖大鳄伍子胥不忘报仇雪恨，发兵入湖挖掘楚平王坟冢。秦军出境援楚，楚秦联兵大显身手，吴军遭受重创，无奈之中撤归本土。

楚都沦陷

阖闾听了伍子胥的劝说，于公元前512年，正式设坛拜孙武为将军。不久，又组成一支意在伐楚的远征军，由伍子胥任上将总司令，伯嚭任上将副总司令，孙武任上将参谋长，公子夫概为中将副参谋长兼先锋官。远征军除后勤供给人员外，暂辖三个集团军，每个军总兵力在一万五千人左右。

在伐楚前的高级军事会议上，针对阖闾和子胥等人急于求成的思想及准备在短时间内大举发兵攻楚的战略方针，孙武根据吴国的实际情况和国际局势，在经过一番深思熟虑之后，发表了与其相左的意见，旗帜鲜明地提出了"民劳，未可，待之"的理论，要求以阖闾为首的中央政治集团沉着冷静，等待时机，以图后举。

按照孙武的说法，这个以图后举并不是消极地守株待兔，也不是消极地等待敌人出现破绽，而是积极运用谋略，主动创造条件，完成敌我优劣态势的转换。对此，孙武曾明确告诉阖闾和子胥："大凡行兵之法，先除内患，然后方可外征，也就是说攘外必先安内，这是一个颠扑不破的真理。大到国家如此，小到一家一户也是这样。如有几个地痞流氓到你家闹事，此时你正和婆姨棍子或笤帚疙瘩地在家中转圈地抢，还如何能应付外来之流氓？就吴国目前的形势论，前吴王僚的两个弟弟仍统兵在外，并暗怀抱怨之心，如果要进攻楚国，这两个家伙不除，无疑是极大的后患。故以我之意，先除此二人，再兴兵伐楚。"

对于孙武提到的二人，无论是阖闾还是子胥都记忆犹新。此二人分别名为掩余、烛庸，为前吴王僚的同母胞弟。当吴王僚在那场轰轰烈烈的反革命政变中遇刺身亡之时，掩余、烛庸正率兵在外征战。这二人闻听家中发生变故，深知

第七章 历史在这一年拐弯

自己并不是阖闾的人,若贸然回国必遭杀戮,在有家难回的困境中,被迫另谋出路。其中掩余率部投奔徐国,而烛庸则率嫡系部队投奔钟吾国。因徐和钟吾都是楚的属国,对二人来投,自是接纳。这二人在异国他乡稳住阵脚后,开始积蓄力量,伺机而动,准备以护法救国、为民除害为号召,发动一场特大型的恐怖活动,推翻阖闾的反革命政权,重新恢复在诸侯联盟宪章与吴国宪法规定和保护下的国家政权机构,以及国家主权和领土完整,等等。面对二人的雄心壮志,阖闾、子胥等人早有戒备,这次经孙武提示,子胥觉得确实需要列入战争的议程了,遂立即让秘书班子起草了一份文稿送交上去。阖闾看罢,表示同意孙武的看法,并对子胥说道:"此事是该有个了结了,徐与钟吾都不过是巴掌大的山地小国,跟我们大吴国比起来,真如同老鼠比大象、黄犬比骆驼、虱子比肥猪。你们外交部派个参赞带几个人去索要这两个恐怖分子,我看他们不敢不给。"

子胥听从了阖闾的指示,从外交部点派了两名参赞,分别赴徐国和钟吾要人。想不到这两国自恃有强大的超级大国——楚国做后盾,并不把吴国派去的二参赞当盘菜,不但拒不交人,还暗中放掉二人并指使他们带着手下弟兄投奔楚国,以图东山再起。此时的楚国,当年那个诛杀子胥父亲和兄弟的楚平王早已死去,在位的是他的儿子楚昭王。楚昭王面对前来投降的二人暗自想道:"这两名恐怖头目已和阖闾的反革命政权结下了不共戴天之仇,现在趁他们走投无路之时予以收留,将来说不定还有大用。"想到这里,楚昭王便表示欢迎对方来投,并说这是弃暗投明,总算找到了一条光明而正义之路。经研究决定,将掩余、烛庸二人分配到楚、吴边界的舒城驻守。这个舒城经常狼烟四起、战争不断,楚昭王把二人放在此处的另一个目的,就是让他们带着自己的手下弟兄,去对付不断前来进攻、骚扰的吴军。如两个恐怖头目能拒之,则节省了楚军的力气;如不能拒之,被吴军破城杀死或活捉,那就算他们命短,活该倒霉。招儿可谓阴毒矣。吴国的阖闾在得知徐与钟吾二国并不配合吴国的工作,故意放走两位恐怖分子之后,勃然大怒,立即命令远征军总参谋长孙武带一万名官兵进攻徐、钟吾二国,并很快给以荡平。钟吾国最高领导人被活捉,徐国国王章羽在混乱中被部下救起,逃往楚国,算是侥幸捡得一命。徐与钟吾两国虽小,但战略地位却相当重要,长期以来一直是楚国的羽翼,如今被孙武部一举踏平,无意间为吴军伐楚扫平了前进道路上的两大障碍。几乎与此同时，吴王阖闾在子胥和孙武的建议下，下令远征军第二集团军攻打舒城，并很快予以攻克，恐怖头目掩余、烛庸二分子被杀，手下数千名弟兄被俘。就在这高奏的凯歌声中，阖闾提出了趁机攻打楚国，并一鼓作气拿下其首都郢城的战略构想。作为远征军总参谋长的孙武，在再次对国内、国际形势做了深入调查研究和分析后，认为破楚时机依然不够成熟，建议班师回朝，以待来日。阖闾采纳了孙武的建议，下令在外征战的吴师撤回境内。

回国的吴军并未刀枪入库、马放南山。根据当时楚昭王年纪尚幼，无力全面控制政局，楚国朝廷内部当政者多而不一、将相不和、政出多门，以及军队人数虽多但军令不一、机动性较差的特点，子胥与孙武经过深思熟虑，创造性地提出了"轮番出师，疲楚误楚"的战略方针。具体地说就是两千多年后，伟大的革命领袖毛泽东同志在孙武理论的基础上提出的"敌进我退，敌驻我扰，敌疲我打，敌退我追"的战略方针。根据这一方针，吴国远征军驻扎在吴楚边境一线，以三个集团军的兵力轮番骚扰楚国军队，只要吴国出动一个集团军，便可将楚军全部吸引出来。当楚军一出动，吴军就退回；楚军一退回，吴军再出动，如此往复，迫使楚军疲于奔命。一旦楚军麻痹大意，或产生错觉，有备而来的吴军便乘势给楚军一个突袭性的打击，并视战况夺取一定的地盘。如此几年下来，吴军在总参谋长孙武的具体指挥下，先后袭击并占领了楚国的夷、潜、六安等重地，初步控制了

称雄于世的吴国水军斗舰（模型）

吴楚必争之地——江淮流域的豫章地区，使吴国基本完成了破楚入郢的战略布局，至此，楚国的败亡只是个时间问题了。

公元前506年，给楚国致命一击并使孙武功成名就的历史契机终于到来了。

这一年的秋天，外貌强大雄壮，但内部早已乱象丛生的楚国，因与相邻的蔡国发生矛盾，在双边谈判无效的情况下，楚国依仗自己具有地区性超级大国的地位，悍然出动大军围攻蔡国。弱小的蔡国一看这阵势，深知自己瘦弱的身躯根本无力支撑，便急忙向吴国求援。几乎与此同时，楚国的另一位邻居唐国的国君，一看为了一点鸡毛蒜皮的小事，楚国就大兵压境，以强凌弱，搞得蔡国上下人心惶惶、胆战心寒，觉得这楚国早晚有一天会欺负到自己头上，便主动派人到吴国，要求修好，并以全国之力，协助吴国共抗强楚。唐、蔡两国虽是兵寡将微的第三世界小国，但因位于楚国的北部侧背，从战略角度看则显得相当重要。如果吴国与其结盟，便可在伐楚战争中避开楚国重兵把守的正面，从其北部侧背大举突袭，而后像尖刀一样直捣楚国的腹心。关于这一点，早在几年前，孙武就曾以一个卓越战略家的敏锐眼光，高屋建瓴地向吴王阖闾指出："王欲大伐楚，必得唐、蔡之助而后可。"但这二国在历史上与吴国有些过节，这些疙瘩一直没有解开，突然提出要他们相助谈何容易？正当阖闾同子胥、孙武等为如何能得到唐、蔡之助而大伤脑筋之时，想不到对方却主动找上门来，这等好事当然不能放过。于是，阖闾当场答应出兵抗楚援蔡，并和唐国结为联盟，共同对付楚国这个仗势欺人的邪恶轴心。由于吴国的援助，楚国吞并蔡国的计划破灭了。

经过一段时间的准备，就在这一年的九月，吴王阖闾正式宣布要对楚国发动一次强大的秋季攻势，争取一战而攻取楚之首都郢城，彻底将这个邪恶轴心铲除掉。为坚定全军将士必胜的信念，阖闾御驾亲征，并担任这次伐楚远征军的总指挥，伍子胥为副总指挥，孙武出任前敌委员会总指挥兼参谋长，伯嚭为副总指挥兼总后勤部长，阖闾的胞弟夫概为前敌先锋官。根据规定，远征军的重大作战计划和实施方案，必须由前敌委员会集体研究决定，每个成员不得擅自作主。远征军除原有的三个集团军共四万余人外，另有新编水军陆战队两万余众，加上唐、蔡二国水陆军队一万余人共七万余众，号称精兵十万，驾驶着几百艘战船，按照预定的作战方略，由淮河乘船西进，一路浩浩荡荡向蔡国方向进发。此次远征，正式拉开了自商周以来规模最大、战场最广、战线最长，以攻克对方首都为主要目标的历史上称为"柏举之战"的伟大序幕。

正在围蔡的楚军闻报，担心吴军乘虚入郢，遂急忙解蔡之围，收缩兵力，回防楚境，以确保郢都的安全。吴军遵循孙武倡导的"出其不意，攻其无备"的作战指导思想，"经迂为直"，实施大规模的战略迂回。当远征军逼近楚国边境时，又转溯淮水悄然西进，在进抵凤台附近后，弃舟登陆，并以劲卒3500人为前锋，兵不血刃，神速地通过了楚国北部的大隧、直辕、冥阨三关险隘，然后穿插挺进到汉水的东岸，在战略上占领了优势之地。

吴军的突袭行动终于引起了楚国朝廷的震动，楚昭王于匆忙中急派令尹囊瓦、左司马沈尹戌、武城大夫黑、大夫史皇等人，汇集楚国20万大军，从不同的驻地昼夜兼程奔赴汉水西岸进行防御，吴楚二军遂呈隔江对峙状。此时无论是吴军还是楚军，双方心中都十分清楚，汉水是抵挡吴军进逼楚国郢都的最后一道防线，只要这道防线一失，郢都大势去矣。所以，向以头脑冷静、深谋远虑、极富韬略著称的楚军名将左司马沈尹戌，在认真研究了吴军的战略思想之后，建议囊瓦统率楚军主力沿汉水西岸阻击吴军的进攻，从正面牵制吸引吴军。他本人则北上方城，征集那里的楚军机动部队，迂回到吴军的侧后，毁坏吴军的舟楫，阻塞三关要隘，切断吴军的归路。待这一切完成之后，再与囊瓦所率主力部队前后夹

孙武率部远征图

第七章 历史在这一年拐弯

击,将立足未稳的吴军一举歼灭。

对于沈尹戌的这一明智之计,并不算愚笨的囊瓦表示同意和配合,但待这位有胆有识的沈将军率部奔赴方城不久,囊瓦出于贪立战功的心理,竟毫无原则地听从了内战的内行、外战的外行武城大夫黑和大夫史皇的挑拨怂恿,置楚军生死存亡的大局于不顾,擅自抛开了与沈尹戌约定的正确的作战方针,采取冒进速战的做法,未等沈部完成迂回包抄行动,即率军仓促渡过汉水,进击吴军。

吴钩

孙武见楚军主动出击,大喜过望,心想愚蠢的楚军肯定是窝里斗起来了,否则不会出此下策。遂同阖闾、子胥等密议,果断采取了后退疲敌、寻机决战的方针,主动由汉水东岸后撤。骄傲自大的囊瓦不知是计,还以为自己的大腕儿名气和阵势使吴军怯战,于是率部追赶,步步紧逼。吴军做出不得不回头迎战的姿态,自小别山至大别山之间,楚、吴两军先后进行了几次规模不大的交锋,但每次过招,楚军总是被动挨打,因而渐渐造成了士气低落、部队疲惫不堪的局面。眼看楚军已陷入完全被动的困境,孙武等吴军将领当机

秦始皇兵马俑坑出土的吴钩

立断,决定同楚军来一次真正意义上的战略决战。这一年的阴历十一月十九日,阖闾、孙武等指挥吴军在柏举地区(今湖北麻城)安营扎寨,排兵布阵,以与尾追而来的楚军决一雌雄,举世震动的"柏举之战"就此开始了。

阖闾之弟、吴国远征军前敌先锋官夫概,见楚军正在不远处扎下

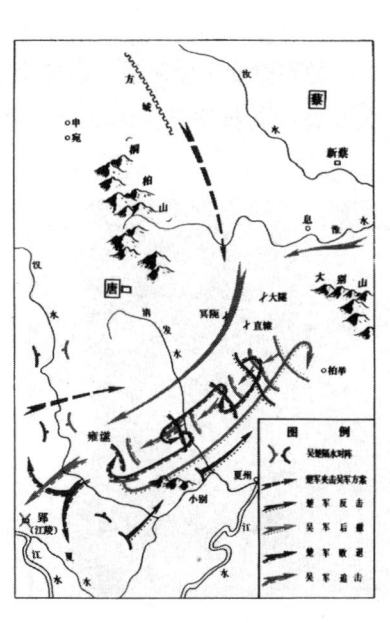

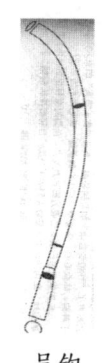

吴楚之战示意图

227

大营，摆出了要与吴军决战的架势。根据不同的情报观察分析，夫概认为楚军主将囊瓦狂妄自大、骄横跋扈，向来不得人心。跟随他的将士，有怯战偷生之心，无死战求胜之志。只要吴军的先锋部队突然发起总攻，楚军必然陷于混乱，而趁对方混乱未定之时，再以主力投入战斗，必能一举将其击溃，从而大获全胜。为此，夫概向前敌委请求立即发起对楚军的攻击。但是，前敌委阖闾、孙武等主要成员出于"慎战"的考虑，断然否决了夫概的意见。血气方刚、青春勃发、尊重权威但不迷信权威的夫概，认为这是攻击楚军的天赐良机。机不可失，时不再来，情急之中，他索性率领自己所部的五千余众，以迅雷不及掩耳之势攻入楚军囊瓦部大营。果然未出夫概所料，楚军一触即溃，阵势大乱。阖闾、孙武等见夫概部突袭成功，也乘机指挥吴军主力投入战斗。在吴军的凌厉攻势下，囊瓦所部力不能敌，全线溃败。不可一世的囊瓦在吴军的打击面前，早已丧魂落魄，置残兵败将于不顾，仓皇逃离战场，远奔郑国寻求政治避难。而教唆他的史皇则死于乱军之中。吴军取得了柏举会战的决定性胜利。

楚军遭受重创之后，余部仓皇向西南方向溃逃，孙武等吴军将领指挥军队及时实施战略追击，并在柏举之南的清发水（涢水）追上楚军残部。吴军采取孙武"因敌制胜"的战略思想和"半济而击"的战术原理，再度给予正渡河逃命的楚军残部以沉重打击。而后，吴军继续乘胜追击，当追至三十多里时，正赶上埋锅造饭的楚军残兵败将和从息地引兵来救的楚军

春秋时代的塞门刀车。车前遍装尖刀，遇城破，则在陷处以此车塞之，辅助守城

沈尹戌部。狭路相逢，勇者胜。两军经过一番血战，楚军被孙武亲自坐镇指挥的吴军再度击溃，主将沈尹戌当场阵亡，号称二十万的楚军主力全军覆没。至此，曾经称霸于世的强大楚军全线崩溃。吴军在孙武的指挥下乘胜前进，一路势如破竹，五战五胜，长驱直入，兵锋直指楚国首都郢城。楚昭王一看大势已去，置全城军民生死于不顾，于惊恐仓皇中携带自己的后宫妃嫔及少数臣僚、太监、厨师等，弃郢都出西门向云中方向逃窜而去。驻守郢城的近十万御林军听到昭王出逃的消息，顷刻瓦解，一哄而散，争相逃命而去。十一月二十九日，孙武所部未经大战，一举攻陷郢都，历时两个多月的破楚之战终于以郢都的陷落和吴军的全面胜利而告结束。

　　吴国破楚之战是春秋晚期一次规模宏大、战法灵活、影响深远的大战，也是史籍记载中孙武亲自指挥并参加的唯一一场战争。这次战争双方投入兵力近三十万人，战线绵延数百里，正式交战两个多月。一向被中原诸侯大国瞧不上眼的小小的南蛮吴国，在阖闾、孙武等人的指挥下，运用灵活机动、因敌用兵、迂回奔袭、后退疲敌、寻机决战、深远追击等战法，仅以七万之众，一举战胜多年的敌手——号称拥有百万之师的超级大国，给长期推行霸权主义的楚国君臣和右翼势力极其沉重的打击，并在其他诸侯国朝野内外引起了一次强烈震动，吴国以天下强国的姿态傲然登上了历史舞台。而此前曾被国际舆论普遍认为最有希望完成统一中国大业的楚国，尽管后来又死而复生，却从此一蹶不振，再也没有了昔日那咄咄逼人的锋芒与泱泱大国的气象。有研究者认为，正是这场战争的爆发，使统一中国的桂冠最终落到了偏于西部的秦始皇的头上。从某种意义上说，这场战争在很大程度上改变了春秋晚期的整个战略格局，扭转了中国历史的

勋阖壮武（屈原《天问》插图，明·萧云从作）
原文：勋阖梦生，少离散亡。何壮武厉，能流厥严？
注释：阖闾大败楚国，武功可称雄于世。
现代诗词专家闻一多曾说："言阖闾少时流亡在外，何以及壮而勇武猛厉，威名大播于世也。"

进程，汹涌奔腾的历史长河自这场战争悄然拐弯。至于这场战争的最大功劳应该归于哪位英雄豪杰，伟大的史学之父司马迁在他的《史记》中说得还算清楚："西破强楚……孙子有力焉！"

伍子胥掘冢复仇

郢都既破，昭王潜逃，楚国出现了罕见的权力真空。仍在城外驻扎的阖闾、孙武等召开紧急会议，决定立即进城接管楚国政权。很快，几万吴国大军甲胄明亮，枪戟林立，精神抖擞，浩浩荡荡鱼贯进入郢都，并对各要害部门和场所全面实行封锁。吴国远征军成立了一个临时接收委员会，由阖闾亲自任主任，子胥、孙武等任副主任，开始了正式接收工作。此时的阖闾自是志得意满，不可一世。他眼见数代强敌如今终于栽倒在自己手中，而吴国的称霸大业在这么短的时间内就取得了里程碑式的光辉成就，骄奢傲慢之心油然而生。而楚国国都的繁华，女人的妖艳性感，无不让他热血喷

郢都沦陷，楚昭王带着妹妹仓皇出逃（钱贵苏、金戈绘）

第七章 历史在这一年拐弯

涌，滋生出平时只在梦中才可能出现的强烈欲望。这种欲望火一样烧烤着他的身心和每一根血管，令他难以自制，恨不得立刻就将眼前的一切全部搂到怀中，任自己随着性子玩个痛快。

同阖闾的想法大相径庭的是，作为恐怖大鳄的伍子胥，其父亲和兄长惨死在楚平王的刀斧之下，而自己则被迫流亡国外，历尽人间沧桑，尝遍了不幸的苦酒，家仇如山、身恨似海。如今苍天有眼，自己以战胜者的身份，重新踏上了这片洒满了血泪和哀愁的爱恨交加的土地。遥想当年的悲惨遭遇，不禁热血沸腾，黯然神伤。悠悠万事，唯此为大，报仇雪恨的日子总算到来了。此时的伍子胥恨不得立刻实施埋藏在心中许久的复仇计划，闹他个地覆天翻慨而慷。

与伍子胥不同的是，靠造反起家，在山沟里穷折腾的反政府武装力量的总首领兼黑社会老大孙武，向来鄙视那些老牌将领流传下来的所谓"军礼"，以及所谓的"以礼为固，以仁为胜"等乱七八糟、迂腐过时的原则。他所推崇的是"掠于饶野，三军足食"和"威加于敌"的治军理论和处世哲学。按照他的观点和主张，既然吴军攻占了楚都，那这里的一切，包括权力、财产、女人等等，应对吴军官兵实施就地开放政策，抢掠任其随便。这种心态和处事原则，得到了伯嚭、夫概等人的一致拥护，而后者更是以流氓无产者和暴发户的心态对待眼前骤变的现实。于是，整个吴军最高统帅部在这种偏激得有些变态的心理作用下召开会议，制定了一整套对郢城财产、女人的分配方案和具体实施细则。按照会议作出的决议草案，吴王阖闾头顶用金丝绣成的七彩大旗，

古郢都（纪南城）城门遗址

湖北随县擂鼓墩曾侯乙墓出土青铜尊颈部镂空雕刻的反首龙

陕西宝鸡太公庙村出土的秦公镈青铜钟。据考古专家推测，所谓吴师在楚宗庙砸毁九龙钟，应是指类似曾侯乙墓出土的带龙装饰的青铜尊和秦公镈大钟

脚踩红丝绒地毯，精神抖擞地登上了楚王大殿，在接受百官朝贺之后，大摆宴席，致辞相庆。

正当大家喝得最为开心，并达到了一派豪言壮语的最佳境界时，突闻子胥号啕大哭起来。开始群臣以为他饮酒过量，属于普通的醉酒性质，后来才觉得苗头有些不对，经询问，才弄明白他其实是在借酒发疯、故意卖关子罢了。

为此阖闾有些气愤地问道："你整天在我跟前吆喝着发兵破楚报仇，现在你的夙愿已经实现，咋又在这样一个全国人民和全军官兵大喜的日子里，借酒发疯，装傻捣乱？"

子胥抬袖边抹眼泪边哭诉道："老领导你有所不知，吴虽破楚，但亲自加害我父兄的楚平王已经死去，而继位的昭王又潜逃在外，不知其下落何方。我父兄之仇，现在还没报万分之一，这怎不使我辛酸落泪？"

"是呵，既然那楚平王人都死了，你还在这里哭哭啼啼，一副不依不饶的样子，人死不能复生，你说该咋办？"尽管阖闾心中有些憋气，但为照顾子胥面子，不得不随便搪塞一句。

子胥重新抹把泪，又吸了下鼻子，然后上前拱手施礼，咬着牙关，恨恨地道："请大王批准我率中统局成员，挖掘楚平王之墓，开棺斩首，方可泄我心头之恨。"

阖闾瞪大了眼睛望着子胥，似是顿悟又有些不太理解地笑着说道："我以为你要弄个什么惊天动地的大事，不就是掘个死人坟吗？这刨坟掘墓的事可是你过去的拿手好戏呀，今天对你来说还不是轻车熟路、小菜一碟？你想一想，整个楚国都是咱的一亩三分地了，甭说把死了的人再掘出来，即使是把没死的人埋进去，那还不全看你乐意不乐意？这事就随你的便，爱咋弄就咋弄去吧。"

阖闾一席话，使子胥大为感动，当场垂泪谢过，退到席旁继续饮酒。待熬到宴席散罢，子胥迫不及待地冲出宫来，找到军统局一帮特务兼恐怖分子，四处探访楚平王墓葬的所在位置。经过一天一夜的努力，总算访得此墓匿藏在东门外寥台湖之中。子胥率人根据线索来到湖边寻觅，但见烟波浩渺，湖水茫茫，没有人能确切说出墓的具体位置。子胥挑选了几名受过特种训练的一流恐怖分子，在湖内湖外又连续寻觅了三天三夜，仍然没有发现一

第七章 历史在这一年拐弯

点可疑线索。子胥徘徊于湖边，两眼渗着血丝，不禁捶胸顿足、仰天长叹道："看来是老天故意跟我作对，不让我报这个血海深仇呵！"

正在这绝望之时，忽有一苍老声音在耳边响起："伍将军可是为寻找平王之墓而叹息乎？"子胥大吃一惊，转身望去，只见一白发老翁立于眼前。随即答道："是呵，你怎么知道此事？"老翁微微一笑道："你小伍子这点心事，在楚国可以说是路人皆知，况老朽乎？只是我还想知道你为什么非要掘平王墓不可。"

子胥听罢此言，再细看眼前的老翁，觉得非同寻常百姓，像是有点道道，遂立即转变态度，躬身施礼道："老人家，刚才多有冒犯，实在是因寻平王之冢不得而口出妄言，还请您老多多包涵。至于说到为什么非要掘平王之冢，那是因为这平王禽兽一般弃子夺媳，杀忠任佞，灭我宗族。他与我，杀父害兄之仇不共戴天，在他活着的时候，我没能将他的狗头砍下来，而他死之后，我也要枭其头，戳其尸。只有如此，才消我恨，并报父兄于地下……"子胥说着，涕泪俱下。

老翁望着子胥那份悲痛之状，脸上露出同情之色，随之说道："我今天就成全你这个夙愿吧。这平王到了晚年的时候，自感一生所作所为罪孽深重，天怒人怨，因担心死后有怨人发掘其墓，便将墓葬秘密选建在这一大湖之中。如要掘墓，非得想个排水办法不可，否则很难成功。"老翁说着，携子胥一同登上寥台，遥指东边远处一地方道："平王之冢就在其下，具体就看你怎么操作了。"子胥听罢，立即命几个善水的特工潜入湖中，于老翁所指的位置实施打捞。经过一番上下左右、来来往往的折腾，终于发现了埋在水下的石椁。子胥看罢神情大振，再命一个营的兵士用麻袋装满泥沙，由船运往石椁之处，投入湖中，在墓坑四周垒成围墙。在将墙内之水设法舀干之后，命有经验者凿开石椁，只见椁内包有一棺，几十名军士将棺抬出来打开，棺内只有衣服帽子及铁块数百斤，别无一点皮毛显现。正当大家疑惑不解之时，老翁走来说："这是一件疑棺，专为迷惑盗墓者而设，真正的棺材在它的下面。"在老翁的指挥下，军士们掀开厚重的石板，果然看到有一棺伏卧于空旷的墓穴中。子胥立即命特工将棺劈开，将里面盛放的尸体拖出，并运到岸边。因此尸入殓前用水银专门做了防腐处理，故虽埋入地下几年，但整个身子从上到下，仍同刚死去一样鲜亮而富有弹性。子胥一看，正是

233

楚平王之身，随之怒气冲天，从一军士手中夺过九节铜鞭，蹦着高儿，嘴里喊着"禽兽，看鞭！"，开始鞭打其身，直到整具尸体骨断筋折，方才住手。子胥一边收鞭，一边围着楚平王的尸体转了两圈，仍觉不解其恨，便抬起左脚踩住尸腹，右手两个手指插入眼窝，愤然呼道："楚平王，你活着时枉长了一对狗眼珠，不辨忠佞，听信谗言，残害忠良，杀我父兄，真是死有余辜。现在我要将你碎尸万段。"言毕，两个手指用力插入平王的眼窝，一扭一勾一挑一拽，将二目"唰"的一下抠了出来。紧接着，又弯腰弓背，双手抱住平王已经有些脱发的头颅，两臂一用力，"咔嚓"一声扭了下来，西瓜一样摔在地上，随后连踢三脚，直至踢入波涛滚滚的湖水中。最后，子胥下令随行军士将楚平王的棺椁、衣帽、尸身等等，全部捣毁、砸烂，弃之于荒野。当这一切做完之后，子胥长嘘了一口气，心想这下总算彻底解除了这些年来郁积在心中的深仇大恨。正待转身让手下弟兄撤出现场回府，心中怦然一动，突然觉得此事有些蹊跷，便上前问道："你老汉怎么知道平王之冢的具体方位，又何以知其有诈，莫非你是什么神仙或妖魔鬼怪不成？"

对方笑笑道："我老汉今天不瞒你小伍子说，本人既不是神仙也不是白发老怪，而是一石匠。昔日平王曾令我们石工五十余人为其建造疑冢于此，待冢成之后，恐我等泄露其机，乃设计将诸工杀于冢内，独老汉命大私逃得免。这些年来我只有暗地里望冢而怀恨，不敢稍有造次。今听说你专门请示吴王并获特批欲掘冢报仇雪恨，我也就趁机给以指点。一来我也

伍子胥鞭平王尸

第七章 历史在这一年拐弯

有恨要雪，二来我想今日事成，你小伍子说什么也得给个三元两块，我也好买刀纸祭奠一下含冤去世的工友们那在天之灵吧。"老汉说到这里，满脸悲伤地望着子胥补充道："不知在下可得施舍否？"

子胥用惊奇、复杂的目光上下打量了老汉一遍，心中暗想："既然今天事成与这位投机钻营的神秘老汉指点有关，破点财也是自然，正所谓天下熙熙，皆为利来；天下攘攘，皆为利往。"便让手下弟兄领老汉到军中后勤部财务处领取三百块吴国大洋作为酬劳。老汉谢罢而去，子胥率本部人马回到了自己霸占的那个王府大院。

屈原《国殇》绘图（明·陈洪绶作）

伍子胥鞭楚平王之尸，算是报了当年的杀父戮兄之仇。接下来，引兵在周边的随、郑等国家和地区郊外寻找了一阵子潜逃在外的楚昭王，又一无所获地率部返回楚都驻扎下来。此时，整个楚都郢城早已出现了天翻地覆的火爆场面，除大批的物资被吴军侵占外，但凡稍微像点样的府宅和女人，几乎全部被孙武、子胥所部的大小将领分享。那些低级兵士平时不敢明目张胆地占有，便在不同的时间、不同的地点，以不同的形式，进行着一场又一场没有人说得清是正确还是错误的争夺战。整个郢城的大街小巷，到处流

屈原《哀郢》中的插图（清·门应兆作）

原文："去故乡而就远兮，遵江夏以流亡。出国门而轸怀兮，甲之朝吾以行。发郢而去闾兮，荒忽其焉极？楫齐扬以容与兮，哀见君而不再得。"表达了作者对危亡前夕的故国无限眷恋和悼念之情。

二八侍宿,射递代些。九侯淑女,多迅众些。(清·门应兆作)

屈原《招魂》中有"室中之观,多珍怪些。兰膏明烛,华容备些。二八侍宿,射递代些。九侯淑女,多迅众些"等词句。门应兆依辞意境而作,体物摹神,粲然大备,安乐的表象下隐含着怜悯与悲情。屈原此作,学术界有不同看法,一般认为是招客死他乡的楚怀王的魂,有的认为是怀念楚国故都生活。

窜着吴军官兵抢夺器物与女人的身影,飞扬着因分赃不均而腾起的火并的硝烟与血腥气息,各个不同的角落都飘荡着喊叫与欢呼,同时夹杂着清脆的耳光和伴着耳光余音一道传出的阵阵女人的啼哭与哀号……正是在这样的大背景下,子胥意外收到了一位老友的来信。信的落款是申包胥,就是当年子胥从楚国向外流窜潜逃时,在中途遇到的那位出使他国刚回归的楚国外交总长。

自楚都城破后,申包胥随着一帮王公大臣和部分军兵逃到了楚国与随国交界的一座深山老林隐居下来。当他最初听说子胥率部将楚国王公大臣的妻妾全部霸占,心中便涌出一股隐痛与怒火。但这股火气尚未得到机会发泄,又传来平王之冢被掘、尸体被子胥大加蹂躏的噩耗,不禁悲从中来,心中的怒火再也难以扼制,便修书一封令人送予子胥,以示警告。书信的大体意思是:小伍子,你自祖上就是楚王之臣。如今你以报仇为引子,领兵破楚,不但领兵破楚,凌辱老朋友的妻妾女儿,而且还丧心病狂地掘楚王之冢、鞭其尸。你以这样恶毒、刻薄、寡恩的方式报父兄之仇,楚国百姓是不答应的。你如果识相,速劝阖闾、阿武等领兵返吴。否则,包胥不才,当兑现当初你潜逃时我对你说的复楚之约。云云。

申包胥此信,是自郢都被拔之后,楚国君臣向吴国强敌发出的第一声抗争宣言,是荆楚之才不屈服于强暴的呐喊,是地火不灭、精神不死的象征,是行将彻底覆亡的楚国复兴

第七章　历史在这一年拐弯

的信号。子胥看罢，脸色骤变，他记得自己当年作为楚国追捕的要犯，在流窜途中和申包胥相遇时，说过一句要借兵覆亡楚国并将君臣的妻妾全部拾掇的狠话，想不到一介书生申包胥听罢，竟以"你小伍子能亡楚，我老申不才就能复楚"的话做了回答。此话本来就令子胥心中极不舒服，只是当时不好理论罢了，想不到楚国君臣到了这步田地，他还打肿脸充胖子，真是个不识时务的书呆子呵！空谈误国，这大楚就是被这帮书生整日的争吵空谈给毁掉了。子胥想着，沉吟半响，最后对送信之人怒斥道："他娘的申包胥算个什么东西，胆敢来教训老子，你回去跟他说，让他立即带楚昭王那个黄口小儿来这里跪降，否则我伍子胥掘地三尺，也要把这昭王小儿给找来灭了。复楚，复楚，见他娘的鬼去吧！"说罢将对方的来信摔于地下，接着下令让身边侍卫对来使狠揍一顿轰出大门。

躲在深山密林中的申包胥，见送信的使者被揍了个鼻青脸肿，抱头鼠窜而归，知子胥无愧悔之意。而当他从使者口中听了子胥的一番话后，更觉得问题的严重，看来吴国侵略者非要尽灭楚国不可了。想到这里，申包胥又忆起了当年对伍子胥说过的那句"必能复楚"的豪言壮语，感到自己在这国难当头、民族衰亡之时，有义不容辞的责任勇敢地站起来，挽狂澜于既倒，扶大厦之将倾。申包胥凭着多年当外交总长的经验，对当下的局势做了一番分析后认为，只有秦国才能够救楚国于水火。因为秦楚之间联姻多年。如果有这样一层关系的秦国都不能救楚，其他的国家也就没什么指望了。包胥想到这里，决定亲自赴秦求救。待主意已定，便收拾行囊，走出深山密林，悄无声息地向西驰奔。一路风餐露宿，昼夜兼程，鞋子掉入山涧，只好赤脚前行。走不多远，双脚开始起泡流血，只好强忍着痛将衣服撕开裹脚前行。经过数不清的磨难与痛苦，这一日终于到达了秦国都城雍州。当申包胥面见了秦哀公，痛哭流涕地述说了楚国的不幸和吴军将士如何无恶不作后，想不到那秦哀公并不为其所动，他铁青着脸对包胥说道："我们秦国偏居于西陲边疆，兵微将寡，自顾不暇，哪里还有能力去管你们楚国的事。依我之见，楚国之所以有今天这个下场，都是楚平王瞎折腾的结果。这个老王八蛋整天风流成性，色胆包天，竟瞒着我秦国上下，将他的儿媳妇弄到了他的床上。像这样一个家伙执掌朝政，楚国不亡，那才叫天地不容呢！"

满怀希望的申包胥一看哀公大发牢骚，顿感大事不好，事情十有八九要黄，如果在这危难关头秦不救楚，楚国将万劫不复。情急之中，申包胥当场于庭中号啕大哭起来。秦哀公一看，顿时火起，厉声喊道："姓申的，老子我还没死，你哭的哪门子丧？你他娘的快给我滚出去！"见国君大发雷霆，殿中群臣及卫士蜂拥而上，抬起申包胥将他扔到王宫之外。

申包胥在台阶上打了几个滚儿，鼻青脸肿地爬起来，心中盘算干脆来个一不做二不休，死猪不怕开水烫，独自躺在大殿外，摆出一副流氓无产者的气概，连哭加骂翻腾起来。只见他一会儿坐，一会儿站，一会儿翻几个跟头，如果见围观的人多，还时不时地将头往石头柱子上碰一碰。如此往复，昼夜不停，一连七天七夜汤水未进。嗓子哑了，眼泪也理所当然地流干了，干了之后就开始流血，最后血也流得越来越少……就在申包胥躺在大殿外，头晕目眩，奄奄一息，只有最后一口气还跟这个阳光灿烂、苍蝇遍地、群魔乱舞的世界相通相亲之时，他的所作所为终被沉湎于酒色之中的秦哀公闻知。尚未完全丧失人性的哀公，心灵猛地受到震撼并大为感动，遂对申包胥生出几分敬佩之情。他传来几个朝廷重臣显贵，手端酒杯，脸呈红色，借着酒劲骂道："他娘的，你们这群乌合之众，整天就知道争权夺利，钩心斗角。

秦国出兵援楚伐吴
（程乾宁等绘）

看看人家那个申包胥，为了他的领导竟弄成这个样子。而你们有哪一个能为了我和我们大秦的江山社稷，成为第二个申包胥？我相信，楚国有这样的贤臣为之效劳，就一定会克服困难，东山再起。现在我宣布，秦国要在最快的时间内组成一支强大的救援军，抗吴援楚，把阖闾给我从荆楚大地赶出去……"当申包胥被卫士们抬进大殿并听到这个盼望已久的消息时，他睁开迷蒙的双眼，用尽全身力气呼喊道："秦王万……"最后的"岁"字尚未喊出，已精血耗干，昏死过去。

就在秦国风风火火地组建救援军，并准备抗吴援楚之时，想不到与吴国相邻的越国乘虚而入，派兵偷袭了吴国边境的部分城池。这个举动使统率大军长期驻扎于楚国的阖闾、孙武、子胥等受到了很大震动，速调国内部分留守部队进行拦截、阻击。但此时吴国在郢都的占领者尚未意识到，他们的好日子已经过去，重大危机已悄然来临了。

撤兵郢都

越国的偷袭在吴国守军的顽强抵抗、阻击下刚刚得以平息，由五百乘战车组成的秦国人民救援军，就在秦公子子蒲、子虎两位将军的率领下，越过黄河，杀气腾腾地向楚国的吴军扑来。此时，抢先回国的申包胥和楚昭王秘密接上了头，并以昭王的手谕，悄悄联络楚国的残兵败将，组成一支临时部队接应秦军。两军会合后，楚军在前，秦军断后，于沂水北岸与吴国夫概军遭遇，申包胥指挥楚军抢先与吴军干了起来。夫概一看楚军刀枪不整，盔甲不明，一个个歪戴帽子斜着眼，走起路来脚后跟朝前，毫无斗志，不再把楚军放在眼里，一边指挥军队围歼，一边有些不解地想这些残兵败将不在山沟里老老实实地躲着，还傻乎乎地跑到这里送什么死？正当楚军渐渐不支，即将溃败之时，忽见不远处杀来一千人马，正得意忘形的夫概望见队前的旗子上有个斗大的"秦"字，不禁大惊失色道："怎么平地里钻出了秦国军队？！"只一愣神的工夫，秦军已驾车驱马，执戟挺枪，如饿狼扑食，呼呼隆隆地杀到阵前。吴军于目瞪口呆中，脖子已西瓜样滚于地下。仅眨眼工

夫，吴军已折大半。夫概见状，立即收军撤退，楚秦联军乘胜追击，直到五十里外方才停住前进的车轮。

夫概率残兵败将一路战战兢兢逃到郢城，将在沂水遭遇秦军的情况向阖闾做了禀报，声言秦军如同神兵天降，勇往直前，锐不可当。阖闾听到汇报，大惊失色，急忙招伍子胥和孙武前来商议。

子胥与孙武很快来到了阖闾的面前，当得知秦兵已进入楚境并开始抗吴援楚的情况后，孙武说道："兵，说白了就是一种凶器，可以暂用一时，但不可持久地用下去。纵观楚国土地广阔，人心并不服吴国的兵威和统治。我当初请你将狗剩弄来立为楚王，正是考虑到今天这个尴尬局面。如今事情已到了这个份上，应派出使臣与秦国通好，许诺恢复并承认楚昭王作为楚国唯一合法领袖的地位，吴军于近阶段分期分批地撤出楚境，除带走部分战利品外，其他东西要物归原主，不能带走。但作为交换条件和表达对方的诚意，楚国应割一块土地给吴国，以作为这次吴国劳师动众，出兵楚国，征讨邪恶轴心和乱臣贼子的经济补偿。如果对方答应这个条件，则大家都不会失太大的面子，楚昭王可以重新坐上他的第一把交椅，接回他的母亲和妃嫔，其他臣僚也可官复原职，皆大欢喜。假如我们不这样做，仍长久地占据他们的王宫府邸吃喝玩乐，那么楚国军民在短暂的喘息之后，必然会同仇敌忾，舍死而战，加之秦军以虎狼之势从中相助，势必会对吴军甚至吴国构成巨大威胁。"

对于孙武之言，子胥觉得颇为有理，表示支持这一观点和做法。阖闾虽然觉得有些不太情愿，但苦于没有好的计谋可施，加之听夫概说秦军何等厉害，也就勉强同意了孙武的观点。夫概当然巴不得早早撤军回归，因而对孙武的观点亦无相左的意见。在几个常委中，唯伯嚭表示不敢苟同，他出乎众人意料地慷慨陈词道："想我大吴军队自举旗远征，一路势如破竹，五战拔郢，进而捣毁了楚人的宗庙及祖宗牌

第七章 历史在这一年拐弯

位。子胥兄更是高人一等,连楚平王的死尸都没放过,这是多么辉煌和伟大的胜利!对我们吴国来说,这是自建国以来,最为成功的一次远征。而今秦国救援军刚入楚境,我们便望风而逃,这成何体统!刚才孙武兄的一席话完全是长别人志气,灭自己威风,自古有云,"兵来将挡,水来土掩"。依我看这秦国救援军也没有什么了不起,伯嚭不才,请大王点给我一万兵马,必使秦军片甲不回。如若不胜,敢当军令。"

面对伯嚭显然带有赌气性质加不自量力的腔调,在场的每个人都清楚,这是心胸狭窄的伯嚭见孙武、子胥成了这次远征楚国的英雄,而堂堂阖闾远征军总指挥似乎成了一个傀儡式的人物,心中暗含嫉妒与不平,遂一时愤懑说出了这番过头话。对于其人在这种场合不理智的表现,几个人虽感到有些别扭,却并未放在心上,只一笑了之,子胥、孙武还劝了几句万不可意气用事之类的话,再次表明了自己的态度。想不到这一劝,伯嚭认为是故意和他较劲,或者是对他的挑逗和戏弄,便越发恼怒地逼着要阖闾和他签订军令状。阖闾一看伯嚭的阵势,心想让他送一次死也好,除了借机消解他的嫉妒与偏激,还可以和秦军拼几个回合,尽管凶多吉少,总算也有一拼,如不战而走,的确很难向吴军将士解释。想到此处,阖闾一咬牙,不顾孙武、子胥的强烈反对,便满足了伯嚭的要求,使其立下军令状。伯嚭得令后,怀着复杂的心情率领一万兵马出城寻找敌人作战,当军队到达军祥一带时,突然和楚秦联军遭遇。两军一过招,没用几个回合,吴军就溃不成阵,四散奔逃。伯嚭骑马挥戟,夹在乱军之中,左冲右突,总是杀不出重围,眼看性命难保,就要一命鸣呼。此时孙武、子胥尚以大局为重,暗派援军赶到,一阵猛杀狂砍,踩着人头和马腿突入重围,冲在最前面的吴军中级将领伸手拎住伯嚭的脖子,方才将其像小猪一样提了出来。

正由于孙武、子胥率部进入战场及时参战,此次两军交战的结果才算是勉强被扳成了平局,但伯嚭率领的一万人马所剩不足两千,这个死亡率远远大于楚秦联军。伯嚭自知论罪当斩,便令手下将自己绑了,押到阖闾面前请罪。孙武见了,对子胥悄悄说道:"从伯嚭的面相来看,此人属于奸诈小人之类,是脑后长有反骨的人。从他的为人处世方面观察,矜功自伐,很难容人,嫉才报复之心极强,久后不但为吴国之患,恐怕你也要吃他的大亏。不如趁此兵败,鼓动吴王杀了这个家伙,以绝后患。"

241

子胥思索了一会儿道:"他虽有丧师之罪,但也有前功,现在吴王仍然很信任他,恐怕很难下此决心。再说,大敌当前,吴王也不会轻易地杀一大将,还是从长计议吧。"孙武听信了子胥的劝告,二人假惺惺地禀奏吴王阖闾请饶伯嚭一命,并令其戴罪立功,阖闾内心也并不想要了这个家伙的老命,因而借坡下驴,欣然同意。

吴军退守郢城,楚秦联军乘势杀来,阖闾根据孙武的建议,命夫概与公子山所部防守郢城,自己与孙武引精锐部队屯于纪南城,子胥、伯嚭分别领军驻守磨城和驴城,与孙武部呈掎角之势,以此阻击秦军。当吴军所部各就各位后,为尽可能地争取优势,孙武再次建议阖闾速派使臣到唐、蔡二国,请其派兵协助,以壮吴军军威。

就在这个计划执行到一半之时,风声不慎走漏,楚国将军子西得知这一情报,对秦国将军子蒲说道:"吴军以郢城为大本营,凭借城坚壁固同联军相持,现正处于平局阶段。如果此时唐、蔡二国发兵相助,那楚秦联军就有可能败于对方。现在最紧要的是立即出兵攻打唐国,只要唐国一灭,则蔡国自然不敢轻易出兵而只求自保。这样楚秦联军便可专门对付吴军,并设法予以歼灭。"子蒲听罢深以为然,立即举兵以迅雷不及掩耳之势击破唐城,杀唐成公,灭其国。蔡国的国君哀公一看唐国弄了个国破家亡的悲惨下场,立即下令紧闭国门,再也不敢发兵助吴了。

当阖闾闻听唐国在一夜间被秦军灭掉的消息,大吃一惊,急忙召孙武、子胥等计议战守之事。孙武、子胥表示事情已经到了这个份儿上,吴军绝不能被秦国派出的救援军貌似强大的气势所吓倒,应一如既往地贯彻战略进攻原则,选派精锐之师给以迎头痛击,从而达到灭敌人威风,长自己志气的战略目的。根据这个建议,阖闾令孙武、子胥亲自选派部分精锐出城主动迎敌。此时,吴军将士在几个月玩鸡斗狗的腐败糜烂生活中,已失去了当初伐楚拔郢时的战斗力。孙武、子胥率部出城后,凭借以前的声名将楚军的小股先头部队打跑后,原计划凭借军祥、公壻等地区的有利地形,给敌人主力一个迎头痛击。但令二人没有想到的是,刚一交手,就被赶上来的楚秦联军一举击溃,吴军损失惨重,元气大伤,自此再也没有充足的力量和勇气与气势正盛的楚秦联军交战了。根据新的形势,吴军不得不由战略进攻转为战略防御。

第七章 历史在这一年拐弯

福无双至，祸不单行，屋漏偏逢连夜雨。就在吴军主力对外作战连连失利之时，有将士突然发现，军营内外一连几天见不到夫概的身影了。正当阖闾欲派人查寻时，忽见公子山慌慌张张地跑来道："不知为什么，先锋官夫概领着他的嫡系部队悄悄地返回了吴国。"此言既出，众人皆惊，子胥当场断言："夫概此行，必然是为了发动反革命政变，窃取吴国最高领导权。"阖闾一听这夫概要搞政变夺自己的权，顿时惊慌失措，忙问左右："真要那样，可咋办？"孙武说道："依我看，夫概不过是一介武夫罢了，成不了什么气候，不足为虑。真正可虑的，是越国方面闻变而趁机攻吴。目前最明智的办法当是大王迅速回国，先靖内乱，再图其他。"阖闾听罢，觉得言之有理，便令孙武、子胥统率所有的吴国远征军坚守郢城，自己与伯嚭率部分头沿江而下，直扑吴国。当阖闾一部行至汉水之时，得到了留守国内的太子波的一封告急信，内称夫概说吴军已败于楚秦联军，大王您下落不明，十有八九已归了西天。他已造反称王，并让他的儿子扶臧统率部分兵马屯驻淮水流域，以阻挡吴军的归路。同时夫概勾结越兵攻打吴国首都，现吴都姑苏兵少将寡，已危在旦夕。阖闾看罢咬牙切齿地骂道："果然不出子胥所料，王八蛋，又一个现行反革命，这让我如何是好！"焦急之中，伯嚭站在政治和战略的双重高度上，清醒理智地进言道："大王您不必惊慌失措，依我之见，夫概尽管已反，但不足虑，越国侵入吴境，也只是狐假虎威，虚张声势罢了，更不足畏。而真正对大王您形成强大威胁的则是孙武、子胥。我有一种预感，您将重兵留给这二人统领，自己轻装回国，不管您的平叛谁胜谁负，真正得利的是手握重兵的孙武、子胥，如果此二人中途生变，那局势就不再是一个夫概所能造出的，您到时可就凶多吉少了。"伯嚭说完，阖闾越发惊慌，急忙向对方求计，伯嚭从容不迫地答道："此事也容易处理，趁对方尚未实施叛乱计划之前，以回国平叛的名义，速调大量兵马回吴，这样纵使孙武、子胥有政变之心，亦无能为力矣。"阖闾听罢认为有理，遂派使臣急返郢城，让孙武、子胥交出大部兵马，随阖闾一道回国平叛。

孙武、子胥见使者突然而至，并出具了阖闾调兵的节符，二人顿感有些茫然不知所措，在一番密商之后，觉得此时不便违令，只好暂且遵命照办，待来日再见机行事。

阖闾调来了大兵，既消除了后顾之忧，又加强了前方平叛部队的力量，

243

心情分外舒畅，率领军队疾速向吴境推进。当大队人马抵达吴都姑苏城外三十里时，和夫概的外围部队遭遇，阖闾驱车于阵前请夫概出来答话，夫概并不避退，顶盔掼甲驰车于两军阵前冲阖闾一抱拳，大声叫道："大哥别来无恙乎？"阖闾绷着脸道："我不是你大哥，你也不再是我兄弟。你是吴国的叛徒，还不下车投降。"

夫概脸上既无惧色，亦无愧色，高声反驳道："别忘了，你当年能发动反革命政变将王僚放倒，我今天为什么不能来个革命起义将你放倒，为王僚及当年那些被你和子胥弄死的先烈和民族英雄平反昭雪。"夫概的话一下戳到了对方的痛处。阖闾闻听大怒，高声对伯嚭命令道："快为我擒贼，将这个反革命首领的头给我砍下！"伯嚭立即指挥所部潮水一样冲杀过去。夫概虽勇，但毕竟乃一介武夫，且所属力量与阖闾部悬殊，因而未战多时，便大败而走，在他儿子扶臧的接应下，率残兵败将渡过长江，逃往宋国。

虽然吴国内部危急暂时得到解除，但由于留守楚国的部队已所剩无几，加之吴军自入楚之后"仁义不施，宣淫穷毒"，致使"楚虽挠败，父兄子弟怨吴于骨髓，争起而逐之"（清·高士奇语）。也就是说，吴军已陷于人民战争的汪洋大海之中。而此时的楚国逐渐得到了国际社会的同情与支持，楚军人数倍增，战斗力加强，并在秦国救援军的帮助下，开始由全线溃退转为战略进攻，逐渐形成了对楚都郢城的包围态势。面对楚秦联军强大的压力和步步进逼，无论是伍子胥还是孙武都意识到，吴国已陷入了政治与外交的困境之中，要想长期占领统治楚国已不可能，将楚国变为自己的殖民地的前景也十分渺茫。更为严重的是，驻楚吴军从将领到士兵，整日沉湎于酒色之中不能自拔，纪律松懈，军心涣散，整个军队已呈现出无法扼制的糜烂状态。而国内政变虽已平息，但暗藏和潜逃的阶级敌人依然存在，一时难以全部剿灭，他们人还在、心不死，伺机对刚刚平静的吴国政权进行反攻倒算、打击报复。于是，阖闾根据国内外的情况，果断下令伐楚远征军留守部队在做好善后工作的同时，实施战略大撤退，以保存吴国的军事实力，稳住国内的政治局面。孙武、子胥得令后，子胥觉得楚都已被占领一年余，离当初和孙武密谋的自己当楚王的辉煌梦想只有一步之遥了。而现在突然回去，总觉于心不甘，便同孙武密议，欲抗令不遵，继续率领手下残兵余部同楚秦联军在郢都周边地区对峙周旋，进行持久的游击战争。待国内局势完全平静之后，再

第七章 历史在这一年拐弯

请阖闾遣兵于吴，与守军会师，以实现第二次伟大的反攻，彻底覆灭楚国，自己从而登上楚王的宝座，对楚国国民进行统治。只要这个计划得以实现，孙武也可按照当初的构想开始行动，最终窃取吴国大权，成为终极意义上的最高国家领导人。但子胥的这个打算，却遭到了孙武的否定。孙武以悔恨的心情道："当初我们入郢后书呆子气太浓，暴发户的心态太重了，致使全军具有决策权的高级将领，甚至包括吴王阖闾，还有你我都因胜而骄，屡犯错误，直至造成了今天这样一个政治、外交、军事等各方面都极其被动的局面。尤其在军事战略上，我们已在大意与迷糊中失去一招，那就是把精锐部队无声无息地交给了阖闾老儿，现在所剩的都是残兵败将，因而要想继续留在这里，坚持游击战争，迎接革命高潮的再次到来已经不可能了。这次阖闾有令招我们回去，以我之见还是借坡下驴，免得引起他的猜疑。我有一种预感，现在的阖闾已经在伯嚭的诱导下，开始怀疑我们在搞阴谋诡计了，只是现在处于半信半疑阶段罢了。为打消他的疑虑，避免过早地暴露目标，我们应无条件、无脾气地尽快率残部回去，待回国后再见机行事，如果老天不扼杀我们，我们或许还有机会一显身手吧。"

孙武的一席话，说得子胥心中有点佩服，但嘴上仍强辩道："我总觉得就这样回去，是不是有点太亏了？"

望着子胥满脸委屈的样子，孙武伸手轻轻拍了拍对方的肩膀，语重心长地说："常言道，谋事在人，成事在天。你我凭借吴国的弱势军队兴师讨伐具有区域霸主地位的楚国，结果五战破楚入郢，赶走了不可一世的楚昭王，创造了自古以来战争史上少有的奇迹。你不但得到了无数的金银财宝，也算潇洒地走了一回。人生难得几回乐，你这一回乐应该说是够本了。更重要的是，你挖了楚平王的墓，鞭了这个老色鬼的尸，痛快地报了父兄之仇，满腔怒火得以淋漓尽致地发泄，这个收获也算够大的了。尽管革命大业尚未成功，但可以留待以后继续努力嘛！常言道，留得青山在，不怕没柴烧，什么是青山，吴国就是青山，军队就是青山，只要我们回去，牢牢地抓住军权，揽住枪杆子，伟大的革命理想是会实现的，胜利的曙光将照在我们欢庆的主席台上，嘹亮的歌声将环绕我们把酒临风的楠木大殿，猎猎军旗不但可以插遍吴国和楚国，甚至可以插遍中原大地……"孙武的一席话，终于将子胥说动，二人决定按阖闾的命令，开始有计划、有步骤地组织部队撤退。凡楚国

绝代兵圣

吴军撤退雕塑

府库中的宝玉，全部装载运回。同时拿出主要精力，将万余家楚人全部迁往吴境，以充实吴国空虚之地。经过前前后后几个月的忙碌，驻守在楚国的吴国远征军余部和万家百姓安全进入吴境。

原由夫概引兵入关，配合发动反革命政变的越国部队，尽管遭到阖闾部的打击而退却，但仍在吴越边境大肆侵扰吴军和百姓，使吴国疲惫不堪。当越王听说孙武、子胥统兵回吴后，他深知孙武诡计多端，善于用兵，再继续打下去越军将遭重创，便主动避其锋芒，退守越境，并停止了侵扰活动。

第八章

姑苏落日

孙武失宠，孤愤之中再修《兵法十三篇》。吴越之战，阖闾死于归国途中。新主夫差别出心裁要报仇雪恨，越王勾践不识时务引兵犯吴。夫椒之战，越师败绩，勾践已成瓮中之鳖。为救国复仇，美女西施粉墨登场，夫差刚愎自用，政治攻防连连失手。伍子胥叛国投敌未果惨遭杀害，孙武避祸归隐江湖。

再修《兵法十三篇》

吴国远征军完成了战略总撤退，在军心、民心得以稳定后，吴王决定给伐楚远征军将士论功行赏。尽管占领郢城一年多，最后被迫撤出是个败笔，但面子上的事还是要安排一下，以对吴国百姓有个交代。此意既定，阖闾便钦定了一个评选委员会，委员们组织远征军高级将领用无记名投票的方式开始评选。从投票的数量来看，多数意见认为，孙武将军的功劳最大，应封官嘉奖。阖

悲愤交集的孙武

闾权衡再三，觉得有些过重，正思虑如何削减之时，早已窥视很久的伯嚭借机溜了进来，在阖闾面前进言道："别忘了阿武可是靠打游击起家的造反专家，虽破楚有功，但若封赏过重，恐与我们大吴的根本利益相背。一旦他与小伍子二人联合起来，必将危及国家安全，其后果不堪设想。作为大王您是经历过刀光剑影之人，又刚刚看到了夫概的反革命叛乱，对这点万万不可不慎，更不可不防呵！"

阖闾思索了一会儿道："你所说的事我心中早有数，只是这征楚破郢工作孙武实在是功不可没，如不封个像样的职务，一来怕是有点说不过去，二来将士们也怕是心中不服吧。"

伯嚭听罢，微笑着摇摇头，说道："大王此言差矣，孙武征楚有功，但亦有过。你想一想，我们拔郢之后，军纪松弛，将士懈怠，整日沉浸在吃喝淫乐之中。要不是大王您力挽狂澜，说不定您我连同几万将士早就命丧楚都了，哪里还敢想着平安回家，并坐在椅子上喝着茶水悠哉游哉地等待大王您的封官加赏？吴国远征军这一具有悲剧意味的结局，固然与我们都有脱不了的干系，但罪魁祸首应当是孙武，

第八章 姑苏落日

因为他是总指挥。作为一把手,他应该清楚地知道自己的地位和肩上担子有多么沉重,他的决策及一举一动对整个远征军乃至大吴是多么重要。但令人扼腕的是,正是他的模糊认识和放任自流,才导致了势如破竹、豪情万丈的吴军将士荒淫无度、分崩离析、毫无斗志,并最终导致了全军总退却。这个结局的出现,孙武有不可推卸的责任。按照吴国立法委最新制定并通过的法律,这个责任已经构成了玩忽职守罪、渎职罪等多种罪过,而这些罪过的任何一项都是要蹲大牢下大狱的。现在您不治他的罪,就是对他最大的恩赐了,还谈什么加封晋职,升官发财?如果您真的这样做了,才令众将士觉得您是赏罚不明,功过不分,才会内心不服并心灰意冷呢!"

伯嚭一番巧舌如簧的鼓动,终于使阖闾转变了观点,心中增加了对孙武的厌恶感。于是下令,让评委会再组织将领们复议,复议工作由伯嚭具体负责。这一特别动作引起了所有相关人员的警觉,他们纷纷擦亮眼睛,四处探听小道消息,观察可疑动静。当评委们模模糊糊地得知阖闾的意图后,在新一轮的投票评选中,将孙武的兵马大元帅和卫戍部队总司令两个头衔,改为军事理论研究院第一副院长兼办公室主任协理员,同时将其聘为一万五千名禁军政治工作教官。其他封赏如太子太傅、赏穿黄马褂、紫禁城骑马、死后的尸首上可覆盖吴国国旗等待遇不变。这个评选结果令阖闾很是满意,立即在上面画了三个圈,然后又用狂草做了"同意"的二字批示,要求组织部门尽快和孙武谈话,对各项加封和职务变动调整给予具体

苏州市阊门(破楚门)南浩街·孙武纪念塔。塔高15米,五层重檐戗角,砖木结构。塔周围立四石柱,镌刻宋十一家注《孙子兵法》十三篇全文(程晓中摄)

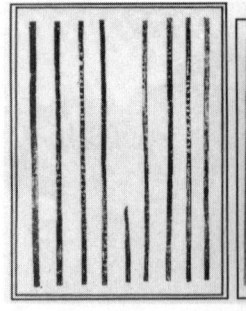

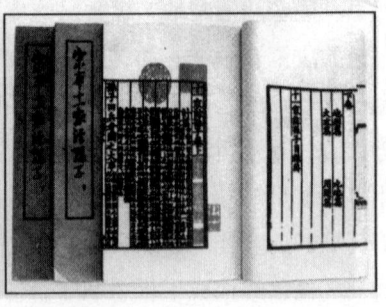

西汉竹简《孙子兵法》书影

《孙子兵法·火攻篇》摹本

落实。与此同时，经评选委员会组织评选的结果，原伐楚远征军副总指挥伍子胥、副总指挥兼后勤部长伯嚭等大小将领各有封赏。阖闾还亲自任命伍子胥为行政院总理，原国家安全事务助理、外交总长、首都城建集团股份有限公司董事长兼总经理、教授级高工等职务职称不变。伯嚭除原有职务外，另加封为行政院副总理、国防总长兼军统局局长，协助子胥共同处理国家安全中的反恐事务。为了对这次具有划时代重大历史意义的吴楚之战以永久性的纪念，委员会还一致决定将原首都第一大门——阊门，更名为破楚门，以彰显皇皇国势，烈烈军威。

经过新一轮的权力角逐和再分配，按照各自的封赏，子胥、伯嚭等一帮参与征楚的新贵和大小官僚，纷纷意气风发地走马上任，并在各自的工作岗位上兢兢业业地工作起来。整个吴国在短暂的动荡之后，又焕发了朝气蓬勃的青春气象，出现了热气腾腾的大好局面。

就孙武而言，本以为这次征楚应得头功，按照论功行赏、人尽其才的原则，弄个掌握实权的兵马大元帅应是顺理成章，但由于阖闾的戒备之心和伯嚭从中作梗，其职位和权力一落千丈，算是弄了个灰头土脸。这个尴尬的结局，是征楚战争中渐生骄意的子胥和孙武都没有想到的。孙武躺在家中的床上闭目凝思，忆起当初自己被朝廷招安时，曾和子胥密议先夺取吴国军权，然后窃取王位，摇身变成吴国最高领袖的那个辉煌的阴谋与梦想，一股悲观和

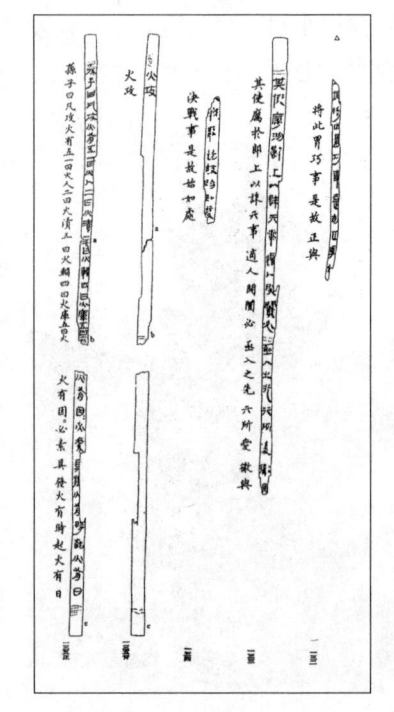

250

第八章 姑苏落日

绝望的情绪弥漫心头。尽管于心不甘，但为从长计议，孙武同子胥商量后，决定忍辱负重，暂时蛰伏下来。

孙武重新从一个破旧的木头箱子中，鼓捣出了在穹窿山革命高潮时期写就的光辉著作《兵法十三篇》（征求意见稿），结合此次统兵伐楚的经验与教训，进行全面而系统的加工修改。

在吴军占领楚国的后期，当楚秦联军反扑时，孙武、子胥率吴军余部曾在雍澨击败楚军先头部队，但很快又被赶上来的楚秦联军主力击溃，而吴军尚未稳住阵脚，又遭到了楚军的火攻，吴军在烈焰升腾中阵脚大乱，一个个弃枪扔戟，哭爹喊娘，抱头鼠窜。无奈烈火来势凶猛，吴军未逃出火海，便死伤近半，从而使孙武所属部队付出了自远征楚国以来最为惨烈的代价。正是缘于这一战争实践和惨败的教训，孙武对火自身的规律以及在战争中的应用，做了潜心研究和诠释。在修改后的《兵法十三篇·火攻篇》中，曾这样写道：

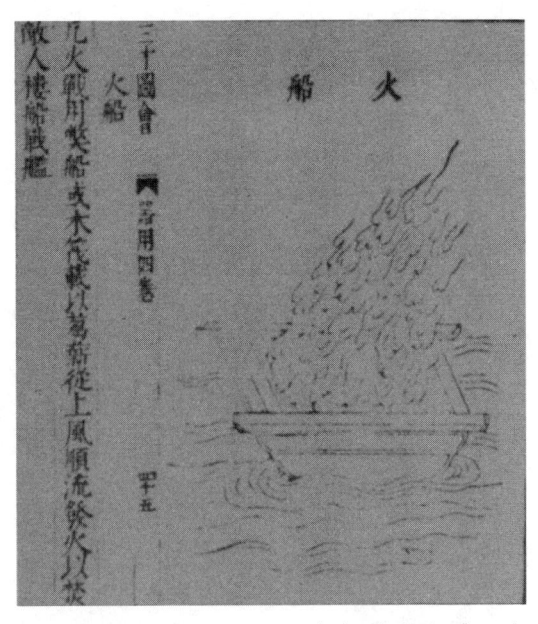

火船（引自《三才图会》）

行火有因，因必素具。发火有时，起火有日。时者，天之燥也；日者，月在箕、壁、翼、轸也；凡此四宿者，风之起日也。凡火攻，必因五火之变而应之。火发于内，则早应之于外。火发其兵静而勿攻，极其火央，可从而从之，不可从而止也。火可发于外，毋待于内，以时发之。火发上风，毋攻下风。昼风久，夜风止。凡军必知有五火之变，以数守之。故以火佐攻者明，以水佐攻者强。水可以绝，不可以夺。夫战胜攻取，不修其功者，凶，命之曰费留。故曰：明

251

主虑之，良将修之……

篇中除了说明实施火攻的天时地利、方式方法外，还将水与火的两种攻击方法做了对比。强调用火辅助进攻，效果显著；用水辅助进攻，攻势强大。水可以达到把敌人分割阻绝起来的效果，但却不能夺取敌人的积蓄。根据吴军后来失利的切身体会，孙武特别指出："凡是打了胜仗，攻取了土地城邑，而不能修道保法、巩固胜利成果的，就必然会有祸患。所以，明智的国君要慎重地考虑这个问题，贤良的将帅要认真地处理这一问题。"这后一段文字，便是孙武对于吴国远征军破楚入郢之后，因"不修其功"最终导致失败这一教训的深刻反省与检讨。

除孙武本人外，关于这次吴对楚用兵的得失，后人亦多有反思和评论，宋人苏洵就曾直言不讳地对孙武提出了批评，他在其著作《嘉祐集·孙武》篇中说道："吴王阖闾之入郢地，武为将军，及秦、楚交败其兵，越王入践其国，外祸内患，一旦迭发，吴王奔走，自救不暇，武殊无一谋以弭斯乱。若按武之书以责武之失，凡有三焉：《九地》曰'威加于敌则交不得合'，而武使秦得听包胥之言，出兵救楚，无忌吴之心，斯不威之甚，其失一也；《作战》曰'久暴师则国用不足。夫钝兵挫锐，屈力殚货，则诸侯乘其弊而起。'且武以九年冬伐楚，至十年秋始还，可谓久暴矣，越人能无乘间入国乎？其失二也；又曰'杀敌者，怒也'，今武纵子胥、伯嚭鞭平王尸，复一夫之私忿以激怒敌，此司马戌、子西、子期所以必死以仇吴也，其三失也。"

自然，苏洵也是只知其一不知其二，当年的孙武入郢之后，想的主要是吃喝玩乐，捉鸡弄狗和如何篡位

禽兽（《武经总要》）

燃烧性火器竹火鹞（模型）
用竹编成篓状，外糊纸数层，内填易燃物及小卵石，一端装有干草，点燃后用抛石机投向敌军

第八章 姑苏落日

夺权,坐吴国的第一把交椅,哪里还管什么阖闾与吴军之中的事务,因而后来就不可避免地造成了政治、军事等各方面的被动。而已经落败的孙武自到"军研"上班后,通过对吴楚战争及自身命运的反思,对于以上几个问题,亦有所认识,并针对具体实践中的得失,把自己的早期著作在理论上重新进行了更高层次的修订。也正是孙武本人对战争实践的勇于探索与深刻检讨,使得他的《孙子兵法》一步步朝着真理与科学的尖峰迈进,并最终使这一兵学理论达到了炉火纯青的境界,创造了人类战争理论史上前无古人、后无来者、力压群雄、一骑绝尘的奇迹。

作为已被阖闾窥探到心中暗藏反革命阴谋的孙武,其生存环境变得越来越恶劣,各种或明或暗的打击与限制也接踵而至,实现理想的空间和可能越来越小,但他还是忍辱负重,咬紧牙关,在艰难中向着既定的目标稳步前进。除了根据战争实践不断反思自省,修订补充他那视若生命的《兵法十三篇》之外,也在可能的范围和情况下,热切关注着吴国的命运,并在政治、军事、外交等方面施加自己的影响。

自吴国远征军撤出郢都后,楚国君臣经过一番艰苦努力,凭借国际社会的人道主义援助侥幸复国,但此楚非彼楚,其政治、经济、文化等各个方面,均受到了伤筋动骨的重创,整个国家元气大伤,在短时间内很难恢复流血的伤口及往日的活力与强盛,更无法与在战争中成为暴发户的吴国抗衡了。面对新的世界格局,已经强大起来的吴国要想进一步发展并称霸天下,势必要在南服越人和北抗齐、晋两个方面做出正确的选择,并需要在决策和行动上分清轻重缓急,采取各个击破的战略方针,尽量避免在同一时间陷于两线作战的被动局面。

当这一大的战略决策确定之后,在南进还是北上的问题上,吴国庙堂之上展开了一场激烈争论。以伍子胥为首的部分文臣武将,坚决主张南进伐越。而以阖闾、伯嚭为首的一派,见强楚已破,渐渐滋生出一种引兵北向中原,与齐、晋等超级大国一争雌雄的雄心。孙武此时虽已被隔离到最高决策圈之外,但由于他在征楚战争中所显露的卓越才华和崇高威望,加之和伍子胥的私人关系,以及他本人的不甘寂寞,他不可避免地卷进了两派相争的旋涡。在这个热得有点发烫的旋涡中,他旗帜鲜明地站在子胥一边,竭力主张南进伐越。在他看来,位于吴国南部的邻国越国,尽管属于贫困的第三世界国家，但它却长期与超级大国楚国狼狈为奸、沆瀣一气与吴国作对。现在它的盟友楚国已遭到了吴军的重创，但它似乎并未引以为戒，反而亡吴之心不死，摆出一副爱谁谁的架势，不知深浅地增派大军压迫吴境，张牙舞爪、兵锋咄咄，大有闻风而动、一举吞灭吴国之势。相对于越国的敌对态势，北边齐、鲁、晋等大国的威胁，则显得并不那么迫切和严峻。按照子胥的说法，北边的齐、鲁不过是吴国身上的一块"疥癣"罢了，即使攻陷齐、鲁，也"譬犹石田，无所用之"。而越国则是吴国的心腹之患，如不尽早将其放倒摆平，则必受其大害。因而，孙武除了私下里对向南还是北向的决策圈施加自己的影响外，还撰写文章，从不同的角度论证越国对吴国的威胁以及即将形成的心腹之患，并以越国为假设之敌，形象地阐明了自己的战略原则与政治主张。这一原则与主张，大多通过不同的渠道献给了阖闾，有一部分精华留在了其不断修订的《兵法十三篇》中，为后世所了解。

阖闾、伯嚭之流尽管与孙武、子胥持相反的态度，但毕竟越国近在咫尺，并屯兵边境，整日对吴国虎视眈眈，隔三岔五地还要来一次骚扰进犯，弄得吴国上下鸡飞狗跳、不得安宁。在这种情况下，阖闾不得不暂时采纳孙武、伍子胥等人的战略方针，将进攻打击的矛头首先对准越国，并等待机会给对方施以颜色。

吴越之战

周敬王二十四年（公元前496年），阖闾已不再年轻，身体的各个部位，无论是从上到下，还是从里到外，都没有了当年发动反革命政变，抢夺大位时的风采和气魄了，每一个毛孔里都透出腐朽与骄横之气。就在这一年，越王允常去世，其年轻的儿子勾践嗣立。年老昏聩的阖闾认为这正是进击越国的大好时机，便不顾子胥、孙武等人呈递的"敌人已有准备，此时进攻并非良机，务必等待一个适当的时机，于适当的地点，向敌人发起总攻"的分析报告，大兴吴师，攻打越国。为了显示这次出征的重要性与必胜的信念，已呈癫狂状态的阖闾，撇开了伍子胥、孙武以及最宠信的干将伯嚭

第八章 姑苏落日

等人，自任前敌总指挥兼总参谋长，亲率一干人马，浩浩荡荡地向越境杀来。新上任的越王勾践闻报吴师来犯，沉着冷静，本着"兵来将挡，水来土掩"的战略原则，果断命令正处于一级战备状态的越军出营抵御。两军在吴越边境的檇李遭遇，大战随之爆发。激战中，年轻的越王勾践指挥灵活，出其不意，将士奋勇当先，拼死而战，整个越军以哀兵必胜的信念强势主导了战场。而与此相反的是，阖闾刚愎自用，狂妄自大，冒进轻敌，指挥不当，致使战略战术破绽百出，贻误战机，一步步陷于被动挨打的困境不能自拔。几十个回合下来，吴军死伤大半，无力再战，最后以全线溃退的惨败而告终。最为不幸的是，阖闾本人在溃逃中身负重伤，躺在担架上吐血不止，未等回到吴国他那寻欢作乐的老巢，便撇下了手下的残兵败将呜呼哀哉，算是了结了罪恶的一生。

砰然倒地的吴王阖闾

阖闾归天之后，他的次子夫差成了新一代领导人，这位用他父亲的话说，是既愚蠢又残暴的新领袖，上台之后最上心，也最想干的一件事，就是为其父报仇雪恨。夫差命子胥、伯嚭两位重臣分别在太湖昼夜训练水军，在灵岩山训练射箭，自己亲自操练步兵与车兵，实施全方位立体训练，同时加强各个方面的军事实力。按夫差的打算，待老爸三年丧满，立即发兵攻越复仇。

正当夫差整日磨刀霍霍之时，一直密切关注吴国动向的越王勾践，感到吴越之间已结下了不共戴天之仇，双方不拼个鱼死网破，你死我活，绝没有罢休的可能。待勾践得知阖闾三年丧满吴王即将伐越的情报后，内心越发感到不安，为摆脱被动挨打、国破家亡的命运，年轻气盛的勾践决定孤注一掷，先发制人，打吴国一个措手不及。在这一战略思想的指导下，越国方面于周敬王二十六年（公元前494年）

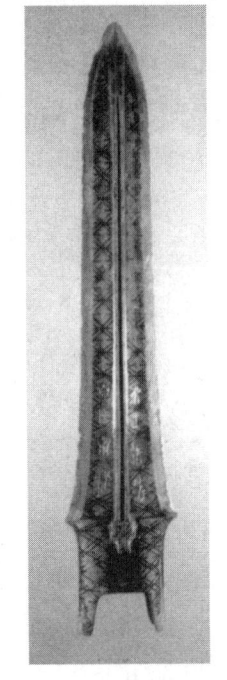

湖北江陵马山5号墓出土的吴王夫差青铜矛

吴师击越图

春天，也就是阖闾丧期尚不满三年的时候，悍然挑起了对吴战争。越军以精锐之师，采取速战速决的闪电式战术，迅速突破边境防线，向吴国内地纵深穿插而来。吴王夫差闻报越军来犯，大声骂道："好一个越王勾践，我没犯你，你倒是先犯起我来了，看老子怎么教训你这个黄口小儿。"

　　按照此前拟定的战略部署和作战计划，夫差立即下令调集全国约十万兵力御敌。其军队的最高统帅、总指挥，由夫差本人担任，同时任命伍子胥为前敌总指挥兼参谋长，伯嚭为副总指挥、秘书长兼夫差行辕主任。在子胥的力荐下，孙武出任本次战役的军事顾问，主抓情报的辨别和战略方针的咨询工作。战争开始之初，吴军故意示弱，很快被勾践的精锐击垮，军兵四散奔逃。勾践一看眼前的阵势，心中不禁骂道："他娘的夫差，整天吃吃喝喝，鼓吹整军练兵，现在看来练出的这个军队，也无非一群乌合之众罢了。"自此顿生骄横之情，下令直进逐敌，力争一举歼灭吴军。想不到越军追追停停，停停追追，直到位于太湖边的夫椒才彻底停止了追击——越军精锐已完全陷于夫差大军布下的埋伏圈，不得不停了。直到此时，勾践才蓦地意识到自己犯了一个多么严重的轻信冒进的常识性错误。但是，无论这个错误有多么严重，现在都只能拼死一搏了。两支大军短兵相接，可谓仇人相见分外眼红。双方抡起刀枪剑戟，你来我往厮杀起来，直杀得天昏地暗，日月无光，整个太湖的碧水春波被血水染成惨淡瘆人的殷红色。当战争进行到上半场的晚些时候，越军虽处劣势，但困兽犹斗，置生死于度外，顽强拼杀。

第八章 姑苏落日

当进行到下半场时，勾践察觉自己败局已定，且无回天之力挽回颓势，若再继续拼杀下去，必将全军覆没，片甲难存。为保存实力，勾践收拾残兵败将，瞅准吴军的薄弱环节，杀出一条血路突围而出。而吴军凭借兵强马壮，熟悉地形，尾随越军，穷追不舍，并于浙江（今钱塘江）边迫近越军。勾践一看这情形，感到无法再逃，无奈中只好下令残兵败将摆开阵势与吴军做最后一拼。强大的吴军如泰山压顶一般砸了过来，在战马的嘶鸣与隆隆滚动的车轮中，越军残部又损兵折将，死伤大半，勾践不得不带领中央军五千亲兵夺路逃窜。当一路马不停蹄，人不歇脚，狼狈不堪地窜至会稽山上一个小城之中时，从君臣到甲士，都感到再也无力前行一步了，勾践不管是死是活，都要在这里依山凭险，抵抗到底。一直跟踪追击的吴军见越军进入小城不再出来，便尾随而至，将小城连同整个会稽山麓团团包围。勾践连同中央军将士被困在会稽山上，先是断水，后是断粮，处境日渐困难。就在这一干人马即将全部玩完之时，勾践听从了手下臣僚的建议，本着"留得青山在，不怕没柴烧"的生存之道，决定在保存越国江山社稷的情况下，通过贿赂伯嚭让其从中调停，并表示向吴国名义上屈辱求和，实际上是屈膝投降，俯首称臣。愚蠢残暴的夫差在前敌副总指挥兼行辕主任伯嚭的教唆、鼓惑下，不听子胥、孙武等人提出的宜将

面朝大海的伍子胥塑像

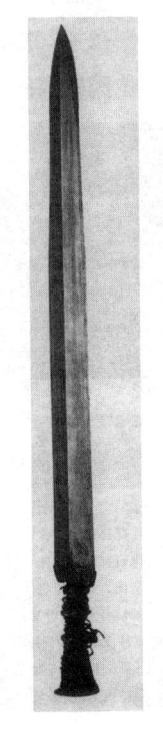

越王者旨於睗剑

湖北江陵望山一号楚墓出土的越王勾践青铜剑

古邗沟遗址

剩勇追穷寇，一举将越国灭亡的苦谏，毅然接受了对方的求和。此时的夫差当然不会料到，举世震动的吴越夫椒之战，以吴国的胜利、越国的失败而暂时画上了句号的同时，也为吴国埋下了国破家亡的伏笔。

当然，在这次战争过后相当长的一段历史时期内，越国沦为吴国的附庸，一切事务尽受吴国摆布。吴王还令勾践夫妇到吴国宫廷中服苦役，勾践靠吞吃大便才赢得了吴王夫差的同情与怜悯，也是靠吞吃大便的假象，在躲过杀身之祸的同时，掩盖了自己复国吞吴的阴谋。

吴军在夫椒之战大败越师，取得了吴越争夺区域霸权的决定性胜利，使吴国在称霸天下的道路上又迈出了坚定的一步。就夫差本人而言，夫椒之战是他成为吴国新一代领导人以来，在对外战争中取得的第一个具有划时代意义的胜利，这个胜利在使他治国平天下的信心增长的同时，也无形中使得他志骄意满、忘乎所以，各种欲望急速膨胀，从而走上了一条穷兵黩武、急于求成，战略决策失误，匆忙北伐又盲目乐观的歧路。

当然北伐中原，与齐、晋争霸天下，这是吴国自阖闾时就有的夙愿。早在吴军伐郢归国之后，在区域局势并不稳定的情形下，阖闾就召集臣僚商讨北伐齐国的大计，只是由于越国在边境不断骚扰闹事，阖闾才不得不将北进中原的战略计划暂时搁置起来。现在既然越国已经臣服，那么迫使越国臣服的新的领导人夫差，借着夫椒胜利的骄气与蛮劲，感到理所当然地要实施战略目标的转移，将工作的重心从南

第八章 姑苏落日

面转移到北伐齐、晋，以尽快图霸中原上来。这个变化，使庙堂之上已经暂时掩盖起来的矛盾，再度突兀，并迅速明显与尖锐起来。

按照伍子胥、孙武等人的战略指导方针，既然越国已被打败，就应趁机斩草除根，彻底干掉它，否则放虎归山，早晚要成祸患。而越王勾践为了讨好夫差，掩盖心中的复仇阴谋，他能想出以大便为道具，连吃加喝不厌其烦地进行伪装性表演活动，这说明其人非同一般。他不会甘居人下，总有一天要兴风作浪。只有彻底、干净地把越国灭掉，才能确保吴国北进时没有后顾之忧，避免出现两线作战的被动局面。

但是，夫差却不认同子胥、孙武等人的理论，他认为自己的那个"释越而攻齐"的战略方针，才是放之四海而皆准的伟大的创造性学说。在这个奇异理论和战略方针的指引下，自公元前494年至前484年这十年左右的时间里，吴王夫差被越王勾践迷惑，完全放松了对世仇越国的警惕，并置子胥、孙武等人的多次劝谏于不顾，强行将主要精力投入到对齐国战争的筹备之中。为达到顺利进兵中原的目的，公元前486年，吴王夫差下令在长江以北修筑邗城，并在其旁开凿中国历史上第一条大运河，以沟通长江、淮河两大水系。公元前485年，吴国两次出兵攻齐，以试探、了解齐国的虚实。当一切准备就绪后，夫差遂于公元前484年出动吴军主力，并联合鲁军大举伐齐。由部分经特殊训练的海陆两栖军队从海道进发，从而开创了中国历史上首次大规模使用海军陆战队的光辉战例。当吴鲁联军到达齐境后，齐师被迫于艾陵附近摆开阵势迎敌，自此正式拉开了春秋战争史上著名的艾陵之战的序幕。在这场声势浩大的战役中，吴军凭借十年的精心准备和操练，大败齐师，并一举缴获齐军革车八百乘，斩杀甲首三千，同时俘虏了大批齐军将帅。艾陵之战的胜利，使原本狷狂自傲的夫差更加骄横跋扈、不可一世，他立即告知吴军将士，做好新一轮大战的准备，在不远的将来，就要与强大的晋国一决雌雄，夺取中原霸主的地位。

伍子胥等人对艾陵之战的胜利以及北伐晋国等这一套做法仍不感冒，反而对越国一直保持高度的革命警惕，多次用事实揭露越王勾践的狼子野心。而这个时候，勾践骗得了夫差的绝对信任，被恩准回到了自己的祖国，开始了励精图治、富国强兵的行动，并在民族复兴的道路上迈出了坚实的步伐。与此同时，勾践在其手下弟兄范蠡、文种等安全助理与秘书班子的策划下，

绝代兵圣

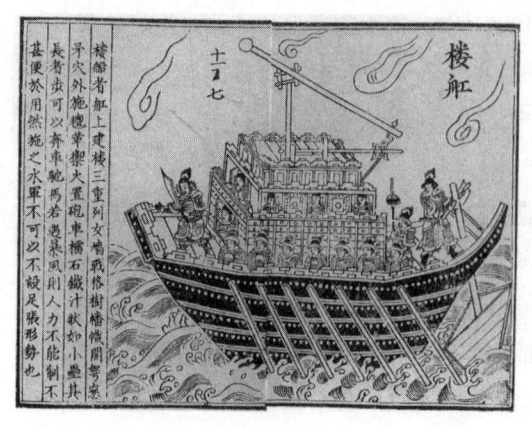

吴国的楼舡（《武经总要·前集》卷十）

越国勾践小城示意图（南京博物院考古研究所提供）

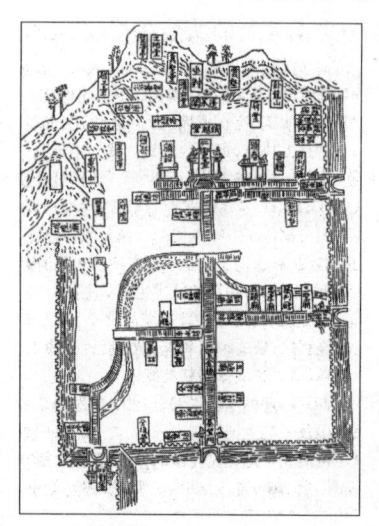

于越国的芸芸众生中，物色到一个名为西施的美女，悄悄送与吴王夫差享用。有些昏昏然与飘飘然的夫差没有想到，躺在他怀中的绝色美女，竟是勾践美人计中的诱饵。她钻入夫差的怀抱里仅一个晚上，就把这个狂妄自大、目中无人、天上地下唯我独尊的吴国最高领导人搞得服服帖帖、神魂颠倒。在很短的日子里，西施就取代了子胥和伯嚭。自此之后，夫差从精神生活到实际工作，一切皆由名姬西施主任安排和操纵。而西主任没有忘记自己的责任与使命，她利用一切可能的机会，给夫差灌输"不必南进，急需北伐"的政治主张和战略理论，并以革命尚未成功，大王还需努力的春秋大义来勉励夫差，竭力促成其北伐的军事行动。

这个时候的越国，其国力已有了很大的恢复，并具备了东山再起的可能。放眼国内，"其民殷众，以多甲兵"。这一点，无论是尚未完全失宠的子胥，还是潜心于越国情报研究的孙武，都心知肚明，并为此忧心忡忡。尤其夫差自有了西施之后，整日纵酒欢歌、不问国事，引得朝廷内外意见纷纷。子胥与孙武以书面形式向夫差打了报告，措辞强硬地指出："越国已经死灰复燃，并即将东山再起，如不赶紧伐越，将勾践彻底消灭，在不久的将来，吴国就要被越国所灭，坠入万劫不复的深渊。"

刚愎自用的夫差看罢子胥、孙武二人的这份很不吉利的报告，顿时火起，先是用朱笔在抬头上批了"天方夜谭"四个大字，接下来顺着胸中的火写道："乱臣贼子，天下共诛之。子胥，今后你他娘的赶紧给我闭上嘴巴，同时

第八章 姑苏落日

告知你那个哥们儿孙武,亦少搞些与吴国大政方针相违背的歪理邪说为妙,否则,本大王不再心慈手软,先斩了你们两个的头,以更好地破除迷信,北伐中原,完成天下统一霸业。"

子胥一看自己好言相劝,对方不但不听,还要开刀放血,决定从此闭上嘴巴,不再叫嚷伐越之事。与此同时,他开始琢磨为自己留一条后路,一旦有一天跟夫差彻底闹翻,可以仍像当年由楚入吴一样,进入另一个超级大国重起炉灶,另行开张营业,以实现自己的未竟之梦。待主意打定之后,子胥瞅了个出使齐国的机会,将自己的儿子偷偷带出国门,托付给齐国一位鲍氏大腕儿照顾培养,为自己日后叛国投敌开辟了一条地下暗道。

孙武最后的时光

当夫差从伯嚭处得知伍子胥偷送儿子去齐国潜伏的情报后,当即破口大骂道:"小伍子,怪不得我要攻打齐国,你千方百计出来阻拦和捣乱,原来你与齐国早有勾结。想我大吴国祖祖辈辈没有对不起你的地方,你老贼竟要叛国投敌,出卖国家和民族利益。跑得了和尚跑不了庙,看我如何收拾你这个老贼!"

已与子胥有严重过节的行政院副总理伯嚭,早就想除掉子胥好让自己被扶正。此次一看夫差怒不可遏,大骂不止,便火上浇油,趁机进言道:"小伍子其人之相貌,脑后长有反骨,先是叛楚投吴,现在又要叛吴投齐。据我手下搞情报的地下工作者讲,他勾结齐国已有好久了,只是做得隐秘不易被发现,据说按伍子胥的计划,他要在适当的时间、适当的地点,拉起他的旧部和门下食客中三千敢死队,联合被离,里应外合,一举推翻以大王您为首的现中央政权,由他来重新组阁并出任吴国最高统帅。"

伯嚭刚说到这里,正搂着西施饮酒寻欢的夫差瞪大了惊讶的眼睛,半信半疑地问道:"是真的吗?竟有这样离奇的事情发生?"

伯嚭满脸严肃地回答道:"君主啊,您可千万不能不信,子胥其人貌似忠厚,实则是残忍无耻的小人一个。常言道,大奸似忠,您想一想,当他自楚流窜入吴之时，他连他的父兄都置之不顾，还指望他为君主尽什么力？如不早早动手除掉这个反革命分子，他日必为祸害。"

听了这话，柔若无骨的西施从夫差的怀里挣脱而出，白嫩细腻的手指轻轻点着对方的额头，用极富勾引力并伴有几分哀怨的腔调说道："我说老夫呀，你整天还说我是大傻，依我看呢，你才是普天之下最大的一傻。你想一想，一个起码的道理，他的儿子在吴国待得好好的，若是子胥不想搞反革命政变，不想篡位夺权，他何苦费力劳神把他儿子弄到齐国，这不是明目张胆地在对你说，夫差我要造反夺权吗？到了脑袋就要被人搬家的时候，你还稀里糊涂地蒙在鼓里，这不是普天之下最大的傻帽儿是什么？"

西施的一番话，说得夫差又羞又恨，好像自己真的成了天下最大的傻帽儿，所有在场的人都在观看自己的窘态似的。羞恨交加中，夫差脸色如紫色的茄子，两眼喷火，嘴唇哆嗦，懵懵懂懂地抓起宴席上一只青铜大觚，粗壮的胳膊抡圆了猛地摔了下去，只听"咣当"一声，大觚在撞击桌面后蹦起三尺多高，斜楞着向西施正翘起的雪一样绵软白皙的大腿飞将过来。伯嚭一看要出乱子，一个箭步蹿上来，欲挡住铜觚，但为时已晚，笨拙沉重的大铜觚正落在西施的大腿根部。随着"嗷——"一声惊吼，西施整个身子"哗"的一下蹿蹦于宴桌之上，桃花样鲜艳欲滴的脸蛋蓦地插入一盆仍冒着热气的菜汤中，霎时汤水四溅，雾气升腾。席前的各色食客一看西施落到了菜汤之中，也顿时群起响应，呼呼隆隆地来了个狗跳，才算是躲过了铜觚的袭击和热汤的烫灼。此时，名姬西施的脸已从菜汤中移出，尖叫着在酒桌上打滚翻腾。如梦初醒的夫差一把搂住西施，命人速请御医。

那边西施正在抢救，这边夫差为解除心中之恨和西施落汤之羞，下令伯嚭立即派人把子胥抓到宴席，欲施以刑罚。待子胥稀里糊涂地被人从热乎乎的被窝里强行拖出，只穿了一条裤衩到来后，夫差在大殿中翻箱倒柜，将祖传的"属镂"之剑弄了出来提在手中，而后一声不响地伸手抓住子胥稀疏花白的头发，用尽气力，猛地将其头强行按于那个曾给西施洗过脸，而现在仍散发着热气的菜盆里。在反复地晃荡了几次之后，才将铁钳一样的手松开。未等子胥弄清眼前发生的一切，一把明光闪亮专门用于赐死的"属镂"之剑又伸了过来。直到这时，夫差才破口大骂道："子胥老贼，你真是一个阴险狡诈、两面三刀的吴国妖孽，整天是君主不离口，本本不离手，当面哈哈

第八章 姑苏落日

笑,背后下毒手。拿起筷子吃肉,放下筷子骂娘,打着旗帜反旗帜。你他娘的背着本大王里通外国,把你的儿子偷偷送到齐国潜伏起来,准备与你里应外合,暗中进行反革命政变,夺取以本大王为首的吴国政权。你的谋反企图罪证确凿,根据大吴律法第一百三十二条第八款之规定,罪在不赦。现在,我代表人民正式宣叛你的死刑,立即执行。为了简化手续和时间,就不要烦劳刽子手行刑了,你自己用我祖上传下的这把斩妖除魔宝剑痛痛快快地了结狗命吧!"

一直处于朦朦胧胧之中的子胥听罢,打了个冷战,思维顿时清醒了过来,知道自己的阴谋已经败露。根据天下所有王国的法律规定,凡谋反者均是杀无赦,看来今天只有死路一条了。想到这里,他静了静神,先是抬起胳膊将满脸的菜汤和菜叶子擦了擦,而后心一横,仰天大笑道:"我知道这一天早晚是要来的,想不到竟是今日。我伍子胥死不足惜,只是我死之后,吴国也会很快灭亡的。"言罢从地下捡起"属镂"宝剑横在脖子上,转身看看夫差,又望望身边的伯嚭,面色冷峻地对伯嚭道:"我们同乡、同事一场,临死前有一事相托,想来你不会推辞。我死之后,请你把我的眼珠挖出来,挂在东门之上,我要亲眼看着越王勾践是怎样率领人马攻进城来,吞灭吴国并杀死夫差的。"说完大笑两声,挥剑割喉,砰然倒地。

夫差看着子胥热血喷涌,身子在地上蠕动了几下便结束了性命,仍觉不解其恨,遂命令伯嚭派人将子胥的头颅割下,挂于城门外的百尺高竿示众。伍子胥就这样结束了他那奇特的一生。

正当吴国宣传部门发动群众云集校场,围着子胥血肉模糊的尸首,高呼口号,愤怒声讨这个十恶不赦的叛徒、反革命首领之时,被离遭到夫差卫队的公开逮捕。这一消息很快被子胥的另一个铁哥们儿孙武得知,并立刻意识到自己处境的严峻。他开始思考自己应该如何面对这场突如其来的变故。经过短暂的思索,意识中有几个方案可供选择:

一、坐在家中等着慷慨就义,壮烈牺牲。

二、主动跪在夫差面前表示与子胥坚决划清界限,并立即转变立场,将功补过,立功赎罪,争取宽大处理。

三、贿赂伯嚭,请求此公在夫差面前替自己多加美言,开脱罪责。

四、纠集旧部在适当的时机、适当的地点,发动针对夫差的一场革命暴

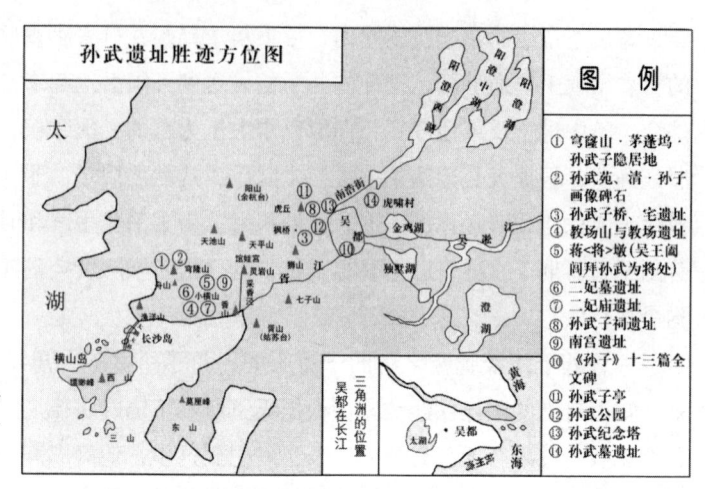

孙武遗址胜迹方位图（苏州市孙武子研究会提供）

吴越攻伐路线图

动，将吴国最高领导权揽于自己的怀中。

五、潜逃。

在这几个方案中，孙武认为最后一个方案，比之其他四条，或许是最为可行和明智的一条，也是最为上等的计策。于是，孙武决定鞋底抹油——开溜，在前来捉拿的人未到之前，尽快实施潜逃，此所谓三十六计，走为上策。

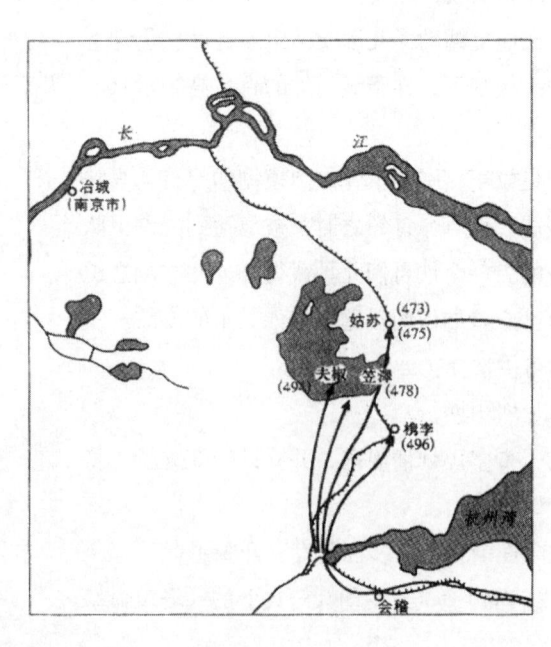

在山雨欲来风满楼的危急和生死存亡的紧要关头，大半生戎马倥偬，在吴楚两国纵横驰骋，演绎了一段传奇故事的孙武，就这样开始了另一种潜逃的人生体验和传奇历程。关于他潜逃时的具体情境以及逃亡去向，由于历史的记载极其模糊难辨，由此成为历代兵家学者几千年来苦苦探寻追索的一个谜团。有关孙武的流窜方向、潜伏地点与最终结局，在庙堂与江湖之中，大体有如下几种说法：

第八章　姑苏落日

清代著名经学家孙星衍在苏州镌刻的有关孙武生平事迹的碑文

1.被杀戮而死。如《汉书·刑法志》称："孙、吴、商、白之徒，皆身诛戮于前，而功灭亡于后。"颜师古注"诛戮"的人名云："孙武、孙膑、吴起、商鞅、白起也。"唐李筌《太白阴经·善师篇》亦承袭其说，谓"孙、吴、韩、白之徒，皆身被刑戮，子孙不传于嗣"。从这些描述的情况来看，孙武晚年的景况必然不妙，在伍子胥这个现行反革命分子被杀以后，他受到牵连应是很正常的。不过，孙武被"诛戮"之说尽管《汉书》有载，但《史记》却没有记录，《汉志》也未言其原委和出处，因而这个说法应属于存疑的范畴。

2.部分史家的推测是，由于伍子胥被杀，孙武开始潜逃流窜，他先是携家带口流窜到穹窿山曾造反起事的老巢潜伏下来，一边悄悄联络散落在周围地区的旧部，重温在此建立根据地时那个辉煌的旧梦，一边根据新的人生经历和对战争艺术的进一步观察与思考，对自己所著《兵法十三篇》进行修订。到了晚年，随着夫差朝廷对子胥其人其事的逐渐淡忘，他的存在与否已变得无足轻重。在这个背景下，孙武悄然离开了曾两次工作、学习、生活和战斗过的革命摇篮穹窿山，转移至姑苏城外的郊区埋伏起来，除了做一点力所能及的耕种外，还以一个知识分子的使命感与责任心，继续对军事理论做深入研究，直到精力耗尽，一命呜呼。

3.另有史家和研究者认为，孙武在晚年的时候，穹窿山地区的革命处于低潮，由于叛徒的出卖，他被打入革命队伍内部的吴国军统特务秘密逮捕，在姑苏由伍子胥当年亲自设计和督造的监狱里度过了一段苦难的时光，最后被夫差所

晚年的伍子胥像（引自《吴郡名贤图传赞》）

害。死后葬于吴都郊外的一片荒野之中。

　　4.还有一部分史家通过对《孙子兵法》的研究认为，孙武自第二次亡命穹窿山老巢后，随着吴国对他的淡忘和自己一天天老去，心灵深处渐渐滋生了一种落叶归根的思乡情结，在这个情结一日甚过一日的纠缠和折磨下，他决定离开穹窿山奔赴齐国故地。而就在这个时候，吴国在越国的连续打击下，已呈苟延残喘之势。孙武趁乱回到了齐地。奔齐后的他或仍回祖上的封地乐安居住，或周游四方并最终在齐国西南部一带终了一生。但不论他在哪里居住，都依然没有放弃对战争规律的探索，并极有可能活到吴国灭亡之后才命归黄泉。这样认为的一个理由是，《孙子兵法·作战篇》指出："夫钝兵挫锐，屈力殚货，则诸侯乘其弊而起，虽有智者，不能善其后矣。"这段记述，显然是对夫差放松对世仇越国的警惕，举兵北上，争当一个虚妄的盟主，最后却导致越国乘隙进攻，破军亡国历史悲剧的深刻总结。

银雀山汉墓竹简《孙子兵法》摹本

　　有史可考的是，周敬王三十八年（公元前482年），吴王夫差突然心血来潮，野心再度膨胀，率领吴军精兵劲旅，浩浩荡荡，趾高气扬地进抵黄池，同鲁哀公、卫出公一起，约请晋定公在此处会盟。就在这次会盟中，夫差以外强中干的军事力量做后盾，将其他诸国唬倒，争得了一个盟主地位。由于他的虚张声势，摆出了一副普天之下舍我其谁的大腕儿派头，早已成为诸侯傀儡的周敬王，不得不出面以实际意义上的公证人身份，赐给夫差一张大弓和一块祭肉，表示承认吴国为当今天下霸主。

　　就在夫差率领手下弟兄，一路凯歌高奏，跨过淮河、长江之时，当年伍子胥、孙武等人所担忧的事情终于发生了。越国的职业革命家勾践，乘夫差率吴军主力北上，国内空虚之际，派名姬

第八章 姑苏落日

西施的情夫——范蠡为大将，率越国精锐之师进攻吴国。越军一路势如破竹，直指吴都。留在吴国国内主持全面工作的太子友见状，急调留守军队，亲任前敌总指挥，号令所部御敌。由于越军来势凶猛，风头正劲，而吴军仓促上阵，太子友指挥失灵，几个回合下来，吴军伤亡惨重，都城姑苏面临沦陷的危险，身为前敌总指挥的太子友不幸以身殉国，壮烈牺牲……噩耗很快被正在回国途中的吴军将士知晓。这帮踏着硝烟走来的热血男儿，想到自己连年征战在外，身心早已疲惫不堪，脉管里的热血已在岁月的冷风苦雨中渐渐冷却。这次跟主子赴黄池会盟，本想弄个天下霸主的牌子，扛回家中往宫中大门外一摆，就可以镇住所有的诸侯，从此之后再也没人敢找吴国的麻烦，自己也可以领到一大笔转业退伍费，解甲归田，休养生息。谁知这天下霸主的牌子还没扛回家，越国的军队就杀气腾腾地攻进来了，且国内守军屡战屡败，姑苏即将沦陷，亡国在即，这怎么得了？想到这里，将士们纷纷流露出惶恐、哀怨、厌战之情。也只有到了此时，夫差才感到形势严峻，立即驱兵向国内奔来。面对越军势不可当的锐气，为保住行将灭亡的吴国，在伯嚭的建议下，夫差无可奈何地同意和越国讲和，算是得到了短暂的喘息机会。

从此之后，越国作为一个独立自主的军事强国在东南区域迅速崛起，同时以战略进攻的姿态屡屡发动对吴国的战争，并在战场上节节胜利。夫差集团大势尽去，一蹶不振。到了公元前473年，越国军队终于攻克吴都姑苏，夫差于走投无路中恋恋不舍地含泪告别西施，拔剑自刎。当夫差那牛一样的身子砰然倒下，极其痛苦地在地下呻吟蠕动时，西施走上前来，很是潇洒地躬身拍拍夫差的肩膀道："我现在才算光荣地完成了越王赋予我的神圣使命。我

伊人远去（温果良绘）

不得不怀揣痛苦而复杂的心情向你作别,因为我的情夫——范蠡将军已在门外恭候多时了。"说完,以胜利者的姿态,昂首阔步走出王宫,一头栽进正在门外等候的范蠡怀中。那范蠡并不答话,只是将西施抱起放于自己的战车中,不再顾及军中事务,扔下几万军队,扬鞭驱车向太湖方向奔去。据说,范蠡和西施跑到齐国一个叫定陶的地方隐居起来。

随着夫差的死去与西施的私奔,曾经欣欣向荣的超级大国吴国从此彻底消失了,随之而来的是相邻的越国进一步强大。若干年后,那位当年靠变戏法吃大便苟活下来的职业革命家勾践,也阴差阳错地登上了天下霸主的地位。不过这时鲁国的孔子老先生已经死了,与其紧密相连的春秋时代宣告结束,历史进入了更加纷繁离乱的战国时期。也就在这个大时代里,孙武的后代,人称孙膑的齐国军事家,又以长江后浪推前浪的雄姿英采登上了战争舞台,并在历史的腥风血雨中,演出了一幕幕诡谲离奇、慷慨悲壮的传奇。

第九章

兄弟相煎

绝代兵圣

孙宾与庞涓，两个野心家不期而遇。酒馆里的革命理想，鬼谷基地的训练，孙、庞学有所成，皆呈大鹏展翅之势。庞涓魏国发迹，墨翟鬼谷访友，阴差阳错，孙宾被邀下山。鬼谷先生说出不祥的谶言，庞涓心中私藏不可告人的打算。明枪易躲，暗箭难防，不知不觉中，孙宾大难在即，生死未卜。

鬼谷学艺

孙宾牧牛图（银雀山汉墓竹简博物馆提供）

按照历代史家较权威的说法，当吴国灭亡之后，孙武不再顾及夫差的眼线以及无孔不入的密探猎狗一样的搜寻与缉拿，他趁着吴都姑苏沦陷，整个吴国硝烟弥漫、战火连天、城内城外鸡飞狗跳、鬼哭狼嚎的大混乱、大动荡、大崩溃、大转折之际，携带家眷仓皇逃出吴境，来到齐地的西南边陲鄄城一带定居下来。几年之后，这位曾叱咤风云的著名军事指挥家总算了却了他那说不清、道不明、稀里糊涂、四处流窜奔波的一生。若干年之后，他的曾孙、在家中排行老三的孙宾又在齐国阿、鄄之间的一个乡村里横空出世了。

当孙宾长到十三岁时，齐国边境战争连绵，瘟疫流行，父母在可怕的瘟疫中先后谢世，两个哥哥也在兵荒马乱中走失，孙宾成了一个流落街头的孤儿。多亏有一位心眼还算不坏、良知尚存的冷姓土财主，看孙宾聪明伶俐，讨人喜爱又处境艰难，便让他到自己家中打工。但只管吃管住没有工资，主要工作就是放牛。

孙宾的父亲在世时，尽管家道早已衰落，但让自己的子孙重振军功贵族世家、再度进入辉煌的梦想却一直没有破灭。为此，对三个儿子自幼进行严格训练，不仅教其练武，同时教其学文。在父亲的言传身教下，年幼的孙宾学业渐有长进。而这个时期，正是强大的齐、楚、燕、韩、赵、魏、秦等七国争雄，诸侯兼并，列国纷争，逐鹿中原的鼎盛之际。整个华夏大地形成了一个"争地以战，杀人盈野；争城以战，杀人盈城"的白色恐怖局面。这种局面为各类野心

第九章 兄弟相煎

家、阴谋家、恐怖分子、流氓无产者、赌徒、酒鬼、嫖客、投机分子等等，提供了展示运气才能的机会。各色人物都想通过这个战火连绵的平台大显身手，以胜利者的姿态成为金钱、美女、权力等最大可能和限度的拥有者。孙宾生活的地方，正处在宋、魏、齐、赵等四国的交界处，是战乱最为频繁的地区，血与火的战争经常在这里发生和蔓延。受所处环境的刺激和战争氛围的影响，这位渐已长大成人的乡村牛郎，突然萌发了走出故乡，钻入硝烟战火之中，豁出身家性命，干一番伟业的强烈欲望。

怀揣着这样的野心和梦想，十八岁那年春夏之交，孙宾决定离开冷姓邻居的牲口棚，到外面的世界去闯荡一番。经过一番准备之后，在一个天色宁静的黎明，孙宾同他放养的几头老牛悄悄说了几句"拜拜"，而后在清晨的晨光下大步流星地走出故乡，开始寻找发迹的机会。就在他流窜、游荡了一年有余，到了"上穷碧落下黄泉，两处茫茫皆不见"，穷困潦倒走投无路之时，忽一日，在一家偏僻的酒肆中，偶然结识了一名叫庞涓的青年壮士。这庞涓祖上曾靠造反发迹，到了他爷爷那一辈时，因继续犯上作乱，被官府有关部门捉住后点了天灯，自此弄了个家破人亡、妻离子散的悲惨结局。当庞涓出生时，家中已是破落不堪，没有什么值钱的财物可供享用了，只有祖上的阴魂还在他心中久久不散，那曾有过的荣光像一面巨大的招魂幡，在夕阳残照的薄雾中迎风抖动，召唤着他在人生征途上再来一次光宗耀祖的大搏击。庞涓成年之后，已出落得高大英俊，相貌堂堂，可谓一表人才。加之他聪明伶俐，能言会道，野心勃勃，气概非凡，更增添了几分英雄本色。这位破落的贵族子弟，越来越不甘心于自己卑微的社会地位和周围人群投射过来的冷漠的目光。同孙宾父亲当年一样，此时的庞涓亦追忆遥远的古代自己祖先那荣光灿烂、冲天盖世的残梦。正是这个残梦的诱惑与催发，使庞涓告别了破落的家庭，奔赴外面的世界去寻求机缘。想不到就在他四处游荡了近三年之后，与同是破落子弟，同样梦想着一朝拥有大量金钱和美女的孙宾相遇了。此时的孙宾尽管潦倒不堪，且一副文弱书生的模样，但因为心中有了梦想，眉宇间便透出蓬勃向上的朝气和不甘久居人下的野心。似乎是上苍的有意撮合，在这个偏僻、简陋、杂乱的，由一位不算漂亮的中年寡妇开办的酒肆里，两个青年人一见如故，水酒就着花生米，越说越投机，最后一拍桌子，干脆结拜成了兄弟。按生辰八字，孙宾为兄，庞涓为弟。结拜仪式后，

鬼谷子与墨翟

鬼谷子隐居处

二人决定结伴到中原最伟大的腕儿——鬼谷子那里拜师求学。第二天他们从街头一堆垃圾旁于大醉中醒来时，相视一笑，然后背起行囊，向传说中的鬼谷子所在的方向奔去。

　　二人要找的鬼谷子，实乃姓王名栩，原是一个著名的乡村混混兼流氓无产者，曾以吃喝嫖赌抽，坑蒙拐骗偷等十毒俱全闻名乡里。因少年时进过私塾，识得几箱当地人称谓的车螂爪子（汉字），曾一度受聘到邻村一个土财主家任教。在任教期间，王栩凭工作之便以及自己还不算太难看的小样加之年轻的本钱，与这土财主的小老婆萌生了爱情。天长日久，终于东窗事发。这一日下半夜的晚些时候，这对旱地里的鸳鸯被老财主派来的暗中监视者抓了个正着。王栩挨了一顿胖揍被炒了鱿鱼之后，感到无颜面对家乡父老，便借着月黑风高之夜远走高飞，无目标地四处流窜。后来于流窜中偶然结识了与之臭味相投的墨家学派创始人墨翟并与其成为铁哥们儿，二人遂一同在云梦山采药修道。几年之后，二人离开云梦山，开始云游天下。在同墨翟周游世界的过程中，王栩突然对人生有了一种顿悟并产生了新的目标。从此，他选择了中原阳城郊外一座大山蛰伏下来，面壁求学，苦苦修炼，争取弄出点惊世骇俗的响声让世人瞧瞧。因选的这地方山高林密，幽不

第九章 兄弟相煎

可测，人迹罕至，怪兽出没，阴气森森，鬼气蒙蒙，故附近百姓称之为鬼谷，意为鬼神出没的山谷。多少年之后，王栩终于修炼成功，具有了数学、天学、地学、医学、诡辩学、恐怖学、攻战学、军事学、帝王学等通天彻地的才学，并经常为附近山区苦难的百姓看病、占卜、观风、相水等，其业务和学问渐为外界所知。而随着民间的传播，王栩的名声越来越大，越来越神，最后成为神龙见首不见尾的魔鬼妖怪一样的神秘人物。在这种神化与妖魔化的双重境界中，那些封建迷信与玄学思想严重，缺乏唯物主义世界观，不知道用科学思想武装头脑的当地土著开始称其为鬼谷先生。再后来有不少社会闲杂人员，因在乡村无所事事，便慕名前来问学求道，借此打发无聊的时光。王栩并不谦虚，也不推辞，根据来者的要求，开始在鬼谷中因陋就简地设坛讲起学来。门徒们对老师的学问深为佩服，为了表示尊敬，又称其为鬼谷子。因这位鬼谷子确实对一些学问做过精深的研究，在当地这个老少边穷地区普遍缺少文化知识和科技精神的情况下，所授之学，便成了空谷足音，开山火炮，令四方震动，八方瞩目。自此之后，原来的乡村混混王栩的名字已少有人提及，倒是这鬼谷子的名声越来越大，前来拜师问学者络绎不绝。

随着求学、问道人数的增多，鬼谷子在其居地的深谷正式建立了一个训练基地。此时的鬼谷子整过几十年的修炼，越来越成了生活中的另类，在收徒和教学中，他最看重和欣赏的是人的梦想，也就是若干年后人们所说的一些主义之类的理想。对待求学者，采取来者不拒、走者不留的原则。根据每人的天分、资性、志向等分门别类地予以收留、传授。无论你学天文还是数学，是习文还是习武，是要做一个嫖客之王，还是想当一名江洋大盗，或者是游侠、刺客，只要你有梦想或者说理想，鬼谷子都耐心传授，从不挑三拣四地予以拒绝。整个训练基地渐渐成为一个三教九流云集，各色人等混杂的大染缸。在这个大染缸里，各个前来求学的门徒都做着不同的梦，或吃喝玩乐，或升官发财，而其中相当一部分毕业之后，为七国朝廷所重用，在火热的现实生活中做出了不可或缺的卓越贡献的同时，也实现了自己升官发财的辉煌大梦。当然也有相当一部分离开基地不久就因为作奸犯科，被抓获后投入大牢，或老死或病死或暴死或饿死或被折磨而死等，以不同情形了结了身家性命。因鬼谷子本人的复杂和所授学问的多样性，以及门徒的芜杂性和

273

走出鬼谷后命运的多变性，便有了时人或后人对鬼谷子其人其术两种截然不同的评价。在历代评价中，或极褒之，或极贬之，大有天壤之别的味道。如宋代的高似孙就曾说过：鬼谷子"其智谋、其术数、其变谲、其辞谈，盖出战国诸人之表……是一代之雄"。而明代大儒宋濂则说："鬼谷子所言之捭阖、钩钳、揣摩之术，皆小夫蛇鼠之计智。用之于家，则亡家；用之于国，则偾国；用之于天下，则失天下。"从两位不同时代代表人物的评价中，可以看出对鬼谷子评价的巨大落差。但不论各种评价孰是孰非，从鬼谷子先后调教出来的史籍中记载的纵横家张仪、苏秦，战略家孙膑、庞涓，以及道士茅濛等著名大腕儿来看，鬼谷子确实弄出了他理想中的惊世骇俗的响声，并把一个本来就不太平的天下，又搅起了阵阵大起大落的惊涛狂澜。

却说孙宾、庞涓各自背着一个用蛇皮一样的口袋包裹的铺盖卷，一路打听向阳城郊外深山密林中的鬼谷走来。当穿过一片峡谷之后，顺着狭窄的山道来到一个山口处，正欲进山，只见一位穿着破旧的白发老汉，躺在一块青石板上挡住了去路。庞涓上前一看，见这老汉睡得正香，还发出了阵阵鼾声。从身旁摆放的一个药篓和篓中盛放的药草可以判断，此人可能是来山中采药的郎中或医药学家。望着老汉安然自得的睡姿和满脸幸福的样子，庞涓心想你这个老家伙，到哪里睡不好，偏偏在这里挡住哥们儿的路，接着抬脚朝老汉的胳膊轻轻踢了踢道："喂，你是死的，还是活的，要是活的就赶紧给我起来。"

老汉哼哼着翻了个身，又迷迷糊糊地睡去。

庞涓见对方没理自己，不觉火起，遂高声喊道："我说你这个白发老怪，听见没有，快给我滚起来，老子要上山去。"

见那老汉仍旧没有醒来，孙宾说："算了吧，看来这老人家太累了，我们从旁边那个斜坡上爬过去，还可继续前行呢。"

"放着正道不走，凭什么我们要爬来爬去的？我看就踩着这个老不死的肚子过去，或者干脆踩死这个狗日的算了。"庞涓说着，抬腿就往老汉身上踏去。孙宾急忙上前拉住说："老弟，使不得，这样做是伤天害理的。"

庞涓见孙宾前来阻止，更来了蛮劲，他一把将孙宾推开道："管他伤天理还是伤地理，老子今天就试一回，看看这天地能把我姓庞的咋的！"说罢抬脚向老汉的心窝踏去。正在这时，只见老汉哼了一声，身子猛地一翻，胳

第九章 兄弟相煎

山中鬼谷老人骑青牛雕像

膊顺势一伸，庞涓的单腿被轻轻挑起，身子猛地向后一仰，扑通一声倒了下去。

庞涓在山坡上滚了几圈，被一棵大树挡住，他趴在地上望着仍在熟睡的老汉，既有些惊奇又有些愤怒地说道："嘿，你这个老家伙是故意跟我较劲，看我如何收拾你。"言毕，猫着腰气势汹汹地冲将上来，待来到老汉近前，飞起一脚猛踢过来。那老汉闭着眼又哼一声，接着来了个大翻身，一只手举起做了个拍苍蝇的动作，顺势将庞涓拍出一丈多远，使他差点掉入无底深渊。

这次庞涓在地上待了好半天才爬起来，惊魂未定地望着眼前的老汉。只见那老汉打了个哈欠睁眼坐了起来，并有些惊讶地望着孙宾与庞涓道："二位是要过去吗？"

"是的。"孙宾回答着，上前深施一礼道，"请老丈借一条路。"

"你们是到哪里去？"老汉一副睡眼惺忪的样子，揉着眼睛慢悠悠地问道。

庞涓闻听此言，既羞又愤地冲上来道："我们到哪儿去，关你屁事，快给我闪开就得了。"

275

老汉并不气恼，依旧慢悠悠地说："你们连去哪里都不告诉我，还妄谈什么借道？"

孙宾再次上前施礼道："实不相瞒，我们俩准备进山找鬼谷子先生学艺，不想搅扰了老伯的白日梦，实在是抱歉，还请老人家多多包涵。"

老汉听罢，哈哈一乐道："你们要早说找鬼谷先生，我就不在这里睡觉了，那就赶紧过去吧。"说完让出一条窄窄的小道。孙宾见状，赶紧拉起庞涓挤了过去，待走了几丈远，庞涓仍余愤未消地回头冲老汉恨恨地骂了一句："老不死的东西，下次再让我碰见，小心你的狗头。"孙宾回头猛地拉了庞涓一把道："不要再胡扯了，天色已晚，走咱们的吧。"于是二人于荆棘丛中，沿着一条羊肠小道向深山峡谷中走去。

过了两个多时辰，孙庞二人面前出现了两缕青烟，走到近前，只见在一个山坡上散落着十几个像是经人加工、改造过的石洞，洞外有几个青少年在自由活动，洞的后面是一片比较开阔的山谷，有些人工建筑的轮廓，因天色较晚，加之雾气蒙蒙，看不太分明。孙、庞二人上前一打听，此处正是鬼谷先生的住地，只是先生外出采药未归罢了。

当太阳落山的时候，突然有一少年喊道："先生回来了！"正在等候的孙、庞二人循声望去，只见一白发老汉，身挎一扁形药篓，步伐矫健地走了过来。庞涓惊愣片刻，不禁脱口而出："我的娘呵，这不是刚才遇到的那个睡觉的老头吗？怎么会是他？"他扭头望着同样感到震惊的孙宾，焦急地问："这咋办？"

孙宾思考了片刻道："只有硬着头皮承认我们刚才冒犯就是了，快跪下。"说着拉庞涓在洞口前低着头跪了下来。

老汉走过来，看到二人，笑哈哈地道："我们是老熟人了，用不着这些礼道，快起来吧。"说罢令迎上来的少年将孙、庞二人扶起。

庞涓望了老汉一眼，满面羞愧地说道："刚才我俩有眼无珠，不知师傅……"刚说到这里，老先生一摆手打断道："刚才的事已经过去了，我的工作就是教育人，要是大家一个个都是圣人，我还在这里侍弄个啥？先到训练基地歇一会儿，待饭熟了再出来吃饭就是了。"说罢，在少年的服侍下，向不远处一个丛林掩映的洞口走去。从此之后，孙宾、庞涓这二人，便在鬼谷子门下一板一眼地开始了受训工作。

第九章　兄弟相煎

鬼谷子不愧是一名教育大腕儿，他根据孙、庞二人都倾向于主攻兵学，将来在疆场上建功立业的要求，按照各自的特长与灵性，让孙宾侧重学习谋略兼战法，令庞涓主学战法兼谋略，二人学起来都觉得轻松愉快，得心应手，学业进步很大。就在训练不断进展中，鬼谷子还经常穿插一些智力游戏，既活跃学习气氛，检测一下孙、庞二人的智力水平，同时也让二人领悟一些平时难以言传的大思想、大计谋、大风范、大境界，更加准确精到地把握战争艺术的精髓。

鬼谷子传艺图。右一为孙宾，左二为庞涓（银雀山汉墓竹简博物馆提供）

这天，鬼谷子突然将孙宾、庞涓叫到跟前说："我给你们每人三文铜钱，你们下山到阳城去买些货物来，不管是什么，只要能把这三个连体的山洞堆满就可以了。"

二人按指示下得山来，直奔阳城。庞涓在街面上转了大半天，掂量着这三文钱买点什么东西才显得堆垛大一些，想来转去，发现一种灯芯草既便宜又显数量，于是用三文钱买了一大担，自己挑着，汗流浃背地回到了鬼谷住地。尽管这一担草明显地连一个山洞都无法撑满，但庞涓心想，我没有办法来实现师傅规定的远大目标，你孙兄也当如此罢了，不见得就比我搞到的东西更多更大。庞涓在洞前一边喝着茶水，一边得意地想着，太阳快落山的时候，只见孙宾空手从山下走来。师徒几人寒暄过后，大家都询问对方弄的东西何在。只见孙宾不慌不忙地走进洞中，先将洞口遮掩，不让外人入内，然后从衣袖里取出三根用油松的油料做成的燃料棒分别放入三个洞的中央，然后用火一一点着。待一切准备就绪后，孙宾将洞口的遮挡撤去。只见三个石洞光芒四溢。鬼

277

谷子望着孙宾满意地笑了，而站在洞口的庞涓则明显露出不服气的神情。

鬼谷子尽管看出了庞涓因这次败北而心生嫉妒，但并没有停止这类智力测试的活动，反而乐此不疲地变换花样来回折腾。几个月之后，鬼谷子又突然心血来潮，有些神经兮兮地对孙、庞二人说道："从今天起，我只在洞中活动，三天之内，看你们谁能把我请出洞。"二人听罢，觉得有些刺激，便开始思虑起招数。

眼看一个上午过去了，孙、庞二人都没想出能令师傅走出山洞的妙计。到了下午，庞涓有些憋不住了，想尽快打破这个僵局。他在洞外转了一圈，突然灵机一动，高声叫道："先生，大事不好，山下来了一伙人，看相貌和穿着打扮，好像是匪徒，眼看就要对我们下毒手了，你就不要在里头装神弄鬼、耍这个布袋戏了，赶快出来看看咋应对吧。"

鬼谷子轻轻哼了一声道："这里乃荒山野岭，我们不过是几个寓居山野草莽的流浪汉而已，他们对我们下手意义何在？是抢财还是劫色？是争官还是弄权？若真来了，那你就用我教给你的谋略和兵法，将他们引开便是，何须在我面前装熊卖傻？"庞涓遭此训斥，落了个无趣，只得走开，回到自己的住处另想办法。

第二天拂晓，正在睡梦中的鬼谷子被一阵凄厉的呼救声惊醒，只见庞涓站在洞口，惊慌失措地大声喊道："先生，不好了，咱们的柴草垛着火了，这个冬天可怎么过呀，你不要趴在被窝里当缩头乌龟了，快出来救火吧。"

鬼谷子的香梦突然被搅，心中很是不快，暗自骂道："你这个龟孙什么时候不好折腾，偏偏选择我正在梦中腾云驾雾之时。"这样想着，找块布头围在身上，起身来到门口向外一看，只见山洞一侧确实已是浓烟滚滚，知道这次庞涓真把一堆准备过冬用的木柴点着了，心中更加来气，大声呵斥道："不肖子孙，你没本事请我出去也就罢了，何必弄这一套，赶快把火给我灭了。"庞涓一看师傅的态度，觉得此事很有些偷鸡不成蚀把米的感觉，无奈之中，只好奔头弓背回去请其他的弟兄救火。

眼看到了第三天上午，挨了一顿臭骂的庞涓稍稍缓过一点劲来，欲做最后一搏。他手持一封信来到洞前对鬼谷道："师傅，山外有人送信来，说是你家老爷子骑着一头两眼昏花的老驴外出游荡，因那驴的眼力不济，不幸连驴加人双双坠井身亡，要你赶紧回家奔丧。"

第九章 兄弟相煎

鬼谷子听罢，将身前那张石桌猛地一拍，大声喝道："大胆狂徒，我家老爷子早已去世多年，骨头在地里都快烂没了，现在奔哪门子丧？你这分明是满嘴喷粪，快给我滚回去。"庞涓此举又弄了个灰头土脸，只好再度垂头丧气地退了回去。

眼看黄昏就要来到，庞涓依然没有想出更新奇的招数，便将孙宾找来，准备共同去找老先生放弃这个测试活动。睡意朦胧的孙宾用手揉着眼睛，跟在庞涓身后来到鬼谷子的洞外，只见庞涓摆出一副我是流氓我怕谁的架势说道："师傅，你弄的这玩意儿也太难了，我们实在没有招数把你请出来，我们甘愿认输，要打要罚，您老就随便吧。"

鬼谷子在洞中伸个懒腰，打个哈欠，然后问孙宾："我说阿宾呀，你这一招也没试，就这么轻易认输了，不觉得亏吗？"

孙宾向前走了两步，略带歉意地摇摇头道："要说亏嘛，是有点亏，徒儿愚笨，实在是想不出好的法子，要是师傅在外面，我们俩在洞里，在天黑之前，保证能够将您请进洞中。"

"是吗？"鬼谷子望着孙宾一脸真诚的样子，极为干脆地说道："那好吧，我就再给你们一个机会，看看你们到底有没有这个能耐。"说着走了出来。

孙宾眼看对方到了眼前，急忙跪拜道："师傅，今日总算是把您请出来了。"鬼谷子听罢一愣神，片刻之后便仰天大笑道："后生可畏，后生可畏呵！"此时的庞涓也渐渐明白过来，脸上露出了一丝淡淡的苦笑，轻轻说了句："没想到，真没想到，还是孙兄技高一筹啊。"

就在这样的生活境遇中，孙宾、庞涓二人在鬼谷子的训练基地一学就是五年。在这短暂又漫长的五年中，二人刻苦求索，学业有成，足可以独自到山外花花世界轰轰烈烈地干一番事业了。

有一天，庞涓独自到山下一个溪涧去挑水，突然听到几个过路歇息的人断断续续地说道：魏国为了称霸图强，现正对外高薪聘请各个专业领域的大腕儿加盟。庞涓听罢很是兴奋，当即和几个人做了攀谈，进一步了解了魏国的情况，觉得这个消息并非空穴来风。于是，周身热血沸腾，心中发痒，头脑发涨，再也耐不住山中的寂寞了。他当即决定要作别这个洒下了五年青春热血的阴气森森、鬼气迷蒙的鬼谷，到那灯红酒绿、醉生梦死、五声乱耳、七色迷目、鸡飞狗跳、人喊马嘶的都市烟云中，干一番轰轰烈烈、波澜壮阔的伟大事业，恢复自家祖上横扫天下无敌手的陈年梦境。

回到基地住处，庞涓将听到的消息和自己的打算说给孙宾，孙宾不置可否，只是流露出一股恋恋不舍的感情。庞涓受这种感情的感染，也觉得心乱如麻，一时不知该何去何从，便犹豫起来。几天之后，庞涓那心神不定、烦躁不安的心情被鬼谷子识破，鬼谷子笑着对其说道：

"阿涓啊，我看你的好运已经来了，怎么还不下山去捞取功名富贵，实现你进鬼谷时的梦想？"

庞涓一听，知道自己的心事瞒不过师傅，便匆忙跪拜道："弟子是有这个意思，可是呢，一是舍不得师傅、师兄，二是不知山外的世界是不是真的很精彩，我下山之后是春风得意，还是很无奈。因而心中总是犹豫不决，也就未敢向师傅禀报。"

鬼谷隐居处石兽

鬼谷子略做沉吟，对庞涓道："你到山中采一朵花来，我给你占上一卦吧。"庞涓答应着，到山中采了一朵马兜铃，拿回来让鬼谷子占算。鬼谷子将花拿在手中看了看，说道："这种花，一开即为十二朵，这个数字也就是你发迹后飞黄腾达的年数。此花采于鬼谷，见日而萎，这预示着你展示才能的平台当在魏国。现在看来，去魏必成。天下没有不散的筵席，师傅也不能强行留你，只是以后为人处世一定要讲求诚恳信义，否则，以欺人之道行事，必反被人欺。望你能以此为戒，好自为之，下山去吧。"

对于师傅这显然带有教训色彩的

第九章　兄弟相煎

叮嘱，庞涓表面上唯唯称谢，心中却不以为然。回到自己的洞中收拾行装，待一切收拾停当后，又和孙宾告别。望着孙宾泪水涟涟、难分难舍的模样，庞涓安慰道："我与孙兄有八拜之交，情同手足，这次先行下山，实则也肩负摸着石头过河，为兄打探路子的重任。只要我有朝一日发了，一定按五年前我们投奔鬼谷先生时，在那个寡妇的小酒肆里许下的诺言，有福同享，有难同当，好好推荐师兄，共同创建理想大业。

"你还记得五年前的诺言？！"孙宾略显惊讶地问道。

"不但记得，还要落实到具体行动上。"庞涓看到孙宾的神态，一股热血冲上头顶，有些莫名其妙地突然冒出了一句，"我若失信，当死于乱箭之下！"

孙宾一听，觉得此话很不吉利，但既已出口，也是覆水难收，没有挽回的可能，或者这是天意吧。孙宾想着，不觉已是泪流满面。

第二天一早，庞涓背着行李在洞口外与师傅、师兄及其他基地的学员告别，鬼谷先生看孙宾满脸悲伤的样子，忍不住对庞涓说道："阿涓呀，日后飞黄腾达了，但愿你能念同学之谊，得饶人处且饶人啊。你这真要走了，我一生清贫，没有什么东西送你，就送你八个字吧。"鬼谷子说到这里，停顿了一下，望着庞涓的脸似在等候什么。

"弟子愿意领教。"庞涓跪拜道。

"遇羊而荣，遇马而卒。"鬼谷子一字一顿地说出，目光中闪动着刺人的悲凉。

"先生的教诲，弟子一定铭记肺腑。"庞涓连叩三个响头，而后起身作别，在孙宾的陪同下，大步流星地向山下走去。

孙宾下山

庞涓离去的第八天，鬼谷子突然对几个得意门徒说，夜里老鼠乱跑乱叫，让人听了心烦意乱。从今天起，要求几人轮流当班值夜，以驱老鼠，弟子们当即表示按吩咐实施。

到了第三天午夜，恰逢孙宾当值，鬼谷子见其他弟子早已睡下，空旷的山野一片寂静，便把孙宾悄悄叫到自己的床前，将洞门掩实，从枕头下取出一个木头盒子打开，将一堆竹片子抱出来，压低了声音，神秘地说道："阿宾啊，你知道这堆烂竹简是什么东西吗？"孙宾借着油松燃起的朦朦胧胧的光亮端详了一会儿，摇摇头："不知道。"

鬼谷子于忽明忽暗的光亮中嘿嘿一笑，再次压低嗓门，用松弛沙哑、浑浊苍老的声音说道："告诉你吧，这就是你祖上孙武所著的《兵法十三篇》呀！当初，孙先生把在穹窿山闹革命时创作的原稿献给了吴王阖闾，阖闾读后连连称赞，便特制了一个铁匣，将十三篇兵法尽数装入其中，以防失窃。后越军破吴，姑苏城沦陷，盛兵法的铁匣从此下落不明。幸好，孙先生还有其他的写本存留，并在日后不断地进行修改和补充。当吴国灭亡，孙先生举家逃往齐国之后，我通过墨翟先生的介绍拜访了他，自此相识并很快成了非常要好的朋友，后来他将这部兵法十三篇亲自送给我作为留念，这可真是值得珍藏终生的宝物呵。通观这部兵法，当不愧是世上最令人敬佩和崇拜的兵家之言，其他一切兵书战策都无出其右者，我的这点兵学理论有好多就源自孙先生的十三篇。这部兵书包含的内容博大精深，这些年来，我从未间断对这部著作内在精髓的破译与理解，并做了些纸上谈兵的注解。如你能对这部兵书和注解有所领会和感悟，行兵布阵、攻伐破垒的奥秘也就尽在掌握之中了。不过，自我进山创办训练基地以来，从未将这部书的全部内容向弟子传授过，如今我将老矣，打算把这孙家创建的兵法还给孙家，也算是了却了我一桩心愿。阿宾呵，这部书你就拿回去好好研读吧。"说着不禁咳嗽起来。

孙宾冷不丁地听罢这番奇特神秘的话语，深为惊讶，心想先生深更半夜地玩什么鬼把戏，一时难以猜透，便带着感激与不解说道："多谢师傅栽培，弟子自小父母双亡，又逢

独承鬼谷子绝学的孙宾

第九章 兄弟相煎

战乱频繁、宗族离散，小时虽闻曾祖父有这样一部大作问世，但无缘相见，更谈不上亲身研读了。今夜师傅将这部兵法传于我研读，不胜惶恐，亦深感荣幸之至。只是弟子愚笨无知，有一点不明，特冒昧向师傅请教，您既然花费了那么多心血，为此书做了注解，为什么只传我一人，此前没有向我的师弟庞涓透露半点信息呢？"

鬼谷子微微一笑，点了点头，调侃中掺杂着无奈，说道："看来你真是个好人呵，只是……"话说到这里便不再说下去，轻轻摇了摇头，而后满脸严肃地补充道："既然你问及此事，我也就跟你明讲了吧。由于这部兵学著作具有天下无双的价值，得到它的人，如果善于正确运用，则能为天下谋福利，如果不善于正确运用，则将对天下苍生造成无尽的灾难。这也就是孙老先生在兵法的开篇所特别提出的'兵者，国之大事也。死生之地，存亡之道，不可不察'的道理。常言道，知子莫如父，我这个当老师的对学生也有所了解，据我这几年的观察，庞生此人虽聪明能干，但心胸狭窄，道术不正，脑后有反骨，将来即使得到高官厚禄，也算不得治国安邦的贤臣良将，如果把此书传于他，只能是祸国殃民，给天下带来灾难，这样一个门生，我能传给他吗？"孙宾虽然觉得师傅今夜说得有些过头，并有点玄玄乎乎的感觉，但也不便较劲，只好拜谢，受领了书回去认真研读。

三天之后的一个深夜，又轮到孙宾值班驱鼠，鬼谷子将孙宾叫到身旁，让其将《兵法十三篇》立即悄悄交回，并逐篇进行考问。孙宾不但对答如流，且见解独到深刻。鬼谷子按捺不住心中的激动，当即拍案赞叹道："好一个孙宾，真乃子牙、管仲再世，孙武子再生，长江后浪推前浪，雏凤清

魏国古城墙遗址

283

于老凤声啊！"

自此之后，鬼谷子越发看重孙宾，并倾尽平生所学进行指导。孙宾则一如既往地埋头钻研各种兵法战策、韬略计谋，一年下来，学业大进，较之过去猛增了一截。

再说庞涓和孙宾洒泪相别，走出鬼谷，直奔魏国而来。待到了魏国的首都，先找了一家旅馆住下，然后四处打探消息，在得知魏国确实正在招贤纳士，便想方设法结交权贵。日子不长，他就凭着三寸不烂之舌和当朝相国勾搭在了一起。不久，相国瞅了个机会，又搭桥竖梯，将庞涓推荐给了魏国的最高领收导人——惠王。既然对外树起了招贤纳士的大旗，又是相国亲自荐举，魏惠王自然要接见一下。管他是人才还是庸才，至少从套路上让外人看了觉得这魏国大王确实是礼贤下士，不是只说不做，或稀里糊涂之人。想不到魏惠王和庞涓初次谋面，只见对方相貌堂堂，一表人才，且有不凡的英雄气概，便有了三分爱慕，七分好感。当问及对方所学专业和具备哪些治国安邦的才能时，庞涓开始慷慨陈词，侃侃而谈道："我阿涓不才，曾就学于当今世界最著名的教育大腕儿鬼谷子先生门下，主要学习中国历代战法与谋略，提交的学术论文是《现代战法与谋略在列国争雄中的实际应用》。因随鬼谷先生工作、生活、学习多年，对古今中外历朝历代战法、谋略可谓无一不精，无一不晓，用兵之道，尽在心中。大王如不用我，魏国不但失一良将，更重要的是失去了一次千载难逢的发展机会。如果用我为将帅，可保证战无不胜，攻无不克，魏国可安，中原可图，天下可问鼎矣……"

魏惠王看着庞涓唾沫飞溅，声嘶力竭，咋咋呼呼，如同喝了一瓶高度洋河大曲的样子，觉得此人不怎么实在，便顺口说道："我们这里可是讲究丁是丁、卯是卯的作风，不欢迎胡吹海侃、信口雌黄的骗子，看你口无遮拦、大放厥词，真的能把刚才所说的话落到实处吗？"

庞涓见魏惠王对自己仍持怀疑态度，索性一不做二不休，牙关一咬，睁大眼睛，继续说道："臣刚才所言并非信口雌黄，在离开鬼谷之前，我对七国的各个方面都做了极其详尽的研究，七国形势尽藏我胸中。如大王相信我庞某所言，我保证发挥自己的专业特长，置六国命运于股掌之中，帮助大王扫平六国，统一天下，登上天下霸主的宝座。如我辜负了大王的委任，当以军法论处。"

第九章 兄弟相煎

魏惠王听罢这番慷慨激昂的宣言,尽管觉得此人有些信口开河,但最后几句话听起来却很受用,不觉心血来潮,心想我就给你个高官当当。这个官当得好便罢,当不好就宰了你。于是魏惠王任命庞涓为魏国国防军上将总参谋长,并要求他近期内率部征战,以验其能。

庞涓由一个一文不名的流浪汉一夜之间成为魏国大将,其得意骄狂之情溢于言表。他先按在鬼谷子那里所学的知识开始强化训练军队和敢死队,训成之后即出兵征战。这庞涓真不愧是鬼谷子门生,在对外用兵中连连得手,真正实现了攻无不克、战无不胜的大好局面。一时间,魏国周边地区的宋、鲁、卫、郑等国,被打得嗷嗷直叫,纷纷前往魏国朝贡,以换取暂时的安宁。

志得意满的庞涓

面对这个四邻皆服、八方朝贡的局面,魏惠王大喜过望,特别嘉奖了庞涓。与此同时,经魏惠王特批,相国同意,庞涓将在老家农村正扛石头、垒猪圈的弟弟庞英和在市场上卖猪肉的大侄子庞葱、二侄子庞茅等三亲六故,全部派人弄到都城。一时间,庞门子弟威风八面,权势熏天,声名与荣耀达到了登峰造极的境界。庞涓恢复自家祖上横行天下地位的梦境终于得以实现了。

这边庞涓已经发迹,那边的孙宾却还在默默等待这位师弟的荐举。而此时的庞涓脑海里早已没有孙宾二字,如果不是一个偶然的机会插进来一个多管闲事的人物,孙、庞的缘分可能就此了结。那么,中国历史上一段极具典型意义和震撼力的师兄弟间相互争斗与残杀的悲剧,也许就能得以避免。但不幸的是这一切还是命中注定般发生了。

却说这一天,已经名声大振的墨家学派开山鼻祖兼气功大师墨翟,来到鬼谷,拜访好友鬼谷子。

当墨翟听鬼谷子介绍完基地的情况后,表示要亲自和几

285

个优秀学员进行交谈，孙宾自然被列为交谈的对象。也就在这次交谈中，墨翟听说孙宾正等待庞涓引荐，但苦苦等待一年余却音信皆无。墨翟当场告诉孙宾，听自己在魏国的门生说，阿涓早已在魏国发达了，不但是庞涓，就是庞涓的家族成员，什么三叔五舅七外甥，连同八姑九妗子，也鸡犬升天、腾云驾雾，都得了锦绣前程。只是想不到这庞涓竟忘了师兄弟的情义，并把当年分别时的承诺抛诸脑后，独自享受起了荣华富贵，真不够哥们儿。墨翟越说越来气，便劝孙宾不蒸馒头也该争口气，应该凭自己的本事到魏国弄个大将军的帽子戴着给庞涓瞧瞧，看他做何感想。

孙宾听罢，并不觉得庞涓有什么不对，他辩解说可能因为师弟太忙，或时机不成熟，而一时无法顾及自己的前程，说不定过些日子就会来函邀请的。

墨翟一看这孙宾依然沉浸在天真烂漫的幻想里，觉得此人尽管在兵学领域里已经出道，且有经天纬地之才，但在政治谋略上却很幼稚。他见一时无法说服对方，便不再提及庞涓的为人处世，只是说自己过些日子要到魏国去看望几个朋友，顺便去朝中看个究竟，替孙宾探探路子。孙宾当即表示了谢意，并特地拜托墨翟见到庞涓时，一定给他带好，说自己非常想念他。

数日之后，墨翟离开了鬼谷，又开始了四海为家，传道授学。几个月后，他云游到了魏国首都，并受到了魏惠王的降阶欢迎与款待。在主客谈到魏国正在施行的招贤纳士改革政策时，墨翟不失时机地推荐了孙宾。魏惠王听完介绍后问道："这孙宾既出于著名教育界大腕儿鬼谷子门下，又与庞涓是同学，想来还是有些水平的。他和我们庞将军比起来，哪一个腕儿更大一些？"

墨翟听罢，微微一笑道："如果大王非要将他二人做比较的话，我可以这样告诉你，这孙宾乃著名兵家孙武的曾孙，独得祖上兵学秘传，又深得鬼谷子先生言传身教，实在是当今世上不可多得的军事谋略家，属于天王级的巨星。他在兵学特别是谋略上的造诣，如当年孙武子再生，其谋略战法天下无人能望其项背。用之于我则我胜，用之于敌则我亡。要说与庞总司令相比，如同骆驼之与黄犬，大象之与老鼠，野猪之与跳蚤，天鹅之与蝗虫。区区一个庞涓何足挂齿哉！"

对于墨翟这显然扬孙贬庞的一番言论，魏惠王在半信半疑的同时，也生

第九章 兄弟相煎

起了好奇心。他心想，我大魏国不惜高官厚禄招聘天下英才，想不到闹腾了这几年，招来的大腕儿实际上只是些黄犬、老鼠、跳蚤、蝗虫之类的小角色，真正的天王巨星仍潜伏在深山没有抛头露面。如真像墨老先生所言，孙宾有如此了得的本事，倘不为我用而帮敌国，则必成大患。待墨翟走后，他将庞涓叫来问道："听说你有个叫孙宾的同学，和你一同就学于鬼谷子先生，此人独得孙武子兵法秘传，其武艺才学可打遍天下无敌手。如此一个世外高人、兵学巨人，我怎么从没听你提起过，是不是你们之间有什么过节？"

庞涓闻听大吃一惊，面露尴尬之色，但他很快便平静下来，回答道："对于孙宾的才能，臣并非不知，但要说天下无敌，恐怕有些过头，倘是喝醉了酒可以这样吹嘘，如果没喝多，头脑就该清醒地认识到'山外有山，天外有天，强中更有强中手'的道理，吹嘘他天下无敌的人，明显有悖天理，既不负责任，也不怀好意，要给他定罪的话可定为逆天、欺君之罪。当然，我的意思并不是说孙宾是个没有才能的人，相反在我的心目中，他算得上是人中之杰，是我最敬重的人之一。我之所以没有推荐他，原因是，孙宾乃齐国人氏，他的宗族亲戚都在齐国，若要他来魏国做将军，担心他以血亲之情压倒君臣之情，在处理各种事务中，特别是在战略的应用上，很可能先谋求齐国的利益而后考虑魏国的得失。这样的人一旦让他握有兵权，尤其是统军外出，其后果不堪设想……"

庞涓正欲继续施展他在鬼谷所学的纵横捭阖之术，来一次精彩的演讲，魏惠王却很不耐烦地打断道："你就不要跟我故弄玄虚了。常言道，士为知己者死。谁规定只有本国之人才可任用呵？纵观列国，他们的贤臣良将难道都是本国之人吗？我看你要么是猿猴、野鸡之见，要么是存心不良。"

庞涓一看魏惠王动了肝火，竟一反常态对自己出言不逊，愣怔片刻之后，很快明白过来，心想肯定是有人对自己家族在魏国炙手可热、翻云覆雨的庞大势力心怀嫉妒，从而在魏惠王面前搬弄是非，讲了些不利于自己的坏话。庞涓本想将孙宾这个人从脑海中彻底抹掉，但魏惠王却又突然提起，看来是想图霸中原想疯了，急于寻找各种能帮他实现这一梦想之人。目前魏国兵权已落到自己和自己家族手中，倘若孙宾到来，必然与己争权夺利。但目前看国君的意思，非要把孙宾弄来不可。也好，那就弄吧，想这孙宾在武艺

287

上高过自己一头，但论起玩鬼把戏，可就差一大截子了。在这个圈子里，你再怎么蹦跶，也难以蹦出自己的手掌心。倒不如趁此机会顺水推舟，在消除国君对自己的偏见的同时，也在孙宾这边卖个人情，一举两得。想到这里，庞涓说道："大王有招孙宾之意，这太好了。庞某不才，愿写信给他弄来，以为大王效犬马之劳。"

"赶快回去具体操办吧。"魏惠王语气缓和地做着吩咐。

庞涓不敢怠慢，赶紧回去动手写信，写罢即交魏惠王批示。魏惠王看罢感到满意，为表示魏国的诚意，当场做出指示，令相国和庞涓组织一个特务班子，暗藏侦察仪器，驾驷马高车，携带黄金白璧作为礼物专程去迎接孙宾。

魏国使者按照庞涓所画地形图，很快找到了匿藏于深山密林中的鬼谷，拜见了被外界风传得神乎其神的著名教育界大腕儿鬼谷子及其高足孙宾。待说明来意后，递上了庞涓写与孙宾的信，其内容大意是：我承蒙兄长的庇护，得到了魏国国君魏惠王的重用。又想起了你我在鬼谷共同学习、生活的岁月，深感这样的富贵和荣耀应该由我们共享，于是特别向魏惠王举荐了兄长，并得到魏惠王的恩准。希望兄长见信后随使臣一同来魏，为魏惠王好好地驾车开道，争取一个美好的前程云云。

孙宾将信看完，又问了来使一些情况，知道庞涓已经成了魏惠王的宠臣，但来信竟无一句提到鬼谷子先生，很有些不快，心想你庞老弟未免有些刻薄忘本了点吧。尽管如此，孙宾还是把信交给了鬼谷子并提出了自己想随使臣赴魏的打算。鬼谷子心知庞涓生性嫉妒心极强，孙宾此行，必遭横祸。有心阻拦，又见魏惠王的使臣十分郑重，而孙宾本人也一副跃跃欲试的模样，觉得不便出面明言。从另一个方面考虑，在这个节骨眼上，一旦阻拦，反而有可能引起孙宾和魏使的误会。面对此情，鬼谷子觉得一切都是定数，人力无法抗拒，遂心一横，索性放孙宾下山投魏，只是临行前让孙宾去摘一朵山花为其占卜。孙宾在洞外转了一圈，见无花可采，便准备禀报先生，当他来到鬼谷子的洞中，见几案上供有几棵黄菊，随手摘下一朵，呈给先生看过之后又插于瓶中。鬼谷子轻轻叹息一声，神情严肃地对孙宾道："此花已被折断，不为完好，但性耐岁寒，经霜不坏，虽有残害，不为大凶。且喜供养瓶中，为人所爱重。供花之瓶乃范金而成，钟鼎之属，终当威行霜雪。但

第九章　兄弟相煎

此花再经提拔，恐一时不甚得意，仍旧归瓶。也就是说你建功立业、扬名于世的地方不在魏，而在你的齐之故土。"

孙宾听罢师傅这一番五迷三道的话，暗道师傅是不是真的老糊涂了，什么不在魏而在故土，这分明是对自己赴魏国和师弟相会有成见，借以阻挠罢了。心中这样想着，虽然不快，但也不好表露，只是轻轻点点头，说了声"多谢师傅指点，弟子记下了"，转身就要告辞。

鬼谷子一看孙宾的表情，知道他已产生了误会，他望着孙宾那张外服内不服，表情有些漠然的脸，神色凄然道："你这要走了，老夫没别的相赠，我在你的宾字旁边加个月字的偏旁，改为膑吧，没事的时候就多琢磨琢磨这个字的意思，或许有些益处呢。"言毕，又从枕头底下掏出一个封了口的小袋子递给孙宾道："看你跟我这么多年的情分上，最后再赠给你一个锦囊吧，这个锦囊需到万不得已的时候才能打开，希望你好自为之。"

孙宾接过鬼谷子手中的小布袋，看了看，塞入袖中，告别了师傅，随魏使匆匆忙忙地下山而去。

鬼谷子站在洞前的山坡上手捻长髯，望着孙宾一行渐渐远去的背影，悲愤交加，禁不住骂道："无知竖子，不听老人言，吃亏在眼前，你们两个龟孙就在魏国折腾吧，谁死谁活听天由命，从此与老子无关了。"心中如此骂着，眼前却一直晃动着孙宾的身影，随着前方一行人转眼间消失在远处的密林没了踪影，鬼谷子感到心头一热，禁不住泪流满面。

❀ 暗箭穿过胸膛

孙宾随使臣一路风尘仆仆来到魏国，首先拜见了权倾一时的大将军庞涓，并为对方的举荐表示感谢。对这次久别重逢的聚会，庞涓似乎并不热情，他一边打着哈哈应付，一边与这位新来的师兄做着面和心冷的交谈。孙宾见庞涓对鬼谷子及其弟子漠不关心，好像压根儿就不认识一样，交谈变得越来越冷，最后孙宾无话找话地把自己临行前鬼谷子先生为其改名的事说了出来。庞涓一听，极其反感地说了一句"他娘的"，然后又补充道："无事生非瞎扯淡，这老家伙真是老糊涂了！"算是对鬼谷子先生及这个改名事件的表态。

第二天一上班，孙宾就随使臣入朝谒见魏惠王，这魏惠王见孙宾长得眉清目秀、英俊潇洒，虽总体上看去没有庞涓魁梧健壮，一副牛气冲天的豪迈气概，但书生模样的外表下却透着一股超凡脱俗的灵性与阳刚之气，让人既觉得亲切又有几分敬重。

尽管此时孙宾还是一个没有经受战争洗礼刚出道的书生，但魏惠王却已经把他当成英雄来看待了，并摆出一副礼贤下士的恭敬姿态迎接他的到来。孙宾一看这魏惠王对待自己比对待他的亲儿子还亲，随着一股热血涌上心头，泪水如同断线的珠子，滴答滴答地掉了下来。未等魏惠王发表演讲，孙宾边擦眼泪边开口道："学生不过是个平凡小人，大王如此热情接待，实在是让我感激不尽……"说着便"扑腾"一声跪倒在地，不停地磕起头来。

"哎，话不能那样说。"魏惠王一摆手，开始演讲道："前些日子听墨翟先生盛赞说，孙先生乃著名教育家鬼谷子大师的高足，还是兵学的开山鼻祖孙武的曾孙，独得孙武秘传兵学大法十三篇，并且对这套世之独一无二的兵学大法，已修炼到了炉火纯青、出神入化的极致境界。寡人听后，兴奋不已，夜不能寐，欲一睹先生的真容为快。每日盼先生来魏，如同旱苗期盼甘霖，饥饿的乞丐渴望面包，无精打采的狸猫想呼唤一只老鼠玩带一点刺激的游戏。总之，今日算是终于见到了先生，可见我福分不浅，三生有幸。可以说，你的到来，是魏国的光荣，人民的骄傲，我谨代表魏国朝廷和人民对先生的到来表示热烈的欢迎！"

魏惠王的一番讲演，再度将孙宾感动得泪流满面，一直伏地跪拜的身子再也支撑不住，面条一样瘫软在地下不能动弹了。

投奔魏国后的孙宾

庞涓在殿前看着这个演戏一样的场面，心中不怎么痛

第九章 兄弟相煎

快，先是觉得这魏惠王有些过分虚伪和张扬，看起来讲得头头是道，其实全是装腔作势，胡言乱语。而更使他感到不痛快的是，突然听魏惠王说这孙宾得到了孙武子秘传的兵学大法十三篇，此前自己在鬼谷时怎么不知道有这回事？是真的还是假的？如果是真的，莫非鬼谷子那老东西还留了一手？看来不管是真是假，防着孙宾当是应该的。

当魏惠王宣告形同耍狗熊一样的接见完毕，并将受宠若惊的孙宾打发走之后，专门将相国与庞涓留下，商量孙宾的工作安排问题。按魏惠王的打算，让孙宾和庞涓共同执掌兵权，治理军队。这样做，无论是对国家还是对孙宾本人都是有利的。而庞涓对孙宾由于有了提防，过去的友情已然淡漠，心中产生了一种陌生、隔阂、愤怒甚至敌视。作为一名战术理论家与战略家的庞涓，对魏惠王做出的让孙宾同自己分掌兵权，并借以对自己实施牵制的策略，早已制定出了应对方略。按庞涓的打算，到嘴的肥肉绝不能吐出来，哪怕是一点点，也是不允许的。庞涓按预先制定的方案从容地答道："我和孙宾本是同窗好友，又是结拜兄弟，他的能力不在我之下，我怎能因为自己先到魏国，就让他这个晚来的做自己的副手呢？这样做岂不让人笑我心地狭小，不能让贤？但如果现在就让孙宾来当这个总司令，毕竟他是一个刚走出鬼谷不久，只知纸上谈兵而无实际工作经验的书生，加之对魏军情况不熟，没有实战经验，一旦哪一天发生战争，他恐怕很难指挥调动军队。依我之见，先给孙宾弄个客卿，也就是说顾问的名分，他可在军中帮着做些出出主意之类的事，顺便搞些群众性调研，写几篇学术论文，或者著书立说，待时间长了，他的工作经验丰富之后，臣自愿把这将军之位让于他，我做他的副手，这样安排大王以为如何？"

庞涓的一番言论听起来让人觉得不舒服但又无可挑剔，很难找到理由拒绝。过了好长一阵，魏惠王才很不情愿又无可奈何地说道："你说的也有道理，就先这么办吧。"一场即将成为事实的重大人事变动和权力的再分配，就这样在庞涓摆出的战略退却的政治姿态下，兵不血刃、无声无息地消解了。孙宾被巧妙地排除在权力圈之外，庞涓以全胜赢得了第一个回合的交锋。

怀着崇高远大的理想，兴冲冲地来到魏国的孙宾，此时成了一个无官无职的人，尽管觉得有些晦气和不尽如人意，且与自己来时的理想相差甚远，但魏惠王和庞涓都曾一本正经地告诉他，这只不过是暂时的安排，待以后还有大任委托，于是孙宾也就心安理得地住在魏国。

几个月后的一天，魏惠王要到共和国卫队营区视察，特地点名要孙宾陪同。孙宾不敢怠慢，急忙跑到魏惠王跟前又是牵马，又是赶车，同总司令庞涓等大队人马，一起呼呼隆隆来到城外的校场，准备检阅早已在那里列队等候的队伍。魏惠王望了一眼面前的孙宾和陪同的庞涓，突然想起当初墨翟先生对孙、庞二人的评价，一时兴趣大发，令庞涓亲自指挥部队操练，自己率群臣及孙宾等观看。待演练快要结束时，魏惠王有意让孙宾发表对这支部队的军容风纪及战斗力等有关情况的看法。孙宾知道这支被检阅的部队是庞涓专门训练并特别看重的王牌精锐，就自己目前的身份，以及与庞涓的特殊关系，当然不便多言。于是推托自己才疏学浅，不能信口雌黄云云。但这位魏惠王却非要孙宾做一评论，并且要以国家利益为重，私人情谊为轻，一定要指出问题的要害和实质，以便进一步提高和改进，等等。孙宾见推托不过，便按自己的看法对部队的素质、军纪、精神风貌、战斗力的强弱等优点和不足都做了切中要害的点评，魏惠王听着，不住地点头称是。当点评结束后，魏惠王如释重负地长吁一口气道："看来墨翟老先生未欺我也！"

当检阅结束后，孙宾在魏惠王面前点评军队得失的情况，庞涓通过派出的耳目很快得知，并隐隐感到一种潜在的危机已经来临。而在这场危机到来之后，又少不了一场维系着个人政治命运的搏杀。令庞涓有些措手不及的是，这个不祥的预感很快就应验了。

三天之后，魏惠王撇开庞涓，在单独和相国密议后，任命孙宾为军师，位列庞涓之后，分管整个部队的训练与作战工作。与此同时，免除庞涓的总参谋长之职。当委任状下达后，魏惠王专门找庞涓谈话，令其尽快和孙宾交接工作，并以国家大业为重，切切实实地把部分权力交出来，以让孙宾负起他应负的责任，为国效力。庞涓听了，尽管觉得事出突然，但也有了一点心理准备，便点头答应，表示一定好好配合，二人今后还要团结奋斗、精诚合作等等，说得魏惠王直点头夸赞。

很显然，魏惠王这种迫不及待地下达任命状的做法，已经说明他对自己产生了戒备之心，而这一切的源头与孙宾在校场阅兵时所做的评论有直接的关系。也就是说，是孙宾对检阅部队的一番贬损，才使自己的形象受到损害，地

第九章　兄弟相煎

位发生了动摇。与此相反的是，孙宾则凭借这次机会，得到了他梦寐以求的权力。"好吧，既然你不仁，也就别怪我不义了，以后就骑驴看唱本——走着瞧吧。剑既然已经出鞘，就很难不带血而还！"庞涓在其住地，一边来回踱步，一边不住地发泄着心中的愤恨。同时，也在琢磨着教训孙宾的妙计。

有一天，庞涓派人邀请孙宾到自己府上吃酒，孙宾自是兴致勃勃地赴约。酒过三巡、菜过五味之后，庞涓关切地问道："师兄，你的家人和其他宗族的人都在齐国生活，如今你已是大魏国堂堂军师，怎么不派人把他们都接来，同享荣华富贵呢？"

这一问，使孙宾心头一热，鼻子一酸，禁不住垂下泪说道："我十三岁父母双亡，兄弟离散，靠给人放牛艰难度日。再后来浪迹天涯，四处寻求活路，多亏中途遇到师弟，共同赴鬼谷跟先生学艺六年余。后来又蒙师弟引见，来到魏国效力。自离开故乡到现在，屈指算来已有八年，离散的两个兄弟是死是活尚不明了，哪里还有什么宗族可接呢？"

"那你就不怀念故乡，不想去祭扫祖先的坟墓吗？"庞涓关切地问道。

孙宾抬起蒙眬的泪眼，极其动情地说道："唉，人非草木，孰能无情，我怎能忘了本呢？记得离开鬼谷时，师傅给我占过一卦，说我成就功业之地不在魏而在齐，如今我在这里弄了个副总司令，不知这算不算一种功业。来，干！"孙宾结结巴巴地说着，将一杯酒"咕咚"地灌进肚中，紧接着"扑腾"一声醉倒在桌下，人事不省。

两个月之后，孙宾刚从军营回到住地，就听手下人报告说有两个齐地汉子找上门来求见，说有要事相商。孙宾接见后，来人一个自称姓贾名帽，一个自称姓魏名烈，临淄人氏，这次来魏国主要是做买卖，顺便来此拜望，并有书信代转。

孙宾接过来信打开观看，写信人是齐国大将军田忌，自称和孙宾是本家兄弟，尽管二人此前并不相识，但田忌从朋友处早已闻知孙宾大名，并知孙宾乃当今世界级大腕儿鬼谷子先生的高足，现正为魏惠王效力。田忌来信的目的主要是请求双方加强联系，并希望孙宾常回故乡看看。按田忌的介绍，现在的齐国最高领导人是齐威王，其人心怀大志，有吞并四海八荒、统一中原、称霸天下之雄心。为了实现这个目标，齐威王下令招贤纳士，只要是有志报国并有一定能力的人才，来者不拒，多多益善。朝廷方面采取量才录

293

用、人尽其才的原则,合理妥善地安排座次。对于这一点,齐威王已放出口风,如果孙宾乐意归齐,将会受到隆重的对待,希望孙宾权衡利弊得失,早日踏上故土,为国尽忠云云。

孙宾打量了一下来人,再看看书信,觉得形迹可疑,但又一时找不出大的破绽,嘴里说了几句客套话,便让手下人去招待他们。来人一看对方要下逐客令,急忙上前要求孙宾给写个回信,这样方可回去交差。孙宾见一时难以脱身,便未加思考写了几行文字。其中大意是:弟现在在魏国效力,心情尚愉快,事业刚刚开始,不宜过早跳槽,待有机会定回故乡拜望并当面请教云云。

二人索了回信,称自己还有事要办,不能在此久留,说着出了大门溜之乎也。

溜出来的二人在街上胡乱转了几圈,见后面无人盯梢,便径直走进庞府,将孙宾的书信交给了庞涓。原来这贾帽、魏烈二人乃是真正的假冒伪劣产品,是庞涓控制下的魏国特务,刚才的行动就是受庞涓秘密指使的。二人呈给孙宾的书信完全出自庞涓的一手策划。田忌确实是齐国的大将军,但信则是假托,而得到的回信却是孙宾亲为。这是一场精心策划的大戏,而此时这场戏才算刚刚拉开帷幕。

庞涓很快找来几位心腹谋士,将孙宾的书信做了分析后,由一位善书之士模仿孙宾的字迹及语气,重新进行了伪造。其大概内容是:

田将军,书信来往几次,有了更多的了解与沟通,字里行间透出您及齐王的诚意。今日实不相瞒,弟在魏国为官,实属权宜之计,并无久居此位之心,虽身在魏境,而心却日夜思念故国故土,如齐王不嫌本人才疏学浅,弟愿为齐王及齐国鼎盛大业效犬马之劳。只因事关重大,须谨慎行事,从长计议,待时机成熟,方可从容脱身。在我弃魏奔齐之前,弟尽量搜集魏国诸方面之情报,以待来日入齐时,作为见面的礼物献给圣明的国君齐王。

当一切准备停当,庞涓根据此前拟定的行动方案,带着一副焦虑不安的样子来到宫中面见魏惠王。待屏退左右,庞涓将伪造的书信呈送上去,并诚惶诚恐地跪拜道:"微臣不但有罪,且罪该万死。臣当初举荐孙宾,只顾

第九章　兄弟相煎

同窗之情，而没有从国家的根本利益这个方面多加考虑，从而导致了严重后果，差点让孙宾谋反成功。多亏我王有福，魏国有幸，得以及时识破孙宾背魏向齐之心，抓住了他暗通齐国、图谋造反的罪证。现将孙宾的书信呈上，请大王圣裁！"

魏惠王看着书信，脸色骤变，猛地抬起头，瞪着惊恐、迷惑的眼睛大声问道："这是真的吗？怎么会有这种事发生？"

庞涓极其肯定地说道："是真的，孙宾通齐之事是铁板钉钉。"庞涓说着，突然一挥手，用低沉有力的声音喊道："带证人。"随着话音落地，只见几名卫士押着被五花大绑的贾帽、魏烈自殿外走了进来。

"这就是专为孙宾秘密传递情报的齐国密探，这二人秘密从事间谍活动。他们在齐魏之间来往频繁，活动猖獗，在近半年来和孙宾接上头后，更是频频活动。尽管他们的每次行动都在我的掌握之中，但鉴于抓获的时机不够成熟，证据不够充分，同时为了避免打草惊蛇，也为了放长线钓大鱼，我一直未采取行动。直到他们这次携带孙宾的秘信欲潜逃出境，才被我方侦察人员秘密逮捕，现押解而来，听候大王发落。"庞涓面对自己被绑的两个心腹，简明扼要地对魏惠王介绍了事情的来龙去脉。

魏惠王望着殿前正跪地求饶的贾帽、魏烈，涨红着脸，嘴里恨恨地哼了一声道："看来是人赃俱获呵。好一个孙宾，我不负你，你却要负我，真是人心隔肚皮，知人难知心呵。看上去挺老实忠厚的一个人，竟谋起反来了，真是狗胆包天，这还了得。"魏惠王一边骂着，一边扭着身子在殿中来回踱步，心中焦躁不安，又四顾茫然。

庞涓先是命人将贾帽、魏烈二人押出宫殿，然后趁热打铁，相机进言道："这孙宾的曾祖父孙武，本是齐国人，但他却跑到吴国闹起了革命，造起反来。后受招安，投降归顺吴国朝廷。归顺后的孙武并不老实，他和伍子胥沆瀣一气，狼狈为奸，里通外国，企图阴谋叛乱，联齐灭吴。但未等成气候就东窗事发，伍子胥被吴王在朝廷之上当场弄死，孙武趁乱流窜到穹窿山潜伏起来，最后又流亡齐国，并在齐地企图为当朝政权出谋划策。但当朝权贵没有理睬，最后这个孙武老死于山野乡村。如今孙宾完全继承了孙武的衣钵，虽身在魏国，而脑子里装着的却是他的故乡齐国。就我所了解的孙宾其人，投机取巧、卖国求荣是他生活的主旋律，也是他的本性使然。大王对孙宾极其看重并爱护有加，在寸功未立的情况下，就力排众议，大加提拔。本指望让其为魏国效力，想不到他竟恩将仇报，背地捣鬼，甘愿充当齐国潜伏在魏国的奸细，进行颠覆活动。按照我国法律，谋反乃天下头等逆天大罪，罪在不赦。除了砍头之外还要满门抄斩，祸灭九族。孙宾之罪，足可以将脑袋拿下十次，而且是死有余辜。现在大王已人赃俱获，如何处置，请大王圣裁。"

"都到了这份田地，还留他干啥？立即给我拿下！"魏惠王刚听完庞涓的演讲，迫不及待地下达了格杀勿论的命令。

庞涓一看眼前这老家伙借着怒气下达了"杀无赦"的命令，兴奋得差点蹦起来，头脑一热，禁不住放声高呼："君主圣明，微臣照办！"

庞涓这一声有些异样的喊叫，将正沉浸在愤怒之中的魏惠王吓了一跳，心想今天这是怎么了，这庞总怎么有点神经兮兮的，那么着急地要把孙宾处死对他有什么好处吗？想到这里，魏惠王被心中的怒火烧得有些晕头转向的脑子立即清醒了许多，他蓦然意识到这其中必有文章，便灵机一动，立即喝令庞涓站住，并改口道："按说孙宾是应该处死，不过刚才我考虑了一下，我们毕竟对外宣称不惜一切招贤纳士，对招来的人才太过分了，是不是会造成不良影响？再说孙宾的罪状，我看未必如你说的那么严重。即使有罪，我看也是罪不该死，还是不杀为好。"

庞涓一看已成定局的事情又要泡汤，暗想这老家伙看来是一会儿糊涂，一会儿明白。他急忙争辩道："现在孙宾内外勾结、图谋造反的人证、物证俱在，怎么就算不得严重？那么您认为什么罪比谋反罪对国家安危来说还严重？这个孙宾在军事方面的才智绝不在我庞涓之下，如果此次不给予严惩，让他乘隙逃到齐国，齐必拜之为大将军，并由此成为我魏国的劲敌。到了那时，魏惠王将悔之晚矣！"

"这个……这个……"魏惠王面对庞涓的抗议，一时不知如何是好，吭哧了半天，最后选一个折中的方案说道："我看这事就由你去办吧，只要不杀他，其他任由你处置。这样面对舆论我们就不被动，也有回旋腾挪的余地了。"

庞涓听罢，觉得也只能这样了，便极其干脆地回答道："大王圣明，这个裁决既能显示大王开阔的胸襟，又能兼顾大魏律法的尊严，还能堵住那些不怀好意的舆论的攻击，真可谓一箭三雕。"庞涓说着，情不自禁地伸出大拇指表示赞叹，直捧得魏惠王怒气全消，并扬扬得意起来。

第十章 孙庞斗智

庞涓用计，孙宾被抓，膝盖骨被剜除。蒙在鼓里的孙宾，欲哭无泪。猪圈里的人生，游荡于街头的疯子。绝处逢生，孙宾被救归齐。庙堂之上精彩演讲，赛马场上牛刀小试。桂陵、马陵两战两捷，庞涓死于树下，孙宾英名千古流传。

蒙难

庞涓出宫，迅速签署了逮捕孙宾的命令。庞涓的弟弟庞英，率领一干人马，杀气腾腾地向孙宾的住地赶来。抵达后，对外围进行了全面控制和封锁，庞英坐镇指挥，几十名手下手持特制的刀、枪、棍、棒、链子锁，以迅雷不及掩耳之势闯进宿舍。孙宾的警卫人员还未来得及张口询问，就被来者三拳两脚加一顿刀枪棍棒打翻在地。正在室内伏案撰写兵书战策、计谋韬略的孙宾，听到动静刚一抬头，惊讶的嘴巴刚张开了一半，就被冲上来的庞英手下擒住。

三天后，当庞涓来看孙宾时，对方已被处以髌刑并黥面，也就是被用尖刀剜去了双膝的膝盖骨，并在脸上刺上了"私通外国，罪该万死"八个黑墨浸渍的文字。庞涓一看孙宾的惨相，刚说了句"我来晚了！"便泪如雨下。待双方冷静下来，经过慢慢交谈，孙宾才从庞涓的嘴里知道，自己

位于山东莒南县甲子山孙膑洞内的孙膑受刑像

第十章 孙庞斗智

被尚不知名的坏人在魏惠王面前诬告谋反，魏惠王听信了谗言，欲将自己以逆天大罪诛杀，其间多亏师弟庞涓从中求情才免于一死。但魏惠王仍坚持死罪饶过，活罪不免，怕庞涓再阻挠干涉，便将自己逮捕并施行了酷刑，待庞涓知道并被允许来探视时，已到了今天这个无法改变的地步。而值得欣慰的一点是，经过庞涓在魏惠王面前苦苦求情，魏惠王终于开恩，答应庞涓可把孙宾带回府治疗养伤。孙宾听罢庞涓之言，悲喜交加，在连呼"多谢师弟搭救之恩"之后，涕泪纵横，泣不成声。

大约三个月之后，孙宾的伤口渐渐愈合，但双腿没了膝盖骨，已瘫软无力，不能挪动，只好终日盘足而坐。因刺字而导致的两腮红肿也基本消失，只是满脸黑乎乎的字迹如两条蚯蚓，随着肌肉的颤动而抖动，让人看了既觉可怕，又感哀伤。孙宾更是觉得尊严顿失，万念俱灰，绝望至极，从骨髓里体会到人间的悲凉。在悲痛欲绝中，孙宾几次欲寻短见，但都被庞涓手下的人予以制止。自杀不成，孙宾只好躺在床上孤独愤懑，满怀悲伤地胡思乱想。就在恍兮惚兮中，突然想起了自己作别鬼谷基地投魏时，师傅那"虽有残害，不为大凶"的卜语和将"宾"改为"膑"字的谶言，顿时恍然大悟。这膑与髌二字同音同义，髌是指人的膝盖骨，砍去脚称为刖，剜掉膝盖骨则称为膑，看来师傅早已料到自己会有今天之灾。既然已经预料自己"有残害"，为什么又不明确告之，反而玩那些玄之又玄的文字游戏呢？孙宾又突然想起临分别时鬼谷子送给自己的一个锦囊和那遇到危难开启观看的叮嘱，急忙从床铺底下翻出来打开，只见上面写着六个字"要想活，诈疯魔"。望着这句跟给自己改名字一样玄之又玄

膑足后的孙膑

的谶语，孙宾只觉一头雾水，思索了半天，也没解开其中的玄机。

由于孙宾的膝盖骨已被弄掉，自此之后，外界按照既发生的血淋淋的事实，结合鬼谷子改名的传说，开始称孙宾为孙膑。后来随着孙膑名气的增大，这个名字就正式存入他的个人档案，开始出现在官方的文书里，并被司马迁等著名历史学家记录下来流传后世。当然，这都是后话了。

已被膑了膝盖骨的孙膑，整日在那间单身干部宿舍里，或卧或坐地想着心事，他思考的一个重大主题是，到底是谁陷害了自己，为什么要这样做，自己来魏国之后招谁惹谁了，等等。但他每日整得后脑瓜子生痛，就是得不出一个满意或自圆其说的结论。当然，每当朝阳升起或夕阳落下的时候，他也会对着明媚的阳光和灿烂的晚霞，想一些童年的往事和在鬼谷接受训练时，同师弟庞涓结下的那段铭心刻骨的友情。每当夜幕降临，百无聊赖的他也会望着浩瀚明亮的星空发一会儿呆，偶尔也想一想过去那段令人留恋的青春岁月，很幸福温馨地憧憬一下未来。但这样的时光和幸福是短暂的，大多数日子他都沉浸在无言的痛苦与悲伤之中，在茫然的世界里忍受生不如死的煎熬。

作为这场在人类历史长河中足以成为经典的悲剧的制造者庞涓，经常于日理万机、政事纷纭中挤出宝贵的时间前来看望孙膑，除了加以安慰，还说一些要在魏惠王面前替师兄申冤叫屈，争取早日使其平反昭雪，东山再起等令人心向往之、心醉神迷的诺言。见有如此肝胆相照、情同手足的兄弟相知相助相关怀，孙膑心中充满无限感激的同时，也琢磨着如何给予报答。但一连想了几个点子，都被庞涓善意地挡了回去，最后还是庞涓自己提出来，让孙膑

银雀山汉墓出土《孙膑兵法》摹本之《威王问》

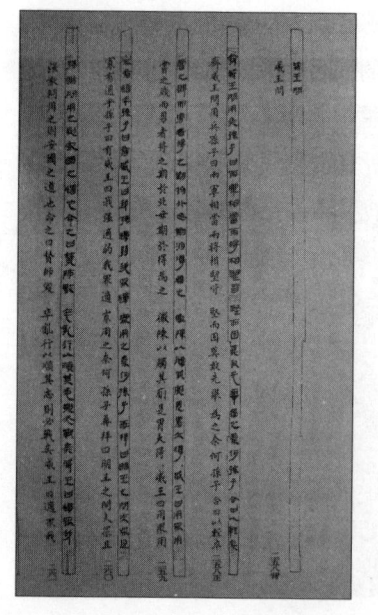

第十章 孙庞斗智

把鬼谷子先生所注释的孙武子《兵法十三篇》默写出来，以供二人共同学习探讨。孙膑想起当年鬼谷子先生之言，开始尚有顾虑，但看到庞涓如此虔诚，又想到自身已成废人，今后难有大的作为，将曾祖父和鬼谷子两人的智慧结晶传诸后人，也是对人类文明的一大贡献。这样一想，就生出一份崇高的使命感和责任感，有了这份使命感和责任感，也就无条件并且心情愉快地答应下来，并向对方保证尽其所学，毫无保留地将孙武的兵书和鬼谷子的注释全部按原版写出来。

从此之后，孙膑凭着自己高超的记忆，一门心思地默写兵书。无论对初升的朝阳还是逝去的晚霞，都不再瞩目流连，观望星空的机会也大大减少，整个注意力全部集中到对兵书战策的回顾与撰写之中。

如果事情按这样一种逻辑发展下去，孙膑一直被蒙在鼓里，那么孙、庞的名字可能不会在中国历史的长河中刻上印记。但是，事情发展到这里，发生了急剧的逆转，于是历史改写了。

事情逆转的源头要追及平时侍奉孙膑的一个名叫小镢头的军中小卒。此镢头聪明伶俐，极富正义感和同情心，生来有打抱不平的嗜好。孙膑被膑的前后经过，以及引发这次事件的恩怨情仇，渐渐传开，小镢头作为圈内弟兄慢慢地有了部分了解。当他看到孙膑一步步迈进庞涓设计的陷阱时，心中不忍。在一种良知与正义的呼唤声中，他瞅准一个适当的机会，冒着杀头的危险，将庞涓陷害的真相告诉了孙膑。最后特别提及，之所以孙膑还能苟延残喘地活着，正是庞涓梦寐以求的兵书尚未默写完成，待孙膑将兵书默写出来之时，便是他赴西天之日。孙膑不听则已，一听真如五雷轰顶，顿觉天旋地转、大地颤抖起来。过了好长一段时间才慢慢缓过劲来，并一字一顿地说道："原来如此，我有时也把自己的遭遇与他相联系，但又一次次告诫自己，不要以小人之心度君子之腹，想不到真是知人知面不知心呵！"说着，将已写好的一堆竹片子抄起来，连摔带砸顷刻间全部毁掉。待稍微安静下来，孙膑蓦地意识到自己处境的严峻，如果庞涓得知自己已经识破了他的伎俩，必定给以致命的报复，那自己将很快奔赴黄泉。想到这里，心中涌起一股巨大的悲哀，自己死不足惜，只是这样不明不白地死去有些窝囊，有些冤屈，更有些不值得。大悲过后便是极大的冷静与明智，自己不能死，一定要好好地活下去，要死也得报仇雪恨之后，否则无颜见九泉之下的祖宗。想到这里，孙膑开始琢磨活下去并摆脱这种厄运的办法。焦急之中，他突然忆起了鬼谷子先生送给自己的锦囊妙计："要想活，诈疯魔。"对，只有装疯卖傻才有可能蒙混过关，看来还是师傅高明呵，竟料定自己有今天之难并想到了化解的方法，真不愧是恩师呵！唉，都怪自己书呆子一个，在观察人方面学艺不精，修炼不够，粗心大意，有助人之意，无防人之心，才导致了今天之祸呵！孙膑想到这里，心中一热，泪水唰唰地流了下来。

孙膑奔齐

这一天傍晚时分，小镢头等侍卫人员刚把饭菜摆上，孙膑突然昏厥倒地，紧跟着口吐白沫，眼珠上翻，做婴儿抽风状，全身颤抖不已。过了一会儿，突然睁大眼睛，诈尸一样倒于饭桌之上，抬起头颅冲天嗷嚎一声，顺手摸起饭碗、汤盆向小镢头等侍卫砸来。几个侍卫和特务一看孙膑发起疯来，顾不得擦去满脸的菜汤，将孙膑死死按住，找来绳子捆了个结实，紧接着一顿拳脚将其揍了个鼻青脸肿，扔入墙角看管起来。

庞涓得知此事，大吃一惊，心想怎会有这等奇事？他急忙率领一干人马专程前往察看。只见孙膑灰头土脸地趴在地上忽而大哭，忽而大笑，一副癫狂状态。庞涓见状，抱着怀疑、试探的心态上前和孙膑搭讪，孙膑大瞪着眼睛望着庞涓惊恐万状，似乎从来不认识对方。对庞涓的提问，孙膑答非所问，颠三倒

披头散发的孙膑在猪圈里睡得正香

第十章 孙庞斗智

四,一会儿大骂不止,一会儿又跪在地上把头磕得"砰砰"响,一会儿又仰天躺倒哈哈大笑……庞涓见对方一板一眼地装得极像,便皱了下眉头,向一直监视孙膑的侍卫们了解情况:孙膑是什么时候开始发疯的?发疯之前都干了些什么?有没有外人跟他接触?诸如此类的事情一一问过,一时尚看不出什么破绽,庞涓只好带着满肚子的疑惑登车回府。

经过一天一夜的琢磨,庞涓觉得这孙膑无风无火地说疯就疯了,怎么说也让人感到不太对劲,为了验证真伪,他令手下找了猪圈,将孙膑拖了进去。这孙膑来时还一副无精打采、死气沉沉的模样,谁知一进猪圈,立刻两眼放光,精神大振,如同一个短跑运动员听到了发令的枪声,"蹭"的一声向一只既肥又胖的母猪背部蹿去。那母猪突然觉得背上多了一个又沉又重的麻袋,惊恐之中在猪圈狂奔乱撞开来。只听"扑腾""哗啦"一阵响动,壕坑内污水四溅,粪便横飞,孙膑先是被母猪飞跃的惯性甩到了护栏上,随后从护栏上落下,一头栽入污泥中不见踪影。这出乎意料又惊险的一幕,使包括庞涓在内的所有在场人都狂笑不止。一会儿,孙膑从污泥中探出头来,一边情绪激昂地上下扑腾,一边模仿母猪的动作和声音,哼哼唧唧地叫唤着。

庞涓细心地观察着孙膑的一举一动,得出了两条可能的结论:一是孙膑确实是疯了,眼前的一切都是那个神经错乱的大脑司令部指挥的结果,属于自然的朴素的唯物主义思想在人身上的综合反映。二是没有疯,孙膑无疑是古今中外最伟大的天才编剧、导演和表演艺术家,他自编自导自演了这一出疯魔大剧。

由于对以上两个结论举棋不定,庞涓心生一计,密派一个人送外号小呼腾的军统特务,在一个月黑风高的晚上,端着热气腾腾的酒饭来到猪圈中。只见小呼腾压低声音对孙膑道:"奴才是小呼腾,将军可能不认识奴才了,几个月前我的马因受惊拖着车子乱跑,差点把您撞到沟里去,您不但没治奴才的罪,反而还安慰我,真是让奴才羞愧难当,感激不尽啊!现主子在此蒙冤受刑,过着非人的生活,自感没有能力搭救,今夜偷偷弄了点饭菜给您,算是尽一点心意吧。"

孙膑借着皎洁明亮的月光望了望小呼腾那张清瘦中透着精明和杀机的脸,忆起了几个月前确曾有过撞车事件,但驾车人是不是面前的这个小呼腾已记不得了。即使真是此人,恐怕内中也有诈,一个小小的车把式,他有多大的胆子，会跑到这里来送死？不用说，这又是庞涓施的一条毒计，目的仍是观察试探自己到底是真疯还是伪装。这样思索着，不禁暗骂道："他娘的，活该你倒霉，今夜我就让你好好地呼腾呼腾吧。"想到这里，孙膑退到猪圈的壕坑边，引导小呼腾将酒菜送了过来，接着嘴里叽里咕噜地说着什么，用手抓起酒菜便狼吞虎咽地大吃大喝开来。待吃得差不多时，又招手示意小呼腾到自己身边，对方不知是计，弯腰弓背走了过来。孙膑见火候已到，端起半盆菜汤，猛地扣到小呼腾的头上。小呼腾打了个激灵，刚要转身逃走，孙膑已迅速出手薅住了他的脖领子，单臂一使劲，二人就被拴在一起，接着又向臭气熏天的壕坑滚去。随着一阵稀里哗啦的声响，映洒在壕坑中银板一样的月光，被砸得支离破碎，晃晃悠悠。小呼腾一看自己被按进了污水与粪便交融的壕坑里，本能地开始了自救和反抗，但尚未转身就被孙膑一口咬掉了半只耳朵。小呼腾尖叫着用尽全身力气，和孙膑扭打在一起，顶着一身污水流淌的粪泥，捂着鲜血淋漓的半只耳朵狼狈地逃窜而去。

　　第二天一上班，小呼腾来见庞涓。庞涓见对方的头上缠着白色的纱布绷带，好奇地询问缘由。小呼腾明知孙膑根本没疯，但由于昨夜自己将事情弄了个不明不白，灰头土脸，如果照实汇报，庞涓肯定指责自己无能，传将出去更是令人耻笑。如果说对方确实疯了，那么被疯子咬一口也属正常，不是什么新鲜的事情。于是小呼腾把昨晚发生的事情一一说给庞涓听，最后说道："孙膑确实是疯了，这个家伙已成了货真价实的疯子了，正常的人是不可能这样做的，要说伪装也不太可能。"

　　庞涓哼了一声，点点头，继而长吁一口气，心想："要真是这样，以后就不足虑了，先让他这样活几天吧，待以后魏惠王渐渐忘记他的存在的时候，再打发他上西天。"

　　自此之后，监视孙膑的侍卫陆续撤走了，几个看守兵卒也渐渐地不再认真履行职责，只是每天照例弄些饭菜来，并隔几天例行公事地向自己的上级汇报一次孙膑的行踪而已。

　　孙膑见外面的侍卫渐渐对自己放松了警惕，知道庞涓已经中计，他时常在白天不声不响地爬出猪圈，晚上又爬回来。开始时，这一举动还受到看守兵卒的干涉与阻拦，日子久了，也就没人再管。再以后，连饭菜也很少给送了，孙膑开始靠街头巷尾同情他的百姓施舍顽强地活着。他在等待机会，并

第十章 孙庞斗智

开始思考摆脱庞涓控制、逃离魏国的办法。令他没有想到的是，半年之后，一个天赐的机会降临了。

这个机会的源头仍要追溯到当年向魏惠王推荐孙膑的墨翟，墨翟师徒周游列国，一路风餐露宿地来到齐国临淄的时候，刚刚在一个宾馆兼歌舞厅住了三天就已身无分文。墨翟以前的好

在井边等待奔齐的孙膑

友、齐国大将军田忌听说便主动邀请这几位住到了自己府中，以食客的规格相招待。半个月之后，墨翟一名叫禽滑釐的弟子从魏国来齐。师徒于闲谈中提到了孙膑，墨翟问道："这后生在魏国混得咋样？"禽滑釐摇了摇头说："别提了，被庞涓害惨了，现在可以说是生不如死。"接下来，禽滑釐便把孙膑在魏国的遭遇说了一遍。墨翟听后很感震惊，慨叹道："我看其人才华出众，本是要推荐他，想不到反而害了他，这事跟老田说说，看有什么办法没有。"

禽滑釐

田忌听说之后，在愤慨之余表示要伸张正义，伸出援助之手，想办法把孙膑弄到齐国。本着这一人道主义关怀原则，田忌向当朝最高领导人齐威王做了汇报，并强调道："我们齐国有如此著名的兵家巨星，却无端在异国蒙受奇冤大辱，这真是是可忍孰不可忍了。"

齐威王望着田忌义愤填膺的样子，为照顾其情绪和面子，说道："我下令出兵攻打魏国，把这孙天王弄到我们大齐

咋样？"

田忌摇摇头说："不可，听说庞涓那厮为人狭隘自私，做事阴险毒辣，他既然容不得孙膑在魏国做他的助手，岂能容孙膑到齐国来做他的敌手？如以力夺，他必抢先下毒手，那样一来，孙膑不但不能来齐，怕是连性命也保不住了，看来还当以智取为上策。"

齐威王心想，本来我是为了给你个面子才说那番话的，你却拿着鸡毛当了令箭，真刀真枪地跟我较起劲来了，这不是有病吗？想到这里便扔下了一句："那你看咋个弄法合适就咋弄吧。"

田忌回府和墨翟师徒合计了一下，终于想出了一个可行的办法，在征得齐威王点头同意后，开始按计划实施起来。

几天后，齐国外交部礼宾司司长淳于髡带领几名手下弟兄，组织了一个出使团以送礼为名到魏国去执行任务，禽滑釐也扮成其中的一名随员前往。待来到魏国后，见到魏惠王将礼单呈上，转达了齐威王的友好之情。魏惠王见中原大国派人登门送礼，感到自己很有面子，对淳于髡一行盛情款待之后，又安排到宾馆下榻。

按照事先的分工，作为随员的禽滑釐暗中见到了依旧在街头装疯卖傻的孙膑，为防止庞涓的眼线察觉，白天并未与他讲话，只是到了深夜才悄悄只身前去探望。此时孙膑双腿残疾，披头散发，背靠一个井栏，低头似睡非睡。禽滑釐将其唤醒，孙膑抬头瞪着眼凝视着来者，并不言语。禽滑釐借着明亮的月光细看了孙膑的惨状，顿时泪流满面，他抽泣着压低声音道："孙先生，我是墨翟先生的弟子禽滑釐，我的业师已经将您的遭遇告诉了齐王，这次受业师和齐王的委派，专为营救先生而来……"

孙膑辨清了来者的身份，明白了来者的意图后，百感交集，不禁潸然泪下。过了好一会儿，才缓缓说道："我孙某原以为自己非惨死于沟渠不可了，没想到会有今日之机会。不过庞涓疑心太重，防范甚严，恐怕……"

禽滑釐道："先生不必多虑，一切自有安排，到了行期，便来此处接您。"当下，两人秘密约好了接头暗号，单等第二天开始行动。

第二天晚上，禽滑釐领着一个三十多岁的叫花子，趁着夜色悄悄来到了孙膑所在的井边。只见孙膑快速把衣服脱下，递给叫花子穿上，而后爬到禽滑釐的背上，禽滑釐背着孙膑行走如飞，眨眼间消失在茫茫夜色之中。

次日上午,淳于髡等一行就来到王宫向魏惠王辞行。魏惠王除回赠了一些稀有礼物外,又派相国和元帅这两位国府大员为齐使团摆宴钱行。待酒过三巡、菜过五味之后,齐使与庞涓等相互告别。此时孙膑早已被藏于禽滑鳌的车中,淳于髡令禽滑鳌护车快马加鞭先行,尽快脱离魏境而入齐国,自己随使团一行断后,以免庞涓派人追赶。就这样,孙膑在齐使的保护下,神不知鬼不觉地消失了。

又过了一天,一个派来看守孙膑的兵卒,因闲极无聊,便到孙膑经常出没的街市胡同转转,看看孙膑又爬到哪里搞笑去了。但找了一天也没有发现孙膑的身影。这个小卒突然感觉事情有些不妙,迅速向他的上级做了汇报,他的上级又速向庞涓做了汇报,军统局领导人一听,顿觉事情严重,立即增派大批人马四处搜寻,但一天过去了,仍然未见孙膑的踪影。庞涓亲自将那负责看守的小卒叫来审问道:"孙膑这几天都在哪些地方活动?"

"都在离市井不远处的一个井边,可这几天只有另外一个叫花子在那里,孙膑没了踪影。"小卒极其紧张地回答。

军统局长沉思了一会儿说道:"你没问那个叫花子有没有看见孙膑?"

"问了,他说没看见。"小卒很干脆地回答。

"没看见,不可能,你马上把这个叫花子抓起来严刑审问,看他到底看见没看见。"庞涓用阴鸷的眼光逼视着对方下达了命令。

大约过了两个时辰,侍卫们回来汇报道:"那个叫花子已经逃跑,不过又被抓回来了,只用了两瓢辣椒汤,老虎凳还没坐就招了,他说孙膑在大前天夜里被一个大汉背走了,这人给了叫花子一些钱,让他在井边装孙膑……"

庞涓一听火冒三丈,本想来个全国大搜捕,但又觉得此事不宜张扬,否则魏惠王找碴儿怪罪下来,自己不好交代。鉴于这一特殊情况,庞涓令手下人谎报孙膑落井淹死,草草把此事做了了结。当然,这个时候的庞涓只意识到有人将孙膑藏了起来,但万万没有想到此时的孙膑已经到达齐国境内了。

待到达齐国首都临淄后,淳于髡、禽滑鳌等先是把孙膑带到了一家五星级大客栈,经过一番梳洗打扮,沐浴更衣,孙膑的气色好了相貌顿时亮丽起来。齐国大将军田忌和墨翟得到孙膑已来齐的消息,一同赴饭店看望。墨、孙二人相见,自是感慨多多,相互倾诉了一番分别之苦与思念之情,谈了齐国的形势和当前的现状，使孙膑对齐国的整体局势有了大体的了解。同时对今后的前景也做了一个简单的展望，使孙膑在感到欣慰的同时也增强了生活的信心和勇气。第二天上午，田忌带领孙膑乘坐一辆残疾人用的专车直入王宫拜见齐威王。这齐王一看号称天王级的兵学大腕儿孙膑来到殿前，表面上做欢迎状，但心中却在琢磨眼前这个瘸子是否像田忌、墨翟之流所说的那样神乎其神，真的是天王。为了验证孙膑的能耐到底是大是小，是英雄好汉还是酒囊饭袋，齐威王象征性地打完了哈哈之后，当场考问孙膑道："听说你是兵学圣人孙武子之后，并得到孙武子的真传，深谙兵学十三篇的精髓，应算是当代兵家大腕儿了。这几年整得我后脑瓜子生痛也没整明白，你说这打仗的事到底该咋弄？"

面对齐威王突然又似乎是很自然的提问，孙膑心中明白，这实际上是一次命题考试，而这次考试的成败，将关系到自己的命运以及田忌、墨翟等人的面子。不过，就孙膑的才华和所学而言，这个题目算不上什么难题，早在鬼谷学艺时，这样的作文就已交过多篇了，加之昨日自己对齐国的形势已有了大体的了解，并做过一番思考，对战争已经有了独到的看法和见地，于是，孙膑清了清嗓子，开始一字一句，嗓音略带沙哑，声调低沉有力地演讲起来：

关于战争，并不是依仗自己有强大的军队就可以说打就打，这是先祖帝王已经证明并传下来的道理。如果打了胜仗，就能保存处于危亡中的国家，并可延续将被毁灭的世系。一旦打了败仗，就会丧失国土而危害整个国家。因此，对战争不能不认真考察和研究。

可以这样说，轻率好战的人，会导致国家灭亡；一味贪求胜利的人，会受挫被辱。战争是不能轻率进行的，而胜利也不是随意可以贪求的。要先做好准备，而后才能采取行动。城池虽小而防守坚固，是因为有充足的物资储备；兵少

汉画像石中的蚩尤形象，手持怪异兵器足以说明他的"战神"身份

第十章 孙庞斗智

黄帝涿鹿大战蚩尤图（河南南阳汉画像石）

黄帝战蚩尤图（河南南阳汉画像石）

而战斗力强，是因为进行的战争是正义的。如果防守而无物资储备，进行战争而非正义，天下谁也无法使其防守坚固，战斗力强大。

当唐尧在位统治天下的时候，拒不执行他命令的有七个部落。其中东方地区有两个，中原地区有四个。而在唐尧征伐了东方边远地区的国家之后，地方的居民才免受骚扰。当讨伐了共工之后，国家才得以安定。此时他们便对军队进行休整、训练，不再用兵。唐尧由于数年操劳，年老体衰，已无力治理国家，便把管理国家的大权让位于虞舜。舜继位后，举兵把讙兜部族赶到崇地；把鲧击死于羽山；把三苗驱逐到了三危之地；又消灭了有扈氏。这时中国只有苗氏存在，而且还比较强盛。虞舜年老体衰无力治理国家了，又把帝位让于禹。禹首先劈山导流治理洪水之患，又举兵消灭了一些敌对势力，进而放逐了西面的三苗……任何一代帝王都不能平素贪图安逸，无所作为而取得胜利。只有用武力战胜敌人，才能使自己强大巩固，实现万民归服，国家统一。古时候神农战胜斧遂，黄帝战胜蚩尤于涿鹿，唐尧讨伐共工……汤放桀于南巢，武王征伐殷纣王，周公率兵平商奄叛乱，所有这些都说明了这个问题。

所以说，那些功德不如五帝、才能不如三王、智略不如周公的人，却在叫嚣什么要积累仁义、推崇礼乐，不用武力的办法来制止战争，这种办法尧舜不是不想做，而是根本做

放桀南巢
夏朝的最后一个王桀，被商汤率师俘获后囚禁于南巢（今安徽巢湖市西南）。自此，夏亡商兴

不到，所以才用战争的办法来制止战争。（原文见银雀山汉墓竹简《孙膑兵法·见威王》）

孙膑叽里咕噜地一番讲演，将自己的战争观念和战争思想明确地提了出来。这篇讲演，后来成为《孙膑兵法》最为重要的一篇。它的核心思想是"战胜而强立"，这是孙膑战争观的灵魂，也是对孙武《孙子兵法》关于战争观问题的一个发展和创造性的提升。在庙堂之上，面对齐威王的考问，孙膑一开始就先声夺人地指出，战争是关系国家安危存亡的大事，"战胜，则所以在亡国而继绝世也。战不胜，则所以削地而危社稷也。是故兵者不可不察。"

帝舜图

此时的孙膑冷不丁地提出这一问题，绝不是危言耸听，无的放矢，或捡拾重复他祖上孙武的牙慧故弄玄虚，而是针对齐国的现状发出的心灵的呼声。因为孙膑已从墨翟等人的口中了解到，在齐威王即位前和刚刚即位的一段时间内，齐国的形势相当不妙。公元前405年，三晋（魏、赵、韩）联合伐齐，廪丘一役，"得车二千，得尸三万"，齐军惨败，从此一蹶不振。次年，三晋联军又和齐军交手，齐军大败，联军一直攻入齐国的长城防线才算罢休。公元前380年，三晋伐齐，一直到桑丘才停住脚步。公元前378年，三晋伐齐，一直打到灵丘才罢兵回归。公元前373年，燕败齐于林营，魏伐齐到博陵，鲁伐齐入阳关。次年，连小小的卫国也攻占了齐国的薛陵。公元前370年，赵伐齐攻鄄。公元前368年，赵伐齐攻到长城脚下……因此，齐威王即位时，齐国正好处于"诸侯并伐"的乱象中，能否改变这一被动挨打的局面，的确关系到齐国的命运和前途。也就在这个节骨眼上，孙膑适时而大胆地提出了"战胜而强立"的政治军事理论。相对而言，这一思想较其他各种乱七八糟的学说更符

第十章 孙庞斗智

合当时历史发展的客观趋势，因为在封建割据的情况下，任何一个统治者都不会自动退出历史舞台，放弃固有的权利，只能用"举兵绳之"的手段解决问题。但是，当时有许多学派都极力反对各诸侯国之间的战争。如儒家强调"仁义"，墨家宣传"非攻"，道家主张"无为"。其中最有代表性的是与孙膑同时的孟子，这个同孔家老二合穿一条连裆裤子的老家伙说，"争地以战，杀人盈野；争城以战，杀人盈城。此所谓率土地而食人肉，罪不容于死。故善战者服上刑"，又说"五霸者，三王之罪人也；今之诸侯，五霸之罪人也；今之大夫，今之诸侯之罪人也"，从而全盘否定了春秋战国期间的全部战争史，并竭力吹嘘强调说，"国君好仁，天下无敌焉"。这些观点，讲起来和听起来都头头是道，有板有眼，但却违背了客观规律，无法从根本上解决历史发展进程中需要统一的问题，只不过是一种幻想而已。孙膑正是看透了这一点，才在叙述的结尾，敏锐严厉而大胆地批驳了"欲责仁义，式礼乐，垂衣裳，以禁争夺"的思想，以此来坚定齐威王"战胜而强立"的决心。

对于孙膑这番云山雾罩的夸夸其谈，齐威王虽然没有全部听懂弄明白，但整体上觉得对方说得有些道理，大多数观点还是比较合乎自己口味的。于是，脸色比先前好看了许多，并煞有介事地赞许道："你刚才说得有点道理，不愧是孙武子之后，鬼谷子之徒，当代著名兵学大腕儿呵！你既然来了，总得给你封个一官半职的干干，否则对媒体和外界都说不过去，你自己琢磨着封顶什么样的帽子戴着比较合适？"

孙膑听罢，觉得这齐威王并未真正从内心里看得起自己，言语中总有些敷衍的味道，眼下正是一个包装炒作和自我推销的时代，看来不说点大话是不可能真正引起他的兴趣和敬重的。想到这里，遂拱手施礼道："感谢大王的救命之恩和对我的关爱栽培之意，我作为一介残疾书生，身残却志坚，胸藏甲兵，有吞并敌军十万之众的雄才韬略。但是，我自入齐国后，到现在一计未献，寸功未立，何谈要什么帽子不帽子？再说，假如给我一顶帽子戴着，那魏国的庞涓知道后，一定会起嫉妒之心而生事端，这样得不偿失，不如暂时对外保密，等到大王哪一天有用人之处，作为奴才的我一定在所不辞，竭诚效力，以报答主子您的救助和知遇之恩。"

齐威王听了，顺水推舟地说："这样也好，你先到田忌将军家住着，弄个门客的纸帽子戴一戴，待什么时候为我大齐立下功勋，我再给你弄一顶带花翎的红顶子铁帽或铜帽钢帽戴着，请回吧。"

"谢主隆恩！"孙膑答应着，离开了大殿，从此寄居于大将军田忌家中，成了一名头戴大纸帽子的特殊门客。

桂、马二陵之战

既然做了人家的门客，就要象征性地做一点门客所做的事情，否则每天端着个大碗白吃白喝，总觉得不好意思。就在孙膑思考着怎样可以小显身手时，一个机会来临了。

当时齐国的庙堂之上，从君王到朝臣，大多都沉湎于声色犬马之中，除了整日莺歌燕舞之外，还有一个重要活动就是赛马。当然这个赛马并不是许多年之后所提倡的友谊第一、比赛第二的那种体育比赛，而是金钱第一、比赛第二的赌博。因为每一位参赛者在赛前都要押上重金以赌输赢。对于这个比赛，或者说对于这个赚钱的机会，齐威王和大将军田忌两个重量级财迷都分外热心，总想在赛场上大捞一把，除了和其他群臣开赌外，齐威王与田忌还不时地较劲，以试高下。当然，既然是赌博，就有得有失，每次上场交锋，田忌只要和齐威王对阵，总是败多胜少，这令田忌感到格外头痛和苦恼。现在又到了赛马的时候，田忌见孙膑老待在家中有些烦闷，就说道："这次赛马你也去看个热闹吧。"于是孙膑就跟着田忌到了比赛现场，令人意想不到的是，这一去就看出了门道。当齐威王和田忌二人所属赛马开始对阵比拼时，孙膑发现双方的马都分上中下三个等级，且要一个等级一个等级地赛下去，田忌的马与齐威王的马各等级之内足力相差不大，只要合理搭配是可以取得胜利的。于是，孙膑让田忌到下次比赛时，要下大赌注，并表示自己有办法让他赢得这场比赛。田忌听信了孙膑的安排，当第二天比赛开始时，田忌在第一场用下等马对齐威王的上等马，结果自然是田忌败北。而接下来的两场，田忌则用一等马对威王的二等马，二等马对威王的三等马，结果田忌皆胜。三场下来，田忌是一负二胜，从而轻松地赢得了威王的

齐国田忌赛马图（银雀山汉墓竹简博物馆提供）

大把金钱。齐威王对这次败北感到有些意外，私下问田忌胜出的原因，田忌将孙膑出的主意说了出来，齐威王开始从心里佩服，并有些真诚地对田忌说道："孙膑看来还真有两下子，下次对外用兵你就和他搭伙吧，看看他在战场上的能耐咋样。"

就在齐威王此话说过不久，魏惠王称霸中原的野心再次膨胀，他想一举吞并与之相邻的卫国，但卫国的盟友赵国表示不答应，于是魏惠王干脆派庞涓率八万大军伐赵，要给赵国君王一点颜色瞧瞧，如能借机灭了赵国，当然更是好事一桩。赵国听到这个消息，自知力不能敌，赵王紧急修书向齐求救。齐威王在召集群臣商量之后认为，齐、赵这几年关系一直不错，算是友好邻邦，如果眼睁睁地看着魏国军队灭赵而坐视不管，不但在道义上说不过去，对齐国本身也不利。如果此次伸手援赵，不但可以保住赵国，增强齐赵的友好关系，同时还可以相机破魏，从而慢慢取代魏国在中原的霸主地位。出于这几个方面的考虑，齐威王决定立即组建救援军援赵。为借机试探一下孙膑到底有多少真才实学，威王专门将其召到王宫谈话，慷慨许诺要任命他为齐国救援军主帅，田忌为副帅。孙膑听后，心中尚没忘了自己的身份，心想这个主帅是万万不能当的，于是当场表示道："奴才是从酷刑之下侥幸逃生之人，现在身上、脸上被庞涓弄成这样，搞成

出任齐国军师的孙膑画像

313

了人不人鬼不鬼的样子。如果我当这个主帅，让不知底细的将士们和外人见了，不但要吓一大跳，还可能产生堂堂齐国别无人才可选的错觉，从而产生轻视之意，这对统兵作战是极其不利的。为使这次远征马到成功，我建议这个主帅还是由田忌将军来当比较合适。"

经齐威王与朝臣们商量，决定任命田忌为主帅，孙膑为总军师。但这个参谋长对外严格保密，其主要任务是随军出谋划策，帮助田忌运筹指挥。考虑到孙膑的身体状况，他在行军打仗时坐在专门为他打造的车中，由专门的兵士护卫，其行踪只限圈内几人知情。

坐在车上随军行动的孙膑

齐国救援军在经过一段紧锣密鼓的组建后，终于以八万人的庞大阵营，浩浩荡荡地出发了。当这支军队快到齐卫边境时，根据密探探得的最新情报分析，庞涓已经对沿途的卫国进行了沉重打击，现率大队人马向赵国的首都邯郸扑去。面对此情，田忌对孙膑说："赵国跟强大的魏国交战，如同狼和老虎搏斗，只有招架之功，并无还手之力，我们是不是赶快去救援邯郸？"

孙膑坐在车中轻轻摇摇头道："不能救邯郸。"

"不救邯郸，那我们咋办？"田忌问道。

"我设想了一个作战方针，叫作批亢捣虚、围魏救赵，你看行不行？"孙膑说着，对田忌解释道："目前，魏国独霸中原的威势尚在，其兵锋正盛，我们组建的这支志愿军，原是一群乌合之众，整天只知吃喝玩乐，到歌舞厅泡小姐，战斗力跟人家差一大截，明摆着是敌强我弱。在这种状况下，若我军直接救邯郸，免不了要与魏军进行一场大规模的

第十章 孙庞斗智

关乎两国命运的生死决战。在正面战场硬碰硬的情况下，并不能保证我军会占上风，一旦战败，后果不堪设想。如果我们不救邯郸，而是反其道而行之，乘魏国精兵北上，国内空虚之际，率部直捣其首都大梁。大梁的君臣一看我大军来犯，必急招庞涓弃赵而归，以解大梁之围，这样赵国也就得救了。当然，仅仅做到让庞涓返回魏国并不能从根本上解决问题，他既然能回来，也可以再回去，我们要设法让他有来无回，要做到这一点，唯一的办法就是尽可能地消灭他的军队，而要消灭他的军队，就需在攻打平陵上做文章。"

"这是哪儿跟哪儿，怎么又弄到平陵上去了？！"田忌不解地插言道。

"是的。"孙膑望着田忌有些疑惑的神态，解释道："平陵是我们去大梁的必经之地，此城虽然城池较小，但所辖的县境很大，人口众多，是魏国东部地区的军事重镇，也是齐、卫两国通往大梁的门户。我军进攻平陵，其目的不是破城，而是用疑兵之计迷惑敌人。根据当年我在魏国时对平陵地形地貌的观察，此处南面有宋国，北面有卫国，途中有市丘国，四周地势险要，兵力部署甚强，很难攻取。我军如孤军进击，自己无法备足粮草，而取粮于敌的路也将被断绝，陷于这种境地，就会给庞涓造成一种错觉，以为我军将领不懂得作战规律，对战略战术一窍不通。有了这个假象之后，庞涓便不会把我们放在眼里，从而集中精力攻打邯郸。而邯郸的守军知我们来援，必拼命死守，这样魏、赵双方必有一场又一场的拉锯战。待双方力量都消耗得差不多的时候，我们再分出一支军队袭击大梁，庞涓必然回救，到那时我军设下埋伏，可一举击溃敌人，从而使

齐军兵围大梁

魏军再无反扑的力量。"

面对孙膑的计策，田忌想了想，觉得有些道理，便说道："那就按你说的办吧。"于是拔营起程，指挥军队向平陵方向进发。待快到平陵的时候，田忌向孙膑问道："你看这仗咋个打法好呢？"

孙膑不假思索地说："我已经想好了，为尽可能地保存实力，不能让我们军中的将军去统兵交战。据你了解，在我们的都大夫中，有谁平时说话办事像傻瓜一样稀里糊涂？"

田忌想了一会儿说道："齐城、高唐二位靠了相国邹忌的关系才当上将军。这两个家伙平时不学无术，除了吃喝嫖赌，就是无所事事，典型的两个糊涂虫和民族败类。"

"天作孽，犹可违，自作孽，不可活。你马上下发命令，让我们的精锐部队按兵不动，令齐城、高唐二将军带着自己的手下弟兄去攻打平陵吧。按照我的构想，他们一旦进军，就必须要经过魏国的横、卷二邑附近，而二城之外都是四通八达的环形大道，恰是敌军集结兵力和布阵的好地方。这样，齐城、高唐二部到达后，前有平陵坚城之阻，后有来自横、卷二邑魏军沿环形大道的袭击，两路夹击，必败无疑。照这二将的能力估计，活着回来的可能不大。"

田忌听着孙膑的话，觉得有些不忍，但最后还是一咬牙听从了孙膑那借刀杀人的阴谋，命齐城、高唐二将军兵分两路去攻打平陵。果然不出孙膑所料，齐、高所部不但未能夺取平陵，反遭横、卷二邑魏军沿环形大道的连续攻击，结果在途中被打得大败，齐城、高唐二将在逃窜中被魏军所杀。面对这种早已预料到的结局，孙膑对田忌说道："立即派遣轻车甲士快速前进，直捣魏都大梁的城郊，造成大军压境之势，迫庞涓回救。同时分派少量步兵跟随轻快的战车西进，以向敌人显示我军势单力薄，促其轻敌麻痹，进而入我圈套。"田忌按孙膑的策划而行。

此时的魏惠王正在后宫饮酒作乐，突然听到齐军神兵天降一样包围了自己的首都，惊恐之中急忙派人拿着令箭让庞涓回师救驾。这个时候庞涓刚刚攻破邯郸，正在赵国王宫准备好好享受一番，忽然接到回师的急报，气得七窍生烟，五官冒火，既不情愿放弃邯郸，也不能不回救大梁。在极端痛苦中，只好兵分两路，留下部分人马守邯郸，自己亲率主力部队回奔大梁。

第十章 孙庞斗智

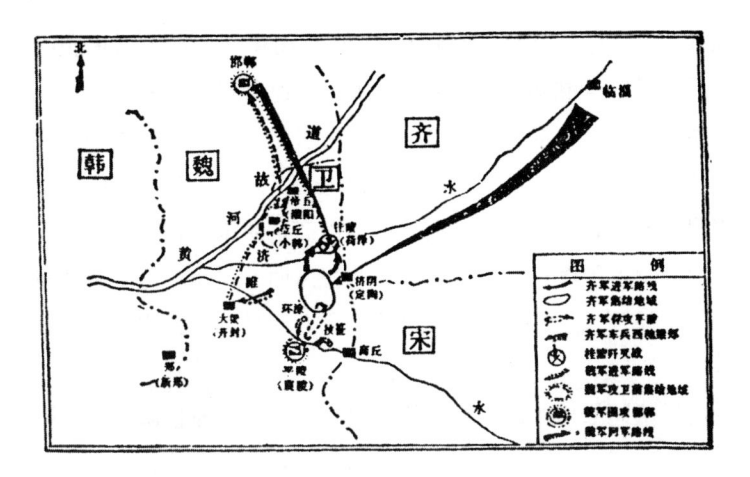

齐魏桂陵之战示意图

孙膑得到庞涓作战部署的情报,迅速带领主力于平城北部的桂陵一带设下埋伏,单等庞涓主力部队到来。此时庞涓率军日夜回赶,他与手下大多数官兵近年来南征北伐,所向披靡,打遍天下无敌手,压根儿就没把齐军放在眼里。心想只要自己的主力一到大梁,甚至不用到大梁,齐军就该望风遁逃了。令庞涓想不到的是,自己的部队刚到桂棱,就遭遇了孙膑、田忌布下的伏兵。骄横自大又毫无戒备的魏军,在齐军的突然攻击下,一触即溃,官兵死伤多半,庞涓本人率领几名贴身侍卫于乱军之中杀开一条血路,狼狈逃回了魏国,齐军大获全胜。几十年来在诸侯眼里向以"怯弱"之态出现的齐军,由于这次实施了孙膑的战略战术,击败并重创了尚以"悍勇"著称的魏军,从而创造了流传千古的桂陵之战这一光辉战例,为齐国在后来的岁月中称霸中原迈出了重要的一步。(见银雀山汉简《擒庞涓》)

桂陵之战后,魏惠王被迫同赵国议和,并撤兵邯郸,赵国亡而复存。当然,魏国毕竟是久霸中原的强国,尽管桂陵一战损兵折将,但仍有较强的实力,在不算太长的时间内就恢复了元气。特别是当魏惠王率领十二诸侯朝见周天子于孟津后,又开始骄横了起来,并忘记了桂陵之战的教训,开始实施吞韩灭赵、独占中原的计划。到了公元前340年,魏惠王再也按捺不住心中的欲火，他令庞涓为远征军总司令，率兵大举进犯韩国。韩国君臣一看魏军来势汹汹，自知不是对手，火速向齐国求援。

齐威王自桂陵之战后，渐渐从声色犬马中清醒过来，开始金盆洗手，将主要精力投入到治理国家，并暗中图谋中原霸权上来。这次见魏、韩已经交手，认为正是借机破魏救韩的好机会，便召集群臣商量对策。相国邹忌首先跳出来反对，并放言道："魏、韩两国没有一个好东西，这是帝国主义之间一场狗咬狗的战争，没什么正义与非正义之分，我们还是少管这些闲事，坐地观狗咬比较合适。"

大将军田忌的看法同邹忌正好相反，他不但主张救韩，而且认为要尽快出兵。

作为特邀代表列席会议的孙膑则认为，韩要救，但如果过早出兵，无疑变成了齐国代替韩国对魏作战，如果齐、魏两败俱伤，后果必然是齐国要听从韩国的摆布，这对齐既不利又不公平。最好的处理方法是，答应救韩，但不急于出兵，先让魏、韩两国进行拼杀，等到韩危、魏疲之时，齐再发兵救韩击魏，这样才能名利双收。齐威王一听，觉得这个观点正合自己的心意，遂采纳了孙膑的建议，许诺韩国出兵但却一直按兵不动。

庞涓率大军与韩军先后进行了五次较大规模的战争，魏军五战五捷，韩国已危在旦夕，而魏军也师劳兵疲。齐威王在孙膑的提示下，决定出兵。

按照传统史学家如司马迁等人的说法，这次齐国出兵，同上次救赵基本相同，任命田忌为主帅，孙膑为军师，统率大军十万救韩。孙膑故伎重演，再次沿用上次批亢捣虚、攻其必救的战略，大军不奔韩国，却直扑魏国的首都大梁。

征战在外的庞涓正要进逼韩都，忽然接到本国急报，只好停止攻韩，火速撤兵回援。与此同时，魏惠王吸收了上次的教训，在国内积极发动大量士兵，以太子申为主将，主动抵抗潮水一样扑来的齐军。

齐军突破魏国边境后，向纵深穿插而去，不久就接到庞涓回援的情报及太子申出兵抵抗的消息。孙膑建议田忌不等魏军赶到，就先避其锋芒，绕道向东撤军。庞涓率部昼夜兼行赶到魏国，一看齐军不战而退，想溜之乎也，便与前来御敌的太子申合兵一处，立即沿齐军退路急追而来。此时魏军依仗人多势众和在本土御敌，可谓气势汹汹，锐不可当。田忌探知魏军情报，对孙膑说:"我看魏军还是不减当年伐赵之勇,这次也是来者不善,看看我们弄个什么办法给他们一个迎头痛击,否则这事就没完没了了。"

孙膑说:"这事我是茶壶煮饺子——肚里有数,魏军一向自恃勇猛强悍而轻视我军,我军也确实是不够争气。在这种情况下,只能智取,不能正面交锋和恃勇斗狠。我们应利用庞涓及其部将急于和我们决一死战的焦躁骄横心理,设下圈套,引诱他们中计。先祖兵法有云,用急行军赶百里路去争取的,会折损领头的大将;用急行军赶五十里去争取的,只能有一半部队跟进。根据这个规律,我们要诈为怯弱,采用减灶之计,迷惑他们,让其急行冒险,这样我们就可相机将其歼灭了。"

田忌望着孙膑那张上刺"私通外国,罪该万死"墨字的脸,有些生厌兼不耐烦地说:"都到了这份上了,你就不要讲什么之乎者也,子曰诗云了,干脆就痛快地说说怎么办吧。"

孙膑听罢,脸一红,不好意思地说:"那我就直说,你看这样行不行?"随之将计划全盘托出。

田忌听罢说道:"尽管没有绝对把握,但也不妨一试。"遂指挥军队依计而行。

庞涓率部追赶齐军,尽管士气高昂,精神抖擞,骄横之情溢于言表,但毕竟在桂陵之战中吃过大亏,因而庞涓在骄横之中一直藏着小心。更让他为之战战兢兢和赔着小心的是,他已通过各种情报探知

马陵古道深处(作者摄)

孙膑早已亡命齐国，并曾担任过桂陵之战的总设计师。既然孙膑能参加桂陵之战，这次很可能也在齐军中担当一个重要角色，只要孙膑在齐军之中，就很难对付了。所以对齐军这次不战而退，庞涓总在心中打鼓生疑，而对齐军撤退的情报和蛛丝马迹，也就格外留意并时刻提防上当受骗。当他率大队人马追至齐军曾放弃的扎营之处时，发现规模宏大，气派非凡。派人清点做饭的锅灶，其数量可容十万人吃饭，庞涓为此甚感震惊和不安，于是在继续追赶途中就更加小心谨慎。当第二天追至齐军安营扎寨处时，发现锅灶只够五万人所用。待追至第三天，又对锅灶进行清点，发现只够三万人之用。看到齐军做饭的锅灶一天天锐减，沿途又抛下了许多兵器、粮草、战车等物资，渐渐放松了警惕，认为齐军仅三天时间就伤亡大半，确实是一帮乌合之众。于是，庞涓的焦躁之情又在周身和脑海暴起，为了尽快消灭齐军，庞涓下令丢下步兵与辎重，亲自率一部分精锐骑兵，向前狂追猛赶。孙膑在撤退途中得到了庞涓已经先行追赶而来的情报，他按照魏军前进的速度计算了时间，急率部队赶赴马陵山埋伏起来。

这马陵山有一条十几里长的古道，古道两旁是高低不平的悬崖峭壁，溪谷深隘。溪谷两旁，则是乱树丛生，野草遍地，其地形地貌，正是兵家设伏奇袭的好地方。孙膑让田忌派兵把大量树木伐倒堵塞道路，只留一棵当道而生的老树，把树身向东的一面树皮刮去，露出白木一条，然后用黑煤在上面写下八个大字："庞涓死于此树之下。"字的上部另有横批："孙膑特赐。"待这一切准备完毕，孙膑又让田忌挑选五千名弓弩手，埋伏在大树两侧的山野丛林之中，并吩咐他们说："只要看见对面山崖上火光亮起，你们就对准树下之人和所率部队一齐放箭。"与此同时，田忌按孙膑的计划，派自己的儿子田婴领兵一万，在离马陵道三里的丛林中设伏，待魏兵窜出峡谷后进行围追堵截，务必不让庞涓像上次一样再杀出一条血路死里逃生。部署已定，孙膑又让田忌将大队人马屯扎于山野之外三十里处，形成一个口袋状的大包围圈，以达到全歼庞涓和太子申部的目的。

当齐军布置妥当后，庞涓的大军也到了马陵山下。此时正是阴历十月下旬，最后一抹晚霞从西边的天际隐去，夜幕开始笼罩大地，整个山区显得一片苍凉、肃穆。突然，魏军先头侦察部队前来报告："马陵山道发现断木塞路，难以前进。"庞涓听罢，看了看即将完全黑下来的天空，心想，齐军就

第十章 孙庞斗智

在眼前，假如跨一大步，伸手可得。如果今夜放其翻过马陵山遁去，以后的追剿无疑将困难许多，常言道，过了这个村就无那个店了，一定得死死咬住，绝不能放松。尽管此时进山有军事冒险主义的成分，但除了冒险，别无选择。想到这里，他一咬牙，下令先头部队搬掉乱木，全力向前推进。

夜幕笼罩下的魏军精锐徐徐进入马陵山道，悬崖峭壁、草丛树木将惨淡的月光遮蔽起来，使狭窄的山道漆黑一团。越往前走，眼前越阴森恐怖，心中越发紧张，头皮阵阵发麻。庞涓有些悔意，想命令部队返回，但数万人马已经进入峡谷，身前身后乱树丛生，很难有回旋的余地，只好心存侥幸，硬着头皮继续闯下去。

不知过了多久，一群官兵摸索着来到了那棵齐军特意保留的大树旁，在偶尔显露的朦胧月光照耀下，忽有一眼尖嘴快的兵卒喊道："树上有字！"众官兵围上来抬头一看，只见一棵突兀而立的大树黑乎乎地挡在道上，树身有一片明显泛白，上面隐约可见涂着什么文字，但由于月色太暗，一时看不分明。正吵吵嚷嚷间，有精明负责、惯以拍马溜须的官兵早已报知了庞涓。

"他娘的，难道是遇到鬼了？"庞涓听到这件奇事，心中发慌，但还是装作若无其事的样子，怀着好奇带领几个亲信走马来到大树跟前。只见大树的空白处，确实有隐隐约约的字迹，但又看不清楚，庞涓令军士取火把照明，以便弄清真相。火把很快拿来，树上的一切尽显眼前。庞涓看罢，大惊失

位于甲子山孙膑洞内的庞涓马陵山中箭像（作者摄）

色，脱口说道："这个瘸子，我今天又中了他的阴谋诡计了！"说罢，匆忙转身下令撤退。就在这时，对面山崖上火光突起，早已埋伏在山谷两侧的齐军看到动手的信号，顿时引弩发箭。具有强大威力的劲弩如骤雨狂风一般席卷了山道上的魏军。那当道而立的大树，更成为齐军弓弩手瞄准、射击的重要目标。在如蚁似蝗的乱箭之下，庞涓躲藏不及，顷刻间便成了一个刺猬。他于危难之中突然忆起了当年离开鬼谷时，老师鬼谷子曾说过的"遇马而卒"的话，现在自己身陷马陵道，可能是在劫难逃了。又忆起自己离开鬼谷时，面对孙膑所说的"死于乱箭之下"的咒语，庞涓一手扶树，强撑着身子直面箭雨，满含怨恨地说道："我后悔当初没有杀掉那个瘸子，以致如今虎陷狼群，生生落于他的手里。唉，看来这都是上天安排的定数呀，天命难违，我庞某去也！"说罢，拔出随身佩带的宝剑自刎身亡。

战国中期，黄河流域一颗最为耀眼的将星在马陵山陨落了。

庞涓既死，魏军顿时乱上加乱，经过一夜的激战，太子申被俘，十几万魏军全面崩溃瓦解。这是齐军在孙膑的具体策划指挥下，继桂陵之战后在马陵所创造的又一个流传千古的光辉战例（这场战争的记载见银雀山汉简《陈忌问垒》篇）。

第二天黎明，在打扫战场时，有官兵将庞涓的尸体抬于孙膑、田忌跟前领赏，孙膑看到已成为血葫芦的庞涓，立即怒火中烧，悲愤交加，千头万绪涌上心头。为了发泄心中的愤怒和报当年膑刑之仇，他命兵士将庞涓的尸体抬到自己的专车前，取过一把长剑，"咔嚓"一声，将头颅斩下，说了句："庞兄，咱俩的一切恩怨情仇今天算是一刀两断了，到阎王爷那儿咱再做同窗吧。"然后命人找根绳子将鲜血淋漓的庞涓头颅挂在了田忌乘坐的战车横木之上，借以宣扬军威，庆贺胜利。

马陵之战在让孙膑得以复仇的同时，也彻底改变了齐国与魏国的命运，历史的进程又一次得以改写。

第十一章 千古马陵千古谜

绝代兵圣

　　银雀山汉简的出土，透露了马陵之战新的信息。司马迁所记马陵之战齐军主帅的失误，古代学者争论不休的马陵战址，伴随着新的发现得到了破译。为满足沂蒙山人的心愿，课题组成立。当地学者的行动，关于战址的再度考察，使真正的马陵大战遗址越来越清晰地逼近人们的视野。

新的历史契机

从流传的史籍可知，孙膑一生亲自指挥的最著名的两次战役就是桂陵之战与马陵之战。而把他的同学加冤家对头置于死地并由此威震天下的齐魏马陵之战发生在公元前341年，这是孙膑指挥齐国军队以少胜多，一举歼灭庞涓所率魏国十多万大军的著名战役。这场战役突出地体现了孙膑的军事思想和指挥艺术，创造了山地伏击战的典范，两千多年来一直为人们所称道，并受到史学界、军事学界的广泛瞩目。然而，由于史籍记载的疏略以及后人诠释的失误，在几乎家喻户晓的孙膑智斗庞涓的这场战役究竟发生在何地，马陵与桂陵之战究竟是一次战役还是两次战役，甚至究竟有没有马陵之战等问题上，不少学者一直持摇摆不定的怀疑态度。随着银雀山汉简的出土，这个状况才有了新的转机。

银雀山汉墓出土《孙膑兵法》摹本之《擒庞涓》

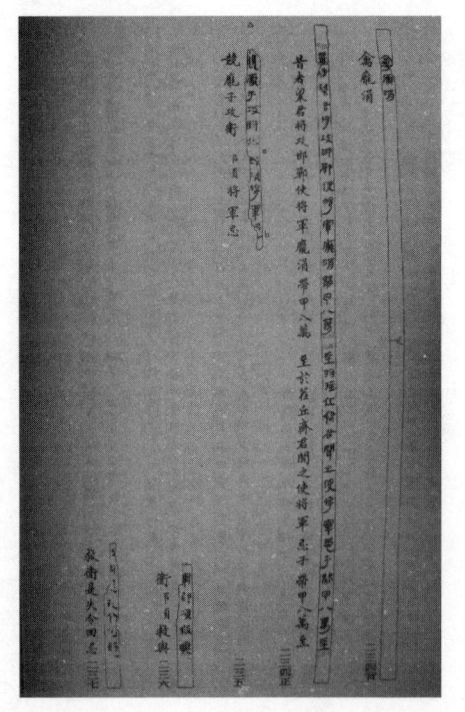

在出土的银雀山汉墓竹简《孙膑兵法》中，孙膑曾列举了不少有名的战例，特别是他亲自指挥并赖以成名的齐魏桂陵之战、马陵之战，在《擒庞涓》与《陈忌问垒》两个专篇中都有详尽的论述。前一篇说的是在桂陵之战中制服庞涓所用的战略战术，后一篇以和田忌对话的方式，叙述了名传千古的马陵之战的制胜方略。因而，两篇简文的出土，就成为研究这两次重大战役最为重要和关键的第一手材料。而随着材料的公布，在部分学者中间迅速掀起了一股探讨马陵之战诸问题的热潮。自1981年起，有学者开始撰文进行论述，紧接着又有几位学者撰文论述并认为所谓的马陵之战，根本就不在传统的说法——《史记》三家注中认为的元城与濮州鄄城一带，而应在沂蒙山区今郯城县的马陵山。这一新的提法引起了临沂地区学者的高度关注，认为应抓住这一历史契机，将悬而未决的千古之谜——马陵之战的战址尽可能地清除迷雾，弄个水落石出。如果战址真在郯城马陵山，不但是学者们的一大幸事，也是苦难的沂蒙山区人民的一大幸事，这个定位将对当地经济的发展起到巨大的推动作用。于是，在临沂地区社科联以及地、县方方面面的关怀支持下，1991年10月，郯城县成立了一个"马陵之战战址研究课题组"，开始组织国内著名专家学者对马陵之战发生在郯城的可能性进行研究论证。

1992年4月11日，郯城县委副书记薛宁东代表马陵之战战址研究课题组，参加了在临沂市召开的"第三届《孙子兵法》国际研讨会"，并向大会提交了《齐魏马陵之战在郯城马陵山新证》等三篇研究马陵之战的学术论文。由于文章对马陵之战的战争起因、魏军进军路线，以及战场所在地等都提出了新的看法，引证的文献文物资料确凿可信，引起了入会代表的广泛瞩目和赞同。会后，更多的专家开始将研究目标转向了这一颇有新鲜意味的课题，并亲赴郯城做实际勘察。半年之后的1992年9月21日，由山东省社科联、历史学会、临沂地区社科联、郯城县政府联合主办的"海峡两岸孙膑兵法暨马陵之战学术讨论会"，在郯城县马陵山下召开，入会专家取得了对齐魏马陵之战战址在郯城马陵山的共识，并产生了极其重大的突破性学术成果。

从郯城县马陵之战研究课题组（以下简称课题组）的综合研究成果看，过去传统的研究方法有一个共同的盲点，那就是都在今河北、山东、河南交界之处的大平原上寻找马陵之战的战址。因为孙膑与庞涓争雄的年代，魏国都城是大梁，齐国都城在临淄，按照一般的战争规律，战场最有可能在连接两都直线的中间点附近，所以有人说战场在河北大名附近的元城，有人说在古鄄城或濮州，有人说在范县，有人说在莘县，等等。据有些研究者通过实际勘察得知，至今，大名附近还有六个靠在一起的马陵村，莘县也有一个马陵村，并且还与附近的道口村合称马陵道。其实，在郯城课题组专家学者们看来，濮州或鄄城、范县二说，指的是同一地点，其根据是张守节《史记正义》注《史记·魏世家》"太子（申）果与齐人战，败于马陵"。注文曰：

"虞喜《志林》云,'马陵在濮州鄄城县东北六十里。'"虞喜说的这个地方在历史上一度属范县,1964年范县划归河南后,其地便改隶莘县大张乡。故此前郭沫若提出的那个鄄城说,翦伯赞提出的濮县说,张习孔等提出的范县说及莘县说,都是根据虞喜的说法而来的。

而河北大名、元城说的根据是裴骃的《史记集解》和司马贞的《史记索隐》,他二人所注的《魏世家》都引徐广的话说,"在元城"。有现代专家认为,徐广可能受杜预《春秋经传集解》的影响。杜预的注文是:"马陵卫地。阳平元城县东南有马陵。"但是杜预所注的乃是春秋诸国会盟的马陵,并不是齐魏之战的马陵。战国时还有一个马陵,《史记·魏世家》惠王二年"魏败韩于马陵",这是韩国的马陵,遗址在今中牟、尉氏、新郑三县交界之处。后人往往把这三个马陵混为一谈,因此,在论及此点时,就出现了异说竞起、各自为是、占址为王的局面。元城晋时属阳平郡,故杜预称为阳平元城,明清时属河北大名府,故顾祖禹的《读史方舆纪要》称马陵在大名城东十里。后元城并入大名莘县,故当代历史学家朱绍侯编的《中国古代史》又主大名说,其实大名、元城实为一说。这些旧说在《孙膑兵法》尚未出土前不乏有一定的市场与说服力,而且这些旧说又多属于古今著名的史学大腕儿所主张,因而少有人说半个不字,胆敢对各路大腕儿们的论点表示怀疑。

这种情况到了1972年银雀山汉简发现之后就不同了。其中《孙膑兵法》的重新问世,提供了有关马陵之战新的信息,这个信息的横空出世,足以成为推翻《史记》记马陵之战齐军主帅之失误及虞喜、徐广等人所指出的马陵战址之误的证据,从而对原有的旧说形成致命的打击。

1992年9月26日,新华社向世界播发了这样一条消息——

孙膑智斗庞涓处被确认
马陵之战战址在山东郯城

据新华社济南九月二十四日电 一个被历史风云湮没两千多年的悬案日前有了确切的解释。近日在山东省临沂市结束的海峡两岸孙膑兵法暨马陵之战学术讨论会上,来自海内外的一百多名专家学者经过实地考察和学术讨论形成共识:齐魏马陵之战战址应在山东省郯城县马陵山……

第十一章　千古马陵千古谜

随着这条消息的播发，海内外更多学者和普通百姓开始将目光投向有些陌生的沂蒙腹地——马陵山。

银雀山汉墓出土《孙膑兵法》之《陈忌问垒》今解

马陵战址知多少

如前所述，银雀山汉简《孙膑兵法》中有一篇非常引人瞩目的《陈忌问垒》，记述的是陈忌与孙膑议论马陵战役之事，这篇文章对解开马陵之战许多争论不休的问题具有举足轻重的作用。简文说：

田忌问孙子曰："……不禁，为之奈何？"孙子曰："明将之问也。此者人之所过而不急也。此□之所以疾……志也。"田忌曰："可得闻乎？"［孙子］曰："可。用此者，所以应卒（猝）窘、处隘塞死地之中也，是吾所以取庞［子］而擒太子申也。"

田忌曰："善。事已往而形不见。"孙子曰："蒺藜者，所以当沟池也。车者，所以当垒也……"

战国形势图（公元前350年）

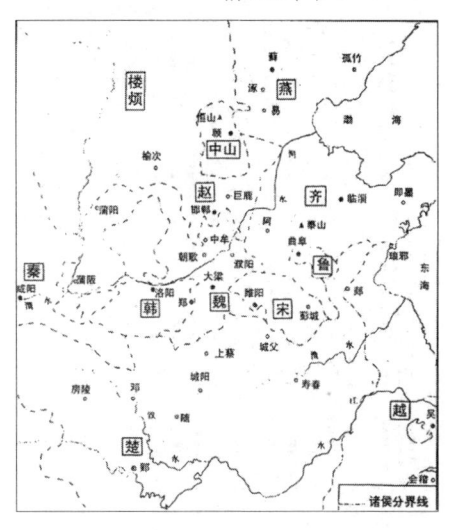

若将这段对话译成白话文便是：

田忌问孙膑："军队在野战的情况下应该怎样部署阵地呢？"孙膑答："只有明智的将军才会提出这个问题。这是一般人容易忽略过去而不重视的问题。处理这个问题主要是，迅速地利用

327

部队的武器装备结合地形情况恰当布置,并要注意鼓舞和激励斗志。"田忌问:"可以具体地讲给我听听吗?"孙膑说:"可以。这种方法是用来应付突然处于困境、险阻、死地之中的紧急情况的,这便是我之所以战胜庞涓、俘虏太子申的方法呵。"

田忌说:"好呵!这件事已过去好多年了,当时布阵设垒的情形已看不见了。"孙膑说:"在临时野战的情况下,蒺藜可以当作沟堑和护城河来用,战车可以当作城墙来用……"

陈忌即田忌,司马迁记马陵之战时说"齐使田忌将而往,直走大梁",认为齐军大将为田忌,但本篇却表明齐国大将军田忌并未参加马陵之战。因为他对马陵之战的具体部署很不了解,故而向孙膑请求说:"可得闻乎?"而孙膑的回答则是:"可。用此者,所以应猝窘、处隘塞死地之中也,是吾所以取庞〔子〕而擒太子申也。"这里的"吾"是孙膑自称,并不包括田忌。田忌又说"事已往而形不见",则更表明田忌实在不了解马陵战场具体情形,故而恳切要求孙膑详细地讲给他听。

《陈忌问垒》虽用对话体,但若田忌参与马陵之战,又是主将,对战役部署定会十分清楚,如果他没有犯神经病或健忘症的话,不会再明知故问。当然,《史记》在叙说马陵之战的齐军主将时也是不相一致的,《魏世家》只言"孙子",到《孙子吴起列传》时,则为"孙子、田忌",明显多了一人。而《田完世家》又为"田忌、田婴将,孙子为师";《六国年表》为"田忌、田婴、田盼将,孙子

根据银雀山汉简整理出版的《孙膑兵法》之《擒庞涓》篇

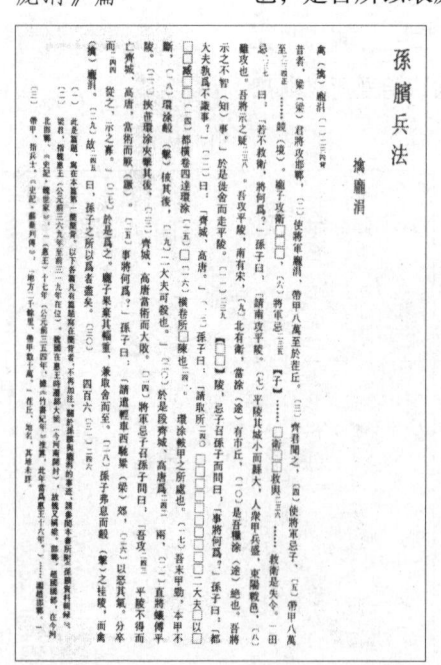

第十一章 千古马陵千古谜

为师"。《田完世家》还专门叙述说，桂陵之战后，田忌因遭成侯邹忌陷害，"率其徒袭临淄，求成侯，不胜而奔"。到了马陵之战时，"宣王召田忌复故位"，又为主将。对此，历代史家早有争议，但因史料缺乏，皆为揣测之词，没有一个权威性的说法。从银雀山出土汉简《陈忌问垒》中可以看出，"宣王召田忌复故位"是子虚乌有的事情，当是司马迁记载之误，不足为信。那么，马陵之战齐军主将究竟是谁呢？从对史料的综合分析来看，当系田朌。司马贞《史记索隐》引《竹书纪年》云："纪年二八年，与齐田朌战于马陵"；"纪年二十九年五月，齐田朌伐我东鄙"。《竹书纪年》系晋代出土的魏国史书，成书时间早，史料可靠，该书记马陵之战齐军将领仅提田朌，足见其为齐国主将无疑。

通过对新材料的研究基本可以肯定，《史记》中谈到田忌为将和直走大梁，显然是把发生于公元前353年齐魏桂陵之战的旧事弄到马陵之战的头上，因而出现了田忌为将的记载。特别需要提及的是，孙膑在对话中，那"应猝窘、处隘塞死地之中也"，显然表明是在仓促窘迫之中。那"是吾所以取庞［子］而擒太子申也"句，则表明被逼处于"隘塞死地"之中的是庞涓和太子申的兵马。"隘塞"多指山地之险要处，"死地"是《孙子兵法·九地》篇中的专用名词。孙子说，"疾战

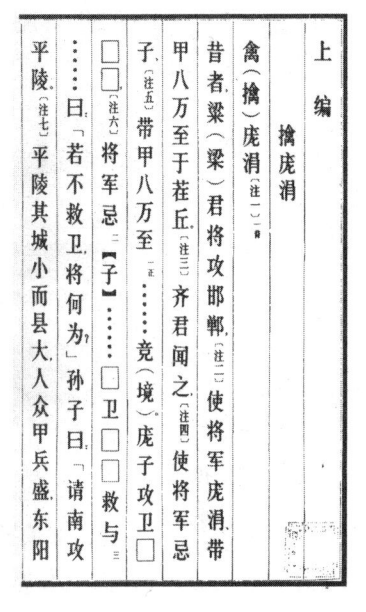

上编
擒庞涓
禽（擒）庞涓［注一］
昔者，梁（魏）君将攻邯郸，［注二］使将军庞涓带甲八万至于茬丘，［注三］齐君闻之，［注四］使将军田忌……带甲八万至……竟（境）。庞子攻卫［注五］……［子］……将军忌【子】日："若不救卫，将何为"？孙子曰："请南攻平陵，［注七］平陵其城小而县大，人众甲兵盛，东阳……

1975年文物出版社印制线装本《孙膑兵法》之《擒庞涓》

文白对照《史记》（2002年图文版）描述的马陵之战截图

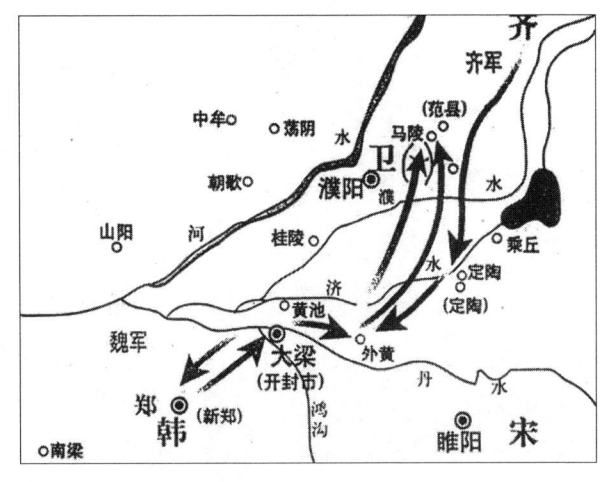

则存,不疾战则亡者为死地"。孙膑自行解说马陵之战战役的一句话,加上兵学家对"死地"的解释,则是对大名的元城马陵和山东莘县马陵等方位不具备作为战址条件的直接判定。

为了更有把握,更准确地弄清马陵之战战址到底在何处的问题,根据银雀山汉简《孙膑兵法》提供的最新线索,郯城县马陵山战址研究课题组,曾深入传说中的各个马陵战址做了实际调查,并得出了如下结论:

一、大名战址。此战址位于现在的河北省大名县县城东南二十五公里处的马陵村,该村原为三个自然村,现分为六个行政村,北部为东马陵、西马陵,南部为郭马陵、李马陵、刘马陵和姜马陵,均坐落在黄河故道的冲积地带。在东、西马陵二村之西,有一条南北走向冲沟,南起马颊河、北至束馆,长约3.5公里。整个冲沟地带呈网状,由许多弯弯曲曲的小沟交叉相连而成,小沟宽5—15米,深2.5—3.5米。沟谷地带内部有条小路,当地人称马陵道,又叫葫芦峪。这就是晋代末年徐广所谓的马陵之战的战址。

位于山东省聊城莘县的马陵之战遗址碑

从当地地理条件看,大名县及其附近属平原地带,据马陵各村由流水冲击的沟谷暴露地层剖面考察分析,系黄河冲积后遗留的沙土堆积而成,土层厚达数十米,唯上部60—70厘米处可见零星明清时代的残砖。在沟谷地带的北端,束馆村西北十余里处,于4米下发掘出一座唐代墓葬(有墓志铭),据此分析,这里的地表形成较晚。很难根据此地形说这就是马陵古道,更难说那道深2.5—3.5米的沟是魏军及庞涓的中伏地点。但据课题组人员多次走访调查,此处与马陵之战有关的传说较少,据村民介绍,早年沟内长有一棵黄桑树,据说就是"庞涓死于此树之下"的那棵树。但从冲积层的形成判断，倘若有那棵树，也不知道埋在地面几米之下了。马陵村一位73岁的老人介绍，在束馆南街，曾有过一个孙膑祠堂，但没有听到孙、庞在此打过仗的传说，地下也从没有出土过战国时代的兵器或有关器物。大名县文保所所长任海荣曾介绍说，在大名县，现存较早的建筑是大名县城，始建于明代。马陵村大约始建于明末清初。

二、莘县、范县、濮县、鄄城战址。有关马陵战址在鄄城或濮县的说法，最早出于东晋初年的虞喜，此地近代属山东管辖，后来濮县和相邻的范县均于1964年划归河南省，只有莘、鄄二县仍属山东。据今鄄城县文保所长吴道龙说，本县无马陵道地名、村名。所谓鄄城马陵，实指今莘县（黄河北岸）境内，其地在河南范县县城西南7.5公里处的马陵村，故该说亦可称为莘县说。此地属莘县大张乡，至今仍名马陵。在其东北3公里处，有一个叫作道口的村庄，当地人常把二地合称为马陵道。莘县人民政府于1984年将此地定为县级文物保护单位，1990年立保护标志"马陵战场遗址"。但是从地理位置看，它位于古鄄城西北，与虞喜说的东北地址不合。当地的学者陈昆麟认为，虞喜的"东北"二字实乃西北之误。但《史记·魏世家》及《史记正义》注两次引虞喜《志林》，都作"濮州鄄城县东北六十余里有马陵"，可见并非字误。因而，课题组人员认为，莘县说和其最早的记载《志林》所记方位不相符合，其正确性不能不令人怀疑。

另据走访调查，这里的地形也和大名马陵一样，坐落于黄河故道冲积形成的较高的台地上。马陵村东北有一条通往道口的冲沟，大体上与大名马陵的冲沟相仿。据该村主任陈良宽说，建村时间是明洪武年间，在该村附近没有发现唐代以前的出土文物。据莘县文化局局长王合祥介绍，马陵村原属黄河故道，泥沙叠压很厚，大都在4—5米。馆藏的文物时代都较晚，目前没有发现一件战国时期的兵器。这个说法更加深了研究者对此地为马陵之战战址的怀疑。

三、新郑马陵冈战址。1984年，《中州今古》第6期发表了无名氏《马陵究竟在何处》的文章，该文称：马陵即今河南省中牟县西南边界的马陵冈。这个马陵冈为战国时韩地，属伏牛山余脉，沙丘、土岭起伏，逶迤连绵，宽十里，长四十五里，成西北、东南走向，俗称四十五里马陵冈，为中牟、新郑两县的自然交界。冈上有马陵道横断而过,既是古魏国通往韩国的大道,又是韩国京都"新郑"首当其冲的要塞。至今,马陵冈上仍有"孙膑庙"遗址,并留下不少孙庞斗智的传说……因而有人推断"历史上著名的马陵之战的马陵,应是今新郑、中牟之交的马陵冈一带"。

据调查考证,新郑、中牟之交确实有"马陵冈",而且其大部归今天的中牟所辖。早在1983年秋末,当地学者毛广钦曾邀请了几位志同道合的朋友在这里做了一次考古调查,1984年7月又带了邻近的谢庄、八冈、三官庙等三个乡的文化干部进行了一次文物普查,同时访问了当地群众,还拍了几张地形照片,所得结果与《马陵》一文所持观点并不一致。为此,毛广钦曾撰文说:马陵冈并没有四十五里长,十里宽,它实际的北端在今天的中牟张庄,南端在新郑刘店的北门外,全长不过二十余里,最宽处也不足一里。冈顶有一条明显的林荫小路,是中牟、新郑两县的自然界线,当地从未听说过有马陵道之名。该文所说的"孙膑庙"应为"孙子庙",今天为一所小学所用,在文物普查中听说这里的庙碑已无下落,唯剩下不足一米见方的石刻镶嵌于东厢房的墙壁上,但字迹已模糊得无法辨认。孙子庙的位置是在野王、吴村、魏家三个村庄的中间,传说中的庞涓庙只有三间,在孙子庙的北边,由于当地人卑视庞涓,庞涓庙早为人们所拆。中牟是一个建制很久的古县,根据史载和考古材料,目前在当地还难以找出它是古代战场的可靠证据。

课题组人员在详细研究了以上几位作者的文章后,曾亲赴此地进行了调查,结合历史文献查考,发现此地在历史上曾经被称为马陵,只是此马陵非彼马陵罢了。

公元前369年,即魏惠王二年,韩懿侯二年,魏败韩于马陵。《史记》的《魏世家》《韩世家》都在这一年有记载。这场魏、韩两国间的战争,早于齐、魏马陵之战28年。乾隆《新郑县志》收有马龙甲的《马陵辩》一文,作者说:"马陵韩地,在今新郑县东30里,魏韩马陵、齐败魏马陵皆此地也。"马龙甲明确地指出了韩地有个马陵。课题组人员认为,此地近韩都,在大梁西南,孙膑不会选择距魏都大梁很近而又远离本国五六百里之处为战场而设伏。说魏韩之战战址在此地倒是可能的,因为它处在魏韩之间,但说魏齐之战发生在这里就不对了。

另据清乾隆十九年《中牟县志》记载："马陵冈——在县治六十里许，绵亘五十余里，上有孙膑、庞涓二庙。"然而，又加曰："按，孙膑杀庞涓于马陵在山东兖州府郯城县，今有马陵。涓事梁惠王为大将军，召膑至魏，刖其足。中牟属魏，故土祀之，因以马陵名冈，实非砍树白书之处也。"这个补充说得非常明白，可见前人早已否定了中牟是齐魏之战的古战场了，有些后人出于各自不同的目的，又翻腾出来并一口咬定这就是齐魏之战中的马陵，实为存心不良。

另据新郑县文保所负责人介绍，该县原卫生局局长马铭吾曾多次对本县的马陵冈战址进行实地考察，认定这里不具备齐魏马陵之战战场的条件。马陵之战的古战场究竟在哪里？曾数次实际勘察新郑马陵遗址，并长期从事这方面研究的毛广钦表示："尽管目前不少史学家倾向在今天的河北大名，但我认为《中牟县志》所指在山东郯城的可能性较大。"

四、郯城马陵山战址。根据课题组的查寻，最早记载郯城马陵山为齐魏马陵之战战址的是明万历十六年的《沂州志》。该志载："齐战魏，孙子胜庞涓于此。"后来正儿八经的记载就是乾隆《中牟县志》等一些地方史志。自银雀山汉简发现及研究成果公布之后，1981年，《东岳论丛》第三期发表了郯城当地学者左牧的文章《马陵之战战址及起讫时间考》，首次以论文的形式将沉寂多年的马陵之战战址的问题抛出来，并旗帜鲜明地提出了"战址郯城说"。1985年，《中国史研究》第一期发表了河北省档案局学者王焕春《魏齐马陵之战在郯城马陵山》的长篇论文，该文以大量的史料、严谨的学术态度，对马陵之战的前因后果以及具体的战略步骤，做了较为详尽的论述。此文在学术界产生轰动效应的同时，也正式引发了马陵之战战址研究的热潮。

郯城马陵山之谜

郯城境内的马陵山，为沂蒙山的余脉，北与临沂兰山相连，南抵江苏宿迁，绵亘数百里，南北走向，纵贯郯城全境，海拔一般在80—184.2米之

位于郯城马陵山的上马石,相传庞涓兵败试图在此上马逃窜,终被射杀

间。此山形成于距今约一亿四千万年至七千万年之间,属中生代时期,为白垩纪紫红色砂岩,呈低山丘陵,地形有平有险,平险相间,沟壑纵横,复杂多变。其中的独龙涧,由九条沟汇合而成,谷深林密,涧深壑险,状似葫芦,又称葫芦峪,纵深六里有余。两旁悬崖峭壁,矗立如屏。传说齐魏孙庞之战,孙膑诱庞涓于此涧,庞涓中箭死于此涧古桑树下,因而后又俗称庞涓沟或庞涓谷,而紧靠庞涓沟的四山围子因四面环山而得名。当地很多地名传说,都与孙、庞马陵之战有关,如马场,传说孙庞决战期间,孙膑曾在此喂马。古寨,孙膑曾在此安营扎寨。社子,原名射子,传说孙膑曾在此布置伏弩以射庞涓。挂剑,原名挂箭,传说庞涓在此中箭。卸甲营,传说孙膑诱庞涓进入独龙涧,在此卸下甲胄。另外还有马陵道、跑马岭、点将台、分尸岭、庞涓一次上马石、庞涓二次上马石、恨谷崖、庞涓石等地名。这些与孙庞之战有关的一系列古地名、古村名,几乎可以从其中探讨出战争的全过程。据课题组人员说,能够说明此地为马陵战址的还有两种出土文物加以证明:

1. 位于马陵山北侧的样山,有安子庙,其西北侧有一墓葬,在1982年被当地村民挖掘,其中有石椁木棺,一椁二棺,合为三重。据史载,齐贵族大墓使用石椁,另有"(棺椁)诸侯五重,大夫三重,士再重"之别。据此推断,此墓采取的应为战国齐的墓葬制度。墓前有一无字碑,据当地群众传说,该墓为孙膑念庞涓同学之谊,葬庞涓于此。经调查该墓葬的形制,同以上记载相吻合,应为战国墓葬之制。无字碑的竖立,亦为秦及先秦之制。秦始皇在泰山竖立的无字

碑，至今犹存。而刻字以记墓内主人一生行事的石碑，最早的始于汉代。此墓虽于1982年被破坏，但其石椁的残石及无字碑尚存。

2. 此战址发现了大量出土的古代兵器和锅灶坑。1958年在黑龙潭修水库时，曾出土了400至500枚铜箭头。在以后的若干年中，孙唐村有40余人先后捡到200余枚铜箭头。1972年修跑马陵水库时，又挖出了数百个锅灶坑和许多三棱铜箭头。从1958年到1976年，清泉寺林场在挖树坑的过程中，曾有300余人捡到过数千枚铜箭头。1988年清泉寺矿泉水厂扩建时，又挖出几十个锅灶坑和部分铜箭头。这些箭头有两翼式的，也有三棱式的。战国史学家杨宽曾在其著作《战国史·武器的进步》一节中写道："战国时青铜兵器有显著进步……箭镞由双翼式变为三棱式。"经有关部门鉴定，这些铜箭头正是战国时期的，与历史上记载的马陵之战的时间正相吻合。

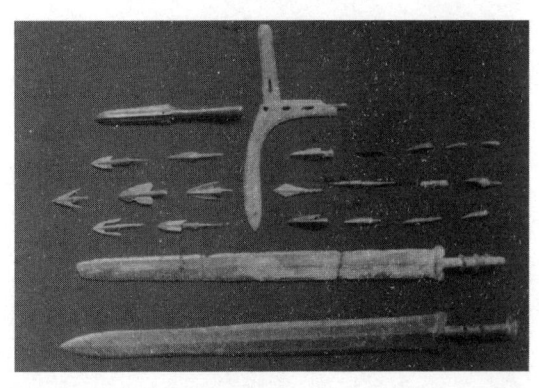

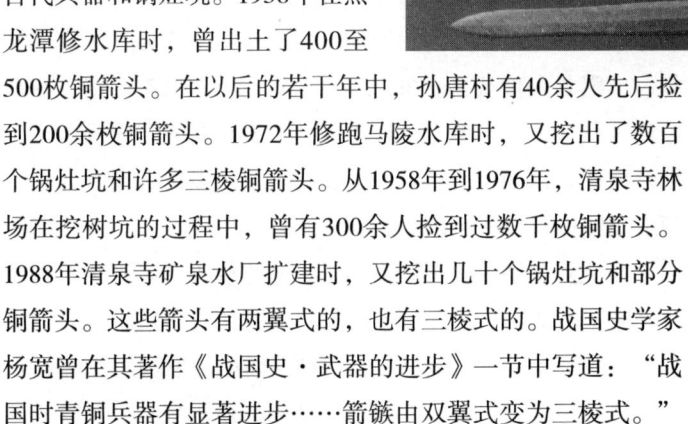

郯城马陵山古战场出土的战国时兵器，铭文为"邰氏戈"

更为重要的考古佐证是，课题组在调查期间，还陆续于大尚庄乡孙塘村收集到一把完整的青铜剑，在司家乡卸甲营村收集到一把青铜断剑，在泉源乡收集到一件铜刺。具有重要价值的是，1978年大尚庄粮所院内出土一件带铭文的铜戈，文曰"邰氏戈"。据著名古文字学家李学勤考证，邰氏，春秋晋国之大族邰献子之后，以邑为氏。其采邑在今沁水流域，战国时属魏之河内。此戈为战国时邰邑所铸。马陵之战是大规模战争，双方各有十万之众，自然魏国要把上等的武器带入军中，但想不到一战而全军覆没，大量兵器遗于战场，则是理所当然的事情。倘若此戈出土于墓葬中，还可以解释为墓主人从别处带来。出土于古战场，又正是与魏有关的战址，伴以如此大量的箭头，除了说明这里是战国时

335

与魏国有关的一次战争的战场外，似乎找不出第二种合理的解释。

课题组在考察以上战址时，特别注重地形地貌的特点，因为在马陵之战中，进入山谷的魏兵号称有十万之众，要把他们全部或者大部分，哪怕是一半兵力五万人诱进伏击圈中，也并不是一件简单的事情，这个伏击圈必须在山区，而且地形必须是孙武在《孙子兵法》中所说的"死地"。大名、莘县战址虽然有沟沟坡坡，但无法装下十万行军中的兵将。庞涓是一位著名军事将领，行军时前军必有前卫。在平原地区作战，如果前卫、前军入伏，其他各军很容易冲出包围。因此，课题组人员认为，就以上所论及的几个战址中，只有马陵山符合战址条件。

与此相关联的其他证据还有，根据临沂学者王汝涛的考证，银雀山汉墓出土的竹简《孙膑兵法》中，有不少篇章、语句与《史记》所述马陵之战及郯城马陵山的形势相符。如：

《陈忌问垒》曰："可。用此者，所以应猝窘、处隘塞死地之中也，是吾所以取庞[子]而擒太子申也。"

《月战》："十战而八胜，以月者也，十战而九胜，月有……故战之道，有多杀人而不得将卒者，有得将卒而不得舍者，有得舍而不得将军者，有覆军杀将者。"

《八阵》："易则多其车，险则多其骑，厄则多其弩。险易必知生地、死地，居生击死。"

《地葆》："五地之胜曰：山胜陵，陵胜阜，阜胜陈丘，陈丘胜林平地……五地之败曰：豀、川、泽、斥。五地之杀曰：天井、天宛、天离、天隙、天柖。"

作者与台湾东吴大学的孙子兵法研究专家刘必荣教授（左）在马陵山庞涓谷前考察

第十一章　千古马陵千古谜

《势备》："凡兵之道四：曰阵、曰势、曰变、曰权。察此四者，所以破强敌，取猛将也。"

王汝涛认为，由《史记》描述马陵战况的情景，联想对照郯城马陵山的地形、地貌，就不难发现上列篇章和语句几乎都可以与马陵之战互为注脚。而《陈忌问垒》尤为详细。其第一部分几乎都讲的是马陵之战的事。换句话说，从《孙膑兵法》这部书中，不仅寻觅到了马陵之战的蛛丝马迹，而且也看到了郯城马陵山地貌的倒影。诸如，"应猝窘、处隘塞死地之中"，以及"厄则多其弩""五地之败""五地之杀"，这些都是马陵山、独龙涧一带"涧深壑险，状似葫芦"，"两旁悬崖峭壁，矗立如屏"，"地形有平有险、平险相间、沟壑纵横、复杂多变"，"谷深林密深六里有余，酷似一个大布袋"等的映像。尤其是那"多其弩"的记载，与马陵山出土的大批箭头，形成了一个交相辉映的历史真实场景。

位于马陵山的独龙涧石碑

庞涓之死的马陵之战是埋伏战，其规模之大、准备之复杂、时间之长，从《孙子吴起列传》《孙膑兵法》中可知一二。所以完成这项埋伏除具备自然地形、地貌及地理位置等必备条件外，还必须具备熟悉地形地貌、事前有足够的伪装和埋伏准备，以及在较长时间内不致泄露秘密等条件。这些苛刻条件如不在本国，而在敌国或与敌国较近的地方，都是办不到的。郯城属齐国，又远离魏国，具备以上所说的条件。若从郯城的地望观察，也具备了规模大、时间长、不暴露等有利因素，故能达到最终的成功。

另外，郯地自古就是重要的交通要地，在春秋时就是齐、吴、晋、越、楚等大国争霸的必经之地，到战国时也是齐、越、魏等大国争雄的焦点。因而，从春秋到战国在这里发生过不少战争，这些战争除最后一战发生在战国时期外，都发生在春秋时期。而马陵山出土的兵器经专家鉴定，除少数属春秋时代外，其他大都是战国时期的兵器。这除了说明兵器是马陵之战的遗物外，也说明郯城马陵山确系齐魏马陵之战的古战场。

为此，课题组最后得出结论：银雀山汉简出土的《孙膑兵法》和郯城马陵山的地形、文献记载、出土文物、地名成因等相印证，在关于马陵之战战址的问题上，冲击和动摇了以往各家之旧说，由此证明齐魏之间的马陵之战的战址，应该在郯城马陵山而不应该，也不可能在别处。这个认定，如同聚讼千余年的《孙膑兵法》的有无一样，一旦竹简出土，迷雾尽扫而空。而这个最新的结果，也并非哪个人或哪些人企图要翻千古悬案所能办得到的。齐魏马陵之战战址的重新认定，亦是如此。

郯城课题组弄出的这个看起来是铁板钉钉，并且这个钉子还是拐了弯的结论，并未使所有的专家学者完全信服，也有一部分学者表示郯城马陵山说只是一家之言而已，要弄个

吴九龙在马陵山考察（作者摄）

此为郯城马陵山马陵道，一位在现场考察的军方专家对作者说："这个山谷过于狭窄，几万人的兵力无法展开。"似有怀疑此是否为真正的孙庞战争遗址之意（作者摄）

第十一章 千古马陵千古谜

铁板钉钉的铁案，还需要继续深入研究论证。如银雀山汉墓竹简的主要发掘者和研究者、著名学者吴九龙认为，如果确定了马陵之战战址，对研究《孙膑兵法》有重大意义，因为汉简本《孙膑兵法》的《擒庞涓》《陈忌问垒》等篇章实际上叙述了战争的过程，但我们并不清楚竹简上地名的确切位置所在，这样就难于确知战争是怎样进行的。这都是我们需要继续讨论和研究的课题。郯城是古代的交通要道，《读史方舆纪要》记载，临沂"自古为兵冲要地，南服有事，必由此以争中国"。自临沂而下必经郯城。郯城也是东西通衢，《战国策·宋卫》记载："魏太子申自将，过宋外黄……攻齐，大胜并莒……与齐人战而死，卒不得魏。"说明齐魏交战，由外黄向东进军，再经郯并莒的作战路线。文献的记载揭示了齐魏在马陵山作战的可能性。1978年在大尚庄粮所院内出土"郜氏戈"一件，有关专家鉴定为战国前期三晋郜邑地方铸造的。三晋兵器在马陵山出土绝非偶然。此外，考察马陵山地形，确为一古战场。有专家对山东西部、南部马陵山的地理形势分析论证，认为齐魏在马陵山作战是符合军事地理原则的。从上述理由来看，初步认定马陵之战的战址在这里，是有依据的，作为一家之言也是完全成立的。当然还需要进一步深入考察，认真论证，以使现有的看法更充分地立于坚实的基础之上。但也应当特别注意，如没有充足的理由，不宜轻易否定古代书籍的记载。最好能更广泛、深入地研究古籍，对马陵山一带进行考古调查，寻找新的论据和资料，这样对最终确定马陵之战战址的位置，发展我们的学术事业更有益处。

或许，吴九龙的话更趋平和、理性并符合学术争鸣的规范吧。

第十二章 真伪两孙子

《孙膑兵法》突然失传，引起了辨伪学者考据的兴趣。宋以来的一千余年，学者文人对孙武、孙膑其人其事心存疑惑，各种说法甚嚣尘上，两孙子真假难辨，著述混淆不清，从而陷入了一片模糊混沌之中。随着银雀山汉简《孙子兵法》与《孙膑兵法》的同时出土，各种谬说在铁证面前渐渐分明。

孙武就是伍子胥

马陵战役之后，魏国彻底失去了当年的威风，从此一蹶不振，走向衰败，而齐国却借这次军事胜利强盛起来。诸侯们见风使舵，纷纷弃魏奔齐，向齐国进献金钱美女，以示亲近，齐威王终于实现了称霸中原的梦想。而孙膑自入齐以来，通过两次战役，也初步实现了平生的理想和政治抱负，除了报仇雪恨，也弄了个名扬天下、万古流传的著名军事战略家的美名。

随着时间的推移，渐渐强大起来的齐国，将相不和的矛盾也日益激化尖锐起来，尤其是相国邹忌与大将军田忌的矛盾越来越突出，且已到了水火难容、剑拔弩张、你死我活的地步。双方在一番明争暗斗之后，邹忌用计诬陷田忌谋反作乱，企图篡国夺权。田忌抗争失败，最后被迫流亡楚国。孙膑一看田忌作为齐国通缉的一名重犯流窜国外，而邹忌全面控制了齐国的局势，并成为呼风唤雨，握有对天下苍生生杀大权的人物。自己作为田忌的前门客和军事助手，不但再难以得到施展才华、为国尽忠的机会，而且连安身立命也感到越来越困难。在自己尚未完全失宠于君王群臣的情况下，只好识趣地主动向齐威王提出归隐山野田园的请求。齐威王深知孙膑的难处与明哲保身的思想，很痛快地在报告上签发了"同意"二字，并以特事特办的名义，赠送了一大笔安家费和两名男童、四名女子给孙膑。自此之后，孙膑远离了齐国都城，归隐山野田园，开始了修身养性、著书立说的

邹忌修八尺有余，而形貌昳丽。朝服衣冠，窥镜，谓其妻曰："我孰与城北徐公美？"其妻曰："君美甚，徐公何能及君也！"城北徐公，齐国之美丽者也（引自《战国策·邹忌讽齐王纳谏》）

新生活。他根据自己平生所学，在深入研究前人的兵书，特别是孙武兵法的基础上，结合自己的亲身实践和战争经验，殚精竭虑，呕心沥血，终于在晚年完成了名垂千古的皇皇巨著——《孙膑兵法》八十九篇和四卷图录，从而成为中国历史上继孙武之后又一位承上启下、继往开来的伟大的兵学巨匠。

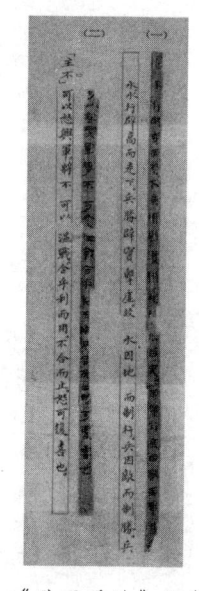

当然，孙膑归隐之后，他在什么地方隐居，每天怎样生活，以及什么时候撒手归天，等等，史家少有记载，而民间传说也多模糊不清。只是若干年之后，按照孙膑的军事战略思想和理论辑成的兵书开始在庙堂与江湖悄然流传。由于孙膑和他的曾祖父孙武在春秋战国诸侯混战的大舞台上曾做过非凡的表演，并创造了出神入化、登峰造极的兵学文化，而这笔文化遗产作为人类的瑰宝，在社会上层和劳苦大众之间，特别是在军事领域产生了广泛而深远的影响，人们习惯上把孙武、孙膑统称为孙子。而这个提法被后来的司马迁在《史记·孙子吴起列传》中记载了下来。

《孙子兵法》汉简摹本

太史公在传记中说道："孙子武者，齐人也，以兵法见于吴王阖庐。阖庐曰：'子之十三篇，吾尽观之矣……'于是阖庐知孙子能用兵，卒以为将。西破强楚，入郢，北威齐、晋，显名诸侯，孙子与有力焉。孙武既死，后百余岁有孙膑。膑生阿、鄄之间。膑亦孙武之后世子孙也。孙膑尝与庞涓俱学兵法。庞涓既事魏，得为惠王将军，而自以为能不及孙膑，乃阴使召孙膑。膑至，庞涓恐其贤于己，疾之，则以法刑断其两足而黥之，欲隐勿见。齐使者如梁，孙膑以刑徒阴见，说齐使。齐使以为奇，窃载与之齐。齐将田忌善而客待之……于是忌进孙子于威王。威王问兵法，遂以为师……孙膑以此名显天下，世传其兵法。"

这篇传记关于两位孙子的身世、战功及著作的记述虽然略嫌简单，但基本情况却说得还算分明，即孙武是春秋末期仕于吴国的著名军事战略家，著有《兵法十三篇》。而孙膑是孙武的后世子孙，二人有血缘关系。孙膑生活在战国时代

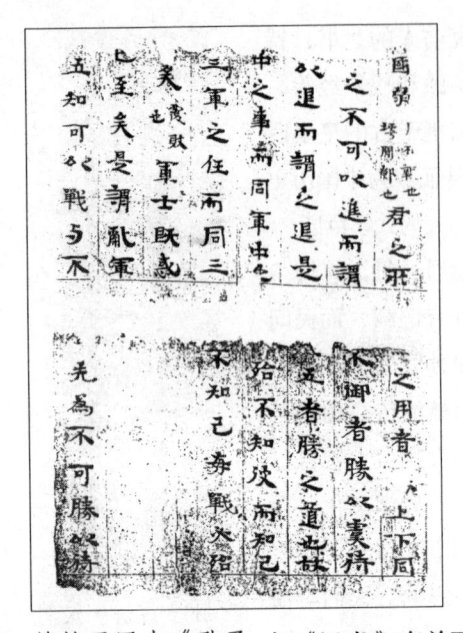

敦煌晋写本《孙子兵法》

宋本魏武帝注《孙子》书影与《续古逸丛书》之《武经七书·孙子》书影

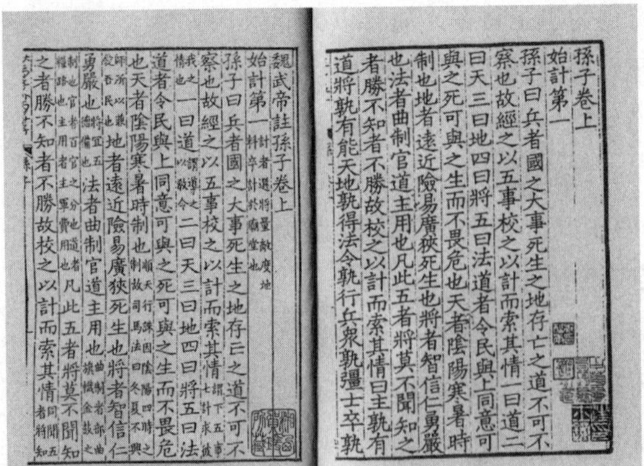

的齐威王时，同他的祖先孙武一样有兵法传世。

继司马迁之后，东汉史学家班固在其《汉书·艺文志》中著录了《吴孙子兵法》八十二篇和《齐孙子》八十九篇。班固的史料来源不得而知，但比较明确的是，《吴孙子兵法》指的是孙武所著的《孙子兵法》。《齐孙子》则是孙膑所著的《孙膑兵法》。另外，在《吴越春秋》和曹操的《孙子序》中，也有一些关于这方面的记载。

从具有雄风朝气的汉代一路延续到辉煌壮美、浩气冲天的大唐，《史记》与《汉书》有关两孙子其人其书的记载一直为人们所遵信，并未见哪路英雄好汉或跳梁小丑提出不同的看法。只是唐代的杜牧根据司马迁与班固对《孙子兵法》篇数的不同记载，在其所著《樊川集·孙子序》中，提出了一种说法，认为传世的《孙子兵法》十三篇是曹操删削的结果。他说："武所著书，凡数十万言，曹魏武帝削其繁剩，笔其精切，凡十三篇，成为一编。"此时的杜牧还在说孙武的著述如此浩繁，但当历史的河流淌到绵软陈腐的宋代时，随着综合国力的衰败及北方少数民族的兴起，一批资产阶级右翼分子及虚无主义者，开始怀疑中国历史上的各朝代是否如史书上记载的那样大国泱泱、并吞八荒、辉煌壮丽。在心中虚无没底的情形中，开始从各个角落寻挖钩沉起

第十二章 真伪两孙子

历史的史料来。也就在这个时候，一股投向故纸堆的辨伪学风随之跟进，在有关两孙子特别是孙武其人其事的问题上，从各个或明或暗的田间地头，或庙堂的屋檐下，蹦出了各色人物，并怀揣不同目的提出异议，而这些异议已不再是司马迁与班固所载《孙子兵法》篇数多少的争论，而是从根本上产生了怀疑。有的认为，《孙子兵法》的思想内容具有浓厚的战国色彩；有的认为，其题名作者孙武可能压根儿就不存在；等等。在各说之中，影响最大最早的当数北宋仁宗时代注释《孙子》的学者梅尧臣，他认为《孙子兵法》这本书带有浓厚的战国色彩，不足为信。其说法见于欧阳修为他的《孙子》注本所作的序文，文中提到当时的知识精英、封建卫道士们对《孙子》一书的价值颇有贬议，唯独这位特立独行的梅尧臣不同流合污，提出了自己独到的见解，并认为孙武这个人在历史上或许是有的，但《孙子兵法》绝不是孙武所亲著。按梅氏的说法："尝评武之书曰，此战国相倾之说也。三代王者之师，司马九伐之法，武不及也。然意爱其文略而意深，其行师用兵，亦皆有法，其言甚有次序。"

梅氏的这个提法对后来知识分子们怀疑《孙子兵法》的时代和作者产生了重要影响。如宋代著名词作家苏轼就曾按照梅尧臣的腔调进一步发挥说："夫武，战国之将也，知为吴虑而已矣。"由于苏轼本人在史学上的成就并不怎么突出，因而他提出的这个说法对后人的影响并不是很大。可以说，继梅尧臣之后，对后来的"怀疑派"儒生和封建卫道士们形成重要影响的另一个大牌明星，是具有反动学术权威之嫌的南宋中期的叶适。

叶适，字正则，温州永嘉人，自幼勤奋好学，二十九岁中进士，三十五岁被朝廷授太学正，不久改为太学博士。此间与陈亮、朱熹、陈傅良等名流书信来往甚密，成为永嘉学派的代表人物之一。他在治学过程中，深受南宋学术界疑古思潮的影响，在自己的著作《习学记言》中有"所论喜为新奇，不屑摭拾陈语"，"讲学析理，多异先儒"等语。意思很明显，是说这个叫叶适的学术权威，对古书记载不屑一顾并多有反感，他自作聪明或者自以为是地弄出一套新的考证和说法，以显示他的另类生活态度及不与主流合作的学术倾向。这个另类在对《孙子兵法》一书的评价上，与号称特行独立的梅尧臣臭味相投，是典型的孔家老二思想的拥护者和鼓吹者。二权威都曾明确表示，孙子书不合儒家军事理想。叶适还列举补充了更多的证据来

六朝钞本旧注《孙子》断片（书影）

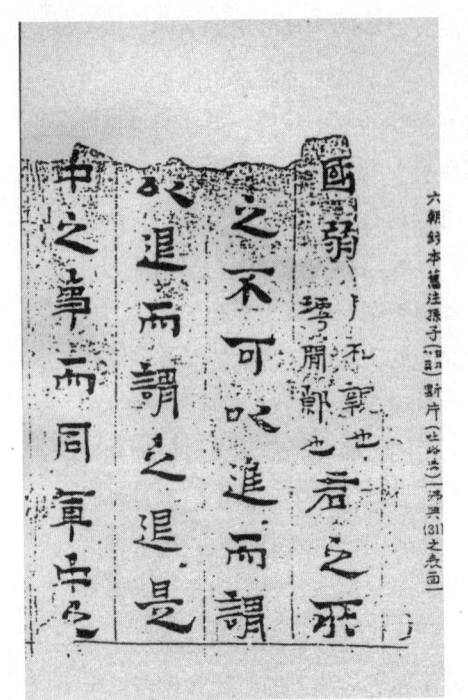

说明此书中的很多思想和名词都非春秋时期所常见，而为战国时期所独有。他认为《孙子兵法》是后人伪造而冒了孙武之名，历史上根本就没有孙武此人，也就是说孙武是那些伪造者凭空虚拟的一个神话式的假冒伪劣产品。为此，叶适还斗胆向学界宣称："凡（司马）穰苴、孙武者，皆辩士妄想标指，非事实。"其证据包括最早记载孙武事迹的《史记·孙子吴起列传》。按叶氏的看法，关于孙武其人其事，司马迁只列举了一个用宫女练兵的故事，颇类小说家言，显然是"奇险不足信"。而倍受后世学者推崇的专记春秋一代史实的著名的《左传》，在记述吴伐楚入郢的过程中非常详细，并多次提到了恐怖大鳄伍子胥、阴谋家伯嚭，而单单不提号称功名赫赫、超天王级的兵学大腕儿孙武。按照常理，虽然在其他书中有记载的人或事，左氏传中不必尽有，但孙武如果真是指挥吴军拔郢的第一号人物，其功名彰著若此，按理说不应漏掉，为什么却偏偏没有记载？因而，叶氏推测说，《孙子兵法》当是"春秋末，战国初，山林处士所为，其言得用于吴者，其徒夸大之说也。其言阖闾试以妇人，尤为奇险，不足信"。这个评价，就把孙武从历史舞台上一下子给灭了。

由于有了梅氏和叶氏这两个资产阶级知识分子、反动学术权威的鼓吹、造谣和煽风点火，在以后的岁月里，相继出现了一帮又一帮怀疑《孙子》时代和作者的所谓学术权威。这些对《孙子》持"怀疑之说"的大大小小的学者、文人，其怀疑、否定的角度和程度各有特色，有的侧重于书的时代，有的侧重于书的作者，也有人将二者绑在一块全盘否

第十二章　真伪两孙子

定，进行口诛笔伐。如明代学者章学诚、清代姚鼐等，也鹦鹉学舌地认为《孙子兵法》"皆战国事"，并宣称："吴容有孙武者，而十三篇非所自著。"其主要理由有二：一是春秋时期用兵规模不大，即使是大国也不过数百乘，而《孙子》中则有"兴师十万"的记述，显然记述的是战国时期的事情；二是《孙子》中称国君为"主"，这是战国时期的称谓习惯，而"主"在春秋时期是士大夫之称。曾在近代历史上，特别是戊戌变法中大出风头的梁启超，在许多有关先秦诸子的论述中，也亦步亦趋、喋喋不休地唠叨孙武的《兵法十三篇》乃战国人伪托，并有可能是孙膑所为。按他的说法，书中所言，"皆非春秋时所能有……此书若指为孙武所作，则可决其伪；若指为孙膑所作，亦可谓之真"。梁氏没有说这个论断的根据是什么，可能是出于他的主观臆想而不便举例加以论证。

　　除上述诸君发表的论断和宣言之外，另外尚有多种纷纭繁杂，甚至是突兀离奇的不同论调。如明代学者李贽在《孙子参同》的序中说：孙武乃孙膑之祖，膑的兵法传于后世，而"本"则在孙武。同李贽观点相似的还有现当代孙子研究权威、中国人民解放军军事科学院原副院长郭化若，这位"军科"的将军，在为中华书局1962年出版的《十一家注孙子》所撰写的《代序》中，曾这样说道："我们认为，《孙子兵法》大体是孙武总结春秋及其以前的战争和吴伐楚的经验以及平时和吴王、伍员等研究军事的论点整理而成的。经过百余年口授、抄录，辗转流传，到战国经过孙膑编整、增补为十三篇，这就成了《史记》所说的'世传其兵法'的著作。这部兵书传到汉代，经过长时间的传抄、附会、增减、修改，以及简片的散乱、缺失、颠倒、毁损，已经不是十三篇的原样了。所以东汉班固作《汉书·艺文志》时就有'孙子兵法八十二篇图九卷'的说法。《吴越春秋》也有孙子和吴王问答的记载。传到三国时，经过曹操选择、删削、编辑、注解，'削其繁剩，笔其精粹'（杜牧的话），又编成为十三篇，这就是现在流传的孙子……所以我们说：《孙子》是春秋至战国时期的军事著作，它的奠基人是孙武，在这基础上加上春秋战国间的战争经验及军事学说而予以补充的是孙膑，现存的十三篇是经过曹操删定编注的。"从此说的后几句可以看出，其观点又是唐代杜牧的延续。

　　除以上诸种说法外，另有一种更别出心裁，如同羊群里突然蹿出一头

347

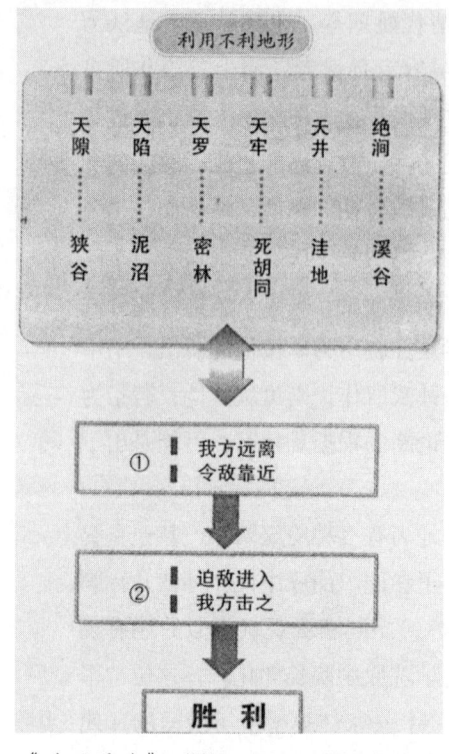

驴来那样离奇的观点，认为孙武就是伍子胥。如清人牟默人在《校正孙子》一文中，宣称孙膑为伍子胥的后代。文中说道："古有伍胥无孙子，世传《孙子十三篇》，即伍子胥所著书也。而《史记》有孙膑生阿、甄间为孙子之孙者，实子胥之裔也。知者据《左传》哀公十一年子胥嘱其子于齐鲍氏为王孙氏，是为伍氏之后，在齐姓孙，有明验矣。既用改姓其子，故其著书，亦以自号，其所欲寄托者然也。其书旧题，当曰孙子武十三篇，后人习传，辄曰孙子名武，而不知武者书名，非人名也。其姓名居趾，皆不著于书中，而其子孙居齐，传述其家书，故世人由此称之曰：孙子武齐人也。司马迁不知孙子即子胥，别为《孙武列传》……盖子胥自柏举之前，说听于阖闾，以覆楚为事，非遑著书。夫椒之后，以越为忧，而寝不见用于夫差，乃托著书以自见，其书多言越人而不及楚，知为夫差时作也。覆楚则曰伍子胥，著书则曰孙子，前后异称，非两人也。"

在证明了伍子胥就是孙武的同时，牟默人还煞有介事地解释了《左传》不记载孙武事迹的理由，按他的说法，"左丘明喜言兵，爱奇士，使吴有孙子其人，安得内外传无一言及之？故余以左氏之所不言，而知孙武之为亡是公，可无疑也。"既如此，为什么《史记》孙武、伍子胥皆有传？牟的解释是，"以一人而为两传，使子胥失其十三篇。"

尽管牟默人的这一说法很有创意，很能唬人，并有些横空出世的味道，达到了哗众取宠的目的，但终究穿凿附会得有些过于离谱，因而信服的人不多。

第十二章 真伪两孙子

孙武、孙膑原是一人

除姚际恒的糊涂加混账话之外，另一种说法更加大胆和狂放，称孙武与孙膑为同一个人，著名的《孙子兵法》实际上是战国时孙膑所著。如现代学者钱穆在《先秦诸子系年考辨》中说，孙膑名武，其人在吴、齐两国都曾工作、学习、生活和战斗过。司马迁在作《史记》时"误分以为二人也"，说白了就是司马迁不明事理，糊涂下笔乱点了鸳鸯谱，将一个人劈成两半变成了两个大活人。与这个观点类似的除中国人外，尚有日本学者斋藤拙堂，在他所作的《孙子辨》一文中，同样因为孙武之事不见于《左传》，而怀疑《史记》中所说的孙武到底有没有其人，最后经他如写侦探小说一样的反复推理，得出了孙武与孙膑原本是一个人，其人生活、工作和战斗于战国时期，名武而绰号叫膑，相当于梁山好汉鲁智深绰号叫花和尚，孙二娘叫母夜叉一样。其理由大概是：按照司马迁的记载，孙武见吴王，当在吴伐楚之前，此时孙武就已经将自己所创作的《兵法十三篇》献给吴王看过。但这个时候偏于南方一隅的越国尚小，其兵力不可能比吴国多。而《孙子兵法·虚实篇》却说："以吾度之，越人之兵虽多，亦奚益于胜哉。"很明显，此话是越国比吴国强大之后的语调，是战国时期的孙子所言。另有证据如《左传》昭公三十三年，吴伐越，为吴越相争之始。而《孙子兵法·九地篇》则说"吴人与越人相恶"，这是后来吴越相结怨之证据，因此此著当是战国之后所作。又《战国策》一书称孙膑为孙子，结合《史记》中的列传，特别是《太史公自序》中所称的"孙子膑脚，而论兵法"，可知现

日本学者武内义雄考证《孙子十三篇》文章影印件

行流传的《孙子兵法》一书，是孙膑所著无疑，而孙武和孙膑同为一人，武其名，膑则为绰号。

对于斋腾拙堂的观点，另一位东洋知识分子武内义雄表示有保留性地赞同，在其所作《孙子十三篇之作者》一文中，根据《史记》中称孙武与孙膑均有兵法著述，而《汉书·艺文志》中又著录有《吴孙子》《齐孙子》两种兵法，因而断定孙武与孙膑并非一人。但他又同时宣称："拙堂之论，应当首肯。今之孙子十三篇，想象为孙膑所著，今亦赞同。"为了进一步证明这个观点的正确，武内义雄在列举了十几条补充性理由后，又加上了自己借题发挥的新成果，谓"余所推测，今之孙子十三篇是魏武帝钞录本，从齐孙子即孙膑书中拔萃而成者也。"

武内义雄所拥护的《孙子兵法》一书作于孙膑的观点，在中国也找到了部分知音。如现代学者金德建在《古籍丛考》中提出了跟古代的叶适和东洋的武内义雄相似的观点，他认为《左传》不载孙事，而《史记》所述又极简略，"内容上完全近于传说"，因而断定孙武其人"全为伪托"，十三篇兵法的作者"当为孙膑无疑"。

继金德建之后，当代学者树人在1962年7月25日的《文汇报》上发表署名文章，公开宣称《孙子兵法》不是孙武所作，乃是孙膑所作。此君在标题为《〈孙子〉十三篇的时代和作者》的文章中，煞有介事地列举了《孙子兵法》不是孙武所作的几条理由：

一、春秋时代的战事规模大都是不大的，大国用兵不过数百乘，从未有兴师十万之众的事。可是《孙子》中几

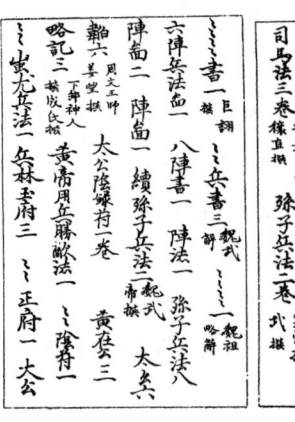

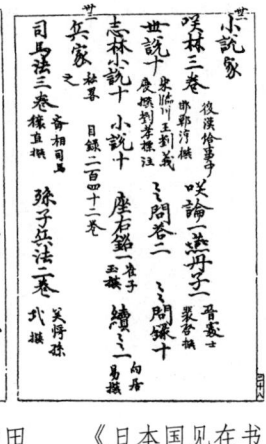

次提到"带甲十万","十万之师举矣"(《作战篇》),"兴师十万,出征千里"(《用间篇》)。这样大规模的战争是战国时代方有的事。

二、《孙子》中屡称君侯为主,如"主不可以怒而兴师"(《火攻篇》),"主孰有道,将孰有能"(《始计篇》),等等。其实主的称号在春秋时代是指大夫,直到三家分晋和田齐自立以后才有臣称君为主的称呼法。

三、如果像《史记》所说,《孙子》十三篇是在吴伐楚之前所作,那么当时越国尚小,吴越尚未交恶相争。但是《孙子》说:"越人之兵虽多,亦奚益于胜败哉"(《虚实篇》),这是越兵很多的口气;"吴人与越人相恶也"(《九地篇》),这是吴越相仇后的说法。

四、《孙子》说:"斗众如斗寡,形名是也。"(《兵势篇》)可是"形名"这个词起于战国中期。《始计篇》中说:"一曰道,二曰天,三曰地……"把道放在天、地之前,这也不是春秋时期的思想。

《日本国见在书目》著录

除此之外,还可从《孙子兵法》中找出几处不符春秋时代的文字:

1.《兵势篇》说:"声不过五,五声之变不可胜听也;色不过五,五色之变不可胜观也;味不过五,五味之变不可胜尝也。"把声、色、味都分为五种基本的,一切其他的声、色、味都由这五种基本的构成,这样一套完整的概念只是在战国时代五行学说大盛以后才有的。《虚实篇》更提到"五行无常胜",这话亦见于《墨子·经说下》,那更是春秋时代所不可能有的思想。

2.《九地篇》说："夫霸、王之兵，伐大国，则其众不得聚；威加于敌，则其交不得合。"这里指的王当然不是三代之王——文王、武王或之后周王室的王，而是指的战国时代"列国相王"的王，所以霸就放在王之前。另外，这样的兵威，这种战争形势与"外交"变化的关系，也不是春秋时代的人所能经验的。

3.《用间篇》说"凡军之所欲击、城之所欲攻、人之所欲杀，必先知其守将左右谒者、门者、舍人之姓名。"这门者、舍人、谒者三种称谓在春秋以前还没有发现过。门者这个名称始见于《史记·张耳陈馀列传》，"秦诏书购求两人，两人亦反用门者"。舍人这个名称亦见于《周礼·地官》，周礼"注"说为"主平官中用谷者也"。但是《孙子》所说的舍人则是守将或"欲杀者"的属下。颜师古说："舍人，亲近左右之通称，后世遂为私属官号。"这类身份的人事实上是战国以后王、公、大臣的亲信，有正式职名的门客，明确的记载有蔺相如当过赵宦者令缪贤的舍人，李斯当过吕不韦的舍人，等等。至于谒者的名称，《汉书·百官公卿表》更是明确指出这是秦官。当然，秦朝设立的官职可以在统一六国前就有了，但是要上溯到春秋时代，实在也太勉强。总的看来，一个守将、大臣，其属下有这些私属专职，而且从《孙子》的说法看来，这种情况还相当普遍，这也不是春秋时代所能有的。

西夏与满汉合璧《孙子兵法》（书影）

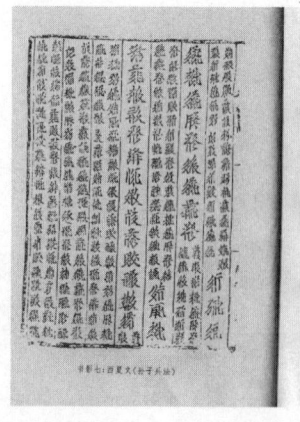

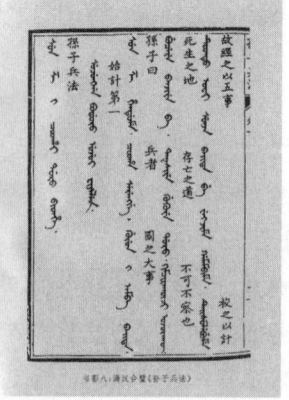

那么《孙子兵法》一书出自何时，作者是谁？树人认为《孙子兵法》是战国时代的孙膑所作，并再次

第十二章 真伪两孙子

强调了日人武内义雄举出的几点具体理由：（一）《战国策》内所记的孙膑言论与今本《孙子兵法》中所记的相似。如"兵法百里而趋利者蹶上将，五十里走者军半至"，与今《孙子兵法·军争篇》"五十里而争利则蹶上将"相似。（二）《吕氏春秋·不二篇》云"孙膑贵势"，而今本《孙子兵法》有《贵势篇》，与吕览所评孙膑之说相似。武内义雄认为曹操注《孙子兵法》时，《吴孙子》已佚，曹操误把《齐孙子》作为《吴孙子》了，后世也就误传下来。

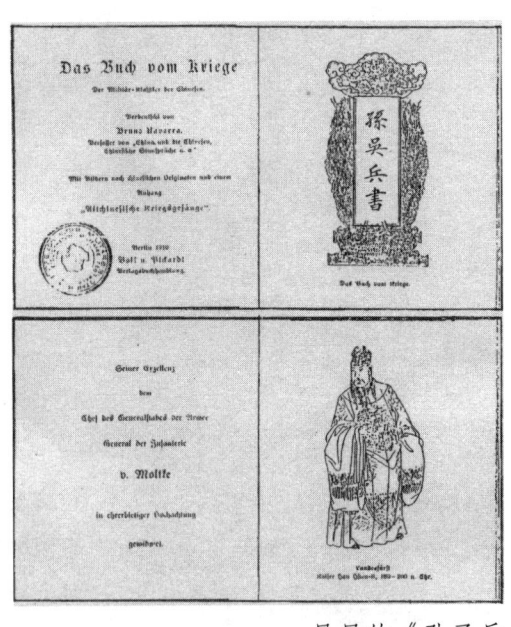

最早的《孙子兵法》德译本

按树人的说法，《孙子兵法》是孙膑所作是比较合理的，至少在这个假说下，上面所提的许多疑点，都可以得到合理的解释。其理由是：

在《史记》中，孙武、孙膑两个不同人物的事迹，同时记载在一篇《孙子列传》里，而且对孙膑也有冠以孙子称呼的字句。本来，两个人都姓孙，又都是军事家，后世的人光看到"孙子"两字是很容易弄错、混淆的。如《史记》记载孙武的主要故事时说，孙武向吴王阖闾呈上《兵法十三篇》后，吴王要他演习一下。他从王宫里点了一百八十名美女，组织起来操练，并且为了严肃号令而斩了吴王的两个爱姬，以后吴王信其能而拜为将。这几段记载都是有问题的，其证据表现在：一、《左传》哀公元年有段楚子西的话说道："昔阖闾食不二味，居不重席，室不崇坛，器不彤镂，宫室不观，舟车不饰，衣服财用择不取费。"这样的一个人，说他有美女一百八十名之多，而且还离开了两个爱姬就食不甘味，这是很可怀疑的。二、《越绝书》上记载有："（吴）

353

巫门外大冢，吴王客孙武冢也，去县十里。"孙武的称谓是吴王客，而没有什么正式的官称。因此，完全否定孙武的存在，这当然不是确当的，但是《史记》所传的主要故事和他有没有作十三篇，却都是可怀疑的。

另外，从《史记》中也可以看出，即使太史公也怀疑孙武作《孙子兵法》十三篇这个说法的确凿性。司马迁在《孙子吴起列传》里说："世俗所称师旅，皆道《孙子》十三篇。"可以想见，当时对于《孙子》这部名著，以及孙武和孙膑这两个杰出的军事家的传说是很多的。而《孙子》十三篇为孙武所作，也大约就是当时盛传的传说。本来，古代的名著，往往容易被附会到时代更早的名家身上去，这也是符合所谓"伪书"

吴起吮卒病疽图

的规律的。孙膑，据太史公记载也有兵法传世，但是没有说明是多少篇。可能当时也有孙膑作《孙子》十三篇的少数说法。这样，司马迁虽然在《史记》中采用了孙武的传说，但他也不敢绝对肯定作《孙子》的不是孙膑。或者，太史公自己从《孙子》中看出了某些破绽，从而认为有《孙子》是孙膑所作的可能。因此，他才会在《孙子吴起列传》里也列上孙膑的事迹，而且标题只题"孙子"。否则他何不直称"孙武孙膑吴起列传"或"孙子孙膑吴起列传"呢？事实上，孙膑的故事比之孙武要翔实得多，而标题中却没有孙膑的名字，这是不合常例的。另外，还可以注意，为什么太史公没写上孙膑兵法的篇数呢？以太史公这样的地位，如果说他竟然无法知道一部流传于当时的兵法名著的篇数，这是难以令人相信的。倒不如说，事实上因为只有一部孙膑的《孙子》十三篇，根据多数的传说却又归到了孙武的名下，因而孙膑著作的具体篇数，当然就没法说清楚了……

第十二章 真伪两孙子

银雀山汉简的暗示

就在诸多怀疑论者怀揣着不同的目的,将孙武、孙膑及其著作之事搅得一塌糊涂、乱上加乱之时,也有一些学者本着文化良知和严谨的学术探索的态度,认为《史记》中有关孙子、孙膑及其著作的记载是确切可靠的。

与反动学术权威相对的是,在这一问题的论争中,也产生了一批革命的学术权威,这批学者主要以明代的宋濂、胡应麟,清代的纪昀、孙星衍,及近人余嘉锡等为代表。如宋濂在其所著《诸子辨·孙子》中说:"武,齐人,吴阖闾间用以为将,西破强楚,入郢,北威齐、晋,显名诸侯。叶适以不见载于《左传》,疑其书乃春秋末战国初山林处士之所为,予独不敢谓然。春秋时,列国之事赴告者则书于策,不然则否。二百四十二年之间,大国若秦、楚,小国若越、燕,其行事不见于经传者有矣,何独武哉!"

另一位大学者胡应麟也于《四部正讹》中发表了类似的观点,同时还指出:"秦汉间兵家称述名流,大多游侠之笔耳。《孙》《吴》《无忌》外,《苌弘》《范蠡》……率依托也。"清代的孙星衍对反动学术权威的歪理邪说更是深恶痛绝,他站在革命的立场上,用朴素的历史唯物主义观点,认定《孙子兵法》为孙武所著。并在《孙子略解序》一文中说:"诸子之文皆由没世之后,门人小子撰述成书,惟此是其手定,且在《列》《庄》《孟》《荀》之前,真古书也。"

当代学者余空我,针对同代人树人发表在《文

树人发表的文章影印件

汇报》上那篇认为《孙子兵法》是孙膑所作的文章，给予了质疑与严厉痛斥，余空我——也就是"你（树人）坑我"——驳斥道：

树人同志做出"《孙子》不是春秋时代孙武所作"和"是战国时代的孙膑所作"的结论时，他的主要指证是指《孙子》上的"越人之兵虽多，亦奚益于胜败哉"和"夫吴人与越人相恶也"。他认为"如果像《史记》所说，《孙子》十三篇是在吴伐楚之前所作的，那么当时越国尚小，吴越尚未交恶相争"。这一说法是不符合史实的。就拿《史记》来说吧，《吴太伯世家》：吴王阖闾"四年伐楚；取六与灊。五年伐越，败之"。这时的吴越交兵尚在吴兵入郢以前四年。至阖闾十年"越闻吴王之在郢，国空，乃伐吴，吴使别兵击越"。吴越和吴楚交兵几乎是同时交叉进行的。又按《越王勾践世家》上说："允常之时，与吴王阖闾战而相怨伐。允常卒，子勾践立。"更足以说明"吴越交恶"绝不会在伐楚以后了。至于说"越人之兵虽多"，要知道这个"虽多"，并不等于说"越国当时是个兵多的国家"，而只是说即使越人动员了很多的兵力的意思，那是更容易理解的了。

其次，树人提到《兵势篇》上的"五声、五色、五味"的问题，认为"这样一套完整的概念只是在战国时代五行学说大盛以后才有的"。其实"五行"之说早见于《尚书·洪范》，如："汩陈其五行。……一五行：一曰水，二曰火，三曰木，四曰金，五曰土。"等等。"五声"见于《周礼·春官大师》，"五色"见于《尚书·益稷》，"五味"见于《周礼·天官疾医》，这些都是前《孙子》几百年就出现了的词语，何以要等到"战国时代才能有"？这是令人很难索解的。至于说怎样才算是"一套完整的概念"，因树人同志没有就这一点做详细的说明，这里只好存而不论。

此外，树人提到的如"谒者、门者、舍人"名称的问题，说它"也不是春秋时代所能有的"。我的看法却是：虽然这些名称可能是职官的名称，也可能只是"左右"的通称。但原文把它搁在"守将左右"的后面，则认为通称也未尝不可。总之，问题的症结，不在于某一名称是否春秋时代所能有以及某些"思想"和"经验"是否在春秋时代的可能出现，而在于这些疑问的提出，都无法否定《孙子》十三篇中有孙武杰出的军事思想的存在。所以我们认为郭化若在《十一家注孙子》的《代序》中所提出的看法是值得重视的。

第十二章 真伪两孙子

郭在《代序》中所说的话，不仅把历来对篇数的争执系统地做了解释。而就树人所鼓吹的"引起历代学者怀疑的第一点"即所谓"现今流传的《孙子》十三篇就完全可能不是司马迁所说的孙子"的问题也是个很好的解答。

此外，郭在《代序》中谈到《孙子》的军事思想时，很多地方把"春秋战国"联在一起，称为"春秋期"，这也是有意思的。因为许多疑问的提出，都是由于把"春秋"和"战国"两个时期的界限划得太"隔绝"了。实际上，我们所谓"春秋"，是指的孔子作《春秋》所记述的那段时期。起自鲁隐公元年，讫鲁哀公十四年（公元前722—前481年）。所谓"战国"是指的刘向所编的《战国策》的起讫年代。始自《赵策》终于《秦策》，即自周贞定王十六年，止于秦始皇二十年（公元前453—前227年）。两个"时期"事实上是互相连接的，如果严格划分起来，介乎其间的也只有自公元前481至前453年的二十八年那一段短短的距离。从人物、思想的发展方面来看，要说明这短短的二十八年里（春秋末至战国初）就有什么截然的不同，那就很难使人信服的了。而历来的学者往往在有意无意把它划成似乎不可混淆的两个时代，似乎战国初可能有的思想，如果被划在春秋末的话，就不可能有了，这是不够科学的。《代序》在谈《孙子》时，把"春秋战国"联系起来作为一个整体看待，我认为是有意义的，其原因正在于此……

从余空我对树人的反驳，上溯宋谦、胡应麟、孙星衍等各家观点，可以看出各说的扎实证据并不是很足，有些地方也的确难以令人完全信服。比如既然孙武

余空我发表的文章影印件

著有世界一流的兵书战策，又有司马迁所说的"西破强楚，入郢，北威齐、晋，显名诸侯"的赫赫军威战功，应该算是名冠一时，至少是几个国家都在瞩目的英雄豪杰了。如此一个国际级大腕儿明星，居然不见于著名的《左传》《国语》等书，的确让人在心中总犯嘀咕。事实上，也正是争论双方所持论据的模糊和缺陷，才形成了自宋代以至现代的一千余年间，革命的或反革命的知识精英们对孙子其人其书的问题聚讼纷纭，争吵不断，直至把问题变得越来越错综复杂，越来越扑朔迷离，甚至引导后生学者误入歧途，陷于一片混沌的泥沼之中不能自拔。

当然，在古典名著中，被怀疑的不仅是《孙子兵法》，其他如著名的《六韬》《尉缭子》《晏子春秋》等书，流传的版本历来也多被疑为后人"伪托"，并"真伪相杂"，为此也同《孙子兵法》一样争论了千余年。想不到1972年银雀山汉墓竹简的横空出世，在让世人亲眼领略了这批文化瑰宝的同时，也确证了所出的这批书籍至少在西汉初年已广为流传的事实。特别是《孙子兵法》与《孙膑兵法》的同时出土，如同一道闪电划过迷茫的夜空，使聚讼千年的学术悬案顿然冰释。这批竹简如一面迎风飘扬的旗帜，以鲜活亮丽和无可辩驳的存在，吸引人类惊喜目光的同时，也以自身具有的深刻内涵向世界昭示了如下答案：

第一，汉简的出土证实了《史记》有关孙子和《孙子兵法》记载的真实性。与《孙子兵法》十三篇同时出土的，还有一些与十三篇关系十分密切的至为重要的《孙子兵法》佚文残简，其中《吴问》一篇记述的是孙子与吴王的问答，其主要内容是：吴王问孙子曰："六将军分守晋国之地，孰先亡，孰固成？"孙子曰："范、中行氏先亡。""孰为之次？""智是为次。""孰为之次？""韩、魏为次。赵毋失其故法，晋国归焉。"

简文中所说的"六将军"，即晋国六卿范氏、中行氏、智氏和韩、魏、赵三家。春秋时期，卿与将军不分，平时为卿，战时统率一军，则以"将军"相称。

据《史记·晋世家》载，晋定公二十二年（公元前490年），赵、韩、魏和智氏联合赶走范、中行氏。晋出公十七年（公元前457年），四家世卿瓜分范、中行氏的土地。晋哀公四年（公元前453年），赵、韩、魏共灭智氏，尽并其地。

第十二章 真伪两孙子

从以上的记载中可以看出，《孙子兵法·吴问》产生的时间应在范、中行、智氏灭亡之后，否则，作者绝不会那么准确预料到三卿的灭亡次序。对于赵、韩、魏三家的发展，作者认为韩、魏继亡于智氏之后，晋国全部归属赵氏。然而这次他的估计却全然错了，说明作者既没有看到晋静公二年（公元前376年）三家最后瓜分晋公室，也没有看到晋烈公十七年（公元前403年）三家正式建立封建诸侯国的重大历史事实。由此可知，《吴问》是在智氏亡到赵、韩、魏三家自立为候的五十年内撰写的。而孙武主要活动在吴王阖闾执政（公元前514—前496年）时期，与《吴问》撰写时间相去不远。因而，这篇文字的作者不论是谁，把孙武的言行记录下来，都有时间上的便利条件。因此，把《吴问》视为记载孙武言行的可靠材料是没有问题的。

此外，竹简本中另一篇《见吴王》则记述了孙子吴宫教战等传记材料，不但与《史记》《吴越春秋》等记载相吻合，而且有些情节较《史记》更为详尽，据汉简整理小组专家吴九龙等推断，出土的篇章很可能就是当年太史公所依据的古本史料。由此可见，《史记》关于孙子的记载并非空穴来风，而是当时的流行之说，至少在当时人们并不怀疑孙子是春秋末期的吴国将领，同时也是《孙子兵法》一书的作者。

第二，汉简本《孙子兵法》与《孙膑兵法》的同时出土，以无可辩驳的铁证破除了孙子、孙膑同为一人的谬说，粉碎了孙子就是伍子胥等神经病式的妄言。在出土的编号为第0233号的竹简中，有"吴王问孙子曰"等字样，在第0108号竹简中，有"齐威王问兵孙子曰"等文字，这些鲜活可见的文字不但充分证明有两个孙子，且同时昭示一个服务于吴国，一个服务于齐国，这两个服务于不同国度的孙子，就是太史公在《史记》中所记载的孙武和孙膑。此二人处于不同的时代，也各有兵法传世。因此，那些鼓吹孙武、孙膑同为一人的谬论和歪理邪说，也就不攻自破了。

第三，汉简的出土证明，《孙子兵法》确系十三篇。明显的证据是，在一同出土的《见吴王》篇中，其中两次提到孙子书为"十三扁（篇）"。另外，在十三篇简文出土的同时，还发现了一块记录有竹书篇题的木牍。尽管这块木牍已破碎成六块小片，但从其行款及残存的内容来看，简本《孙子兵法》确为十三篇，且其篇名与传世本基本相同，只是在个别的篇名与篇题上与传本有些出入。

还有一个不可忽视的重要证据是，就在银雀山汉墓竹简发现六年之后的1978年夏季，考古人员在青海省大通县上孙家寨——五号汉墓的发掘中，发现了一批木简。与木简同时出土的还有三面铜镜和一些五铢钱，一枚私印，印文为"马良"。经观察分析，三面铜镜花纹皆为四乳四螭纹，铜钱与洛阳烧沟Ⅰ、Ⅱ型相同，由此推断该墓时代当为西汉晚期。结合随葬品的组合和木简情况推断，考古人员认为墓主人马良当为一个军事将领，因史书无传，其身世无从查考，但在出土的木简中，其中有一部分是与《孙子兵法》有关的兵书。例如，有简文曾明确提到："孙子曰：夫十三篇……"（061号）这个记载比银雀山竹简还要明确，从而进一步说明《史记》所记述的孙武有《兵法十三篇》是完全有根据的。另外，在残简当中，还有一支上书"囗可与赴汤火白刃也"（001号）等字样的文字，这与《史记》记述孙武见吴王阖庐时所说一段话的末句"虽赴水火犹可也"相似。因这一句话不见于银雀山竹简，从而又可以作为银雀山竹简的补充。

与此同时，青海大通孙家寨汉墓残简还提供了一些《孙子兵法》的重要佚文，例如：

"《军斗令》，孙子曰：能当三囗"（047号）

"《合战令》，孙子曰：战贵齐成，以囗囗"（355号）

"《囗令》，孙子曰：军行患车错之，相（？）囗囗"（157号、106号）

"子曰：军患阵不坚，阵不坚则前破，而"（381号）

"囗者制为《军斗》"（346号）

"囗制为坚阵"（078号）

"行杀之，擅退者后行杀之"（063号）

据参加整理这批残简的考古人员说，类似以上的简文，在出土的竹简中还有许多。此简文是不是《汉书·艺文志》所提到的《吴孙子兵法》八十二篇，尚无确切根据，但可以肯定的是，至少在汉代初年，《孙子兵法》十三篇已经作为一部单独、完整的著作而流传于世了。至于班固弄出了一个《吴孙子兵法》八十二篇，如果不是无中生有、凭空捏造、故弄玄虚，那最大的可能就是西汉末年刘向等人在整理过程中，把与《孙子兵法》相关的材料，如上孙家寨汉墓部分残简，以及在银雀山汉墓中同《孙子兵法》十三篇

第十二章　真伪两孙子

一同出土的《黄帝伐赤帝》《地刑（形）二》等孙子后学的解释发挥之作也收入其中，致使篇目大大地扩充起来了。而曹操在为《孙子兵法》作注时曾明确指出，"孙子者，齐人也，名武，为吴王阖闾作《兵法》一十三篇"，可见当时的十三篇早已成为定本，而不是几十篇捆绑在一块的羊杂碎式的大杂烩。曹操之所以为《孙子兵法》作注，正如他在《孙子序》中所言，是不满于一般注释之作的"未之深究训说，况文烦富，行于世者失其旨要"。后来的杜牧不解其意，妄下论断，误以为曹操删削八十二篇而成十三篇，以致谬种流传，贻害了四方。

两部兵书之谜

孙武的《孙子兵法》之所以引起了千余年来聚讼纷纭，除了已表述的种种理由外，还有一个重要原因，那就是《孙膑兵法》自《汉书·艺文志》以后不再见于著录。即使《汉书·陈汤传》曾引用了兵法"客倍而主人半，然后敌"之句，但后人都不知出自何典。随着银雀山汉墓竹简《孙膑兵法》的出土，这个问题迎刃而解，千年悬案得以更加明晰地昭示天下。《汉书·陈汤传》这句话原来是出于汉简本《孙

桂陵之战图（银雀山汉墓竹简博物馆提供）

膑兵法》的《客主人分》篇。由此可以看出，在西汉时《孙膑兵法》还相当流行，但不久就散佚不传，从而使纷争骤起，绵延一千多年而未绝。

银雀山汉墓出土的《孙膑兵法》，经整理小组努力，共整理出竹简三百六十四枚，分上、下编，每编各十五篇，计一万一千余字。尽管字数已较原简失去大半，但据整理者吴九龙说，这一成果已来之不易。失传一千七百余年的《孙膑兵法》终于阴差阳错地重见天日，这就为研究孙膑及先秦历史提供了极其珍贵的资料。

根据银雀山汉简整理小组的考释成果，汉简本《孙膑兵法》的篇目和主要内容列表如下：

编次	篇名	主要内容
上编	擒庞涓	桂陵之战
	见威王	孙膑的战争观
	威王问	孙膑的战略战术思想及治军、地形、阵法问题
	陈忌问垒	战术运用并以马陵之战为例加以说明
	篡卒	军队建设原则和战争胜负的因素
	月战	战争与天时的关系
	八阵	选将标准和八阵的运用原则
	地葆	军事地理
	势备	阵、势、变、权四项作战指挥原则
	兵情	将、卒、主之关系
	行篡	关于选拔任用人才的方式方法和原则
	杀士	军纪和赏罚原则
	延气	鼓舞士气的原则和方法
	官一	军队组织、作战指挥和后勤保障
	强兵	富国、强兵
下编	十阵	十种阵法的特点和运用
	十问	敌我力量不同情况下的不同击敌方法
	略甲	简文残缺，难以看出主要内容
	客主人分	取胜的保证
	善者	如何使自己处于主动，使敌人处于被动
	五名五恭	对付敌人的不同方法
	兵失	作战失利因素的分析

续表

编次	篇名	主要内容
	将义	将帅必备的品质
	将德	将帅品德
	将败	将帅品质上的缺点与战争失败的关系
	将失	将帅作战失利的各种情况
	雄牝城	雄城、牝城的地理特点
	五度九夺	避免不利条件，争取有利条件
	积疏	积疏、盈虚、径行、疾徐、众寡、佚劳六对矛盾的相互关系
	奇正	奇正的相互关系

以上所列的《孙膑兵法》下编的内容是否应属于《孙膑兵法》，学术界一直存有争议。银雀山汉墓竹简整理小组于1975年整理出版的《孙膑兵法》分上、下两编，各十五篇，共三十篇。但到了1985年再次出版时将下编十五篇全部删除，又增加了《五教法》一篇，全书由三十篇变成了十六篇，并在《编辑说明》中称原编为《孙膑兵法》下编的某些篇不是孙膑所书。关于这一处理结果的内幕，据吴九龙说，当成果最初公布以后，有些学者认为编排得不合理，应该重新编排。根据这些意见，国家文物局局长王冶秋亲自主持会议，组织专家重新讨论修订，经过唐兰、商承祚等著名学者多次讨论后，做出了第二次人们看到的这个编排方案。想不到这个结果公布之后，亦有许多学者认为并不合理，较之第一编更不能令人信服。从整理小组原编辑的上、下编的内容看，各篇间有着必然的联系，所述的军事理论思想表现出了很强的一贯性。如上编《八阵》篇和下编《十阵》篇中有许多阵法相通，如"锥行""雁行""方阵""圆阵"等。下编《十问》篇中也有论述攻击"圆阵""锐阵"等阵的具体方法，上下之间就明显地构成了一个不可分割的相连的系统。如著名孙子兵法研究者杨善群就曾说：第一次编排的"《孙膑兵法》的上编和下编构成一个严密的整体，上编是孙膑的行事和理论的主体部分，下编则是孙膑理论的充分阐解和进一步的发挥。"杨氏之言，有相当数量的学者认为是有道理的，而唐兰、商承祚等学者将其生生地割裂开来是没有道理的。

银雀山汉墓竹简的主要发掘、研究者吴九龙（左），向作者讲解竹简出土情况与孙武孙膑兵法之区别（钟亦非摄）

关于汉简本《孙膑兵法》的作者，据整理小组人员吴九龙等从已整理的篇目分析，认为大部分为孙膑所著。另有一部分篇目，记述孙膑的事迹，如《擒庞涓》《见威王》《威王问》《陈忌问垒》《强兵》等，其中有些语句的语气对孙膑进行了明显的褒崇，这些篇目应是孙膑的弟子或后人根据孙膑的事迹和理论编纂而成。

通过对汉简本的考释可以看出，孙膑在齐国时已有弟子，如《孙膑兵法》残简中有下面一段话："孙子出，而弟子问曰：'威王问九，田忌问七，几知兵矣，而未达于道也。'"（第65简）这当是孙膑有门弟子的明证。还有，在第8简有"曰孙子之所为者尽矣"句，这样高度赞扬孙膑的话，从语气来看，不像出于孙膑同龄人的笔墨，更不像出自他的上级齐威王、宣王或田忌之口，而极可能是他的弟子所说。另外还有一些篇目应是孙膑语录的汇编，如《篡卒》《月战》《八阵》等，推测也应是其弟子整理而成。因而吴九龙认为，《孙膑兵法》的编定，和先秦其他一些古籍一样，当出于其门弟子之手。当然，也不能排斥这样一种推断，即《孙膑兵法》的一部分或大部分是孙膑的原著，最后经过他的弟子增补编定。但无论如何，编定的年代，当在孙膑死去以后。尽管孙膑的对话不能肯定是原话，但其主旨却反映了孙膑的思想，是后人研究孙膑军事思想最为可靠的资料。关于《孙膑兵法》成书的时代，学术界虽存有争议，但以银雀山汉墓发掘者吴九龙为代表的相当一部分学者，根据对汉简的考证，认为完成于战国中期。

当然，从银雀山汉墓出土的简本《孙膑兵法》中不难看出，此书并不是无源之水，无本之木，凭空创造出来的孤立之作。它在很大程度上继承了《孙子兵法》十三篇的军事思想，是孙武战略理论和战略思想的进一步发展与完善。从如下的列表中可以看到其异同之处。

序号	《孙子兵法》	《孙膑兵法》
1	《始计》："攻其无备，出其不意，此兵家之胜，不可先传也。"	《威王问》："威王曰：'以一击十，有道乎？'孙子曰："有，攻其无备，出其不意。"
2	《始计》："道者，令民与上同意也，故可以与之死，可以与之生，而不畏危。"	《兵失》："兵不能胜大患，不能合民心者也。"
3	《始计》："将者，智、信、仁、勇、严也。"	《将义》："将者不可以不义……将者不可以不仁……将者不可以无德……将者不可以无信……将者不可以不智胜。"
4	《谋攻》："以虞待不虞者胜。"	《威王问》："用兵无备者伤。"
5	《虚实》："故兵无常势，水无常形，能因敌变化而取胜者，谓之神。"	《见威王》："夫兵者非土恒势也。此先王之傅道也。"
6	《行军》："平陆处易，而右背高，前死后生，此处平陆之军也。"	《八阵》："险易必知生地、死地，居生击死。"
7	《行军》："凡军好高而恶下，贵阳而贱阴，养生而处实，军无百疾，是谓必胜。丘陵堤防，必处其阳而右背之，此兵之利，地之助也。"	《地葆》："凡地之道，阳为表，阴为里，直者为纲，术者为纪……凡战地也，日其精也，八风将来，必勿忘也。"

续表

序号	《孙子兵法》	《孙膑兵法》
8	《行军》："绝水必远水。"	《地葆》："绝水、迎陵、逆流、居杀地、迎众树者，钩举也。"
9	《行军》："凡地有绝涧、天井、天牢、天罗、天陷、天隙，必亟去之，勿近也。吾远之，敌近之；吾迎之，敌背之。"	《地葆》："五地之杀曰：天井、天宛、天离、天隙、天柖。"
10	《地形》："夫地形者，兵之助也，料敌制胜，计险厄、远近，上将之道也。"	《威王问》："料敌计险，必察远近……将之道也。"

由上表可知，《孙膑兵法》在一定程度上继承了《孙子兵法》的军事思想，但孙膑处在战国时期，军队构成和作战方式已与孙武所处的春秋时期发生了较大的变化。因此，孙膑又在某些方面对《孙子兵法》进行了发展。例如，《孙子兵法》对战争主张速决，反对持久，认为"兵贵胜，不贵久，久则钝兵挫锐"，"夫兵久而国利者，未之有也"，甚至说"兵闻拙速，未睹巧之久也"。这就是说，虽然是计谋

春秋战国时期的抛石器（模型），用于远距离攻击敌人

古代抛石器模拟演示图

第十二章　真伪两孙子

拙劣的速胜，也要比筹划巧妙的持久战好。与这种思想相一致的，《孙子兵法》还反对攻城战，认为"攻城则力屈"，甚至把攻城战当作一种万不得已的"下策"。

孙武这种反对持久、攻城，主张速胜的思想，是同春秋末年社会经济状况相联系的。春秋末年，生产力相当落后，各国的经济力量都不可能支持旷日持久的攻坚战、消耗战。所以《孙子兵法》说："凡兴师十万，出征千里，百姓之费，公众之奉，日费千金。"从而特别提倡和主张对战争要慎重处理，既要知道"用兵之利"，又能了解"用兵之害"，才是"智者之虑"。书中还说道："国之贫于师者远输，远输则百姓贫；近于师者贵卖，贵卖则百姓财竭。"同时还指出"军无辎重则亡，无粮食则亡，无委积则亡"，从而主张要"因粮于敌"。这些论述，都是对春秋末年社会经济状况的具体反映。从另外一个方面来看，当时的城邑，并不是很普遍、很具规模，在战争中，还不能成为双方争夺的重点。因而，攻坚和旷日持久的消耗战，并不是十分必要。

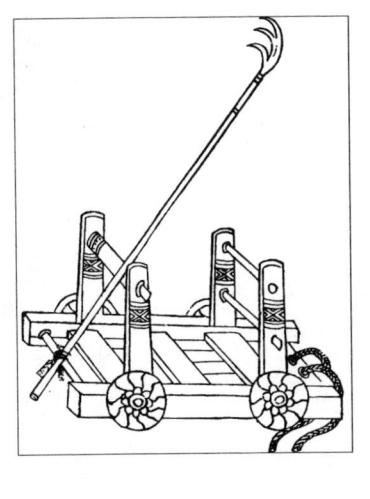

搭车（《武强总要·前集》卷十）

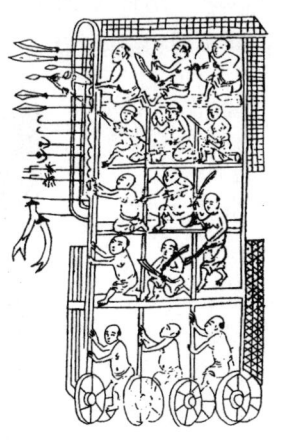

而且，从战争的武器来看，当时主要是铜制的刀、剑、干、戈、矛、戟、殳、钺等武器，宜于近战但不宜攻坚摧垒。虽有些弓弩箭矢，但是射程短，无法达到攻克城寨的能力。供攻城用的所谓"战车"，也只能掩护士兵接近城墙，并不能作为冲破城寨的具有强大杀伤力的装备。《孙子兵法》的军事战

临冲吕公车（《武备志》卷一〇九）

用以观察敌情的巢车模型

367

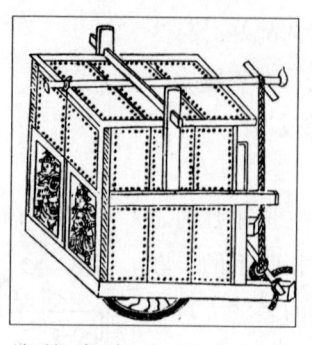

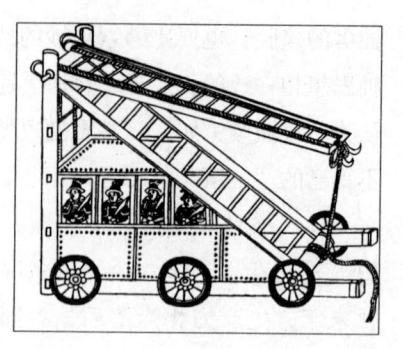

填壕皮车（《武经总要·前集》卷十）　　云梯（《武经总要·前集》卷十）

术思想，不能不受到这一历史条件的制约。

相对而言，诞生于战国中期的《孙膑兵法》与《孙子兵法》的战术思想相比，就有了明显的进步与发展。由于时代变迁，经济发展，交通改进，孙膑在战争思想与战略战术方面具有明显的战国时代特征。具体可表现为：一、先进兵器的较广泛使用。《孙膑兵法》曾多次提到使用弩，如"劲弩趋发""厄则多其弩"等。弩较弓强劲，可以远距离杀伤敌人，在当时属于一种先进兵器。与此同时，孙膑还在书中提到了"投机"，这种机器即抛石机，利用机械力量投石，击杀远处敌人。这样先进的兵器用之于战，可以较多地杀伤敌人，并减少白刃战的伤亡。二、兵种变化。到了孙膑时代，

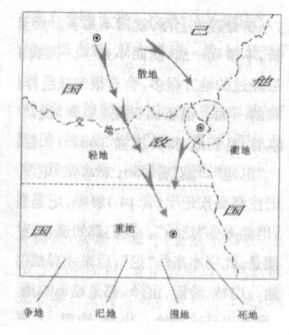

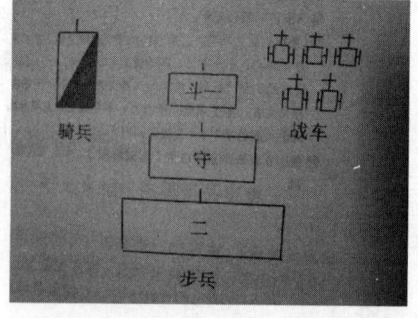

九地示意图　　孙膑"八阵"示意图（引王学理《秦俑专题研究》）

交战国双方都普遍使用了骑兵,《孙膑兵法》云"险则多其骑"便是例证。骑兵的大量投入,使军队的机动性、灵活性有了较大的增加。三、武器的进步和骑兵的使用,影响到军队编制变化。骑兵、徒兵增加,使战车兵减少,孙膑的战略思想也自然要发生变化并在其著作中有所体现。四、各种外在条件的变化,自然引起了战术、阵法变化与发展,出现了《孙膑兵法》中所说的"飘风之阵""雁行之阵""锥行之阵"等多种阵法。五、随着战争规模的扩大和城市特点的突出,孙膑开始主张攻城战略,这恰是孙武所反对的"攻城为下"的战略战术。而孙膑却具体提出了什么城可以攻打,什么城不可以攻打,并且还讲到要把野战与攻城结合起来等战略战术。这些论述,虽然并不见得完全合理与全面,但反映出了当时与城市的发展相适应的战略思想与战争方法。这些思想方法的发展变化,正是《孙膑兵法》对《孙子兵法》有所发展和创新的强有力的佐证。

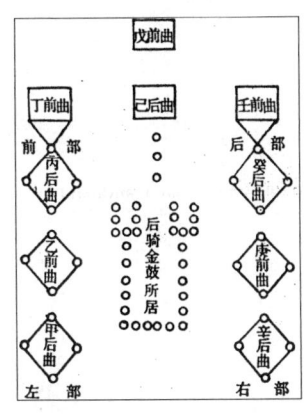

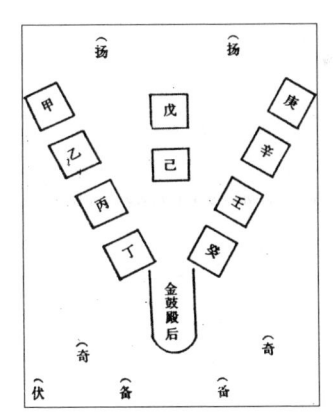

《孙膑兵法》之雁形阵图　　《孙膑兵法》之向前梯次的雁行阵图

第十三章 孙武故里之争

孙武故里惠民说的提出，引起了世人的瞩目。经济大潮兴起，诱惑难挡。紧随其后的博兴说，毫不示弱的广饶说，三足鼎立，各不相让，迷雾重重。黄河道边风雨激荡，三说之争硝烟弥漫，交战三方胜负难决。不甘寂寞的南国突爆孙武之墓发现奇闻，世人的目光骤然转向这一新的热点阵地。

惠民与博兴之间

随着银雀山汉简《孙子兵法》等兵书的出土，以及初步研究成果公之于世，中外学术界为之震动。这一事实和成果在廓清了孙武、孙膑不但各有其人，而且还各有兵书流传于世的一连串迷雾的同时，也引起了人们对两个孙子其人其事及其丰功伟绩的广泛重视和深化研究。尤其是对孙武与孙膑生平里籍以及著名的马陵之战等光辉战例，又在更大、更广、更深入的范围内，掀起了一场又一场探索与争论的热潮。而在稍后关于西安方面爆出的所谓家传《孙子兵法》八十二篇真与假的较量，在中国学术界也拉开了唇枪舌剑、风云激荡的大幕。

按一般的笼统说法，中国古代有身份的名人几乎都能在官方权威的史书中找到详细记载，而以孙武为代表的兵家人物却是个例外，各古籍都没有明确记载。即使伟大的史学之父司马迁也只是以"孙子武者，齐人"做了交代，未能道出确切地点或方位，这就让后世的研究者为之感到茫然，以至于孙武故里究竟在那里，竟成为庙堂与江湖之间一个争论不休的话题。当这个话题延续到20世纪中叶的时候，随着银雀山汉简的出土以及中国旅游狂潮的兴起，有关孙武故里的争论也随之掀起了一阵狂潮，大有翻江倒海之势。这中间除了《孙子》的内容更加真实和充实，研究者的思路进一步拓宽、研究课题更趋于具体细致等积极因素外，更多的则是借名人以壮声势，借学术以图金钱，即所谓的文化搭台、经济唱戏，化腐朽为神奇，将死人变活人，并且要变成能够赚钱的永不停歇的造币机器式的大活人。这种背景与前景强烈地刺激了各方力量为争夺孙子故里展开了一场又一场近似肉搏的酷烈交锋。

1999年10月，山东省滨州地区行署向省政府呈交了一份

第十三章 孙武故里之争

《关于惠民孙子故园开发建设问题的请示》报告，报告称：

为纪念我国兵圣孙武，加快《孙子兵法》的研究应用，进一步弘扬民族文化，发展地方经济，1990年，惠民县根据《孙子兵法》国际学术研究会的建议，多方筹资一千多万元，开发建设了孙子故园一期工程，于1992年竣工并对外开放，现已接待游客60万人次……这一人文景观已经初步发挥了较好的经济和社会效益，促进了地方经济和旅游事业的发展……为此，恳请省政府把孙子旅游城项目列入全省旅游开发总体规划，给予立项支持，并帮助解决故园二期工程建设急需的资金，使孙子旅游城早日建成，促进山东旅游业真正形成"齐鲁大地，一山一水两圣人"的大格局。

惠民县建造的孙子故园（作者摄）

山东省分管旅游口的副省长杜世成①接到报告后，做了如下批示：

（省）旅游局同志：

孙子文化资源开发问题，现在众说纷纭，若都来开发势必有误。从我们旅游角度出发，应定位于滨州。从联合专家规划开始，逐步形成统一的认识，逐步提出具体项目列入省重点。请酌。

杜世成
11月29日

此时的杜副省长也许心中明白，他的这个批示，对惠民县来说可谓一件高兴与令人振奋的大事与喜事，但对于广饶、博兴等两地，就是一件沮丧的事了。尤其是广饶的官员和民众，在沮丧之中有一股颇不服气的感觉笼罩心头。只是这种不服气在较短的时间内尚无可奈何，不能改变杜副省长的这个决定罢了。

由于惠民县在此前曾投巨资，兴师动众地召开了几次大型"孙子学术讨论会"，甚至"国际会议"，又借助具有中国特色的宣传机器发表了许多"孙子故里惠民说"的文章和宣传报道，使"惠民说"于一个时期内在社会上广为流传，并影响到国际学术界和其他各界。但按广饶方面的学者、官员和民众的说法，风行一时的所谓"惠民说"还在研究、讨论之中，并未成为最后的定论，如果要形成定论，那么孙武子真正的故里在广饶而绝不在惠民。为证实这一说法，广饶县曾于杜副省长做出这一批示8年前的1991年，不惜巨资和血本，针对惠民县在争夺孙子故里的战斗中，弄出的那个具有一定杀伤力的响声，也颇不服气地召开了一次由150多人参加的全国性的孙子学术讨论会。会上，大多数被邀请的专家提出或倾向于孙子故里广饶说，其中中国社科院历史研究所李祖德、山东省社会科学院历史研究所鲁明等专家所提交的论文，在对惠民说提出质疑与批判的同时，旗帜鲜明地提出了孙子故里在广饶这一论点。至此，关于孙武里籍问题，在学术界产生了"惠民说""博兴说""广饶说"等三足鼎立、互相攻伐一时难分胜负的三大学说。

但以上三说，无论是哪一说，都存在一个共同的、关键的问题，这就是唐宋三部书（《元和姓纂》《新唐书·宰相世系表》《古今姓氏书辨证》）中所记孙氏后代的"乐安"究竟是什么时代之"乐安"的问题。这个问题是三说的关键，即确定孙武里籍的关键。如果是唐乐安郡之"乐安"，则"惠民说"成立。如果不是，则后两说中的一说可能成立。因此，要解决孙武里籍究竟在哪里的问题，无论是哪门哪派的研究者，都需要将唐宋三部书中有关孙氏后代在"乐安"的记载弄个明白。

唐林宝撰《元和姓纂》卷四的记载是：

乐安：孙武之后。汉有宾硕，魏有清河太守孙焕，晋有孙颙，避地于魏，故属乐安，因家焉。

第十三章 孙武故里之争

北宋欧阳修等撰《新唐书·宰相世系表三下》卷七十三下的记载是：

齐田完，字敬仲，四世孙桓子无宇，无宇二子：恒、书。书字占，齐大夫，伐莒有功，

景公赐姓孙氏，食采于乐安。生凭，字起宗，齐卿。凭生武，字长卿，以田、鲍四族谋为乱，奔吴，为将军。

南宋邓名世撰《古今姓氏书辨证》卷七的记载是：

齐田完，字敬仲，四世孙桓子无宇，二子：常、书。书字子占，齐大夫，伐莒有功，景公赐姓孙氏，食采于乐安。生凭，字起宗，齐卿。凭生武，字长卿，以田、鲍四族谋为乱，奔吴，为将军。

且不说唐宋三部书中的孙武与乐安的记载是否可靠，但它终于给后人提供了孙武出生之地的一些线索。按照常理，孙武的祖父孙书因伐莒有功而"食采于乐安"，那么孙武的故里也当在"乐安"。但是，问题的复杂就在于查遍先秦典籍，却不见有"乐安"这个地名。于是有的学者认为既然在先秦无"乐安"这个地名，那么它就是指《新唐书》中的唐代"乐安"。而唐代乐安郡的治所在今山东惠民县，孙武故里也就应在今山东惠民县了。此观点被称为"惠民县说"。也有人认为，"乐安"这个地名虽然在先秦史籍中没有记载，但在东汉班固所撰的《汉书·地理志》中最早出现。西汉时的"乐安"县在今山东的博兴县，根据"汉承秦制"和"秦承齐制"，那么孙武的故里当在山东博兴县，是为"博

广饶县孙武祠

兴说"。而"广饶说"的来源在哪里呢？据查，在民国时期编撰的《乐安县志》和《续修广饶县志》里，首次提出了孙武故里在今广饶县之说。

按照广饶方面的说法，学术界对孙武里籍的探考，在清之前尽管有些只言片语的记述，但留下的史料不多，现代人很难见到全貌。而到了民国三年（公元1914年），当时的山东省乐安县改称广饶县。民国七年（公元1918年），由当地学者陈同善主修的《乐安县志·人物志》（因该志下限为清宣统三年，故仍称为《乐安县志》）中，曾记载孙武里籍在今广饶县，志文中称："孙子，各书谓武，齐人，而田氏祖属。祖书，以功赐姓，食采乐安。此地以乐安名而见于载籍之最古者，事尤前于汉之以乐安名国、名郡，则元之用以名今县所属，或亦有因。推是，则武或邑人。"到了民国二十四年（公元1935年），由另一位当地学者王寅山总纂的《续修广饶县志》，同样记述了这一内容。整个民国时期，有关孙武里籍问题，只有"广饶说"一家，别无分店。

到了1957年，"惠民说"开始出现。这一年的7月，人民出版社出版了著名孙子研究专家郭化若将军编著的《今译新编孙子兵法》一书，在开篇《孙子兵法介绍》一文中称："孙武，齐国乐安（今山东惠民县）人。"当时郭只是在括号里弄出了惠民县这个提法，没有相关的考证材料，外人尚不知所依据的是什么材料。

这个提法悄无声息地过去了十七年之后的1974年，北京大学哲学系工农兵学员和大兴县红星人民公社理论组，为配合"批林批孔"运动，在合著的《孙子兵法新注》和《读一点法家著作（二）》中

广饶县孙武祠中的孙武像

再次提到孙武"是齐国乐安（相当于今山东惠民县）人"。1975年，杭州大学历史系与驻浙某部防化连合编，由浙江人民出版社出版的《先秦法家军事著作选注》中，又提出了"孙武，齐国乐安（今山东惠民）人"的说法，这个说法在附加的括号中没有"县"字。可能这个提法引起了郭化若的注意，1977年，郭在《孙子今译》的《前言》中再度沿用"惠民"二字，但后面却抹掉了"县"字。对于这个提法，按广饶县学者的说法，这"惠民"二字若是指"惠民地区"的话，虽然未见有其考证材料，但人们还是可以理解和接受的。因为当时惠民地区下辖有广饶、垦利、利津、桓台、邹平、高青、博兴、沾化、滨县、无棣、惠民、阳信等12个县，域地面积比较大，有谁能说不包括某一个县份呢？只是到了1983年，由于行政区划变更，先后有广饶、垦利、利津三县和博兴、沾化县的各一部分区域划归东营市管辖；桓台、高青二县划归淄博市管辖。原惠民地区的域地面积被划分出了近一半，黄河以南、距齐国古都临淄较近的县份，差不多都划分出来了，这样再笼统地称孙武里籍在"惠民"，那就需要进一步探考了。

郭化若的提法，随着惠民地区行政区划的调整，尽管有"进一步探考"的必要，但学者们似乎对此并不感兴趣，没有人出面及时地给予探考。直到1989年春，著名孙子研究学家吴如嵩、陈秉才在出席惠民县召开的"首届《孙子兵法》国际研讨会"时，提交了一篇《孙武故里考疑》的论文，此文后来收集在解放军出版社出版的《孙子新探》论文集中。吴、陈二人的《孙武故里考疑》一文，重新启用"惠民县说"，并就这一说法做了补考。文章称：《元和姓纂》所说的乐安，是指春秋时有一个乐安，还是指唐代的乐安呢？这是问题的要害。从它的编写体例可以断定，这个乐安乃是指的唐代的乐安。它所列三个"孙武之后"的地名都是指的唐代地名。《新唐书》和《古今姓氏书辨证》取材于《元和姓纂》等汉唐典籍。因此，我们可以肯定地说，其所载"食采于乐安"也是指唐代乐安，而不是在春秋时代齐国有一个什么乐安的地名。我们既证明了《元和姓纂》《新唐书》《古今姓氏书辨证》所指乐安乃唐代的乐安，又证明唐代当时确有一个原为齐国之地的乐安，查明这个乐安的今地，孙子的故里问题就迎刃而解了。乐安郡的治所在厌次，厌次即今山东惠民县，惠民县就是当年田书的采邑所在。也就是说，孙武里籍是唐朝的乐安郡。

吴如嵩、陈秉才的这一说法，立即在学术界掀起了波澜，并引起了部分学者的强烈反对。在此后的不长时间，博兴县的舒荣先、牛万政二学者，怀着对吴、陈之说颇不服气的心态，在《博兴文史资料》1990年5月第5辑上发表了《孙武里籍山东博兴》一文，首次提出了"博兴县说"。此文称：有明确记载的乐安建置是西汉时期，汉乐安县在今山东博兴，而汉乐安是沿袭齐乐安而来的。春秋—战国—秦—汉，这一时期，制度、建置、地名多有因袭，比较稳定。汉承秦制，是千古定论。而秦的郡县制也并非独创，不少是承袭战国七国制度而来。《左传》载，齐景公曾赐晏婴一个千家之县，这说明当时齐国已行县制。范文澜《中国通史简编》云："晋齐县制齐整，优于楚国的大县。"这又说明春秋末年列国也普遍实行县制，只是各国大小不同，齐国较楚国实行的是小县制。今博兴境内西汉时置五县一国，反映了汉承秦制，秦袭齐制，乐安本是齐国孙氏世袭的一个邑，后来置为县，齐乐安—秦乐安—汉乐安，一脉相承地因袭下来，地名和位置皆无什么变化。以上论证和推断，基本可以肯定齐乐安在今山东博兴境内。为了说明问题，不妨对乐安故城做点考察。《新唐书》《续山东考古录》和清《博兴县志》均载："唐总章三年（公元669年）博昌县移治所于乐安故城。"唐骆宾王《致博昌父老书》则说："又闻移县就乐安故城……"这证明乐安故城存在。古博昌与乐安相邻，西汉时皆在今博兴境内。

广饶县的考古证据

面对在新的时代和新形势下兴起的两种不同的说法，广饶人再也坐不住了。1991年，广饶县文化部门奉县委、县政府之命，专门邀请持孙武故里惠民说的吴如嵩到当地考察，想借此机会弄清楚吴氏弄出的那个"惠民说"的背景。吴如嵩感到盛情难却，如约来到了广饶。就在这次考察中，吴氏对广饶方面的有关人员说道："对于孙武故里问题，我们没有多少研究，只是快开会了（指1989年在惠民县召开的《孙子兵法》国际研讨会），要出本书，才临时通知××军区的同志查一查，他们一查不在今惠民县，说是汉

第十三章 孙武故里之争

代乐安在今博兴县北,就在书中写了今博兴县。但我觉得还没有把握,后来又考证了一下,认为当年郭化若将军说得不错,应在惠民县,就急忙通知上海出版单位,将博兴县去掉,重新弄了个山东惠民说。至于这个惠民是指惠民地区还是惠民县,郭化若指的这个惠民,是大惠民还是小惠民,我们原来没太注意这个事情。1978年的时候,我帮郭老写孙武的文章,只写惠民,没考虑加'县'字。我个人看法,无论叫大惠民还是小惠民,反正让大家知道在惠民地区这一带就是了。"

吴如嵩这一模棱两可的说法,不但没令广饶方面满意,反而使对方觉得有些别扭。若按吴氏弄出的"惠民地区这一带"的说法,如果是行政区尚未变更之前,没有人提出异议,但后来行政区域已经变更,广饶已被划到了这个地区外,就不能不进一步明确了。否则一提到惠民,必然让人想到山东惠民县,所有要寻访孙子故里的游客都将会蜂拥到惠民县去四处搜寻,兜里的钱也只能撒在惠民县的地面上,不会跑到广饶来扔下一个子儿。长此以往,惠民县人将端着这个聚宝盆走向发家致富的道路。而广饶人民却因失去了这一本万利的摇钱树,将面临继续贫困的悲惨命运。在这个是要发展还是要萎缩,要前进还是要后退的大是大非问题上,广饶的最高领导层充分认识到不是东风压倒西风,就是西风压倒东风,二者必居其一,不可调和,高屋建瓴、审时度势地及时把握住了时机,于是,在1991年6月,广饶方面不惜血本,在本土召开了一次规模宏大的由150多名学者参加的全国"孙子学术讨论会",这次会议无

《人民日报》等报纸刊载的文章

漫画《孙武回家》东营市所辖广饶县即古乐安，系孙子故里。广饶县旧属惠民地区，今归东营市。广饶近建孙武祠，许多专家学者称：武圣从此回家矣（谢春彦画，选自《漫画世界》1991年第7期）

论是气势还是宣传力度以及在社会上的震撼力，相比惠民当年弄出的响声毫不逊色，甚至有过之而无不及。就在这次会议上，受邀而来的复旦大学中国历史地理研究所的教授周维衍，以及全国著名的专家学者如骆承烈、孙开泰等，纷纷抛出了考证文章，认为孙武里籍如果定在惠民或者博兴，人民群众和广大学者既不拥护，也不赞成，既不高兴，更不答应，而老老实实定在今山东广饶县境就对了。

按照周维衍的说法，能否以汉乐安县城来考定这就是春秋时齐国孙氏"食采"之乐安？显然不能。那么，先秦的乐安究竟在什么地方？这就是学者们最需要解决的问题。《通鉴》记载，周赧王三十一年（公元前284年），燕国以乐毅为上将军，联合秦、魏、韩、赵（三晋）之师伐齐，在济水西大败齐兵，进而攻下了齐都临淄，齐闵王出走，楚国派淖齿去齐国，对齐闵王讲了如下几句话："千乘、博昌之间，方数百里，雨血沾衣，知之乎？"这是说燕国联军和齐军在临淄西北的千乘、博昌之间数百里的地面上，进行了一次大规模的激烈战斗，结果齐军大败，"雨血沾衣"。千乘地面在今高青县，汉设有千乘县；博昌地面在今博兴县，汉设有博昌县。这里值得注意的是，淖齿并未提及乐安地面。对照今天的地图就可以发现，在齐都临淄北的地面上有高青、博兴、广饶三县，这三县恰恰是汉魏以来设置乐安县和乐安郡（国）的地方，先秦乐安地面主体，必定是在这三县的某个范围之内。既然高青县属于先秦千乘地面，博兴县属于先秦博昌地面，那么可以推知，广饶县应该是先秦乐安地面，非此莫属。这三县地面，乐安（广饶）最处东，濒渤海，燕国联军自西北来，不为其所经，因此文献记载只提到千乘、博昌，不及乐安。由此推测先秦乐安地面主体当在今广饶县，想来应是合乎情理的。

与周维衍此说相呼应的著名历史学家鲁明补充道：最早记载孙武里籍的是司马迁的《史记》，该文云："孙子武者，齐人也。"齐地范围较大，具体在什么地方呢？从现有文献记载看，在唐代以前，均查无实据，难以具体断定。大概正是因为如此，而造成了学术界至今意见分歧很大。到了唐代，情况不同了。《新唐书·宰相世系表三下》和《古今姓氏书辨证》两书均明载，孙武里籍为祖父田书"食采于乐安"，此说当有所本。这个"本"可能就是当时的各姓氏族谱。《旧唐书·高士廉传》载：唐太宗诏高士廉等"刊正姓氏。于是普责天下谱牒，仍凭据史传考其真伪……撰为《氏族志》……及书成，凡一百卷，诏颁于天下"，于是"谱系兴焉"。《新唐书》也有同样记载。而《古今姓氏书辨证》之《序》亦云："《古今姓氏书辨证》数百十万言，参订得失，无一字无来处，是诚古人之用心也。"据此可知，《新唐书·宰相世系表三下》和《古今姓氏书辨证》所载孙武祖父田书"食采于乐安"，当是可信的。

那么，春秋的"乐安"故地究竟在哪里呢？查"乐安"这一地名，至今为先秦典籍所不见。而最早记载"乐安"地名的则是班固的《汉书·地理志》。要查先秦"乐安"所在地在何处，当首先从这里开始。

《汉书·地理志上》的记载是：

千乘郡：县十五，千乘，东邹，泾沃，安平，博昌，蓼城，建信，狄，琅槐，乐安，被阳，高昌，繁安，高苑，延乡。

齐郡：县十二，临淄，昌国，利，西安，钜定，广，广饶，昭南，临朐，北乡，平广，壹乡。

据此记载可知，乐安是汉千乘郡十五县之一，县置。博昌，即博兴，也是千乘郡十五县之一，县置。千乘郡大致相当于今博兴县、广饶县北半部一带。而广饶县是汉齐郡十二县之一，县置。齐郡大致相当于今临淄、广饶县南半部一带。汉代的乐安、博昌、广饶是分属两个郡、同时存在的三个县置，又都在齐国都城临淄北，今博兴、广饶县境。西汉，上距春秋战国不远，只隔一个秦朝15年，上距春秋末年也不过270年。这是文献记载最早的，也是离孙武祖父"食采于乐安"之最近的文献记载。汉代的地名当是沿袭春秋战国地名而来。因此，《汉书·地理志》记载的"乐安"与孙武祖父"食采于乐安"之"乐安"，两者或同一、或相去不远的可能性、可靠性、准确性比较大。因而可以认为，孙武故里博兴说和广饶说都有一定的道理。但两说相较，就目前已发现的资料，不论是文献的，还是考古的来看，广饶说的材料应更胜博兴说一筹，这样说的理由是：

一、"博兴说"的主要根据及其不足

1.上引《汉书·地理志》千乘郡有乐安县的记载。汉确有乐安县故城，在今博兴县境。以后所记乐安故城均指此乐安故城而言。然而，问题是，汉代的乐安故城是否即是春秋时期田书"食采于乐安"之"乐安"？"博兴说"只是靠推理而论定，至今既未见更早的文献记载，又未见相应的考古发掘资料的证实。因而这既是"博兴说"的最主要根据，又是"博兴说"的最大疑点。这个疑点能否解除，只有等将来在博兴汉故城下能否发现先后承继的先秦古城来解决。

2.《水经注·济水注》的记载云："济水又东北径高昌县故城西。"《地理志》曰：千乘郡有高昌县。……济水又东北径乐安县故城南。……乐安与博昌、薄姑，分水俱同西北，薄姑去齐城六十里，乐安越水差远，验非尤明。班固曰：千乘郡有乐安县。……济水又经薄姑城北。《济水注》的这一记载是"博兴说"继《汉书·地理志》之后的又一条重要根据。此后，许多史家以此为据，将乐安故城定在博兴县境。而这一条根据，清人又提出了疑问。

3.唐骆宾王《致博昌父老书》。《新唐书》《续山东考古录》和清《博兴县志》均载，"唐总章三年（公元669年）博昌县移治所于乐安故城"，"又闻移县就乐安故城"。这证明乐安故城是存在的，古博昌与乐安相邻，西汉时皆在今博兴境内，据说，其故城遗址就在今博兴县城。这是"博兴说"的又一条重要根据。然而，此乐安故城实际上仍然是指今博兴境内的汉乐安故城，并未解决此乐安故城是不是先秦春秋时之"乐安"故城的问题。

以上这三条根据，归根结底都是指的汉乐安故城。然而，汉去春秋不过

广饶县草桥遗址
（作者摄）

二百余年，去战国也不过几十年。这同汉以后八百余年的唐代"乐安"相比，自然具有更大的可靠性，更接近春秋乐安故地的实际。因此"博兴说"同"惠民说"相比，显然更有说服力。然而，同"广饶说"相比又如何呢？

二、"广饶说"的主要根据

"广饶说"的主要根据，就已有的材料（文献的和考古的）看，有三条：

1.《水经注·济水注》的记载有错简。《济水注》载，济水是先经"乐安县故城南"之后，再"径薄姑城北"而东去的。清沈炳巽撰《水经注集释订讹》卷八指出：此载有错简。在"济水又东北径乐安县故城南"句下云："按此经旧在高昌下。今据薄姑、利县俱南达临淄，而乐安故城在博昌县东北，则此经当在利县之后、甲下之前。"乐安本汉广饶、钜定二县，属齐郡，其故城并在今县东北。后汉时琅槐入博昌，故杜预、郭璞皆言济水至博昌入海。据以上研究可知，济水应先"东北过利县西"，然后"又东北径乐安县故城南"。按照《水经注》所说的济水流经的方向、先后越过的县境和路程推算，乐安故城应在今广饶县城北二三十里处，而不是在今博兴县境内。

那么这个乐安故城是否就是先秦春秋战国时期那个乐安

故城的所在地呢？这是"广饶说"能否成立的一个关键所在。

2.草桥古城遗址的发现，为"广饶说"提供了重要依据。草桥古城遗址位于广饶县城北近三十里的花官乡草桥村，地势较高。东距传说中的齐桓公会盟诸侯的"柏寝台"八里，西南至利县故城（今博兴县利城村）二十里。古济水流至城址西南又折东而去。

这个遗址于1956年广饶县第一次文物普查时被发现，1980年县文物工作者又进行了复查。在复查中，看到该村西部有土筑古城墙遗迹和护城河（当地群众称之为"城壕"）各一段。1991年5月10日至13日，县文物工作者与山东省考古研究所专家合作，采用挖探沟和钻探眼的考古方法，对古城部分城墙、城壕残迹进行了技术调查。调查情况表明，该遗址确系一故城遗址，最晚始建于春秋战国时期。对照《钦定四库全书·水经注集释订讹》《汉书·地理志·水道图说》《春秋大事记表》和《乐安县志》等史书记载，认定该城址为故乐安城遗址。

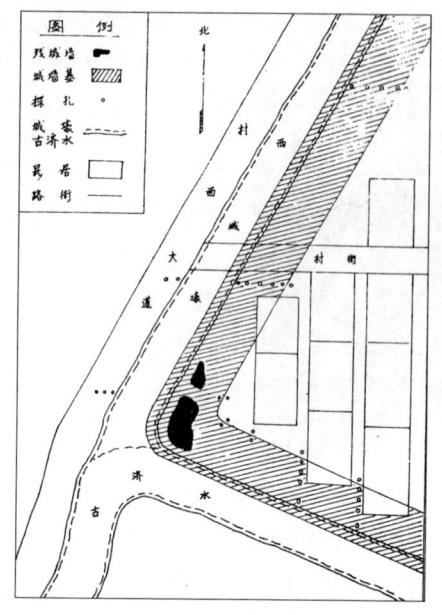

草桥古城遗址钻探示意图（东营市博物馆提供）

草桥古城遗址的发现，为孙武里籍乐安故城在今广饶县境提供了极为重要的证据：一是古城相符；二是时代相符——先秦春秋战国时期；三是和记载中的"济水又东北径乐安县故城南；又东北过利县西；又东北过甲下邑，入于河；又东北入海"大致方位相符。

3.《水经注·济水注》在"济水又东北径乐安故城南"句下注引"班固曰：千乘郡有乐安县。应劭曰：取休令之名矣"，所谓"取休令之名矣"，一语道破了汉乐安故城的真正含义，即在今博兴县境的汉乐安故城只是取其美善好听的名称而已，并非真正的乐安故城，即非先秦真正的乐安故城。这清楚地说明，汉乐安县城当筑于汉代，与春秋孙氏"食采"之乐安并没有先后承袭的关系。比较合理的推测应是：孙氏"食采"之乐安，是一广袤的地面，而汉代兴起的乐安县城，或在这一地面之上，或是与这一地面相邻近。这两种情况都有可能，而后者的可能性似乎更大些。

草桥古城遗址的发现，更加证明了汉乐安县故城城名是"取休令之名矣"，非先秦真正的乐安故城。而博兴境内的汉乐安县城的出现，可能有两种情况，或从草桥古城——先秦之乐安故城搬迁而来；或当草桥乐安故城因某种原因毁坏后，又到今博兴境内重建古城，仍取其原"乐安"的城名。这两种情况都与"取休令之名"有关。结合参加此城发掘的著名考古学家朱玉德等撰写的《草桥古城遗址部分城墙、城壕考古钻探调查报告》可看到下面两种情形：

一是草桥古城墙"探沟中地层极少，仅有9—10层是文化层，这两层文化层的形成不明确，且叠压于第一期的城墙之上。第二期的城墙是在9—10文化层之上而建，第三期的城墙是在第二期城墙废弃后的基础上修补而成"。参加钻探的人员对此有这样的说明："在一期与二期中间，即9—10层，为淤积黄土层。这两层含物太少，较纯净，其形成原因可能是冲积而成。"所谓"冲积而成"，可能是西汉时期济水泛滥、故城被洪水淹没所致。因而草桥的先秦乐安故城毁坏后，又往西南到今博兴县境重建乐安县城，仍取其原"乐安"之美善名称。

二是草桥古城的"第二、三期的夯土墙为汉或以后时期"。由于只是"钻探调查"，尚未进行全面发掘，因而第二、三期的夯土墙的断代跨度时间很长。如断定是"汉以后"的时期，则汉乐安县城可能是又回到草桥先秦古城址的9—10层的淤积层之上重建的乐安城。

总之，从已发掘的城墙文化层堆积第一、二期之间的淤积层情况看，亦说明汉乐安县故城可能是草桥古乐安城因洪水泛滥被淹没废弃后迁至博兴境内重建的。

由此，鲁明认为，从以上"博兴说"和"广饶说"两说主要根据的分析比较看，"广饶说"的根据更多些，理由更充分些，也更符合春秋乐安的历史实际。孙武故里在广饶，应当是将现有资料（文献的和考古的）分析比较后所应得出的比较合理、正确的结论。

当然，鲁明也在他的论证中特别提及草桥遗址的考古发现，只是"部分城墙、城壕考古钻探调查"的情况，尚未对古城遗址进行全面发掘。"以上分析也只是初步的，是否正确还有待将来全面发掘的新资料去证实。一旦将来，或在广饶草桥古城址，或在博兴县境汉乐安古城址，能够发掘出一锤定音的春秋战国时期'乐安'古城的确凿证据，则无疑如1972年临沂银雀山汉墓一举挖出两部孙氏《兵法》竹简，从而结束了2000多年来孙氏《兵法》是一部书还是两部书的争论一样，孙武里籍问题也就迎刃而解了。因而所有热心于这方面研究的学者，都急切地希望孙武里籍乐安的确凿证据早日出土……"

交锋后的交锋

对于鲁明将"博兴"与"广饶"对比后，仍倾向于广饶的学说及观点，曾提出惠民说的吴如嵩、陈秉才，尽管由于"名额限制"未能出席在广饶召开的学术会议。但事后得知，立即做出了反对的姿态，并反击道：鲁明这种简单的推论方法不是考察地理历史沿革的正确方法。因为先秦两汉的地名并不是这样陈陈相因而无任何变化的。人们很容易举出相反的例子，例如春秋的曲沃，秦代则称左邑，到了汉代又改称闻喜；又如春秋的犬丘，秦代称废丘，到了汉代又改称槐里。诸如此类，不胜枚举。因此，认定汉乐安即孙武故里的意见，不过是一种想当然的幻想式的说法罢了。史实表明，自西汉至明清，历史上出现过乐安县、乐安国、乐安郡、乐安州四种不同的行政区域和地理区域。不仅如此，同是一个乐安县或乐安郡，在不同的朝代其地理区域也不一样。因而，问题要得到解决，就必须回到《新唐书》和《古今姓氏书辨证》本身上来。宋人欧阳修和邓名世依据什么材料提出了乐安问题，这是需要追寻的一个重要前提。清代著名学者孙星衍在其校订的《孙子十家注》附录的《孙子叙录》中，曾写下这样的按语："绍兴四年，邓名世上其书。胡松年称其学有渊源，多所按据。《序》又云：'自五经子史'以及《风俗通》《姓苑》《百家谱》《姓纂》诸书，凡有所长，尽用其说，是其

第十三章 孙武故里之争

书内所云，皆可依据也。"既然是"皆可依据"，那么，今人要讨论孙武的里籍，也就只能从此入手，寻找结论。

按吴如嵩、陈秉才的说法，《元和姓纂》二十三魂部的"孙"姓条下，第一条就开列"乐安：孙武之后。汉有宾硕，魏有清河太守孙焕，晋有孙颀，避地于魏，故属乐安，因家焉。"这是一条十分重要的根据，也是迄今所能见到的关于孙武故里的最早记载。它成书于唐宪宗元和七年（公元812年），比成书于公元1060年的《新唐书》早248年，比成书于公元1154年的《古今姓氏书辨证》早342年。

那么，《元和姓纂》所说的乐安，是指春秋时的乐安，还是指唐代的乐安呢？这是问题的要害。从它的编写体例可以断定，这个乐安乃是指唐代的乐安。它所列三个"孙武之后"的地名都是指的唐代地名。唐代有富阳即今浙江富阳，唐代有清河即今山东清河西。此书如果不是记述"孙武之后"而是叙述前代某人与孙武有关联，那就用前人所处朝代的地名。如记述东汉孙坚、孙策、孙权就是一个显例。它用的地名是"吴郡富春"。富春是东汉地名，唐代则改称富阳，均为今浙江富阳。同是一个富阳，一处用唐代地名，一处用古地名，其编写体例是十分明确的。这难道还不足以证明"乐安"乃是指的唐代的地名吗？同时，这难道还不足以证明持"博兴说"者用汉乐安去推论秦乐安、齐乐安是找错了方向吗？

吴、陈二人继续指出，《新唐书》和《古今姓氏书辨证》取材于《元和姓纂》等汉唐典籍，因此，可以肯定地说，其所载"食采于乐安"也是指唐代乐安，而不是在春秋时代齐国有一个什么叫乐安的地名。当然，这绝不是说《新唐书》所载地名都用的是唐代地名。在地名使用上，它既用古地名，也用唐代地名，同是孙氏这一条就可得

《元和郡县图志》书影

387

到证明。如说周代的姬（孙）耳"食采于戚"，"戚"是古地名，唐代无"戚"地，即今河南濮阳北。说周代姬（孙）嘉"世居汲郡"，周代无汲郡，用的是唐代地名，唐天宝元年设汲郡，即今河南汲县。后于乾元元年改卫州。

乐安乃唐代地名，这个问题已很清楚了，剩下的唯一问题就是唐代的乐安地望问题。《元和姓纂》成书于公元812年，而早在七十年前的天宝元年（公元742年），唐朝政府改平原郡为乐安郡，治所在厌次，后于乾元元年回改棣州。《新唐书》写田书用乐安之名，与写姬（孙）嘉用汲郡之名一样，都是天宝元年唐朝政府新改设的行政区域，又都是乾元元年废改的地名。要考察唐代乐安郡的设置情况及其地理位置，《元和郡县图志》卷十七棣州条可说明一些问题：

棣州，乐安。禹贡青州之域，又兖州之域。春秋为齐地，管仲曰："北至于无棣。"秦并天下，为齐郡。汉为平原、渤海、千乘三郡地。曹魏属乐陵国，晋石苞为乐陵公是也。隋开皇十七年，割沧州阳信县置棣州，大业二年废入沧州。武德四年又置棣州，六年又废。贞观十七年，又置移于厌次县，即今州理是也。天宝元年改为乐安郡，乾元元年复为棣州。

这则史料表明一个历史事实，即厌次县在春秋时是齐国之地，在唐朝先后成为棣州治和乐安郡的郡治。后世的学者之所以肯定乐安是孙武的故里，也是以唐代乐安郡为依据的。例如辨伪大师孙星衍自称孙武的后裔，他在《家吴将曲考》中说："吾家自明忠愍公名兴祖者，以佐命功封燕山侯，起家定远。当元明兵燹之际，谱系无所考，惟忠愍公以官封祖父文虎，中书参知政事护军乐安郡公，则吾家为乐安孙氏，系出陈子占后，明也。"

他从其祖父封"乐安郡公"作为推断自己是孙武后裔的重要证据，正是依据了唐人的说法。因为《新唐书·宰相世系表》所列孙氏宰相后裔的爵位即有孙俊为乐安子、孙成为乐安孝男、孙储为乐安郡侯，以祖籍为爵秩之名正是古代封爵的通例之一。

以上所述与我们的判断完全吻合。我们既证明了《元和姓纂》《新唐书》《古今姓氏书辨证》所指乐安乃唐代的乐安，而不是春秋时有什么乐

第十三章 孙武故里之争

山东省惠民县城郊外古城堡遗址，据说此城址为汉代所建（作者摄）

安，现又证明唐代当时确有一个原属齐国之地的乐安，因此，查明这个乐安的今地，孙子的故里问题就迎刃而解了。

吴如嵩、陈秉才上下古今叙述了一大堆枯燥的史料和证明这些史料的史料，最后得出的结论是："乐安郡的治所在厌次，厌次即今山东惠民县，惠民县就是当年田书的采邑所居……总之，今山东省惠民县是兵圣孙武的故里，可以刀断斧削地确认了。"

对吴、陈二人所坚持的"惠民说"表示拥护的惠民县学者王丙臣，除了将书面上的史料又翻腾出来做了一番旁征博引的补充外，还利用身在惠民的便利条件，深入民间做了大量的调查取证，从另一个侧面给了吴、陈二人配合与声援。如至今惠民县境内还流传着一些有关孙武后代居住地方的传闻遗事，王丙臣为此举例说：

1. 据今惠民县城南门街和城郊刘皮家、袁侯、孙庙一带老人们回忆，在袁侯村西头建有孙武庙一座。南门街孙玉凤一家自称是孙武后代，其土地证上有"北至庙基"的记载。孙武庙不同于关帝庙，若非确有因由，群众是不会修建的。

2. 今惠民县城北省屯乡的"堡武家"原庄名就叫"孙武家"，庄里的人说自己是孙武后代。

389

现住在惠民县城南门外的孙德禄一家，据说孙德禄（右）是孙武的第81代孙（作者摄）

  3. 今惠民县城西梁家乡石头孙村，传有"孙子乳名叫石头"，后代为纪念孙子而将庄名命名为"石头孙"的遗事。

  4. 今惠民县城东桑落墅镇北有古镇遗址，并距城三里许有孙、田、陈村；城西石庙镇有个村叫"孙田吴（武）"，其附近相邻的村分别有东西陈、大田、小田、叶田、田新。想来这种布局不会是偶然的巧合。

  5. 今惠民县城南靠近原唐朝乐安郡治（先棣州）古城遗址地方也有不少孙姓庄子，如孙家集、孙家沟等，他们自称是孙武后代。

  通过以上这些活灵活现的传闻遗事，王丙臣认为"不难看出孙武后裔在惠民县是不少的，后代的多源并存也是合乎情理的。"

  对吴如嵩、陈秉才的论证以及王丙臣并非画蛇添足的调查补充，复旦大学教授周维衍颇不以为然。他针锋相对地提出了"孙武故里在今惠民说殊难成立"的口号，在这口号响起的同时，毫不客气地放言道：主张"惠民说"的同志认为，《新唐书·宰相世系表》中所载孙氏"食采于乐安"的"乐安"是指唐代的"乐安郡"。在我看来，这个"乐安"并不是指唐代的"乐安郡"，而是先秦的地名，该地

第十三章 孙武故里之争

的主体应该在今广饶县。《新唐书》提到的孙氏"食采"之地共三处，即"戚""富春""乐安"。其中，"戚""富春"都不是唐代的名称，而是先秦的地名，何以见得"乐安"就一定是指唐代的"乐安郡"？况欧阳修文中所表示的"乐安"，其年代属性又是那样明确。另外，吴如嵩等同志认为，"在现存的史料中，先秦并不存在'乐安'这一地名，由此推断《新唐书·宰相世系表》所说的"乐安"，必"是指唐代的乐安郡"。这样考虑和认定问题也并不妥当。千百年来，由于种种原因，历史文献散佚之多是不言而喻的。唐、宋时人所掌握的史料，今天已不复存在的比比皆是。不能说我们现在见不到了，就认定以往也并不存在。欧阳修撰《新唐书·宰相世系表》，是由数十种世族谱系著作汇总撮要而成的，其中多数采自隋以前的史料。在叙述春秋"食采"之地时，只是按原始素材照文录用，何尝去考虑辨别先秦有没有"乐安"而改成唐朝郡名？即使是唐人的著作，在讲到先秦"食采"之地时，也不会用上唐代地名的。这是文士写作的一般常理。因此，我们不宜武断地认为现今文献中没有"乐安"，先秦时也一定不存在。已传《银雀山汉简释文》有"城安在共乐安强"的文字，汉简虽然残缺，无法断定其本意，但"乐安"是个先秦地名是显而易见的。既然乐安是指先秦时乐安地面，那么其位置就在今天的广饶。

周维衍此言既出，吴如嵩又找来了"军科"的另一位重量级孙子研究专家霍印章共同进行反攻，二人除咬定"孙武故里'惠民说'不可动摇"外，还出重拳反击道：根据《春秋左传》杜预《注》，先秦根本没有乐安这一地名，而杜预是魏晋时人，他给《左传》作注时三国尚未完全统一，汉魏的乐安县犹存，其注称乐安自然指汉魏乐安无疑，与"先秦乐安地面"毫无关联。可以断然地说，在杜预的头脑中连想都不会想到"先秦乐安地面"这一概念。问题十分清楚，孙子故里在乐安是唐人和宋人考证出来的，要弄清乐安的地望，还必须回到唐宋史料中来，认真进行分析研究，这是探讨乐安所指的唯一正确途径。"广饶说"离开这一途径，到实地"踏勘"和《水经注》中寻觅"先秦乐安地面主体"，其说自然不能成立。"博兴说"也离开这一途径，用"汉承秦制""秦承齐制"的逻辑去推论先秦齐国的"乐安邑"，而先秦并没有"乐安邑"的存在，也没有乐安这一地名，后世的乐安又相当多，不能主观指定某处乐安即孙子故里，因而此说失去了直接的证

391

据,也无法成立。"惠民说"则与上述二说不同,它的合理性完全在于继续遵循唐人和宋人的途径,到《新唐书·宰相世系表》和《古今姓氏书辨证》的根据中寻找探求乐安地望。

霍、吴二人对周维衍做了特别教训道:只有深入探讨《元和姓纂》一书中关于郡望名称的体例才能得到正确的理解。该书中的郡望名称,既有郡名又有县名以及州名和国名,既有唐代地名(新望)又有古代地名(旧望),粗看似乎杂乱无章,细读则确有规律可循。因为该书是为唐代卿大夫"条其源系,考其郡望"而作,"于唐人世系则详且核矣",故在郡望名称上有下述三个鲜明特点:一、郡县并用,以郡为主。二、新旧并采,以新为主。三、州郡并称,以郡为主。从而可以认为,《元和姓纂》中的乐安指的是唐代乐安郡,也就是今山东惠民县。

对这一教训式的警示,周维衍很快做出了回应并进行了较为强硬的反攻,他宣称:我仅就您研究《元和姓纂》概括出的所谓三个重要结论,简单谈几句。第一,所谓"郡县并用,以郡为主"。郡望是讲郡名的,何来称县?当然谈不上什么"郡县并用",您把郡望和里籍混为一谈,没有搞清楚郡望的真正含义;里籍有郡有县,郡望只是指郡。就是您所列举的"孙武之后的六个郡望——乐安、东莞、吴郡富春、富阳、清河、洛阳"中,富春、富阳、洛阳是县,但却不是郡望。"郡县并用,以郡为主",作为在郡望问题上研究《元和姓纂》所得出的第一条重要结论,有犯常识性错误之嫌。第二,所谓"新旧并采,以新为主"。注重郡望的本意在于显耀家世,祖上哪一个是名宦,出身于哪个世家大族,这个地方有哪些大姓,等等,这就要按谱溯源,何以去立"新望"?即便是唐代的新贵,他也不会立什么"新望"的,总想找一下祖上值得夸耀的人。您说以新望为主,不妨请在《元和姓纂》中举出若干来,看来很难如愿。因此,您的那种说法是难以令人信服的。第三,所谓"州郡并称,以郡为主"。这第三条结论也是由于您混淆了郡望、里籍和历官所在而引申出来的。既然是郡望,哪会用州?如指唐代的政区,应该说是以州为主,不是以郡为主。就以大作所列举的《元和郡县图志》来说,是以州列目的,只是在州的名下附识郡名,而且也不是每个郡都记……您之所以概括出上列的三个重要结论,本意在于说明"食采于乐安"的"乐安"是唐代的"乐安郡"。现在立论于《新唐书》已站不住脚,想从

第十三章 孙武故里之争

《元和姓纂》中找到新的根据，但《元和姓纂》又不见"食采于乐安"的文字，于是断定《新唐书》记载来自《元和姓纂》，进而大谈《元和姓纂》的体例，摆"迷魂阵"，得出了三个所谓"以郡为主"的结论。可是，这又是多么经不起检验呀！

就在周维衍、吴如嵩等各路学者、各路门派为孙武故里到底在今何处而殚精竭虑、费尽心思，以满腔的热情，不惜才华和心血考证调查，论述讲演，并为此争得面红耳赤、唾沫四溅，甚至各派别之间怀揣不同的目的冷嘲热讽，相互攻讦打击，而孙武故里依然是真假难辨、是非不明，呈胶着状态之时，像在中国任何领域、做任何事情，总会产生和稀泥的平庸之辈一样，没有人看清是从哪个角落或哪个阴影里，又横空蹦出了一个名叫徐勇的蒙面之人。此人快速向杀得正酣的各门各派投放了一个颇有些扯淡的"模糊说"烟幕弹，并公然叫嚣道：由于文献及文物资料尚嫌不足，以上各说似乎还都是一家之言，难以完全驳倒其他观点而形成一致的认识。目前正确的做法应当是对此问题采用"模糊理论"，即在现有论据还不能得到最后确认，谁是谁非尚难以判定时，最好的选择就是暂时不做出最后的选择。换言之，就是将结论暂时停留在已知与未知最前沿的交叉点上，放弃无谓的争论，把精力转向其他相关领域的研究。但同时注意不断地搜集新的资料，积极寻找继续前进的突破点，一旦条件成熟了，再做出新的结论。

徐勇的"模糊说"或称"糊涂说"并没有使争论各方为此驻足并停止争吵与交锋，相反是愈演愈烈，大有不决胜负绝不收兵之势。恰在此时，又有媒体突爆猛料，宣称迷失遁迹两千多年的孙武墓被一位年轻学者发现，此墓就在江苏吴县陆墓镇孙墩浜村南。这一爆炸性的消息一经传出，立即使正陷于孙武故里之争的各路学者停止了交锋厮斗，都齐刷刷地调换角度，转向这一新的热点阵地，并以各种各样的心态，窥其在乱象纷纭、城头变幻大王旗的虚张声势下，不知是真还是假的神秘场景。

发现孙武墓

正如前文所述，自从伍子胥被夫差所杀，孙武怕祸及自身，流窜潜逃之后，时人或后人对他的情况知之者甚少。有人说他一直留在吴地直到死掉。有人说他晚年奔齐，终老齐地。但不论是死于吴地还是终于齐地，他撒手人寰后的葬所到底在那里？两千多年来，成为人们一直解不开的谜团。

在记载孙武生平事迹较早的古籍中，只有《越绝书·记吴地传》曾较详细地谈道："巫门外大冢，吴王客，齐孙武冢也，去县十里。善为兵法。"这个记载，后人把它看作孙武死、葬均在吴地的一个佐证。另有明代卢熊所著《苏州府志》曾引《吴地记》说孙武墓"在平门西北二里，吴俗传其地名永昌"。根据这一记载，后世不乏好事之徒多次前去寻访，但都未能找到确切的位置，其墓的地望更成为一个令人难以释怀又难以破译的"两难"谜团。到了清嘉庆五年（公元1800年），阳湖（今江苏常州）一个自称是孙武后世子孙名为孙星衍的人，曾于无聊之中花了一大把银子，买了只半旧不新的渔船，带着几个丫鬟、家丁等，一边游玩取闹，一边访求孙武之墓。待这一行来到苏州平门外雍仓时，有一聪明伶俐的丫鬟偶然发现岸上有一个大号土台，忙呼孙星衍前去观察。孙氏手下人弃舟登岸来到土台跟前，见四周有柏树甚古，询问当地人此台是不是一座墓葬，土著们只答俗称孙墩，至于是不是坟墓，只有天上的神仙知道，其他再也无人知晓了。孙星衍命人打了些酒，和手下人在土台上大吃大喝一顿后，扔下一堆鸡骨头和鸡头，便向太湖方向游玩而去。孙星衍借着酒劲，还作了一幅《巫门访墓图》，并附有记事式题诗，以记录这次出游。可能由于专以攀附历史名人为能事的孙星衍属于反传统或称作造反派学术权威的缘故，他此次游玩式的考察，以及后来画的那幅暗含桃色的访墓图，并未引起时人或后人的重视。不但当时的知识界普遍采取了一种不理的态度来对待他本人的考察与他的画，而且孙武墓到底在哪里的疑问也不再有人提起。

无人问津的孙武墓在这样一种特殊的境况中沉寂了许多年之后，直到1988年，又有一位叫胡建新的无产者写了一篇名为《虎丘、剑池与孙武子

第十三章 孙武故里之争

之谜》的文章，胡氏将这篇文章的手稿油印了若干份之后，四处散发。文章称：《越绝书》在谈到孙武墓的同时，还记有"巫门外冢者，阖闾冰室也"之句，说明孙武与阖闾葬得很近；孙武墓即为"大冢"，这意味着其入葬时非常气派，属于厚葬的范畴。由此可推测"孙武与阖闾两人不可分，正像'龙虎'这个观念……虎丘是否一个既'藏龙'又'卧虎'的地方？"与此同时，胡氏还大胆预言并向世人庄严宣告：如"发掘虎丘，完全可以期望看到剑与简。因此，最终揭开孙武之谜的可能性也比发掘任何一座春秋古墓要大"。胡氏宣言尽管别出心裁，独具一格，颇有些哗众取宠的味道，但鉴于人微言轻，财少气短，这个宣言投放到社会之后，如同一枚只冒烟不爆炸的手雷，在地上辄辘了几圈后便无声无息了。因为这种以幻想的方式凭空制造出的产品，其功能连作者本人都感到心虚和怀疑，并有"这样瞎讲，有附会过甚之嫌"的感觉，那些在大地上坚实地生活，并未患臆想症的人们当然不会上他的当了。

其实，胡建新也用不着过分心虚。关于虎丘、剑池之谜，在此之前也有不少人产生过破译的想法，只是未能付诸实施罢了。

坐落于苏州城西门外的虎丘山剑池，里头宽，外面窄，岩石为天然形成，当地传说吴王夫差的父亲阖闾就埋葬在池水之下。而剑池的得名则有两种说法，一是看上去整个形状像一把剑，故称剑池；另一种说法是，吴王阖闾靠鱼肠剑刺杀了吴王僚才登上了最高权力的宝座，所以一生对剑心怀感

虎丘剑池
相传吴王阖闾与他的三千把宝剑就葬于池下。汉·赵晔《吴越春秋》曰："（吴王）阖闾死，葬于国西。"

激和敬畏。他死之后，他的儿子夫差遵照遗嘱，在其棺椁中放了三千把鱼肠剑作为殉葬品，因而此地称为剑池。当剑池平安地从春秋一路荡漾到20世纪之时，在50、70、80年代，由于各种说不清道不明的原因，剑池的存水都曾被当地政府部门用大型机器抽干。据后来有人透露说，第一次抽干主要是为考古发掘做准备。受当时在全国兴起的考古发掘热潮的影响，苏州考古部门在当地政府官员的默许下，抱着试试看的想法，派人详细考察剑池，想以此揭开流传千古的谜团。当池内的水抽干后，考古人员发现池下确实有一座古墓，并发现了墓门。此门是用三块青石板竖式砌成，完全是人工制成的格局，从考古学的角度看，墓葬的形式基本上属于春秋时代。当这座墓葬真的暴露在眼前时，考古人员自感事关重大，对是否发掘不敢贸然行动。而当地政府部门也觉得此事非同小可，对是否把墓门撬开也不敢擅自做主，便逐级汇报请示。当报告送达国务院周恩来总理的案头时，这位举轻若重的共和国总理经过一番权衡思量，做出了不发掘的批示。

总理做出这样一个批示的原因，据说是主要考虑到如果将古墓打开，可能剑池上部无可避免地要发生塌方，这样将对整个虎丘风景区造成不良影响。更重要的是，这座古墓的主人到底是不是阖闾，考古人员并没有十分的把握，所以干脆就不要发掘，让它成为一个千古之谜，这可能更吊人们的胃口，对发展当地旅游业，增加经济效益也将有更大的好处。自此之后，虽然剑池的水不止一次地被抽干，但池下的古墓却安然无恙。既然号称卧龙之渊的阖闾之墓都没有发掘，那么档次更低的孙武之墓也就没

苏州巫门外发现孙武墓的报道

第十三章 孙武故里之争

有人再愿意去理会了。

但事情到了20世纪90年代,随着经济大潮的兴起,中华大地掀起了新一轮有关名人、名胜的争夺战,在这场死名人比活名人更值钱也更值得为此拼个你死我活的大拼杀中,孙武墓的际遇又发生了突变,似乎在一夜之间,这一千古之谜就像古波斯故事中说的阿里巴巴芝麻开门一样向广大观众"轰"的一声洞开了。而这位神话的制造者,则是一位叫褚良才的新时代的无产阶级知识分子。

关于褚良才制造这个神话的故事,有一个同样是无产阶级出身的名叫彭洪松的新闻媒体业余通讯员,曾经以《破译〈孙子〉之谜》为题,写过一篇新闻报道,发表在1996年10月5日的《今晚报》上。报道说:

21年前,19岁的高中毕业生褚良才偶然突发的一次奇想,导致他最终解开了足以令中外学者震惊和叹服的孙子身世和墓葬之谜。

那是在1975年,刚从杭州一中毕业的褚良才准备去"接受贫下中农的再教育"。临行前,抽空去苏州亲戚家游玩。看到一本线装《越绝书》上记载:"巫门外大冢,吴王客,齐孙武冢也,去县十里,善为兵法。"当时正值"批林批孔"运动,孙子是受推崇的法家。褚良才认为凭书上的记载,可以找到孙子的墓冢,便兴冲冲地骑了辆自行车,从苏州巫门骑出,在十里左右一带到处打听。谁知,没人听说有一个"孙武冢"的名胜景点。褚良才只得败兴而归。20年后的1995年12月,苏州郊外的孙墩浜

此为苏州孙子兵法研究会在苏州吴县市陆慕镇虎啸村孙墩浜立的"吴王客齐孙武冢"墓碑和"重修孙武冢记"碑

村，新矗立的"吴王客齐孙武冢"墓碑前，日中友好协会理事、中国孙子兵法研究会最高顾问服部千春先生对杭州大学文学博士褚良才说："你是最早发现孙子墓的中国人，我呢，是最先拜谒孙子墓的外国人。"

今年10月，苏州即将召开孙子研讨会，褚良才的论文《孙子其人其族其墓考论》，将为世界上争论了多年的孙子的身世和墓葬之谜画上一个圆满的句号。世界兵圣鼻祖终于有了一个可供后人瞻仰的圣迹，这是一条令世界军事界和"孙子迷"震惊的消息。

……

至于孙武墓地，后世寻访虽不乏其人，但却没有能够真正确证的地址。如今，这个谜底已被褚良才揭开了。

为了考证孙子墓冢的确切位置，从1975年首访苏州后，褚良才又曾五上苏州。

1976年冬天，苏州巫门外东北方向十里左右的孙墩浜村，北风裹挟着风雪，村旁的小路上，走来了一个身着棉军大衣、双脚遍是泥泞、推着自行车的小青年。

这便是20岁的褚良才，直觉告诉他，这个"巫门外十里"的孙墩浜村很可能与孙子墓冢有某种关系。果然，在河畔见到几个长满参天古柏的大土堆，最大的土堆竟有两三亩大。这些在平地中突兀而出的土堆，引起了褚良才的极大兴趣。

褚良才问村中一位老人："老伯伯，您知道这里埋的是什么人吗？"老人说："不太清楚，过去好像听说一个大土堆中埋有古代一名很会打仗的元帅，但名字记不得了。"

"那么这里有没有姓孙的人家呢？"

"解放前有，但后来迁到苏州盘门外去了。"

褚良才心中泛过一阵狂潮，他几乎可以肯定这就是孙子墓冢了，但他据文献、地名等方面资料的考证，这种狂喜也只是猜测而已。

下乡知青褚良才以为自己快要解开孙子墓冢之谜了，但真正解谜并将之公诸于世却是19年之后的事了。1978年成为大学中文系学生和1982年大学毕业，褚良才又两上苏州孙墩浜。他看到的几个大土堆，因联产承包责任制而遭到蚕食，变矮变小了，心疼不已。就给当时的江苏省省长顾秀莲写了一封信,要求成立孙子研究会,以探寻和保护孙子墓冢。但因种种原因,未能如愿。

1991年,酷爱古汉语专业的褚良才考取了杭州大学蒋礼鸿先生的博士研究生。此刻的褚良才,与近20年前那个一腔热血的"小毛头"已今非昔比,他五上苏州,并运用文献学、训诂学、考古学、地名学、民俗学以及建筑学等诸学科综合考证,以雄辩的证据和确凿的事实论证了现在的吴县市陆慕镇孙墩浜南之大冢为孙子墓冢。

《越绝书》明确记载了孙武冢在巫门外十里处。褚良才以巫门为圆心,依古制十里为半径画一半圆,孙墩浜约距巫门4—5公里。而在这个半圆上,没有任何其他可疑点。从古音韵上考证,孙墩,即"孙冢"。古音"墩""冢"同音,意义均为"土墓"。

该村一位80多岁的老人说:"该坟旧时曾有石坊、石狮。显然是有身份有名望的人的墓地。"

孙子是齐国人,死后葬在苏州北面,是取"望乡"之意。因为当时人死后有葬于强以"望见家乡"地方的风俗。褚良才还列举了许多无可辩驳的实据,论证了孙墩浜南即为孙武墓。

但是,褚良才发现孙武墓的事直至1995年才为人知晓。1994年,苏州成立了孙子研究会,来到孙墩浜找孙武墓,但不敢肯定,却听到村中老人讲:20年前,有一个小青年就来这里打听过了。会员们问遍了苏州博物馆、苏州大学等处,都没人去过。这小青年会是谁呢?1995年,褚良才以中国孙子兵法研究会会员的身份,参加了苏州召开的孙子研讨会,褚良才提及以往五上苏州之事,大家恍然:这小青年就是你啊!

至此,褚良才被公认为发现孙武墓的第一人。

读博士以后,褚良才致力于孙子的研究,他查阅大量的中国古代文献,做出结论:后世所公认的孙武,并非欧阳修在《新唐书》中确定的那个孙武。

这真是石破天惊。但褚良才根据文献资料的研究和推算,又确实无可置疑,许多有关孙武的疑点顿然冰释。更令人震惊的是,1995年底在吴县的衡山岛发现了《甲山北湾孙氏宗谱》,完全印证了他的结论。上面明确记载孙武与孙膑并非祖孙关系,孙武是孙膑的曾祖父,孙武与孙膑相隔143年的疑问,也消除了。褚良才发现了几部孙氏宗谱,同样印证了自己的发现。

褚良才对孙子身世及墓葬之谜的解开,使争论了多年的学术界,对孙子这方面的论述戛然而止。有人誉他摘下了孙子研究史的一颗明珠。但他并没有因此而满足。最近,他通过研究孙氏族谱,又发现孙中山先生也是孙子后裔,而孙中山自己生前并不知晓,这与台湾的孙子研究学者不谋而合。如果这篇论文出世,又将引起海内外的轰动……

褚良才制造的这一神话一经在大庭广众之下宣布,立即引来了一片质疑喧哗之声,许多有识之士认为纯粹是胡说八道。前文所述的那位创造了孙武故里"模糊学说"的蒙面人徐勇,也按捺不住心中的怒气,再次从一个不为人知的角落里蹦出来,剑锋指向褚良才,以更严谨的思维方式和事实指责道:此说突兀而起,而且言之凿凿,已传到了日本学者服部千春那里,使我们不能置之不理。首先,所谓"大土堆"有几个之多,且历经数千年之久,难免不发生变化,如无文献记载及考古发掘佐证,仅靠口碑传说,恐难以为凭。其次,假定其估算距离和范围都没有误差(而做到这一点其实很难——徐勇自注),"画半圆"的方法也不十分科学,因为从事古史研究的人都懂得言有易、言无难,现在没发现其他可疑点,并不等于绝对排除这种可能性。况且从前面的介绍中可知,其他可疑点还是有的。第三,天下姓孙的支系很多,不宜轻易视为孙武的后人。"孙墩"就算是"孙冢"也不能和孙武墓画等号……对这个问题进行探索是可以的,上述观点均可作为一说,在吴县或其他地方进行纪念孙武的活动也无可厚非,但不应过早地下定论,更不能盲目加以吹捧。至少,这篇报道中所说的褚良才"将为世界上争论了多年的孙子的身世和墓葬之谜画上一个圆满的句号","确实无可置疑,许多有关孙武的疑点顿然冰释","摘下了孙子研究史的一颗明珠","被公认为发现孙武墓的第一人",等等,是有违事实和不够严谨的。

或许,徐勇这次的指责辩难,比上次弄出的那个孙武故里"模糊说",看上去更讲道理,更讲层次,也更合情合理,因而得到了学界大多数人的认可与赞同。

就在山东北线与中国东南沿线这一狭长地带硝烟弥漫,烽火连天之时,在西线战场上,关于孙武的后世子孙——孙膑故里考证与争论的战事又起,

第十三章　孙武故里之争

各路派别、各种组织、各色人等借此机会怀揣各色目的，再度粉墨登场、兴风作浪，早已成为灰尘泥土的孙膑，被当作一条活蹦乱跳的鱿鱼弄出水面，并放入锅中添油加醋地爆炒起来。孙膑的幽灵也借此还魂，又一次从墓穴里蹦出，重新来到了红尘滚滚、物欲横流的汪洋大海之中。

注释：

①杜世成后任山东省委副书记、青岛市委书记。2007年4月18日，因涉嫌受贿犯罪被刑事拘留，2007年4月29日被逮捕。2008年2月4日，由厦门市中级人民法院判处无期徒刑，剥夺政治权利终身，没收个人全部财产。

第十四章 孙膑的影像

绝代兵圣

司马迁当年的记载，衍生出几种各不相同的论说。孙膑真正的故里在何处？学者们的提示，当地官员的支持，课题小组成立，孙花园与孙老家的走访，孙氏族谱的再度面世，孙膑画像与墓碑的重新发现，老和尚的回忆，专家的鉴定与肯定……一连串遁失千年的秘密被揭开。

孙老家的秘密

就在惠民县为了争夺孙武故里的所有权,于1989年专门召开"国际学术会议"并在国内外引起轰动之后,山东省菏泽地区部分主要当权者经谋略班子的暗中指点,认为在上边已经提倡开放搞活的大好形势下,利用孙子的幽灵发一笔横财的时机来临了。于是,他们迅速撸起袖子要确定孙膑当年亲自策划和指挥的桂陵之战战址的具体位置,以便在旅游开发事业中更有效地发挥名人和知名品牌的双效应。按照这个指导思想和战略方针,菏泽地区行署出面组织召开了"桂陵之战研讨会",就在这次会议上,应邀而来的专家学者根据原来流传的记载,结合新出土的银雀山汉简《孙膑兵法》,经过一番热烈而友好的探讨、论争,最后以少数服从多数的原则,做出了桂陵之战发生的确切地点就在今菏泽牡丹园一带的结论。这个地点的确定,为每年春天著名的菏泽牡丹花开之时,游客们在观毕艳丽的牡丹之后,顺便到桂陵之战战址参观游览提供了一举两得的便利条件。

会议期间,一部分专家学者觉得仅仅确定一个桂陵之战战址并不过瘾,表示对孙膑故里究竟在哪里的问题也产生了浓厚的兴趣。如山东师范大学教授安作璋就曾多次向菏泽市社科联负责人唠叨说,银雀山汉简中的《孙膑兵法》为孙膑故里到底在哪里的问题,又提供了新的线索,而在鄄城、郓城一带有关孙膑的传说很多,若把二者结合起来

山东省鄄城县孙花园村外荒芜的土地上正在大兴土木,欲建造以孙膑为中心的主题公园,期待海内外大批游客前来莫拜孙膑,同时给当地带来经济效益(作者摄)

第十四章 孙膑的影像

看，孙膑的故乡可能就在这里，希望菏泽方面能组织人员做一些调查研究，弄点可靠的材料，为日后正式确定孙膑故里，更有效地旅游开发、招商引资、开放搞活、振兴当地经济服务。1990年初，山东大学历史系教授王先进，以书面形式转告菏泽地区社会科学联合会，说是据自己多年的调查考证，已将孙膑故里圈定在今鄄城县东北部一带十几公里的范围之内，希望社科联与当地政府有关部门联系，在这一带做更进一步深入细致的调查研究，以确定真伪。

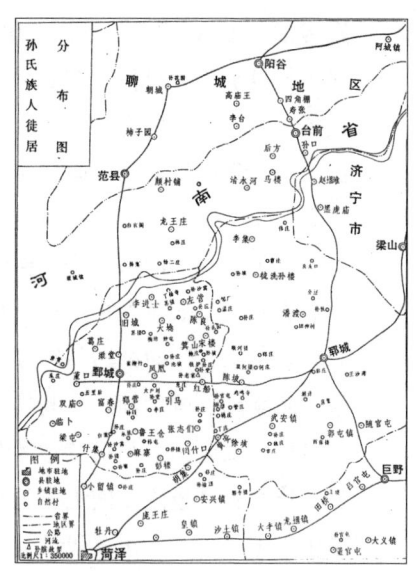

据传，来到山东鄄城的孙膑后代分布图（鄄城县委宣传部提供）

菏泽地区社科联闻讯后，觉得此事有些意思并有操作的可能，因为司马迁在《史记》中曾明确记载孙膑生于阿、鄄之间。很久以来，在鄄城甚至整个菏泽地区民间有许多关于孙膑的故事流传，其中有不少流传广泛深远。很有必要到当地跑一跑，做些调查了解。不管这些故事是真是假，都算得上是一个跟当地政治、经济、文化相结合的科研成果。经过研究，此事作为一个学术课题列入当年的科研计划，并报请菏泽地委、行署批准后，与鄄城县委、县政府取得了联系。此时鄄城县有关方面的领导人，正为如何振兴当地经济摸不着门道，而急得像热锅上的蚂蚁样团团乱转，在偶然听取了社科联领导者的鼓动后，认为这个招数也不失为一剂良药，此事一旦折腾起来并取得成功，将标志着在鲁西南这块以造反名世的山东省最为贫困落后的地盘上，打响了旅游开发的第一枪。说不定会一夜暴富，从鄄城县地面上空突然窜出一颗经济卫星扶摇冲天，照亮中国甚至是整个地球。于是，在地区党政部门陈兴之、段连湘、管元道、常贵民等大小官员的共同支持和操作下，专门组织了一个以社科联为主的课题组进行调查研究。这个课题组在鄄城县委

405

宣传部、县政协文史委、文化局、档案局、县志办有关人员朱亚非、孙世民、吴良训等人具体参与协助下，于1991年年初正式挂牌开张。工作人员除搜集、查寻流传的有关文献和地方志等材料外，还拿出相当大的精力根据新出土的银雀山汉简《孙膑兵法》提供的蛛丝马迹，深入基层乡镇和村庄展开了大规模的拉网，或称作地毯式的调查。

到了这一年的六月份，课题组人员王忠美、周方林、闫殿芳等于《濮州志》卷六中，偶然发现了列有孙膑条的传记，这个记载说孙膑为濮州人氏。查史料可知，当时的濮州辖今河南范县、濮阳一部分和鄄城县，既然司马迁说"膑生阿、鄄之间"，其出生地即为今鄄城一带似无可争议。在得到这条信息后，课题组人员继续在《濮州志》中搜索，并找到了一处有关孙膑牛舔碑的记载："邑之东南七十里水堡镇，有牛舔碑……相传孙膑曾流息于此，系牛碑上……"王忠美等认为这条线索颇有些价值，便到鄄城、郓城交界处的水堡进行了专门调查。在调查中，听到不少有关孙膑的传说，根据记载和传说，课题组把搜索目标集中在这一带，而这一带也正是此前山东大学教授王先进所圈定的十几公里的鄄城地面。令人意想不到的是，这次调查还真有了不同凡响的收获。在水堡邻村有一个叫作孙花园的村庄，相传为孙膑晚年退隐著书之处。查其孙氏族人，皆称始祖为孙膑，但究其源流，知此村孙姓为五十四世祖孙浚从南边十里的孙老家搬来。课题组人员听后大喜，顺藤摸瓜，一路追踪来到了位于鄄城县东北四十里的红船镇孙老家展开调查。经询问，此村是个拥有二千三百余人的大村，村民95%姓孙，问起孙膑的名号，无论老幼皆异口同声地喊为始祖。直到现在，村中仍保留着一座孙氏祠堂，逢年过节，他们便请上孙膑的牌位进行祭奉。除此之外，村中的一块"村名碑"也有关于孙膑的记载。孙姓族人对课题组人员讲，孙膑是孙姓的始祖，出生于孙老家，他是孙武的曾孙。孙武的祖父名书、祖叔名恒，由齐景公赐姓孙。孙武的孙子孙操即孙膑的父亲以打铁为业，后来流落到今孙老家。当时，此地为冷家村，孙氏在村西居住，以后繁衍生息，人丁兴旺，冷家村逐步演变为孙老家。课题组人员认为宋代欧阳修等人撰写的《新唐书·宰相世系表》和邓名世的《古今姓氏书辨证》均有同一内容的记载：孙武之祖田书"伐莒有功，景公赐姓孙氏"。孙老家所传赐姓之说，与之相符，应比较可信。司马迁所著《史记》载："孙武既死，后百余岁有孙膑，膑生阿、鄄之

第十四章　孙膑的影像

间,膑亦孙武之后世子孙也。"孙老家孙氏家族的传说与此也比较相符。由此,课题组人员初步断定,孙老家之孙氏家族与孙膑有着深厚的历史渊源。

对于这条线索,课题组人员认为极其重要,不能轻易放弃,应刨根问底弄个明白。于是便召集村干部和一些思想觉悟高、政治意识强、既讲党性又不放弃原则并能灵活运用的积极分子进行座谈。据有的老人说,有关孙膑的事在孙氏家谱上有记载,但问起家谱情况,他们又吞吞吐吐、支支吾吾地推托说在"文革"破四旧那会儿烧了。问是谁具体烧的这个,老者们躲躲闪闪,相互推诿又都不承认。课题组人员从他们的言谈举止中感到其中有诈,或者有难言之隐,在经过晓之以理、动之以情——贯彻了十几条党的大政方针政策、法律法规,并进行了一番深入细致的政治思想工作之后,孙氏家族族长、族谱秘密保存人孙志一才说那个东西压根儿就没烧,他一直保存着,现就藏在自己家中一个盛粮食的小缸里,只是被老鼠咬了几个窟窿而已。在又一轮更加深入的政治思想工作之后,孙志一打消了顾虑,把珍藏多年的《孙氏族谱》和《孙氏家祠序》两部谱系献了出来,为解决孙膑故里问题提供了极其珍贵的历史资料。

据孙志一讲,"文化大革命"时期,上边来了几个干部模样的人,汇合当地一支叫作"鬼敲门"的战斗队,在一片锣鼓与阵阵口号声中,叫嚣着要查抄孙氏家族族谱这本"变天账",以对妄图颠覆无产阶级政权的反革命分子彻底斩草除根。当"鬼敲门"得知"变天账"就在孙志一家中时,立即将其弄出来关押和批斗,在折磨了一阵子后,勒令其立即交出反革命的变天账——孙氏族谱。孙志一尽管文化程度不高,但深知自己保存的那个东西,是孙氏家族血脉的延续,是对一个民族支系的完整记忆,且是这个支系生存、延续、发展的寄托与希望。在他看来,人类可以没有了一切物质财富,但不能没有希望,一个没有希望的民族或家族是不可思议的。正是基于这样一种信念,任凭"鬼"方怎样折腾,孙志一始终如同顽石一样死不开口。那些战斗队员一看此招不行,索性动用"敲门"的特长,将孙志一的家翻了个底朝天。多亏老孙在被揪出之前,预感到将有什么大事发生,便将族谱暗藏于一个不为人知的老鼠洞里,而钻洞打眼却不是群鬼的拿手戏,族谱才算躲过了一劫。这次孙氏族人对课题组人员撒谎的原因,主要是对上边派来的这伙人到底想干什么,是不是当年"鬼敲门"的再现心中没底。同时对自己暗

407

藏的这个族谱,到底是属于革命的传家宝还是反革命的变天账,心中也同样没底,在这种双重没底的强大政治压力下,孙氏族人怕一旦献出族谱,弄不好会落个谱毁人亡、妻离子散的悲惨下场,因而就以在当地尚称得上比较雅致的谎言做了回答与搪塞,但最终还是被上级派来的善于做群众工作的革命干部抓住了狐狸尾巴,在强大的政治攻心战术夹击下,农民们不得不心甘情愿地将这族谱乖乖地交了出来。

课题组人员将战利品攥在手里,松了一口气。通过初步研究鉴定,认为这本新获得的孙氏族谱是光绪年间续修的,谱前记有孙氏家庙对联一副:"灉右立宗两千年家声未坠,右鄄分支六十世祠庙犹存",卷首有两篇序言,一为孙氏六十五世孙孙懋昭于光绪九年仲春所作,一为孙氏六十五世孙孙懋赏于光绪十一年孟冬所作,由此可以推定此谱为光绪九年至十一年修订。如孙懋赏序曰:"吾孙氏者,世代名裔,本地处于灉水之右,为孙氏居住点,故名孙老家,战国齐国有孙膑号伯灵者,官为军师,辅政于齐,建立奇功,是为孙氏之祖也。"课题组人员通过对这部孙氏族谱的两篇序言初步分析,认为此文十分明确地肯定了孙膑为孙老家孙氏的始祖,孙老家就是当年孙膑的故里。从地理位置和时间上考证,这与历史事实是相吻合的,即从战国孙膑始,至光绪年间续修族谱或重修祠庙时已有两千余年。也就是说,族谱中所记载的孙膑为孙老家孙氏始祖是有一定历史依据的。另外,在孙老家保存的《孙氏家祠序》亦载:"吾孙氏巨族也,始祖孙公讳膑者,号伯灵,曾佐齐威王,官居军师,因诞生于兹,后世遂建家焉,故定名为孙老家也。"这里更加明确地提出了孙膑就诞生在孙老家,因此,后世才定村名叫"孙老家"。由此,课题组认为,《孙氏族谱》和《孙氏家祠序》以及家庙对联、传说、祭奉孙膑的牌位情况是一致的,它们所提供的内容是有史可查、有案可稽的。尤其是后来孙膑家人提供了一件明代万历七年绘制的孙膑传影,这件传影作为珍贵文物在通过了国内著名考古专家鉴定的同时,也为孙膑与这里的联系又增添了一份明证。

课题组人员通过走访调查,孙老家五十岁以上的人大都记得,原孙氏家庙正堂为一木楼,中间供有孙膑牌位,宽约七寸,高三尺许,镌刻有龙形花纹,上写:"齐国军师晋封左丞始祖孙公讳膑字伯灵暨配苏夫人之神位。"按照汉族的一般习惯,任何一位伟大人物,都是没人无缘无故地去认作祖

第十四章　孙膑的影像

宗的，除非是他的后代子孙。但凡属孙老家孙姓族人，均忌讳外人说"孙轱辘"三字，因为孙膑为庞涓所害失去双腿，只剩上身，用鄄城土语讲，即只剩下"肉轱辘"了。如果谁说"孙轱辘"，那就是对孙姓老祖宗的大不敬。同时孙老家历来不准许民间艺人在此村说唱"孙膑下山""孙庞之争"之类的演义故事，认为是对其老祖宗的污辱。由此可以认为，从传统观念上讲，孙膑就是孙老家孙氏之祖，不然，他们是不会供奉，也不会有此规矩的。

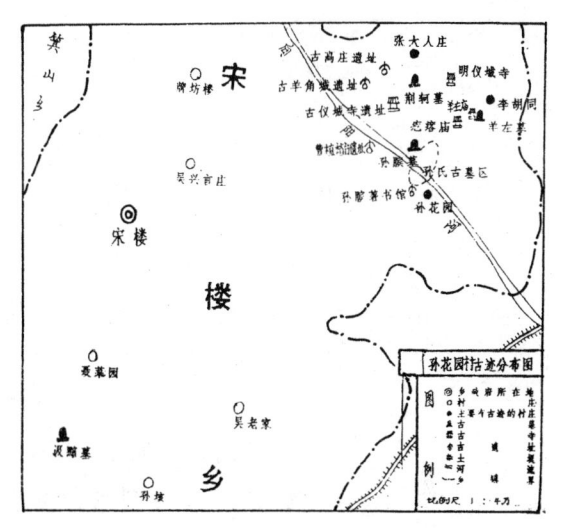

孙花园村古迹分布图（鄄城县委宣传部提供）

另据孙姓族人传说：孙膑晚年隐居故里，具体地点就在今孙老家以北十里许宋楼乡孙花园村。隐居后的孙膑开始著书立说，收徒授艺。因这里有著书馆、授徒堂各一座，花园一处，赏花亭、钓鱼台各一座，后世子孙迁居于此，故名孙花园。据传孙膑八月十八日逝世，死后就葬于孙花园，墓址在今孙花园东北一里许，亿城寺旧址前。自称孙武之后的清代学者孙星衍，也就是在苏州东门外寻访过孙武之冢的那位，曾到孙花园一带考察过，并且为羊角哀、左柏桃合葬墓撰写了碑文，此碑现仍立在孙花园东北两里羊、左墓前，与孙膑墓址相去数百米。据课题组人员王忠美等分析，那个自称是孙子后裔的才子孙星衍，对这一带应是很重视的。他之所以到这偏僻的乡村考察和旅游，一个很重要的原因就是这一带有孙膑遗迹，否则他是不会跑到这里来的。

为了搜集更为确凿可靠的史料，课题组主要成员王忠美、楚成亚又带着几名助手，多次来到孙花园一带进行实地考察，结果又有了一系列新的收获。其中最大也最令人兴奋

409

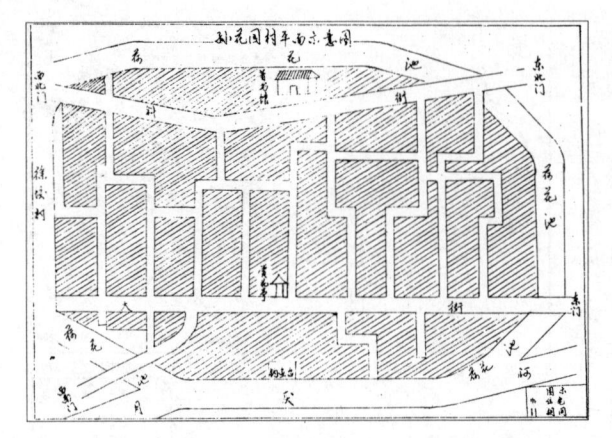

孙花园村平面示意图（鄄城县委宣传部提供）

的收获就是在孙膑故里北五公里处的孙花园村外，发现了明代嘉靖三十七年重修北魏亿城寺时的一块石碑。该碑曾被当地百姓用作捶布石或打面机机座使用过，已严重损毁，但部分文字仍可辨认。碑文第一句便是："古□□水堡之阳旧有亿城寺一区然□宇□□膑墓址深邃……"亿城寺于北魏始见及北齐初修，位于孙花园北一里左右。"膑墓址"碑既以亿城寺为参照，离寺当不会太远。经实地查考，此地就在孙花园村一里地处一个河沟旁，这里正是传说中孙膑隐居和安葬的地方。

据楚成亚考证：孙膑官居齐国军师，自知受人妒忌，便以身体残疾、行动不便为由，弃官隐居。历代史书只言"膑生阿、鄄之间"，"膑亦孙武之后世子孙"，以及孙膑同庞涓的过往怨仇，而对其此后的生活并无记载，这恰是孙膑从此退隐山野，不问政事的证明。据《濮州志》卷六载，明嘉靖万历年间，兵部尚书苏佑"督兵塞上，尝刻其书而试之"。苏佑故里在鄄城，他所刻的就是著名的《孙膑兵法》。这位苏尚书之所以有如此眼福看到自隋以后就未见经传记载的《孙膑兵法》，说明孙膑的兵书散落在故里，并在鄄城一带民间仍得以长期流传。

据亿城寺后辈和尚觉立回忆，相传孙膑著书馆就在今孙花园村后。孙膑著书时有许多文官武将前来拜访，因随从较多，特在著书馆后建驿城一座以供食宿，此事虽不见经传，但《史记》云："孙膑能抚士卒，士卒无二心也。"可见，孙膑在将士中是有很高威信的，加上他受膑刑而成大器，更受世人景仰，所以隐居后仍有大量文官武将和民间名士前来拜访也在情理之中。史书不见孙膑再次出山的记载，可能孙膑居住此地直至去世，死后葬在驿城与著书馆之间。齐王念其功高，常派使臣前来祭奠，并改驿城为"低度城"。

魏晋以降，佛教渐盛。北魏中期，佛教禅宗始祖菩提达摩航海至广州，与南朝梁武帝面谈不契，渡江至北方传教，太和年间传经至鄄城一带，闻言驿城古迹，叮嘱弟子建"亿城寺"。此寺后经数次重修，其中三次可考：第一次是北齐皇建元年（公元560年），最后一次是在民国七年（公元1918年），规模最大的一次是在明嘉靖三十七年（公元1559年）。

清嘉庆十四年范县太令唐晟所书《范县古义士左伯桃表墓碑》和清刘藻编著的《曹州府志》，都提到了"义城寺"，从清人所言"义城寺"方位及建寺时间上看，与"亿城寺"是一回事。但清人不说"亿城寺"，而用"义城寺"，则另有原因：其一，清人已知明代亿城寺源自北魏，而北魏亿城寺亦有更久远的渊源；其二，"义城寺"显为附会荆轲和羊、左义士，但"义"与"驿""亿"谐音恐非偶然。

由上述分析，楚成亚认为，残碑所言"亿城寺"可能确实源自战国时期因孙膑著书和死葬而建之"驿城"和"低度城"，并由此奠定了孙膑后世族人与亿城寺的密切关系。而从明宣德起，黄河频繁决口，黄河中下游泥沙淤积严重，寺院塌陷，导致"膑墓址深邃"。嘉靖三十七年寺院得以重修，并迁至旧址东北三百米处。觉立和尚和残碑碑记皆言重修原因，一是"福忠长老远来索文以永其传"，并有卜者："病大"，得先师方纪传言。二是怕"膑墓址深邃"，无形迹可考，孙氏族人无处祭奠祖宗。重修目的，一是使佛家布获"不坠于今"，二是使孙氏族人对祖宗的祭祀"永垂于不朽"。可见，孙氏族人与亿城寺的密切关系是由"膑墓址"决定的。另外还有一个可能的原因是，孙氏族人既为立碑者，碑记又以第一人称表述，按古人避祖名讳的礼俗，碑记所言"膑"当系孙氏始祖孙膑无疑。否则，重修佛家寺院不会由孙氏族人倡导主持，碑记不会起笔便言孙膑墓址如何如何，更不会处处显露孙氏族人祭奠祖宗的心迹。相传阴历八月十八日为孙膑祭日，这一传说已被孙氏族人明正德八年八月十八日所立柱础证实。所以，孙氏族人除清明节、十月一日小祭外，八月十八日还要举行大祭，并在祖师殿内举行隆重的超度仪式。这种制度和超度仪式一直保持到1946年土改时寺院被毁为止，但八月十八日祭奠孙膑的习俗却延续至今。若非孙氏祖宗孙膑墓址在此，恐难有此源远流长之习俗。

据觉立和尚向课题组人员透露说，重修亿城寺后，孙氏族人建立了一代一人进寺为僧，专事为始祖孙膑超度的制度。寺中祖师殿内挂有世代临摹传下来的孙膑影像，这一影像后来由孙花园村的老农民孙学义献给了课题组作为研究之用。

经鉴定，孙学义所献孙膑布影是清光绪三十三年在棉布上绘制的，先秦装束的画像十分精致，画像的右上角写着"孙氏始祖"四字，左下角是绘制时间。据村人讲，此画像是按照万历年间的图像绘制的，可惜，万历时的画像未能查出。

在考察孙膑墓时，课题组人员还惊奇地发现，孙花园村庄格局与众不同：从外向里看，全村大小胡同均为"死胡同"；实际上，从东到西，全村大小胡同纵横通连，进村以后，四通八达。据孙花园村的民众说，此处原是孙膑建造的花园，当初孙花园建村时，依据当年孙膑所布"九宫八卦阵"阵势所建，至今仍保持"九宫八卦阵"的格局，堪称世上一奇。

甲子山孙膑洞

就在菏泽地区课题组在鄄城孙老家一带探寻并为取得的成果而沾沾自喜之时，亦有其他的学者在不同的地方也为此展开了广泛的调查与考证，并根据考察结果得出了孙膑故里在今阳谷县、郓城县、广饶县等结论。如广饶学者张秀香、赵英秀等根据孙膑的祖辈孙武等人"食采于乐安"的记载，组织了一干人马经过对广饶地面调查和实地考古发掘，最后写成了一本叫作《孙武·乐安·广饶》的著作。此著作公然宣称：孙膑的出生地并不是司马迁所说的"阿、鄄之间"，而是"老家在乐安，他又居住在乐安以度晚年。其孙氏门第之影响，则是举世闻名的"。

按照张、赵二人的说法，孙膑压根儿就和阿、鄄之间这个地方搭不上边，他出生在乐安，其子孙同样在乐安生息繁衍，到魏晋时已使孙氏家族成

第十四章 孙膑的影像

为乐安的第一大族。为了表示这一说法的可信度，张、赵二人还开列了一张孙膑家族谱系表，从表中可以看到，自孙膑之后至晋代，乐安孙氏族人的发展情况是：

孙膑生胜，字国辅，秦将。

胜生盖，字光道，汉中守。

盖生知，字万方，封武信君。

知生念，字甚然。

甚然二子：丰、益。益，字玄器。

玄器生卿，字伯高，汉侍中。

伯高生凭，字景纯，将军。

景纯二子：庙、询。询，字会定，安定太守。

询二子：鸾、骐。

鸾生爱居，爱居生福，为太原太守。遇赤眉之难，遂居太原中都（这是由乐安孙氏析分出来的太原支）。

骐，字士龙，安邑令。二子：通、复。

通子孙世居清河（这是由乐安孙氏析分出来的清河支）。

………

按张、赵二人的说法，孙氏家族在魏武帝曹操置青州乐安郡时已发展成了一个庞大的名门望族，其家族名人辈出，门阀显达，更为青州乐安之冠。先秦齐国乐安与隋代之前的青州乐安郡，实属同一地面，并因孙姓族人的世代袭居而著名。从"其先乐安人也"，"其先与齐（田姓）同姓"，"田书被齐景公赐姓孙氏，食采于乐安"（春秋末期）；到孙膑"护子孙，遂居齐

甲子山下石汪村的村民（右）说：孙膑在甲子山一边教徒弟放牛，一边教书。村外河坝是孙膑的牛经常来饮水的地方，河边石面上留下了牛的清晰蹄印（晨曦摄）

413

传说中孙膑牧养的牛在石汪村河崖踏出的蹄印（作者摄）

乐安"（战国中期）；再到孙姓郡望出处的青州乐安郡（隋代之前），其传承沿革脉络十分清晰。隋代之前的青州乐安郡即今山东省东营市广饶县可谓言之凿凿、世人皆知……

张、赵二人弄出了这样一个明显与伟大的史家司马迁较劲的结果，不知其所依据的材料是什么，更不知这些材料的可靠性如何，是铁板钉钉、货真价实的原材料，还是瞎扯淡的玩闹，似乎当事者也说不清楚。

在1980年前后，银雀山汉墓发掘者之一的刘心健，就按照出土的《孙膑兵法》提供的线索，开始另辟蹊径，从一些有名或不太出名的地方志中，查找孙膑的故里与最后的隐居之地。经过几年的努力，终于在算不上很有名的《莒州志·古迹》中，查到了一条"莒县东南百里甲子山前麓有孙膑洞"的记载。此后他曾几次按这个记载到甲子山一带调查，不但真的找到了"孙膑洞"，并于1989年底出版的《孙膑兵法新编注译》中首次公布研究成果，认为"孙膑晚年在此隐居是很可能的"。

甲子山的孙膑洞今已属山东省莒南县朱芦镇的石汪村管辖范围，确切位置在石汪村北三里拉子山西"楼顶"山的后山坡，即甲子山主峰玉皇顶以东半山腰上。此处群峰起伏，层峦叠嶂，是个隐居的好地方。据载孙膑洞"洞旁有泉，下有饮牛汪。山水环绕，境极幽僻"。实际观察便可发现，此洞洞口朝东南，洞深四米多，高三米多，宽十米许。洞内巨石参差，台坎天然。洞口有长形砖墙，墙内有孙膑师徒三人及其坐骑的泥塑像一尊。孙膑像高四尺，两个徒弟陈睦和袁达侍立在侧，三尺高的独角牛作为坐骑居右，现依然可见。

第十四章 孙膑的影像

孙膑洞的东面不远处有一座高山，号称蒙山，据当地传说是鬼谷子当年在此设坛授徒的地方。蒙山中有鬼谷洞，传说当年孙膑、庞涓就曾在此读书受教，也就是说当年鬼谷子的那个训练基地就在此处。甲子山上的孙膑洞选在他曾读书就学的地方不远处，当是思乡和落叶归根的意思。

孙膑洞前有平地一块，由东、南、西三面的残存石垣围成一个院落，院中央有一饮水泉池，水由洞内石壁缝中流出汇此。暗流至洞，汇成小溪，再下流三里，抵村东北角斜坡，则哗然成瀑。瀑下就是个石汪，传说这就是孙膑当年耕作、饮牛以及休息的地方，山村即以此石汪而得名。在村的东北角的一条河边，现仍可看到在一块大青石板上有一串串茶碗大的小洞，据说这是孙膑的牛来饮水时踏踩而出的印痕。

按当地风俗，地名以人名命之，并立祠塑像纪念，一定与其人在此活动过有关。莒地既非孙膑的家乡生地，也不是其采邑封地，而竟然能以孙膑之名命洞，且祠以师徒塑像，一定是有些来头。按照银雀山汉墓发掘参与者刘心健的考察研究所得出的结论，此洞很可能与孙膑当年离开齐国官场和战场后，曾在此隐居过有关。此地远离齐国都城临淄，

甲子山孙膑洞中的牧童塑像（作者摄）

415

可避开政敌的注意，又不出齐境，还可慰其爱国之心。再加上"山水环绕，境极幽僻"，正是一难得的隐居"圣地"。洞内塑有其二徒，亦与史料记载相符。《孙膑兵法·威王问》篇即有"孙子出而弟子问"的话，但没书其弟子姓名。根据孙膑洞现有的塑像印证，其弟子中较亲近的可能就是民间传说中的陈睦和袁达，后随师傅隐居于此。

洞中孙膑的塑像有坐骑，更合情理。孙膑刑余，不能行走，需要坐骑。官场失意隐居，乘不起车马，牛既可代步，又可从事耕作，恰合隐士之需。据当地人说，1955年以前，这里有传统的"牛旺香"山会。每年农历正月十五，群众会于此地，烧香祈祷牛旺禾收，虽然这一做法带上了迷信色彩，但从当地农业世代相传并把孙膑和他的牛神化的情况来看，也似乎说明孙膑在此隐居很久，影响很深。

按刘心健的说法，孙膑的故里应是司马迁所说的阿、鄄之间，也就是在今菏泽地区。而离开齐国官场之后，孙膑可能来到了甲子山一带，在此隐居并从事著书立说等事情，只是著名的《孙膑兵法》是否就产生于甲子山这个洞中尚难有定论。

除甲子山孙膑洞之说外，其他几家地方志也或多或少有牵涉孙膑踪迹的记载，但同样真假难辨，经常弄得研究者一头雾水。1990年第4期出版的《地名丛刊》中，又发表了阳谷县学者王荩忠的《孙膑与迷魂阵》一文。王氏根据地方志等史料的记载，通过实际考察，认定孙膑生于今阳谷县阿城镇西北六公里处一个叫迷魂阵的村落，并在那里度过了童年和晚年的时光。也就是说，孙膑的出生地和晚年隐居地都在这个村里，压根儿就不存在鄄城的孙老家、广饶的乐安及莒南县的甲子山等。王氏创立的这一新的学说刚一诞生，就遭

洞口外的岩石上有"孙膑洞"三个镌刻大字，据说为明代万历年间所刻（作者摄）

第十四章 孙膑的影像

到了菏泽学者韩馥绶的迎头痛击。按韩氏的说法，王苰忠弄的这一套极其荒唐，是根本站不住脚的。为此，韩馥绶列举了以下四个方面予以批驳：

作者在孙膑洞内观察泉水的来源处（晨曦摄）

一、王苰忠在文章中说，今阳谷县城北部六公里处有孙膑大败庞涓时摆的迷魂阵和马陵道。关于迷魂阵，孙膑是否摆过，无史书记载，民间传说的地点很多，有一两处的例子并不足为据。王又说，迷魂阵村内有孙膑阁，阁内有孙膑塑像。据查此阁修建于清顺治元年（1644年），"文革"中被毁。这类阁即庙宇，在哪里都可以修，像关羽庙，几乎全国各地都有，孔子庙甚至海外也有。人们敬仰孙膑，为之修庙建祠是常事，与孙膑原籍没有关系。况且清初之庙也不能为两千年前的人做证。

二、王称此处有庙碑记载："迷魂阵……相传为孙膑用兵地，神其术数，运其兵法，用迷魂师魂而夺其魄，以制其命者也。"考此碑乃民国二十七年（1938年）立，比孙膑阁又晚约三百年，更不足为凭。特别值得注意的是此碑文还有一段："孙膑为齐国孙武之后人，尝学兵法于鬼谷子……孙膑则会祖传师传于一心，而运用其妙者也。"也就是说，该碑文并没提孙膑是当地人，此记载也只能说孙膑在这里打过仗，与其故里在何处没有关系。

三、王氏说《辞海》《中国历代名人辞典》以及文史读物都直写孙膑为阳谷人。这些书籍均出自当代，在没有其他资料的证明下，当然不足为凭。这里还须特别说明阿城是古东阿县治所所在，"二十四史"中多有记载，但除《史记》那几个字外，写东阿之处均没提过孙膑。或以为这是小事，正史不一定顾得上，略而去之。但明万历《兖州府志》乃海

417

内名志，编者于慎行就是东阿县人，熟知当地人文掌故。如对于阿城之阿井阿胶记载甚详："阿井在（东阿）县西四十里，故阿城中，阳谷界也……《水经注》曰：阿城北门西北皋上有井，其巨若轮，深六丈，岁尝煮胶以贡，《天府禹贡传》曰：东阿济水所经，取其井煮胶谓之阿胶。用搅浊则清服之，下膈疏痰，今其水不盈数尺，色绿而重，所谓阿胶者岁解蕃司入贡，甚为四方所珍，而土人不蓄也。"此例证明作者对当地情况十分熟悉。对于在当地流行的孙膑的故事，于慎行也曾进行过调查："孙膑营在（东阿）县西南五十里，史传膑生阿、鄄之间，疑即其地。"一个"疑"字证明，于氏只有这方面怀疑并没真正把握，如果真有把握，何不直呼"膑生阿、鄄之间，即此地"，而偏要多加一"疑"字呢。实际上，这"孙膑营"也同"迷魂阵"一样，不见于史传，即使是真的，也只能说是孙膑在此打仗安营扎寨之处。是先有孙膑而后有"孙膑营""迷魂阵"，与其老家"故里"，不可同日而语也。

四、释"阿、鄄之间"。《史记》载"膑生阿、鄄之间"，对于确定孙膑故里问题极有帮助。所谓"之间"，就是既非在"阿"又非在"鄄"，而在二者之间。阿当然是指东阿，汉东阿县治所所在，该地名知名度颇高，作为"汉兴以来，百年之间，天下遗文古事靡不毕集"的司马迁不会不知。如果孙膑真生于此，他可用那娴熟的笔法写作"孙膑者，阿人也"，何必带"鄄"字？反之，如果说他是"鄄"人，鄄地知名度更高，则当然是"孙膑者，鄄人也"，更不必带"阿"。所以，说孙膑生于"阿"或"鄄"都不是司马迁的本意，而必须"允厥其中"的二者"之间"才是。而考今鄄城红船镇一带，正在此二者之间，符合司马迁的原意。这里往东是一望无际的梁山水泊，即古大野泽之西鄙。南面不到十里又是雷泽。北面可能还有濮水，同时又是黄泛区。所以，这里非常偏僻，是否有地名不清，即使有，知名度也低。大概司马迁考虑到这一因素，才先用知名度较高的两端"阿、鄄之间"来表示这个确切的地点。看来孙膑就生在这样一个既偏僻又多灾多难的地方。艰苦的童年激励他立志成材，后来经过一番折腾，真的成了著名的军事家。

无论咋说，把孙膑故里定在阳谷阿城镇是行不通的，只有把它定在今鄄城红船镇一带，才是历史的本来面目……

第十四章 孙膑的影像

从以上论述中可以清楚地看出，韩馥绶痛责王蕢忠的真实面目，是为了断绝在部分知识分子和人民群众心中萌发的孙膑故里在阳谷或其他地方的念头，将思想尽快扭转、统一到鄄城县红船镇这条战线上来，以圆贫困潦倒的菏泽地区尽快借此脱贫致富奔小康的陈年梦想。也就在韩馥绶撰写这篇以驳斥为主的具有战斗檄文性质的论文之时，鄄城方面的上上下下，里里外外，已经为寻找、证明孙膑故里之事，忙得精疲力尽，并且组织召开了一个全国性的孙膑故里研讨会，会后的1991年8月10日，新华社向世界播发了这样一条消息——

位于孙老家村的孙膑祠（作者摄）

新华社济南八月十日电　孙膑生在何处？一直是个悬题。一批著名史学家对珍藏的《孙氏族谱》和《孙氏家祠序》进行了认真考证，确认两千多年前的著名军事家孙膑的出生地为今山东省鄄城县红船镇孙老家村。近年来，山东省菏泽地区社会科学研究工作者，经过周密的考察，在鄄城县红船镇孙老家村发现了与孙膑有关的族谱、祠堂和碑位。经专家们研究考证，确认了孙膑出生地。

（记者　刘关权）

发自鲁西南的声音

由于新华社这一消息的传播及各新闻媒体的转载引录，菏泽方面的这个成果算是以压倒群雄的姿态占了上风。从此，其他方面的学者尽管心中颇不服气，但声音却暂时喑哑

孙老家村发现的明万历年间（约1590年）绘制的孙膑影像图

了，而菏泽地面上的声音却越发响亮、鼓噪起来。借新华社向世界播出消息的强劲东风，1991年9月，受到鼓舞并提高了政治尤其是经济觉悟的孙老家村孙氏族人，又以饱满的革命热情和干劲，从居住在徐州的同族中专门借出《孙氏族谱》一卷，主动请菏泽方面的课题组人员研究。接到这份族谱后，课题组对这份族谱的真伪不敢轻易做出结论，遂决定送山东省文物研究所鉴定。经该所组织省内著名专家关天相、台立业、蒋英炬、由少平等人员鉴定后，以书面形式做出了下列报告：

该谱是多次抄本合订而成。按纸质及抄写字体断代：谱序是民国初年抄录；族谱起首及分谱若干页共约二十余页是清初抄写，其余是清末民初抄录。附王喆生《请假与归杂咏四首》诗一页，似为康熙时期所作。另有碎页谱序三张，应为嘉道抄本。

鉴定专家：关天相　台立业　蒋英炬　由少平
一九九一年十二月二十七日

课题组根据这一鉴定结果，对先后发现的两部《孙氏族谱》相互对照做了深入研究与探讨后，认为在明代，孙老家孙氏家族原来应有一套完整的《孙氏族谱》，明末于李自成起义时毁于兵灾，故于顺治年间又重修一次，可惜这套族谱也在太平军北伐时毁于战乱。幸运的是给后人保留下了一部手抄本，尽管已不很完整，却十分珍贵。至光绪年间，在孙懋赏、孙懋昭等人主持下又重修族谱，留传至今。由此看来，孙老家孙氏家族族谱基本上没有脱节，家族的主要历史基本上记载了下来。因而，《孙氏族谱》中所记载的主要历史事实是真实可信的，完全有理由做出如下结论：在孙老家发现的两套族谱，均明确肯定了孙膑出生地就在孙老家，孙

第十四章 孙膑的影像

老家孙氏的始祖就是孙膑，孙老家孙氏家族就是孙膑的嫡系子孙，孙膑故里就在鄄城孙老家村。

对于这个课题组弄出的这一看似板上钉钉的结论，坚持孙膑故里郓城说者却不以为然，他们亦拿出郓城县孙林、孙楼发现的《孙氏族谱》作为主要依据，以此来证明孙膑故里在孙林一带，并声称孙林一带就是战国古邑廪邱。这个说法又遭到了鄄城方面学者周方林、刘维社、常继明等人的围攻与堵截，周方林等指出：根据《中国历史地图集》可知，廪邱古邑在今郓城西北五十里和鄄城东北四十里的宋楼乡孙花园一带，而孙林在郓城西南三十里，在鄄城东南五十五里，在鄄郓公路南十里，安能说孙林处于古廪邱境？《史记》载"膑生阿、鄄之间"，孙林之地理位置不能与之相符。在郓城孙林、孙楼之《孙氏族谱》中仍可看到康熙七年（1668年）续修的原件，康熙七年重修《孙氏族谱》时，郓城县县令在其《孙氏谱序》中考证云："余略其所近，详其所由来，按孙系周康叔为卫上卿以字为氏，望出太原。"周康叔是周文王的幼子（姬封），据《新唐书·宰相世系表》载："卫康叔八世孙武公生公子惠孙，惠孙生耳，为卫上卿，食宋于戚，生武仲乙，以王父字为氏。"由此可见，这个孙氏分明是属于姬姓世系中的孙氏，又怎能与孙膑扯在一起？按"鄄城说"一派的说法，郓城之孙氏本出自姬姓，无论坚持孙膑故里郓城说者如何旁征博引、东拉西扯，甚或牵强附会地硬把郓城孙林、孙楼之孙氏往孙膑身上拉，其历史事实与原本孙膑后裔之世系却是南辕北辙的。

针对菏泽市社科联和鄄城土著学者们强调的这一研究成

山东省鄄城县孙老家村的孙膑第70代孙孙学法（中），在家门口与村干部一起向作者展示《孙氏家谱》

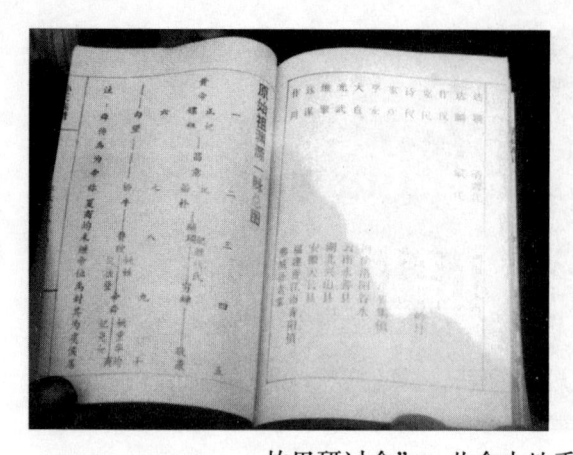

果，菏泽方面决策层觉得板上钉钉的时机已经成熟，不宜再拖延下去，拖的时间过久，说不定哪一天又从看不见的角落里冒出个另类相悖的声音，令人们的思想认识统一不到菏泽方面上来。于是，中共菏泽地委以其名义在曹州宾馆召开了规模浩大的"孙氏族谱暨孙膑故里研讨会"，此会由地委副书记丁宗山和宣传部部长潘兴玺主持，大多数与会专家对课题组的研究成果表示赞同。那个最早向菏泽方面唠叨要寻找孙膑故里的山东师范大学历史系教授安作璋首先表示：在鄄城红船镇新发现的《孙氏家祠序》《孙氏族谱》所提供的内容，不但真实、可靠，而且有历史根据。《孙氏族谱·序》中所提到的孙膑为军师、五代李存勖掠于山东、靖康年间金季之乱、太平军北伐历史事件和历史记载完全相符；从孙氏族谱的世系来看，也是很清楚的。《新唐书·宰相世系表》从孙武至于唐末三十八代，一直到《孙氏族谱》所载四十八代至今，中间差九代，正是五代至金末。这个世系符合历史记载。它反映的史实、世系脉络清楚，应是真实和可靠的。因此可以肯定，至少在没有发现更为直接的证据之前，说孙膑故里在鄄城县孙老家，根据是可靠的。这一代的孙姓是孙膑的嫡系子孙，孙老家就是孙膑的故里。

同时被邀请的山东大学历史系教授田昌五说道：在孙老家所发现的族谱上所写的东西是真实的，不是胡编乱造的，因为有些事情，后人怎么编也编不出来。这里是非曲直牵扯到很多历史知识。比如说，在过去，我们只知道他叫孙膑，但孙膑的名字是他被庞涓砍掉腿以后才叫的，现在我们却知道了还有一个名字叫孙佰灵，而且知道他夫人姓苏，这在史

《孙氏家谱》之"原始祖渊源一脉总图"
孙氏族人对作者说：老孙家村这一支是黄帝的嫡系后代，真正的传人（作者摄）

第十四章　孙膑的影像

书上都没有，他们也无法编造出来。《孙氏家祠序》中还谈到他在齐威王的时候居军师，实际上在当时也就是田忌为将，孙膑为军师。从族谱所提到的历史事件来考证，族谱是真实的。明朝碑文上记载的杨士奇、胡琏也确有其人，族谱、家祠序的背景材料也应是真实的。从世系来说，如果是从战国中期算起，到唐末是三十八代，五代加上北宋这一段是九代，金末、元到明初是六代，从明初到清末光绪是十一代，清末到现在是九代，我们大体是按一代三十年计算，时间是相符合的。可以肯定，孙膑就是这个地方的人。这个问题，现在虽有争论，阳谷、范县也在搞，但是，我一看他们的材料不行，因为阳谷、范县姓孙的大部分都是从孙老家这个地方迁出去的。有争论，就要有过硬的证据，必须拿出第一手过硬的证据来，因为这个东西是死的，定在什么地方就定死了，没有过硬的证据，不能胡乱定个地方就算了。我们这些搞历史的吃的是这碗饭，干的是这种事情。我们不能白吃饭，要定死，就必须有确凿可靠的证据，可以说孙膑故里在鄄城孙老家，证据确凿，铁证如山。

郑州大学历史研究所所长、教授高敏在会上发表了如下高见：有人可能要说，从孙老家发现的这《孙氏族谱》和《孙氏家祠序》可靠吗？是不是有人为了争孙膑故里，故意编造出来的？我说，不可能，他们根本编不出来，编不出来的道理，田昌五教授已经讲过，把他的世系也分得很清楚了。从族谱的序以及家祠序所提到的历史事实看，也是伪造不出来的。再说，这些材料中间提到一个地名是灉水，这个灉水，后来很长时间不见了，《史记》上又没有记载，编造的人怎么个编造法？他们无论如何都编造不出来。从这些方面看，我认为：这部族谱是可靠的，是无法编造的，既然族谱是可靠的，我们就可以根据它来说话了，这是最重要的一条根据。正是在这一方面，孙志一同志保存了很有价值的史料，这对孙氏族谱研究和古代史的研究，都提供了可贵的史料，是很有贡献的。

当年促成孙膑故里课题组成立并做出成果的山东大学教授王先进在看了课题组的研究成果后表示：《孙氏族谱》《孙氏家祠序》是真实可靠的。孙膑故里在鄄城孙老家，铁证如山。战国时期渭水流域、济水流域、濮水流域是人烟稠密的地方，是经济发达、阶级斗争尖锐的地区，产生孙膑这样的军事家不足为奇，孙膑只不过是这个地方的一个代表人物而已。

河南大学出版社社长、教授朱绍侯说：最近几年对孙膑的研究取得了很大突破。一个是在临沂银雀山发现了《孙膑兵法》，从此，曾经失传了一千多年的《孙膑兵法》又面世了。第二个突破，就是1988年开的关于桂陵之战的论证会。桂陵之战过去所说的地方很多，大家拿不准到底在哪里。当《孙膑兵法》发现以后，根据新材料提供的线索，就确定了桂陵之战的准确位置在菏泽赵楼牡丹乡。这次《孙氏族谱》的发现与研究可谓是第三次突破，它解决了孙膑故里这个大问题，这一连串的突破，对中国历史的研究都是了不起的贡献。

　　朱绍侯所言，只是他所了解的几个侧面，此时的他尚不知道，围绕着孙膑其人其书其事的研究，不只是对桂陵之战和孙膑故里取得了"突破"。就在菏泽与鄄城两地的各色人等，怀揣着共同的光荣与梦想，在鲁西南这片荒凉的大地四处奔波，满头大汗地寻找孙膑故里，并渴望着靠孙膑大发一笔之时，远在西部西安市郊的一间平房里，在寂静的夜幕遮掩下，一伙农民打扮的人怀揣一夜之间暴发为亿万富豪的辉煌大梦，借着幽暗惨淡的灯光，交头接耳地密谋着一件号称与银雀山汉简有关的"惊天大事"。经过几年处心积虑、神不知鬼不觉的地下操作，它终于在一个秋风突起、朝阳艳丽的早晨粉墨登场了。

第十五章 招魂幡为谁而飘

新闻媒体忽发报道，古城西安突响惊雷，号称遁失二千年的《孙子兵法》八十二篇被发现。世界人类为之震动。短暂的沉默过后，不和谐的声音突然响起，北京学者做出反击。学术界联合大行动，正义良知与阴谋诡计展开大搏杀。隆隆炮声中，旷世骗局原形毕露。丧钟响起，究竟为谁而鸣？

世纪骗局的出笼

1996年9月18日,《人民日报》刊发了记者孟西安撰写的一篇震惊中外的报道,宣称销声匿迹达二千年之久的《孙武兵法》八十二篇在古城西安重新面世。全文如下:

本报西安9月17日电 记者孟西安报道:2500年前,我国历史上卓越的军事理论家孙武完成的军事理论专著——《孙武兵法》82篇早在《汉书·艺文志》中已有明确记载,但近2000年来,人们看到的仅是《孙子兵法》13篇。《孙武兵法》82篇是否存在?即将在西安出版的第十期《收藏》杂志,刊登了该刊主编杨才玉写的一篇报道,使这一千古之谜得以释解。

这次在西安发现的《孙武兵法》82篇,是西安某军工企业技术员张敬轩祖传下来的。它是根据周书汉简工工整整书理在宣纸上的隶书体兵书全文,共计141709个字,因竹简年深久远,内有23个字字迹残缺,辨认不清,无法书理,比流传于世的《孙子兵法》13篇6080余字多出13.56多万字。

使人感到惊喜的是,《孙武兵法》82篇的真伪,得到了考古发掘的验证。1972年在山东临沂银雀山汉墓中出土的4974枚竹简中,整理出已失传1700多年的《孙膑兵法》。其中误以为是孙膑之作的《五度九夺》篇的残缺竹简有116字,经与《孙武兵法》82篇对照,系其中第三十九篇,原篇题为《九夺》,全文完整,填补了汉墓竹简漏缺的124字,加上此文汉楚王韩信的批注36字共补缺160字,使这一重大考古的缺憾得以弥补。

就在孟西安发表电文,引爆了这一"惊天大事"的次日,新华社驻西安记者王兆麟也以新华社"电讯通稿"的形式，报道了这一内容相似的新闻事件，只是在具体情节中，又增加了竹简有穿孔，中国社会科学院历史研究所所长、著名古文字学家李学勤观看过此简，并做出肯定结论等说法。

几乎与此同时，在西安出版发行、销售业绩颇佳的《收藏》杂志1996年第10期，提前发行。因此前受了孟西安报道的影响，这本载有长篇独家专访的杂志，刚一走向大街小巷的报刊书摊，立即被狂热的读者抢购一空。作为总编辑的杨才玉在杂志中大着胆子，放开手脚，不惜篇幅地为这件"大事"摇旗呐喊道：

> **散佚民间两千年《孙武兵法》八十二篇在西安发现**
>
> 本报西安9月17日电 记者孟西安报道：2500年前，我国历史上卓越的军事理论家孙武完成的军事理论专著——《孙武兵法》82篇早在《汉书·艺文志》中已有明确记载，但近2000年来，人们看到的仅是《孙子兵法》13篇。《孙武兵法》82篇是否存在？即将在西安出版的第十期《收藏》杂志，刊登了该刊主编杨才玉写的一篇报道，使这一千古之谜得以释解。
>
> 这次在西安发现的《孙武兵法》82篇，是西安某军工企业技术员张敬轩祖传下来的。它是根据周书汉简工工整整书理在宣纸上的隶书体兵书全文，共计141709个字，因竹简年深久远，内有23个字字迹残缺，辨认不清，无法书理，比流传于世的《孙子兵法》13篇6080余字多出13.56多万字。
>
> 使人感到惊喜的是，《孙武兵法》82篇的真伪，得到了考古发掘的验证。1972年在山东临沂银雀山汉墓中出土的4974枚竹简中，整理出已失传1700多年的《孙膑兵法》。其中误以为是孙膑之作的《五度九夺》篇的残缺竹简有116字，经与《孙武兵法》82篇对照，系其中第三十九篇，原篇题为《九夺》，全文完整，填补了汉墓竹简漏缺的124字，加上此文汉楚王韩信的批注36字共补缺160字，使这一重大考古的缺憾得以弥补。

《人民日报》的报道

藏国宝殚精竭虑　张氏三代功不可没
　　散佚近二千年的《孙武兵法》八十二篇在西安发现

2500年前，我国历史上卓越的军事理论家孙武完成了一部我国古代极为重要的军事理论著作——《孙武兵法》八十二篇，这一重大事件在《汉书·艺文志》中有明确著录。可是，近二千年来，人们一直所能见到的只是《孙子兵法》十三篇，仅此也足以令全世界震惊。从公元8世纪《孙子兵法》十三篇传入日本，至今日、法、俄、英、德、美、捷克、越南等国已有译本，受到全世界普遍的推崇，不仅在军事领域，而且在商业竞争、企业管理、体育竞赛、外交谈判等社会政治、经济和文化生活领域都得到广泛的应用。但这毕竟是《孙子兵法》十三篇所为，如若《孙武兵法》

八十二篇还在，它所释放出的巨大能量，必将震撼整个历史界与学术界。然而，历史上是否存在《孙武兵法》八十二篇？它是否还保留在人间？它与《孙子兵法》十三篇是什么关系？这一切，令许多史学家、军事学家苦苦探索，成为千古之谜。

在岁月跨越了近二千年之后，公元1996年8月，记者在西安西郊的一座职工家属楼上，惊喜地见到了那被沧桑岁月抹过的汉竹简，那一张张根据汉竹简工工整整书理在宣纸上的隶书体兵书。啊！这就是被西汉楚王韩信多处批注并每篇定简的《孙武兵法》八十二篇，真是苍天有眼，中华幸运。从"周敬王十六年（公元前504年）秋周吴民孙武定简"，到它今天再度露面，整整2500年。它的重新问世和它诞辰2500年的纪念日，竟然不谋而合。这不能不说是个奇遇。

这是一个有着特殊经历的家庭。祖父张瑞玑，字衡玉，山西赵城人，清末进士出身，曾供职清政府军机处。光绪三十二年（公元1906年），张瑞玑被调任陕西韩城知县，上任途中，慧眼识珠，以重金买下了《孙武兵法》八十二篇图九卷古兵书竹简。从清末到民初，他"豪于文，廉于吏，不避权贵，敢作敢为"，号称"清末良吏第一"，并于辛亥革命前加入同盟会，与陕西辛亥革命元老及先驱于右任、胡笠憎等相友善，出任过山西省财政司司长和陕西省政府顾问院长等职。1923年因不满军阀混战，辞职回家，寄兴诗酒，不复问政，与二子张联甲在西安共同书理《孙子兵法》八十二篇。他擅长书画，好读书赋诗，家藏书十五万卷，著有《谁园集》诗文十二卷，1928年病逝，终年69岁。此后，张联甲遵照父训，继续古兵书研究。张联甲早年毕业于保定军官学校，参加过北伐，对军事训练有素，再加上其父言传身教，研读古兵书长进很快。他不辞辛苦，以其颇有造诣的书法功力，将汉竹简《孙武兵法》八十二篇一篇篇书理在宣纸上，经过数十年坚持不懈地努力，初步完成了书理重任。他心潮澎湃，欣然题词一首："百世馨，终语预示定景林，若能振兴我中华，多艰辛，也教名著再现临。"在这首词牌为"归自谣"，名曰《告世人》的词作之后，张联甲又作注："积两代之心愿，毕生之心血，吾终将孙武兵法八十二篇图九卷竹简本书理成册，故留此歪作告世人。"从这首词作可以充分看出张联甲父子挚恋中华文化的赤子之心、爱国之情。

第十五章 招魂幡为谁而飘

解放后，张联甲这样一位旧社会过来的人，在政治运动中免不了受到冲击，连小学教员的职业也丢掉了，他为生活所迫，不得不避风雨寒暑，走街串巷，贩莱糊口。尤其在极"左"思潮泛滥的"文革"时期，他更是担惊受怕，预感家藏的汉竹简《孙武兵法》八十二篇将是"惹祸"的根子，在当时那种"横扫一切"的恶浪中，他不得不采取毁简保兵法的策略，将古兵书竹简装满架子车，送到西安药王庙门前的大坑内烧掉了。在"红卫兵"监督一时疏忽之中，他从火中抽出一捆即将点燃的竹简（即八十二篇中的第三十一篇），从而幸运地保存了一件汉竹简的原物和张瑞玑父子书理竹简的墨迹手稿，使这一中华文化瑰宝免遭全部毁灭。但张联甲对他没有把父亲收藏的《孙武兵法》汉简完整地保存下来一直耿耿于怀，对他没有全部完成对《孙武兵法》八十二篇的研究注释工作视为一大"憾事"，于1972年含恨而去，享年72岁。临终前，他在《示儿女》的遗书中告诫儿子张敬轩继续完成未竟事业，"因为它是中华之国宝，世界文化之精华，完成之日，告我坟前，以还我愿"。张敬轩"文革"前毕业于一所中等专业学校，供职在西安某国防军工企业，他继承爷爷和父亲的遗志，自小喜读兵书，重要章节段落多能背诵，对家藏《孙武兵法》八十二篇汉简及手抄本更是视若珍宝，精心保藏。他曾集中三年时间，从头到尾将其细读了一遍，拿上字典，不懂就查，一个字也不放过，重要篇幅和段落还要多次研读，并且对着兵书练大字，以加深记忆和理解。记者惊喜地发现，不但张敬轩熟谙兵书，他的姐姐、姐夫、儿子、外甥都对兵书有一定研究，称得上是兵书爱好者之家。尤其值得称道的是，他的姐夫吕效祖是一位长期从事教育工作的老干部，热心弘扬民族文化，退休后还担任陕西魏征研究会会长工作，已有多部专著出版，对张家收藏古兵书给了热情支持。就这样，张氏祖孙三代历经近百年呕心沥血、殚精竭虑之努力，根据汉简《孙武兵法》八十二篇书理的隶书体墨迹八开十册手稿及第三十一篇《孙武兵法》汉竹简原物，完整无缺地保存了下来，为中华民族灿烂的古文化宝库增添一崭新之华章，有功于国家，有功于民族。

《孙武兵法》八十二篇佚文被发现，解开了史学界、军事学界一个千古之谜，具有极其重要的学术价值。它对世界性的孙子兵法研究和应用，也将起到巨大的推动作用。这是民间收藏为弘扬民族文化做出的又一重大贡献。

429

北京国防大学房立中教授在研究了张氏家藏《孙武兵法》八十二篇手抄本部分章节后认为："其所依汉简有重要学术和文物价值,其八十二篇抄本原文亦有重要文物价值。"这种看法是有代表性的。

孙武是我国古代伟大的军事学家,他生活在春秋末期战国初期,有感于盘古开国至姬周五千年来战乱不绝,生灵涂炭,瓒（zàn,周代地方基层组织）破井荒,国毁家亡,民不聊生,认为"禁争夺（是）当世之急",而要"禁争夺","必得以戛去戛（jiá,古兵器）,以杀去杀,以暴去暴,以战去战,方可国泰民安"。他主张以正义的战争反对非正义的战争,以革命的战争反对反革命的战争。于是呕心沥血,苦修兵法,"尽观先圣之传策,尽校名战之利弊,尽察天地之玄理,尽缪（móu）诡道之奥妙,尽玩变数之神判,尽涉列国之山川,察游九州而观四海,尽知天下之风土民情,尽访天下之兵家贤才",从周景王二十二年（公元前523年）到周敬王四年（公元前516年）历时八年,"九尽"而功成,"修成兵法八十有一篇,图九卷,以名命简,定名孙武兵法"。《孙武兵法》八十一篇修成后,他以极其严谨慎重的态度,并未立即定简,使之公诸于世,而仍继续深入研究,字斟句酌。就连孙武面见吴王阖闾,为吴王辅政七年期间,也未将他的八十一篇和盘托出,而只是告其大则（即《孙子兵法》十三篇）,孙武为吴王辅政的经历,对他来说是施展军事才华、丰富兵战实践、校检兵法理论的极好机会。他受任吴将后,运用其兵法理论,积极备战伐楚,一面"修道保法富国强兵习阵,纂卒备器备用",整军经武,国势日盛;一面"三军三分,一击两守,轮流管（guǎn）楚",历时三年有余,到周敬王十三年（公元前507年）春,孙武率兵3万,征战楚国。楚起兵20万,双方战于柏举。面对敌强我弱的态势,孙武运用"四面吴歌,八方浣曲,佯围不攻"及"千里迂直,八面伏击"之战术,五战而屈楚之兵于郢城,楚王匆忙渡江而逃。破楚一战,震于列侯。这是我国军事史上最早的以少胜多、以弱胜强的成功范例。孙武在他功成告退之后,又隐居景林数年,继续修订兵书,直到周敬王十六年（公元前504年）才将《孙武兵法》正式定简。《孙武兵法》原为八十一篇,后附孙武本人写的《终语·预示》详细阐述了他研究兵法的缘由和写作《孙武兵法》的经过及其主要的军事理论观点,言简意赅。西汉楚王韩信在"次序兵书",研读《孙武兵法》之后,在原简背面留下42字的批语："虽

第十五章　招魂幡为谁而飘

称终语，实言兵理，瀹（yuè，尺度之意）示而示，多多益善矣，故定而入为孙武兵法第八十二篇。汉楚王韩信于汉五年（公元前202年）二月。"这样才有班固在《汉书·艺文志》中关于吴孙子兵法为"八十二篇图九卷"的记载。

那么，《孙武兵法》八十二篇图九卷与《孙子兵法》十三篇是什么关系呢？原来孙武完成他的兵法巨著之后，认为他这部集古今兵法之大成的兵书只能传给圣明之君和智贤之士，而不能传给那些昏庸之君和殆（dài，危险）僪（jú，狂妄）之士，如若为阴险奸诈之人所利用，必将加害于国家和人民。其子也认为全书阴气太重，杀气太浓，容易泄露天机。孙武接受了儿子的意见，并让其子帮助他完成缩节成篇的工作，功成《孙子兵法》。正如孙武《终语·预示》篇所说："吾子伣掮（捐弃之意）天机阴杀，去步图，而留大则，缩立成简，一曰计，二曰谋，三曰形，四曰势，五曰争，六曰战，七曰变，八曰实虚，九曰行军，十曰地形，十一曰九地，十二曰火攻，十三曰用间，此为十有三篇矣，定名孙子兵法。"这就是《孙子兵法》十三篇的来由。《孙武兵法》八十二篇，共有141709个字，因竹简年深久远，内有23个字字迹残缺，辨认不清，而《孙子兵法》十三篇流传下来的只有6080余字，两者相差甚远，正如孙武所说，《孙子兵法》是对《孙武兵法》"百句取精"，然而"大则一脉相承"，使人"一目了然"。孙武还把《孙武兵法》定为"家传简"，而把《孙子兵法》定为"传世简"，这可能是《孙武兵法》散佚近二千年，而只有《孙子兵法》得以流传下来的主要原因所在。

这段史实，廓清了史学界存在的迷雾，解决了一些悬而未决的问题。过去对《孙武兵法》八十二篇存在不存在，《孙子兵法》的作者是谁，是有争议的。有的认为《孙武兵法》八十二篇并不存在，只是后人的伪托。有的虽然承认存在，但又认为作者不完全是孙武一人，是由于从战国到西汉时期，社会上到处"言兵"，《孙子兵法》十三篇广为流传，经过长期辗转传授，可能出现了多种竹简刻本，于是到东汉才有班固关于"八十二篇图九卷"的记载。有的虽承认孙武关于兵法的八十二篇著作存在，但认为是在《孙子兵法》十三篇的基础上，加进了孙武与吴王阖闾相互问答的内容才形成的。如清人毕以□说："武未见阖闾，作十三篇以见之。既见阖闾，相互问答，武又定著为若干篇，皆在《汉志》八十二篇之内也。"（以上参见唐满先译注

431

《孙子兵法今译》一书）。有的以史书记载不一（《史记·孙子吴起列传》和《汉书·艺文志》有记载，但《隋书·经籍志》不见著录）为由，认为《孙子兵法》并不是孙武的著作，而是后人的伪托。有人更认为不仅《孙子兵法》是后人伪托，就是对孙武这个人在历史上是否存在，也持怀疑态度。比较流行的意见认为，先秦著作往往不出于一人之手，现在的《孙子兵法》源出孙武，完成于孙武之曾孙——孙膑，是春秋末期到战国中期长期战争经验的总结，并不只是一个人的著作。（参见吴九龙、毕宝启《临沂银雀山汉墓简报》，原载《文物》1974年第2期）《孙武兵法》八十二篇被发现，以确凿的事实说明：历史上确有孙武其人，《孙武兵法》确实存在，而且连同《孙子兵法》出自孙武一人。值得指出的是，孙武的儿子对《孙子兵法》的完成也起了重要的作用。

与此相关的是，关于孙武的曾孙——孙膑是否有兵法著作的事。公元1972年4月在我国山东省临沂银雀山两座汉墓所进行的一次重大考古发掘，出土了4974枚竹简，从中整理出先秦多部军事著作，其中有已失传一千七百多年的《孙膑兵法》，使这一历史积案有了公论。这也说明从孙武到孙武之子，到孙膑一脉相承，是个兵法世家。但要说明的是，经专家学者根据银雀山汉墓研究整理，由文物出版社于1975年出版的《孙膑兵法》一书，将竹简残缺严重的《五度九夺》篇（注：篇题为整理者所加）疑为孙膑或孙膑的后学弟子所记，而收入《孙膑兵法》之中。现在发现，该篇原来是《孙武兵法》八十二篇的第三十九篇，作者原篇题为《九夺》，而且张氏家传本能将银雀山汉墓竹简残缺遗漏部分全部填补完整。（详见本刊本期发表的张敬轩、吕万里《〈孙膑兵法·五度九夺篇〉考》一文）。这不但匡正了历史，也有力地佐证了张氏家传《孙武兵法》八十二篇手抄本的真实程度。

记者请张氏后代张敬轩谈谈他研读这部兵书的初步体会。他说，过去我们见到的《孙子兵法》十三篇，说是谈兵法，实际并没有谈，只谈了些兵法的原则。而《孙武兵法》可以说是先秦兵法的集大成者，是一部分量最重、论述最完整、写得最好的兵书，是一部真正的兵书。因为它既讲理论、原则，又讲具体战法，既高屋建瓴，又细致入微。孙武把自己的军事思想集中概括为6个字："有道还是无道"，认为"古今之天下者民之天下"，

第十五章 招魂幡为谁而飘

故"民大君小""义大亲小""亩大税小",则为"有道",社会就会安定,天下就会巩固;反之,如若"君大民小""亲大义小""税大亩小",就会走向灭亡,走向失败。在具体战法上,孙武从天、地、人、度、量、夺、数、称、胜等方面进行了周密的多层次、多角度的分析和阐述。比如《孙子兵法》十三篇讲到"不战而屈人之兵者,善之善者矣",怎样才能做到这一点,书中没有讲,后人也无法理解。而在《孙武兵法》八十二篇中,作者对此做了深入阐发。其中《行空》篇讲道:"除天地之外,以空为大,空能胜人,空能服人,空能治人,空能取人。凡两国相恶,始者皆以空相争也,一曰争正大,二曰争地,三曰争民。凡两军相争,始者皆以空而战也,一曰凭之方寸而诊(造舆论),二曰使间以分(离间),三曰云战,此六争谋攻之用也。能以空而取者,不战而屈人之兵也,善之善者也。"作者当年提出的许多军事谋略和理论观点,直到现在还有其积极意义。《孙武兵法》八十二篇内容博大精深,在讲军事问题的同时,还涉及到上古时期的历史、天文、地理、文字、历法、外交等许多方面。如有关天文方面,书中记载了尧与共工两雄相争,尧敏锐地观察到"群蚁附于战地之上","时地光显",认为"杀天"(地震)将至,速令三军抛弃辎重,日夜兼程三百余里,退于周原之上。而这次地震却把共工十万雄兵葬于不周山下,尧还为他们立了"天地人坟"碑。有关古文字方面,该书记载了我国上古时期曾有一百个"百音阴文",属

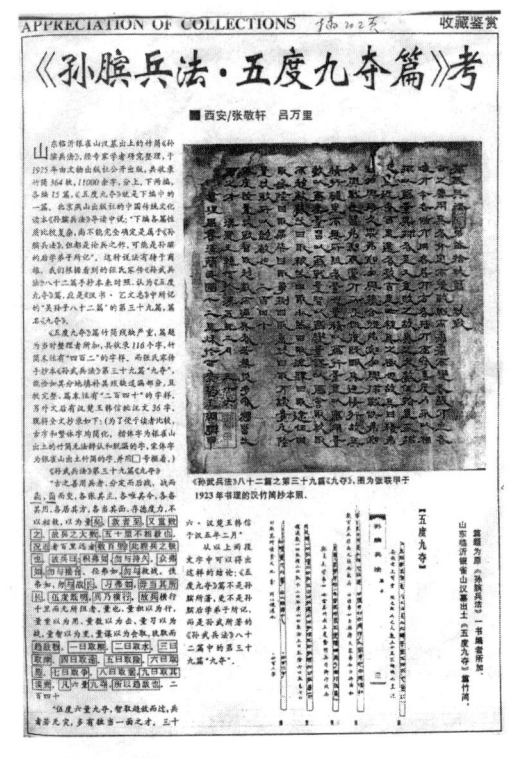

张敬轩、吕万里的文章影印件

433

于符号文字阶段，后来才依次发展到象形文字、甲骨文、金文等。在古历法方面，书中记载："昔者盘古开天国，称天皇，国以阴纪，家以母贵"，当时实行的阴历纪年，一修（年）为13个月，一月为28天，一年只有364天。后女娲氏提出24年一修正之，即每24年多加一月（28天），这样就把"天"补全了。诸如这些丰富而珍罕的史实，对我们研究当时的政治、经济、科学、文化都有十分重要的价值。

《孙武兵法》八十二篇总结了我国从盘古开国到战国初期历时五千余年古代战争的经验，揭示了许多具有普遍意义的战争规律，体现了作者进步的政治观念和朴素的辩证唯物论思想。它所包含的极为丰富的内容，犹如一座富矿，有待我们去开发、研究、继承和发扬，使之为我们建设有中国特色的社会主义事业服务，为弘扬民族文化、振兴中华服务。

处罚四凶

杨才玉文章影印件

继杨才玉的长文之后，《收藏》杂志还接着发表了所谓《孙武兵法》的收藏者张敬轩与另一位不知何种出身的作者撰写的《〈孙膑兵法·五度九夺篇〉考》一文，此文配有号称张联甲于1923年书理的汉竹简《孙武兵法》八十二篇之第三十九篇《九夺》的部分抄本影印照，及银雀山汉墓出土竹简《五度九夺》篇部分影印照。张、吕二人的考证文章如下：

第十五章 招魂幡为谁而飘

山东临沂银雀山汉墓出土的竹简《孙膑兵法》，经专家学者研究整理，于1975年由文物出版社公开出版，共收录竹简364枚，11000余字，分上、下两编，各编15篇，《五度九夺》就是下编中的一篇。北京燕山出版社的中国传统文化读本《孙膑兵法》导读中说："下编各篇性质比较复杂，尚不能完全确定是属于《孙膑兵法》，但都是论兵之作，可能是孙膑的后学弟子所记。"这种说法有待于商榷。我们根据看到的张氏家传《孙武兵法》八十二篇手抄本来对照，认为《五度九夺》篇应是《汉书·艺文志》中所记的"《吴孙子》八十二篇"的第三十九篇，篇名《九夺》。

《五度九夺》篇竹简残缺严重，篇题为当时整理者所加，共收录116个字，竹简末注有"四百二十"的字样，而张氏家传手抄本《孙武兵法》第三十九篇"九夺"，能恰如其分地填补其残缺遗漏部分，且较完整，篇末注有"二百四十"的字样。另外文后有汉楚王韩信批注文36字。现将全文抄录如下：

《孙武兵法》第三十九篇《九夺》

"古之善用兵者，分定而后战，战而胬，胬而变，各张其主，各唯其令，各备其用，各居其方，各当其面，存德度力，不以相救，以为量［矣］，［救者至］，［又重败之］。［故兵之大数］，［五十里不相救也］。［况近］者百里远者［数百里］！［此程兵之极也］。［故兵曰］：［积弗如］，［勿与持久］。［众弗如］，［勿与接合］。径弗如，［勿与］救战。佚弗如，勿［与］战［长］。［习弗如］，［毋当其所长］。［伍度既明］，［兵乃横行］。［故兵］横行千里而无所阻者，量也，量积以为行，量重以为用，量数以为击，量习以为战，量智以为变，量谋以为会取，玖取而［趋敌数］。［一曰取粮］。［二曰取水］。［三曰取津］。［四曰取途］。［五曰取险］。［六曰取易］。［七曰取争］。［八曰取重］。［九曰取其读贵］。［凡］六量［九夺］，［所以趋敌也］。二百四十

"伍度六量九夺，智取趋敌而过，兵者若无灾，多有独当一面之才。三十六·汉楚王韩信于汉五年二月"

从以上两段文字中可以得出这样的结论：《五度九夺》篇不是孙膑所著，更不是孙膑后学弟子所记，而是孙武所著的《孙武兵法》八十二篇中的第三十九篇"九夺"。

众所周知，人们所看到的《孙子兵法》只有十三篇，这个篇数最早见于司马迁的《史记》，并得到了银雀山汉墓竹简等出土文献的印证。至于东汉成书的《汉书·艺文志》所著录的"《吴孙子兵法》八十二篇"，基本面貌久已不为人们所知，只有零散内容在某些古代典籍中偶有引用。银雀山汉墓竹简出土后，整理人员曾在其中发现过一些《孙子》佚篇，但为数寥寥，而且是否属于"八十二篇"的内容在学术界仍有争议。如今《孙武兵法》八十二篇能够完整地重新面世，且其"内容丰富，博大精深，军事、历史、文献价值大大超过《孙子兵法》十三篇"，如果这一事实成立，竹书的意义无法估量，把它定为人类文化史上的一大奇迹并不为过。

正是鉴于这样的原因，"《兵法》新发现"的消息如同平地升起了炸雷，搞得四面八方都感到了爆炸后的强烈震撼。向来既不敏感也不灵活的中国内地新闻媒体，这次也鬼使神差地变得活泛起来，围绕这一"惊天大事"展开了轰轰烈烈的炒作活动。其中包括中央电视台、《解放军报》在内的多家新闻媒体相继对此做了播报。一时间，"百年珍藏《孙武兵法》，张氏四代再添华章"等美妙字眼纷纷见诸报端的显要位置，借以向世人庄严宣告"中华民族灿烂文化宝库又增加了崭新华章"。与此同时，这一"重大发现"的消息通过现代高科技传媒技术，迅速传播到海外一些国家和地区，先后有日本、美国、加拿大、英国、法国、德国、意大利、新加坡，以及中国香港、台湾等的四十余家新闻媒体竞相予以报道。由于这一重大消息所具有的传奇性、神秘性与刺激性，人类不得不再一次将疲惫忙碌的目光转向中国西安这座历史文化名城，转向爆出《孙武兵法》这一世界级国宝的文化圣地，转向这一国宝的收藏者，号称中华民族的优秀儿女、人民功臣的张氏子弟。一时间，海内外为之哗然。

当这一"新发现"爆响并产生巨大的轰动效应之后，连当事人自己都始料不及地被震蒙了。在媒体的一片惊惶与喧嚣中，他们在短暂的呆愣之后，开始喜不自禁，个人欲望也随之急速膨胀起来，这种膨胀跟媒体的失去理智不谋而合，并在部分媒体的操作鼓动下，当事人开始扬风乍毛，狂妄自大起来，扬言要将收藏的《孙武兵法》一字千金（美元）向外抛售，以圆自己的亿万富豪之梦。

奋起还击

就在"孙武兵法大发现"被各路媒体吹捧得煞有介事、神乎其神，并弄得善良、单纯而幼稚的人们为这一世界级"国宝"的横空出世欢欣鼓舞，五迷三道、神魂颠倒，醉鬼一样辨不清东西南北之时，尚有一少部分军地专家学者还保持着清醒的头脑，并在沉默中密切注视着事态的发展。当舆论挟带泥沙碎石狂风一样地卷起，并以势不可当的勇猛之气席卷五湖四海、天南地北，眼看一场旷世骗局即将得逞，一些专家学者终于忍无可忍，在沉默中爆发了。

中国社会科学院历史研究所所长、著名先秦史专家李学勤首先站出来以正视听，他于1996年10月14日主动约见《北京青年报》记者，并在该报发表声明，宣布他所看到的收藏人送给他鉴定的两张手抄本完全是伪作。第二天，该报发表了记者的采访稿：

本报1996年10月7日5版转载南京报纸《周末》刊于9月28日王兆麟所写《孙武兵法今揭秘　祖孙四代护国宝》一文后，文中所提到的中国社科院历史研究所所长李学勤教授即日打来电话，说该文所涉及他的表态与事实不符。为此，本刊记者专程到社科院历史所拜访了李学勤教授。

为人儒雅、治学严谨的李学勤教授希望借助报端消除负面影响。李教授向本刊编辑阐明了事情的经过：大约在今年4月下旬，国防大学房立中教授打电话给我讲到陕西有人发现了八十二篇的孙武的材料，说他们已经找到了材料并进行了复制，想请我看看复制的材料，并准备开一个小会，请几位老先生鉴定一下。我说可以，什么时候开会告诉我一声。但这个会没有开。到5月份，陕西人民出版社的一位女编辑来找我，还带着那位收藏家，如果我没有弄错的话，就是报纸图片上的那个人，姓吕。他们拿出部分原件来让我看，那天我很忙，他们是晚上到我家来的，我就看了原件，先拿了一张看了，后来又看了一张，我当时判定这两张完全是假的。当时因为收藏人在场，所以我不可能当他的面说出结果。他们走时，我告诉那位女编辑让她明天早晨给我打电话。第二天早晨当这位女编辑给我打电话时，我告诉她我的判定结果。李教授说，我的态度很鲜明。我认为这事情就结束了。但前些天，我听说有的报纸报道这消息，我很惊讶。

以研究古代文献而著称的李教授对这种假借专家之言抬高自身价值的人表示愤慨……

继李学勤之后，中国孙子兵法研究会也很快做出反应，并于1996年10月22日，组织军事科学院、国家文物局、北京大学等的部分在京专家依据有关报道和业已披露的"兵法"的基本内容，就其真伪问题举行了认真的座谈讨论。大家很快形成了共识，那就是所谓"《孙武兵法》八十篇"的真伪，应包括两个问题：一是载体，即是否抄自汉简，是否近现代"书理"的。二是它的内容，是否孙武亲著，是否《汉书·艺文志》里所著录的"《吴孙子兵法》八十二篇"。经过认真严肃地辨伪，专家们一致认为，所谓"兵法"绝非孙子亲著，也不可能出自汉简，而是近人伪造的假冒伪劣产品，它的面世则是一场欺世盗名的大骗局。之后，入会专家分头深入搜集资料，多方论证，接受有关媒体的采访，揭露"兵法"的本来面目。为了进一步引起舆论和世人的关注，孙子兵法研究会最早参加辨伪的七名专家又联名在1996年11月19日出版的《北京青年周刊》上，发表了题为《伪造文物等于篡改历史——专家呼吁：彻底澄清〈孙武兵法〉八十二篇作伪真相》的严正声明。声明称：

近来，《人民日报》《收藏》杂志最先登出了西安发现所谓孙武亲著"抄本《孙武兵法》82篇"（以下简称"抄本"）报道，此后某些新闻媒体对此进行了连续报道，更有甚者，有人将"抄本"部分篇章编入所谓《孙武子全书》（国防大学讲师房立中编），居然宣称张联甲、吕效祖、张敬轩等人书理、收藏的"抄本"，"解开了史学界、军事学界一个千古之谜"，"对世界性的孙子兵法研究和应用，也将起到巨大的推动作用"，这是"为弘扬民族文化做出的又一重大贡献"，等等。

鉴于这一事件在海内外引起很大反响，考辨此书的真伪，我们作为《孙子兵法》研究的专业人员有着义不容辞的责任，我们根据目前所见的"抄本"的《行空》《拾中》《预示》三篇及有关报道中所引"抄本"的零散内容，已对"抄本"及其所谓汉简提出了质疑（详见《北京青年》周刊44期由记者曾伟采写的《所谓〈孙武兵法〉究竟是真是假》一文）。

但是直到目前为止，仍有一些媒体在进行不负责任的报道。本着对历史负责，对现实负责，对中国传统文化负责的精神，我们再次向社会各界郑重声明：

吴九龙文章影印件

一、我们一致认为，"抄本"绝非孙武亲著，亦不可能出自汉简，而是近人伪造的低劣赝品。

二、我们强烈要求国家有关部门出面，对收藏者张敬轩等人持有的所谓"《孙子兵法》八十二篇"残简及手抄本进行科学鉴定并将鉴定结果公之于众，以正视听。

三、由于各大新闻媒体对此事的广泛报道，已经给学术界造成很大被动，并对国家声誉造成一定影响，我们呼吁中央有关职能部门出面，敦促有关新闻单位坚持江泽民总书记提出的"以正确的舆论引导人"的方针，迅速使有关"《孙武兵法》八十二篇"手抄本及残简的报道走上客观公正的轨道。

四、我们呼吁某些新闻单位坚持新闻报道的党性原则，恪守新闻职业道德，尊重科学，尊重事实，有勇气澄清事实真相，而不是保持缄默，回避问题，一任消极负面影响继续扩大蔓延。

最后，我们衷心希望，通过社会各界的努力，以求科学战胜盲从，真理战胜谬误，使此事回归到客观、真实、公正

439

的轨道。

军事科学院战略部副部长、研究员　姚有志
军事科学院战略部三室主任、副研究员　于汝波
军事科学院战略部三室副主任、副研究员　黄朴民
中国孙子兵法研究会副会长兼秘书长、研究员　吴如嵩
中国孙子兵法研究会理事、研究员　吴九龙
中国孙子兵法研究会理事、教授　李零
中国孙子兵法研究会会员、研究员　霍印章

如果说李学勤的声明只代表个人的观点，其产生的影响受到局限的话，那么孙子兵法研究会组织的七位专家联合声明，就具有了一定的冲击力并发挥了集团冲锋的效果。作为最早一批播发"发现"消息的媒体之一，新华社根据七人声明，很快做出反应，刊发了"国内动态清样"，明确表示对这一"发现"不要再无原则地宣传下去。此后，国内媒体开始来了个一百八十度的大转弯，并像当年殷纣王雇用的七十万大军一样，面对周武王的强大攻势，纷纷进行倒戈，矛头直指西安方面的始作俑者。1996年月12月8日，中国文物界最权威的《中国文物报》，以《〈孙武兵法〉82篇纯属

这篇报道意味着国家文物局的官方定性

伪造》为题，发表了长篇文章，旗帜鲜明地提出了"八十二篇"纯属伪造这一根本性的事实，并给予了严厉痛斥。文章称：

"西安发现《孙武兵法》82篇"的消息，在近期成为社会各界关注的热点，其真伪也成为学术界争论的焦点……记者日前采访了李学勤、裘锡圭、吴九龙、李零、吴如嵩、于汝波等古文字、古文献专家以及对《孙子兵法》研究有关的全国知名学者。专家们一致指出，所谓《孙武兵法》82篇纯系近人伪造的低劣赝品，其真相必须彻底澄清……

文章又指出：

伪造"《孙武兵法》八十二篇"的事件已在社会各界广为流传，引起了"轰动效应"。据传，有关当事者正在待价而沽，扬言要一字千金（美元）计售，以圆他亿万富豪之美梦。但是，假的就是假的。历史上多少高明的以假乱真的古董伪造术，最终都要被众多的鉴定专家的火眼金睛识出真伪，还其本来面目。至于破绽百出的"八十二篇"的伪造术，在专家面前更是一眼便穿，无须论证、推敲。现在，事实俱在，证据确凿，该是真相大白于天下的时候了。为此，本报今天发表专访专家的报道，其目的在于辨真伪、正视听，让读者了解当前文物造伪之风的严重性。搞假古董，造假文物，同制造伪劣商品一样，都是见利忘义、祸害人民的违法犯罪行径，其危害之大，却远远甚于伪劣商品。现已编印出版的《孙武子全书》（包括银雀山汉墓出土的《孙子兵法》及伪"孙武兵法"等内容）果真鱼目成珠，其后果岂止于损人钱财！对于中国古代兵学的研究，对于中国军事史乃至整个中国历史的研究将产生多大的干扰、破坏作用！为了哗众取宠，或一己之私利，不惜篡改历史、欺世盗名，实为天理、人伦、法律所不容，所以必须予以曝光，坚决杜绝谬种流传，制止伪造文物之风……

就在中国孙子兵法研究会七位专家发表声明，《中国文物报》给予呼应，共同声讨"八十二篇"的作伪丑闻之时，又有北京大学中文系教授裘锡圭、南开大学历史系教授王玉哲、王连升、中国自然科学史研究所研究员陈美东、天津社科院历史所所长、研究员罗澍伟、天津政法管理干部学院教授张景贤等一大批中国古文字、古文献、古代史研究方面的著名学者纷纷站出来考辨"八十二篇"的真伪，指斥文物造假的恶劣行径。中国社科院研究员杨向奎、蓝永蔚、张永山、罗琨，北京大学教授吴荣曾，河南社科院研究员杨丙安、山东大学教授田昌五、王晓毅，以及陈彭等专家学者，也以不同的方式表达了对这一辨伪打假工作的支持，从而在全国范围内形成了一股声讨伪书"兵法八十二篇"的革命浪潮。

就在这股汹涌澎湃的浪潮中，《西安晚报》记者金旭华与西安政治学院的宣传干事李如荣，凭借地利，独辟蹊径，想别人之未想，找别人之未找，几经查寻，在西安东方企业管理人才培训学校找到了张瑞玑的第四代孙，此时正担任该校校长的张七进行了采访，并很快抛出了别具一格的更具真情实感的署名文章。其大意是：

采访中，张七介绍说："张瑞玑是我的曾祖父，他只有一子一女。男的叫张小衡，就是我爷爷，曾任陕西省第一届政协委员，西北大学教授；女的叫张韵兰……"说着，张七先生拿出一本发黄的厚厚的书卷——《张瑞玑诗文集》。

张先生介绍说，这本文集是张韵兰的次子王作霖（系铁道部第一设计院高级工程师）和三子王作雯（系包头医学院副教授）整编出版的。该《文集》载："先外祖父名瑞玑，字衡玉，祖名登仕，字绥青，邑廪生。先外祖母刘氏，稽村人；生有一子一女，子尔公，字小衡。先舅父尔公，有三男三女。长子张祖望，生男一女一，男名张琦（即张七），女名张蓓。"

张七先生接着说："我以前从没听说过张联甲这个人，去年春节前和今年八月份，吕效祖曾先后两次来我家认亲，当时我父母也很惊讶：怎么突然间冒出门亲戚来？来的时候他还向我父母要我曾祖父的画像什么的，并在今年八月份拿走了一本《张瑞玑诗文集》。"

采访中，张七先生特别强调各家报纸转载文章错误与疑点甚多，他说，看了《陕西日报》1996年9月15日登载的《张瑞玑祖孙四代收藏书理〈孙子兵法〉八十二篇轶事》一文（以下简称《轶事》），我又查阅了厚达277页的《张瑞玑诗文集》，发现《轶事》一文里错误与疑点甚多，仅列举以下几点：

之一,《轶事》说:张瑞玑"因目睹军阀混战,民不聊生,遂辞职寄居西安,纵情诗酒书画,不复问政。1923年始与二子张联甲共同抄写整理当年购藏的《孙武兵法》竹简。"而据《张瑞玑诗文集》记载:1923年曹锟"公开收买议员,争取选票,操纵国会",身为国会议员的先外祖父"拒受贿金,坚决不选曹锟,时人称赞之"。

"1924年第二次直奉战争爆发,10月,冯玉祥、胡景翼、孙岳回师北京,发动'北京政变',主张并代拟国民军通电一文。""孙中山先生1924年12月31日到京,不幸于1925年3月12日病逝于北京。先外祖父痛悲孙中山之殁,更感国事日非,于是乃旋里(返山西省赵城故里——作者注)不复出矣。"

《轶事》中的"遂辞职寄居西安……不复问政"不知出自何处?更何况张瑞玑先生1923年、1924年仍在北京。

之二,《张瑞玑诗文集》记载:"至1927年在病中各方面电函邀请先外祖父出山,然有病已不能出矣。是年春,先外祖父咯血,寻愈,至秋复病,不幸于1928年(民国十七年)元月6日午时殁。享寿56岁。"而《轶事》却写:张瑞玑于"1936年病逝,终年69岁"。

之三,《轶事》又载:"7月、8月间,他(吕效祖)亲自找省上有关领导及文物、出版等部门,筹划公布和出版《孙武兵法》八十二篇的有关工作,一切准备妥当后,张氏家族商定,选择《报刊之友》杂志、新华通讯社和《收藏》杂志披露'《孙武兵法》八十二篇'在西安发现的珍奇新闻。"张七先生说:"吕效祖从没跟我家或与另外的张瑞玑后人商量过披露'《孙武兵法》八十二篇'在西安发现的消息。"

采访过程中,张七先生有些激动地说:"当我看到10月18号吕效祖在《西安晚报》副刊上发表的《张瑞玑其人》时还挺感动的,外人还没有忘记我的曾祖父,死了几十年了还替他宣传,自己身为张瑞玑的后人却不能做些什么,感到很惭愧。可不久,越看报纸就觉得越不对劲……"

之四,《轶事》还说:"张联甲是一位传奇式的人物,他生前从来没有对子女讲过自己的身世,只是在1972年他逝世前留下了《示儿女》一纸遗嘱。其中有:'出学堂而进官场,出官场而上战场,辞战场归家,做点学问未成,事出有因,又上市场。'这样一段隐晦的文字。吕老(吕效祖)解释

《北京青年报》报道学者反击的文章

说：'这一临终遗言道出了岳父的身世……"作者采访过吕效祖，他曾说："岳父从来没有告诉过儿女他的生前身世。"问他如何知道张联甲就是张瑞玑的儿子时，他说："是从岳父的遗嘱上知道的。"从情理上来讲，张联甲从不对子女讲自己的身世是不可能的，而仅凭《示儿女》的几句隐晦的文字遗嘱就认为张联甲是张瑞玑的儿子是很难令人信服的。

采访快要结束时，张七先生有些激动，甚至是愤慨。他说："如果我曾祖父曾经整理过'《孙武兵法》八十二篇'，必定留有他亲笔书写的笔迹，我家藏有曾祖父遗留下的书稿，对照一下笔迹，就能真相大白。"他接着说："对于张敬轩、吕效祖这种冒充名人之后来抬高他们身价的行为表示极大愤慨，在必要的时候我将用法律手段解决。"

以上采访情形，金旭华、李如荣在写成之后，曾投寄全国数家报刊予以发表，其中于1996年11月下旬寄给了《北京青年报》编辑曾伟，曾伟以职业的敏感，顺藤摸瓜，开始对"《孙武兵法》八十二篇"问题进行追踪采访，并于1996年12月20日，在《北京青年报·青年周末版》发表了《是真是假〈孙武兵法〉》的长篇文章，对其中部分事实做了进一步调查与澄清，其中披露的两个问题颇引人瞩目。

一、追访两位《孙武兵法》的最早报道者

曾伟披露说：全国最早、最全面报道"西安发现《孙武兵法》八十二篇"这一消息的，也许要算杨才玉和王兆麟二位先生了，其后各大小媒体关于此事的报道，基本上是转发或摘登此二人的文章。记者通过电话与王兆麟先生取得联系。得知记者来意后，他说："最近我一直很忙，没过问这件事，你还是去问吕效祖先生吧。"在记者的一再追问下，他才说："当时，吕效祖找到我，说有这么一个情况希望报道一下。后来我去了，同去的还有《收藏》杂志及陕西新闻出版局的《报刊之友》杂志的人。现在听说《孙子兵法》还在争论，总社有规定，说现在先不要写，等以后清楚了再说，所以最近情况不是太了解，这一两个月没再写一篇文章。"王兆麟先生解释道。

王兆麟曾在其报道中较为详尽地描述了《孙武兵法》残存汉简的情况："每件有上、中、下三孔"，"简上的笔迹似乎是用笔墨蘸以黑漆写成"，等等。当记者问及是否见过竹简，王兆麟先生说："老实说，竹简我并没见到，其大致情况和形状都是听收藏者张敬轩说的，但竹简肯定有，这一点我确定无疑，听说不久就要拿出来。"

记者欲继续问询时，王先生说："你还是跟吕效祖谈吧，具体情况我不太了解，有些事情恐怕说不清楚，实在对不起。"随即挂断了电话。

杨才玉先生是陕西《收藏》杂志的主编，电话中他向记者回忆道："今年八月初，吕效祖打来电话说有重要情况跟我谈，我去了。听吕效祖一谈，觉得非同小可，他们当时想联系出版的事情，我当时认为应该先让舆论界都知道并取得社会上的认同，这样下一步出版的工作就好做了。收藏者张敬轩一般人不愿意见，听了我的意见后，很愿意同我见面，我前前后后去了张家十几次。"

杨才玉到底看没看到过竹简呢？他说："我见过竹简，张敬轩现在保存的只有27片竹简，竹简已经发黑，有些字看不出来，竹简上的绳子被张敬轩换过好几回。"杨才玉同时认为："应该客观、实事求是地看待这个问题，在没有见到竹简，没有全面了解八十二篇手稿的情况下，下任何结论都为时过早，尤其是作为学者专家，如果仅凭几个字或某种提法就下结论，显然有些轻率。即使《孙武兵法》不是真的，是民间长期流传下来的各种抄本混杂而成的，也不一定没有价值。"

二、记者两访吕效祖

由于杨才玉说张敬轩"有顾虑，一般人不愿意见"，记者遂先后两次采访了张敬轩的姐夫吕效祖先生。74岁的吕先生现任陕西魏征研究会会长，退休前长期从事教育工作。

关于张小衡与张联甲的关系，吕先生说："张小衡据说是张瑞玑的第八子，但我岳父张联甲的遗嘱没有提到过张小衡。张小衡的外孙编的一本《张瑞玑诗文集》中，也没有提到我岳父张联甲。"

当问到竹简及手抄本是否经过鉴定时，吕效祖先生说："当时我准备向省里打一个报告，申请20万元基金研究这一兵书，送省文物局鉴定时，文物局认为手抄本不说明问题，要看竹简，我内弟（张联甲）不同意，没给。后来，9月18日，《人民日报》发出孟西安弄的那个消息后，引起轰动，我内弟也说，我自己家传的东西我知道真假，文物局的鉴定也就没有搞了。"

七位专家联名发出声明后，在学术界引起很大反响。12月8日晚，记者再访吕先生。电话中吕先生说："专家发表意见后，觉得过于偏激，很有意见，学术问题几十年内都可以争论，但不要乱戴帽子，什么骗局啊，伪造啊，他们那么说，反而降低了自己的水平，现在有些人给我打电话，想替我申冤，你马上可以看到文章。"

吕效祖提到其内弟张敬轩时，说："本来我内弟要公布的，这么一扣帽子，我内弟说，你让我公布，我偏不公布，中国说我是假的，我可以拿到国外去。要鉴定，可以，就是不能让那些人（指李学勤及发表声明的吴九龙等七位专家）鉴定。"

记者就西安张家后人张七提供的情况再度询问吕效祖时，他说："按照我岳父张联甲的遗嘱，张瑞玑应该有三个老婆，九个娃，谁生几个娃，谁是几时生的，遗嘱上写得很清楚，那么多内容，我想张联甲不会编。遗嘱上说张联甲、张小衡不是一母所生，家务事有个遗产继承问题，很复杂。再说，我们研究兵书，只看兵书的真假，与人有什么关系？"

竹简到底是个什么样子？

吕效祖说："我当时大概看了一下，我眼睛不太好，有些字看不大清楚，现在回忆起来，王兆麟的文章写得不一定对，不全是报道上的样子，应该和专家说的差不多。"

最后，吕效祖还告诉记者："张敬轩最近说了，某些专家不是说谁都可以伪造兵书吗，他敢不敢当着大家的面填好银雀山竹简的残空？如果他填不好，我来填。"此后，吕效祖挂断了电话，采访到此告一段落。

从曾伟所述的文章片断可以看出，此时的张敬轩、吕效祖、杨才玉等人，并未对专家学者们的愤怒声讨表示屈服，他们仍是见了棺材不落泪，到了黄河不死心，企图进行负隅顽抗，将这场严格违背人伦大爱和社会公德的闹剧与骗局进行到底。

对于他们的态度，专家学者们开始轮番上阵，从各个方面给予对方以战略性的打击。从1996年10月至1997年底，加入声讨阵营的专家学者越来越多，他们纷纷撰写文章，发表谈话，对所谓的"八十二篇"进行全面的考伪、辨伪，并以大量的事实、确凿的证据、犀利的文笔，引起了社会各界的广泛关注。《人民日报》《光明日报》《解放军报》《文摘报》《羊城晚报》《法制文萃报》《文汇读书周报》《新华文摘》，以及香港《明报》等媒体纷纷做了报道、转载或摘登，进一步扩大了文化打假的声势，革命浪潮进一步高涨，邪恶气焰得到了遏制。

但是，西安方面的始作俑者，毕竟人还在，心不死，时刻准备反攻倒算。为了做到这一点，声讨阵营中的专家们清醒地认识到，对"八十二篇"所采取的蜻蜓点水式的考证与在报刊电台虚张声势地空喊革命口号，这只是革命初期的行为，而随着形势的发展和革命的进步，要不断地变换战略战术，要更加深入扎实地打入对方的内部，收集更严密、重要的材料，并以此作为炮弹，给对方大本营以致命的打击。在这一战略思想指导下，银雀山汉墓竹简的主要发掘研究者、著名考古学家、古文献研究专家、中国孙子兵法研究会理事吴九龙，开始收集张瑞玑生平事迹及著述，并受其后人之托，对张瑞玑本人和西安方面的始作俑者进行了更加详细深入的考证，并适时发表了《〈孙武兵法〉八十二篇考伪》这篇具有强大攻击力的战斗檄文，文中写道：

要了解所谓"《孙武兵法》82篇"的来历，张瑞玑是重要关系人。几乎各媒体都报道张瑞玑于"光绪三十二年（公元1906年）去陕西韩城任知县途中，慧眼识珠，以重金购得标明为'《孙武兵法》八十二篇'的汉简"。然而，仔细考证张瑞玑的生平与世系，发现其背后隐藏着惊人的伪事。

447

一、关于张瑞玑的生平

新闻媒体有关张瑞玑情况的报道，多从采访张敬轩、吕效祖得来。张、吕二人分别自称为张瑞玑的孙子和孙女婿。不知为什么两千年来的竹简"家传"下来了，而几十年前他们自己祖上的事却没有"家传"下来。

①关于张瑞玑的生卒年代。报道中说张1936年病逝，享年69岁。吕效祖的说法自相矛盾，他在《张瑞玑其人》一文中称其卒于1927年，后在《汉简孙武兵法八十二篇张氏家传手抄本序》（以下简称《手抄本序》）一文中又称其于1936年病逝，时年69岁。经考证，实际上张瑞玑生于1872年，卒于1927年，病逝时56岁。

②据查证张瑞玑是光绪二十九年（1903年）考取进士，癸卯科，第三甲131名。张敬轩、吕效祖不详其名次。文章报道中自然也就语焉不详了。

③报道说张瑞玑"曾供职清政府军机处"，此说无据。经考证张瑞玑并无此任。

④报道说张瑞玑"于辛亥革命前加入同盟会"，考此说源于杨家骆著《民国史稿》副刊《民国名人图鉴》（见1937年1月辞典馆初版卷5）记载："张瑞玑，衡玉，赵城人……同盟会成立，衡玉亦慨然与焉，不计其为官也。"据此推断张当为同盟会员，实际入会与否，有待查证。但张敬轩、吕效祖不知其详。

⑤吕效祖《手抄本序》一文中称张瑞玑"病逝于西安终南小谁园"。据考证，张瑞玑的"谁园"在老家山西赵城，西安并无"谁园"。张瑞玑为避袁世凯的迫害，退居老家，建"谁园"，并于42岁时作《谁园记》一文，可以为证。谁园藏书后尽归山西省亦一旁证。

⑥报道说1923年张瑞玑辞职回家，"与二子张联甲在西安共同书理《孙武兵法》八十二篇"，考张瑞玑自1919年陕西划界未果，于五月离陕后，再没有回过陕西。故上说无据。

⑦张瑞玑死于何处？吕效祖说见到岳父（张联甲）的遗嘱《示儿女》上写的是"病逝于西安终南小谁园"。《三晋历史人物·张瑞玑传》载"病逝于北京寓所"。考两说皆误。郭德清、王作霖《张瑞玑先生事略》："中山先生逝于北京，先生亦回赵城故里。"可知张瑞玑1925年自京返赵城。又王作霖《先舅父张小衡传略》记张小衡"1927年因父（张瑞玑）病，回赵

城。"可证是年张瑞玑病逝于赵城。经笔者考证，其安葬地为赵城东门外祖茔。

张敬轩、吕效祖自称对张瑞玑的了解，多来自其父辈张联甲的遗嘱《示儿女》，但遗嘱与张瑞玑的生平抵牾不相符合。倘若这份遗嘱真是张联甲所收，那么就是儿子不了解与之朝夕相处"书理"竹简兵法的父亲。这岂不发人深省吗？抑或这遗嘱也有问题？

二、关于张瑞玑的藏书

张瑞玑雅好藏书，而且注意收集，颇为在行。辛亥革命后，他携带二百箱书回赵城，时正值三镇兵卢永祥部大肆抢掠。考张瑞玑在为其母撰写的《先妣王太夫人墓志铭》中记述，经兵祸"吾家荡然无遗。时先妣预避居西山，吾兄弟先后至。先妣问家人无恙乎。曰无伤也。房舍无恙乎？曰补葺之尚可居也。书籍无恙乎？曰非卢军所爱故遗之。先妣曰儿辈尚有屋可居，有书可读足矣。"张瑞玑的母亲旷达有识的情态跃然纸上，同时，也说明其家产一空，书籍成了劫后之余，然而却未提及竹简一事。赵城广胜寺藏有金代刻印的佛教大藏经，世称"赵城金藏"，张瑞玑虑其易损毁，曾与友人商议影印金藏，抢救国宝。可知张瑞玑于书籍内行，却未提及影印竹简事。解放后，其子张小衡将赵城家中全部藏书凡十万卷悉赠山西省人民政府，时省文教厅副厅长崔斗宸亲到赵城将书运回太原。后张小衡又协助整理出《谁园藏书目录》，均未提及或著录竹简兵法。按理而言竹简兵法比其任何藏书都珍贵，却在张家藏书史上没有只字记录，非为偶然。这只能说明一个事实，即张瑞玑从未拥有过竹简兵法。

三、关于张瑞玑的家世

张瑞玑母亲的墓志铭曰："先妣没时有孙四，曰尔公、尔禧、尔达、尔禄。没后半年连生三孙，曰尔雍、尔和、尔谦，而先妣不及见。"张瑞玑为其同父异母兄渭玉撰写的墓志铭曰"瑞玑有子曰尔公"。可知张瑞玑子为尔公，即前所述小衡者，小衡是其字，尔公大排行居第一。而报道说张联甲为张瑞玑第二子，从未提及张小衡。吕效祖在被记者追问时说："据说张小衡是张瑞玑的第八子。"（见《北京青年报》）张联甲若真是张瑞玑的儿子，墓志上当有记载，不应糊涂到不知自己排行顺序。

449

除上述两墓志铭外，考王作霖先生撰有《张瑞玑传略》（见《张瑞玑诗文集》，1988年9月印）将张瑞玑的家世记载得清清楚楚。张瑞玑与其妻刘氏生一子一女，别无他出。子尔公字小衡。长孙祖望、次孙祖武、三孙亡故，女张韵兰嫁于赵城王姓，生兄妹五人。上述文献别宗派、明世系，言之凿凿。那么，张联甲、张敬轩、吕效祖等人又出自何宗何支呢？非为人子，何言父子共同"书理"所谓兵法竹简？何言"祖孙四代护国宝"？所谓"《孙武兵法》八十二篇"的真伪和来历不是昭然于世了吗？

更有甚者，《孙武子全书》（国防大学讲师房立中编）擅自将重要学术著作《银雀山汉简释文》一书的内容与伪造的《孙武兵法》混编，以谋取利。同时，该书还将一些伪造内容乱串于篇章之中，鱼目混珠，良莠难分。欺世于今，贻害后人于长远，更令学人担忧。

本来稍有文物考古知识的人，冷眼观之，都能觉察所谓"《孙武兵法》82篇"作伪的蛛丝马迹，不必研究者来论辩的，道不同不相为谋。但虑伪书伪事一再被重复，怕要成真了。所以，不得已查阅旧籍，略辨其伪，以正视听。

继吴九龙抛出的这篇战斗檄文之后，交战双方都瞩目的所谓竹简书的收藏者张瑞玑的孙子张祖武又登场亮相了。

张祖武为张瑞玑的次孙，时为山西省吕梁地区石楼一中副校长。他在看到报上有关所谓"《八十二篇》新发现"的消息后，深感震惊与气愤，在经过一番思想斗争之后，认为此事非同小可，一旦让骗子的阴谋得逞，将使国家民族的利益与声誉受到损害。为了遏制这种荒唐的闹剧继续上演，戳穿对方的阴谋诡计，使真相大白于天下，他专程进京造访《光明日报》，向该报《史林》版主编马宝珠和《历史研究》编辑部编辑仲伟民披露张氏家族内幕，严正申明张联甲、张敬轩等人绝非张瑞玑之后。他在提交的一份《骗子休矣》的声明材料中说道：

1996年9月以来，许多新闻媒体报道和转载了西安发现"《孙武兵法》82篇"手抄本及汉简27片的重大消息。几个月来，关于收藏者张联甲、张敬轩的身世及兵法的真伪引起争鸣。这是关系到历史真实的一件大事，已经在社会上造成了混乱，所以，是真是假必须弄清。兵法的真伪，自然应由专家考证鉴别，收藏者是否张瑞玑的后代，那就只能由张瑞玑的后代来说了。作为张瑞玑的孙子，我肯定地说张联甲绝非张瑞玑之子。"《孙武兵法》八十二篇"手抄本及其竹简也非张瑞玑传下的家宝，祖孙护宝是一个大骗局。

张瑞玑是我爷爷，他有一个儿子，就是我父亲张小衡。我是张小衡的二子，可是，现在冒出个张联甲、张敬轩、吕效祖来，自称是张瑞玑的儿子、孙子、外孙，真是怪事。是真是假，请看几件家事：

我家是个封建官宦之家，张瑞玑、张小衡都是晋陕名人，这样一个家庭，给孩子起名叫字就不可能没有严格的规定，我父亲张小衡名叫尔公。尔达、尔禧、尔禄、尔雍、尔和、尔谦是我其他堂叔的名字。那么，张联甲又该叫什么呢？

我哥叫祖望，弟叫祖诒，其他堂兄弟叫祖寿、祖文，张敬轩又该叫什么呢？

名字都不在我的家系之中，又怎么会是张瑞玑的子孙呢？

解放前，在我们家，我见过于右任、邓宝珊、陶峙岳、景梅九、胡宗南这些国民党的要员，就是没见过张联甲。解放后，我见过彭德怀、习仲勋、马文瑞、汪锋、孙蔚如，可还是没见过张联甲。

1957年2月，我父亲在西安去世，作为陕西省政协委员，《陕西日报》登有讣告，由省政协主席孙蔚如主祭，在西安殡仪馆隆重召开追悼大会。随后，车行人随，送往西安南郊李家寨公墓安葬。这时，仍不见"亲如手足"的张联甲。这能说张联甲是张瑞玑的儿子吗？

1937年，日寇入侵山西，我全家迁居陕西，爷爷的藏书全由父亲存寄山西赵城好义村我家丫鬟张香菱家。解放后，父亲函告山西省政府副主席王世英，愿捐献张瑞玑"谁园"藏书，后来，王世英复函并派山西省文教厅副厅长崔斗宸前往赵城接收藏书。不久，父亲由西安去太原帮助整理藏书。这件事新华社有消息，山西省有记载。王副主席寄了钱（父亲全部退回）。父亲在整理藏书过程中，编有"谁园书目"。整顿完毕，返回西安带回家中的只有字画、扇面、文房四宝，并不曾有国宝汉简及《孙武兵法》的手抄本，难道说酷爱研书习字的张联甲连捐书这样的大事都不闻不问吗？难道说张瑞玑藏有国宝，我们家的人谁都不知吗？这怎能说张联甲、张瑞玑父子共同书理兵法，祖孙三代护宝呢？

以上可以看出，张联甲不是张瑞玑之子。可是在他去世二十几年之后，又有张敬轩、吕效祖等人，演出了一场波及国内外，影响极大的藏宝护宝的闹剧。这怪事不怪，事出有因：替人为子，有利可图，为利行骗，编造谎言。可是他们利令智昏，制造出害国害民的一场混乱。

"《孙武兵法》八十二篇"手抄本的出笼，收藏二十七片汉简的新闻，张联甲遗书的传出，吕效祖、张敬轩四处活动，亲自写下序言和其他文章，这一切活动都是骗子在我父亲张小衡去世快四十年的情况下编造的。我哥张祖望"文革"受害病休，弟张祖诒去世；我三个姐姐，大姐、二姐去世，三姐张苏访从小当兵，现住北京；我大学毕业，一直在山西教书。在这种特殊情况下，吕效祖、张敬轩总以为张家无后，可以胡说。

乱真，总得像真。护宝消息登出的前后，吕效祖这个从来没有上过家门的人，却两次登上我哥的家门，硬要认亲，骗走了一本我姑表哥编写出版的《张瑞玑诗文集》，并从我哥那里想要我爷爷的画像，被怒逐出门。

护宝的消息被某杂志登载传出，内有我爷爷的画像，是从骗走的书上翻印的。奇怪的是张祖望三个字变成了张瑞玑（因张祖望保存，原写的是张祖望的名字）。某报刊登出《孙武兵法》手抄本的印照，上书民国十二年秋于西安。那时，我爷爷在世，不是说父子共同书理吗？却不见张瑞玑之印，只有张联甲之章，难道你连张瑞玑也没看在眼里。

吕效祖、张敬轩口口声声说张瑞玑的家事都是从张联甲遗书中得到的，可这遗书的内容忽而增加，忽而减少。"谁园"和张瑞玑的墓地都没说对。更可恶的是连张瑞玑有几个老婆也在胡说八道，好一个"张瑞玑的子孙"，为了牟利，就什么事也可编造出来，我真怕今后会不会再编造出张瑞玑的私生子来，那可真就查不清了！

好了，假的就是假的。如果张敬轩、吕效祖还硬要说是张瑞玑的后人，那只能说这竹简是拐的、骗的、偷的、抢的……那就请物归原主，献给国家，这才算张瑞玑的子孙。

骗子说要出国，把文物送到国外去鉴定，这真是有损人格，有损国格。说出了连一般人都不会说的话，哪有半点爱国的气味。我国重大的文物考古，哪一件又是洋人考出来的。真的送往外国，只能落个卖国的骂名。

张瑞玑的谁园藏书，已经全部交给国家，张瑞玑的家宅"谁园"现在为洪洞赵城镇所用，这是张家的最大遗产，别无金银细软，骗子们却说有个家产问题，又有什么呢？真是怪事，交给国家，利国利民，我们全家欣喜，如果还要硬说竹简是张瑞玑的传物，"《孙武兵法》八十二篇"手抄本是张瑞玑、张联甲共同书理，那就请交给国家，以了却张瑞玑及其后人爱国的心愿。

望作伪者，别再制造混乱，骗子休矣！好让张瑞玑在九泉之下，安然长眠。好让张家的门风别遭败坏，好让国家的历史别出混乱！

骗局的十大疑点

张祖武的这份事实俱清的材料，很快在《光明日报》等报刊登载出来，使张敬轩、吕效祖等作伪者的身世被进一步戳穿，伪装的画皮被层层揭开。为尽快全面揭穿这一欺世盗名的世纪骗局，孙子兵法研究会的吴如嵩、吴九龙、于汝波、黄朴民、罗澍伟等专家，就在张祖武披露张家身世材料的同时，再度联合起来，针对已公布的《孙子兵法》八十二篇部分抄本，从各个方面展开了深入细致的考辨，并越来越清楚地证明此书是漏洞百出的假冒伪劣产品。其破绽可总结以下十点：

一、来历不明。诸如收藏者的确切家世问题，这批"竹简"的"漆书"和编纶方法问题，残存的二十七枚"竹简"缘何至今不肯面世问题，等等。

二、内容乖戾。即使如有人所言，抄本"《孙武兵法》八十二篇"晚于银雀山简本《孙子》，却早于今本《孙子兵法》；今本《孙子兵法》是刘歆以后某人或曹操的定本。那么，何以抄自"汉简"的"《孙武兵法》八十二篇"中，竟出现了唐宋以后才出现的传说？何以使用了许多唐宋以后才使用的字体？何以有的字不但冷僻，而且出现了用法上的错误。所谓"以阴纪年"，和"女娲补天"（即一个月原为二十八天，后经女娲提出，每二十四年加一个月）更属无稽之谈。而且"抄本"内容故作玄深，陈述时语无伦

453

次，全不似先秦诸子之书的严谨与简洁。

三、与先秦著作体例不合。抄本称孙武所撰兵法第八十二篇为《预示》，其文云："修成兵法八十有一篇，图九卷，以名命简，定名孙武兵法。"先秦古籍无著作者自题书名的例子。《史记·孙子吴起列传》中，《孙子兵法》只被称为"十三篇"三字。银雀山汉简、大通上孙家寨汉简亦皆只称"十三扁（篇）"，印证了《史记》。晚到汉代司马迁所著《史记》也非自题书名。《汉书·艺文志》著录为"太史公百三十篇"，就是其证。王国维《太史公行年考》曰："史公所著百三十篇，后世谓之《史记》，《史记》非史公所自名也。"又曰："史公原书，本有小题而无大题。"史公者，司马迁。小题，篇章名。大题，即今之书名。近年出土简册也证实，先秦及汉代著作无书名。《孙子兵法》书名是后人拟定的，非自题书名。故所谓《孙武兵法》明显作伪。

四、与史实不符。《收藏》（1996年第10期）引所谓《孙武兵法》文谓："孙武运用'四面吴歌，八方浣曲，佯围不攻'及'千里迂直，八面伏击'之战术，五战而屈楚之兵于郢城。"此与史实不符，且显然是套用楚汉战争"四面楚歌"的故事。《史记·吴太伯世家》曰："吴王阖闾弟夫概欲战……遂以其部五千人袭冒楚，楚兵败，走。于是吴王纵兵追之。比至郢，五战，楚五败。楚昭王亡出郢，奔郧。"又《吴越春秋·阖闾内传第四》曰："会楚人食，吴因奔而击破之雍滞。"史书所载孙武采取的是连续进攻的追击战术，追得楚军连饭都吃不成。哪里是什么"佯围不攻""八面伏击"？

五、与孙子治军思想不符。作伪者在《预示》篇中编出一个迷信故事，说孙武和他的儿子认为八十二篇"阴气太重，杀气太浓，容易泄露天机"。孙武在他儿子的帮助下"缩立成简"，将"《孙武兵法》八十二篇"缩节成十三篇。此处伪造得过于离奇。其一，《史记》记载孙武见吴王时就进献了十三篇兵法，目的在于打动吴王，实在没什么可保密的。其二，《孙子兵法》一个显著的特点就是在军中反对迷信。《九地》篇云"禁祥去疑"，曹操注"禁妖祥之言，去疑惑之计"，意即禁止迷信和谣言之事。由此推断，作伪背离孙子思想甚远。

六、与简册制度与保存状况不符。从披露的材料看，"收藏者"所存的二十七件竹简"每件有上、中、下三孔用绳子串联","简上的字迹似乎是用笔蘸以黑漆写成"。这是纯粹的杜撰,因为像这样钻孔串连的方式在已发现的先秦和秦汉竹简中从未见过。实际情况是,中国古代的竹简采用编连法,个别的为连缀方便只有一侧切一个三角形孔,从来不钻孔。迄今出土的所有竹简都是细绳编连的,绝无穿孔"串连"的。自西汉至今,约两千年之久。无论保存条件多优越,简牍质地都多呈糟脆状,其编绳已朽断,极少数稍有存留的,也不免糟朽,如居延汉简之永元器物簿,都不能够自由卷舒。哪里可能经得起架子车上颠簸折腾,或随手抽一卷掖在怀里。此为作伪者不了解汉简的实际状况。至于竹简上的文字则用墨书写,以黑漆书写竹简的现象,在中国古代也从未有过。

七、字体及文字与时代不符。抄件文字为现代隶体,书写水平有限,未有早期隶书的笔意。这是作伪者不了解早期隶书之故。抄件文字中还夹杂晚期道教的专门文字和现代简化字。

八、与古代书籍流传状况不符。所谓"《孙武兵法》八十二篇"其文中自称为"家传简",其实是作伪者的设计。我国古籍尤其是像《孙子兵法》这样重要的名著是流传有序的。历代史志多有著录,私家目录也有记载,与其同时代或后代的书籍还会引用其文字,可以说只要此书在世间流传收藏两千多年,湮没无闻是不可能的。不可忽略的是,其间中国文字的载体有一个重要的变化,那就是从简帛转变为纸张。今天,人们看到的先秦古籍大都是在此期间从简帛上转录到纸上,成为书本的。假如真有"家传简"流传于世,也不可能等到民国十二年由张联甲来"书理"于纸上。

九、"兵法"与古书成书规律完全不合。从古书成书的一般规律考察,所谓"兵法"也是疑窦丛生,绝不可信。"兵法"中有"以篇名简,定名孙武兵法","此为拾有三篇也,定名孙子兵法","吾以孙子兵法晋见吴王阖闾"等内容。这显然是作伪者缺乏常识的向壁虚构。先秦著作往往不出于一人之手,而是同学派累世辗转增附而成,这乃是学术界的共识。罗根泽先生曾考证战国前无私家著作;余嘉锡先生也认为"古书之题某氏某子,皆推本其学之所自出言之",并指出"古书之命名,多后人所追题,不皆出于作者之手"。这两位著名学者的看法无疑是正确的。所以在《史记·孙子吴起列传》中,《孙子兵法》只被称为"十三篇"。现在所谓"兵法"炮制出孙武为其著作命名《孙武兵法》的"神话",其用心也"良苦",其扯谎水平也低下。

通观先秦诸子著作,篇幅均不大,春秋时期的诸子著作尤其短小精悍,均不过数千言,如《老子》《论语》《易经》以及《孙子》十三篇皆为五六千字,这是与当时书写条件困难有关的。如今,"收藏者"以为兵书篇幅也是"韩信将兵,多多益善",将"兵法"字数膨胀到十四万余字,殊不知这恰好反映了他们对古代历史的无知。

伪造者对《孙子兵法》著录及流传的知识似懂非懂,所以不说则已,一开口便错。众所周知,《汉书·艺文志》之所以只著录"《吴孙子兵法》八十二篇",没有著录"《孙子兵法》十三篇"是因为"十三篇"包含在八十二篇里面了。这是学者的共识。而现在发现"《孙武兵法》八十二篇",从房立中提供的篇目,从《预示篇》提供的内容,从吕效祖为"《孙武兵法》八十二篇"写的序言来看,都讲"八十二篇"中不包括"十三篇","十三篇"在"八十二篇"之外。这就是说,《孙武兵法》不是八十二篇,而是九十五篇。从他们提供的篇目看:第八十一篇是"三十六策"。"三十六策"最早见于《南齐书·王敬则传》,书中有句话:"檀公三十六策,走是上计。"檀公指南北朝刘裕的名将檀道济。"三十六策"怎么会在《孙武兵法》八十二篇之中呢?《汉书·艺文志》又怎么会把"三十六策"著录进去呢?

另,房立中自己的"辑本",也为手抄本是假的提供了证据。房立中一方面说西安的本子可以与世界八大奇迹相媲美,是中国版本中最古老规模最大的兵学圣典;一方面他又编了一个与手抄本内容大不相同的"《孙武兵法》八十二篇"辑本,并宣称他这个辑本也是"《吴孙子兵法》八十二篇"。这就自相矛盾了,到底哪一个是真的?如果西安的是真的,那么他那个"辑本"就是假的;反之,则西安的那个"国宝"便是假的。或者两者都是假的。

十、鉴定的结果也显示"兵法"出于今人的伪造。中国革命博物馆文物鉴定专家肖贵洞曾对"兵法"第四十篇做过鉴定。断定"抄本"绝非如"收藏者"与房立中等人所称抄录于"民国十二年"(1923年),而是六七十年代,甚至更晚抄写的。1996年12月10日,肖贵洞又应《北京青年报》记者曾伟的要求，重新签署了他当时的鉴定意见。鉴定意见原文如下：

  从纸张的经纬纤维组合方式以及帘子纹的密度上看，不是20年代的纸张，当是60年代以后生产的纸；从墨色上看，光泽明显，黑度较重，不是20年代抄写的；从墨迹与纸张结合的程度上看，墨迹漂浮，说明抄写时间不长；从残旧程度上看，不是长期保存的形状，而是人工急速造作的；从印章的格式与颜色上看，色红跑油，不是20年代所盖……破绽很多。
  由以上情况断定，《孙武兵法》不是1923年（民国十二年）抄定的，而是六七十年代，甚至更晚抄写的，抄写者在60岁左右。

  从以上科学鉴定中完全可以看出，是什么人在什么时间和什么情况下所作的这一伪迹昭著的所谓兵书。
  由此，专家们一致认为，张瑞玑的家世问题，是张敬轩诸人炮制《兵法》重见天日这一神话的出发点与基础。现在家世真相既然彻底澄清，则支撑这一"神话"的前提即不复存在。"兵法"的伪作性质从以上十条中可以断然认定。
  至于这场文化史上少有的闹剧，作伪者出自什么心理，竟然如此明目张胆地伪造兵学圣典《孙子兵法》？而某些传媒又为何如此热衷捧场？这当然是在商品经济大潮冲击下，"追名逐利"和社会普遍浮躁的结果，是那个名句"天下熙熙，皆为利来；天下攘攘，皆为利往"的生动写照。
  据参加辨伪的专家学者初步分析，作伪者之所以作伪，首先是想以此出名。为了出名，他们进行了精心的策划。因为《孙子兵法》毕竟是兵书，普通百姓对其价值缺乏了解，于是乎作伪者先抬出一个晋陕名人张瑞玑，自称是其后代，这样似乎"百年珍藏《孙武兵法》"已经顺理成章。为标榜"兵法"是真，作伪者还编排了一个漆书汉简的神话和一个民国十二年（公元1923年）的抄本，以为这样即可天衣无缝，然后借助现代声光电的传媒抛售出来。一时间，这一重大发现被传媒炒得火爆，消息迅速传至海外。果真，一夜之间，作伪者成了众人瞩目的护宝英雄、民族精英、杰出的无产阶级文化战士，成了享誉海内外的知名人物。而捧场者的名字也屡屡见诸报端，成了鼎鼎大名的兵法研究大师。

出名的根本目的就是"逐利"。《孙武兵法》的"新发现",竟产生了如此巨大的轰动效应。于是,作伪者便开始继续暗箱操作,声称"《孙武兵法》八十二篇"完全由孙武一人亲著,是为"家传简",而现行的今本《孙子兵法》十三篇,则是经孙武之手缩编而成百字取精的"传世简"。

作伪者之所以标榜新发现的"《孙武兵法》八十二篇"为"家传简",自是有其缘由的,因为国家文物保护法明文规定,地下一切出土文物属于国家所有。那么,只有家传的文物才可以拍卖,并有利可图。这就出现了作伪者待价而沽,扬言要一字千金(美元)计售,以圆自己亿万富豪之美梦的叫嚣。到了这时,其逐利的丑恶面目就可谓一览无余了。而捧场者如国防大学的房立中等人也借此机会浑水摸鱼,大肆校点伪书,杂以其他内容编成《孙武子全书》,在一片喧嚣与嘈杂声中四处兜售叫卖,从中蒙骗读者,牟取暴利。

然而,机关算尽,作伪者的如意算盘还是落空了,其伪装被研究孙子兵法的专家们一一剥去。这场由作伪者亲自导演的拙劣的闹剧与骗局,在一片喊打声中,总算悄无声息地收场了。不过随着曲终人散,好奇的观众又总觉得意犹未尽,也总感到事情发生、发展得过于突兀离奇,似乎有另一种隐情和丑闻尚未揭露出来。事实上,整场闹剧与骗局的开头和结尾始终暗含着不可告人的隐情,而真正的较量也远没有结束。不久之后,围绕着这一事件的前因后果,是是非非的车轮大战终于爆发了。

丧钟鸣响

从整个作伪事件的发轫和发展情况看,所谓"兵法八十二篇"的出笼并非偶然,除了吕效祖、张敬轩这两个西安土著之外,还有一个人,出于自身既得利益的考虑,在人前背后或明或暗地为这个神话的扩散以及"兵书"的进京,不遗余力地暗中策划或亲自赤膊上阵助威加油,这个神秘人物就是国防大学退休讲师房立中。

当这场骗局被揭露后,房立中搞的一切幕后策划已暴露于大庭广众之

第十五章 招魂幡为谁而飘

下,在无法隐藏躲避的情况下,他便对某报记者透露了一点不为外界所知的秘密:"1996年4月,有人向我介绍西安的吕效祖先生,说他认识的一个人有《孙武兵法》八十二篇,我当时正要出一本《孙武子全书》的书,对此事很有兴趣。吕效祖来北京住了一周,回去之后他内弟张敬轩就带着《孙武兵法》八十二篇的手抄本到北京给我看,当时我看了手抄本十册中的两册。看了之后很兴奋,觉得这是一个难得的东西。这之后我请了一些专家准备开个鉴定会,当时还跟李学勤先生联系过,并跟国防大学领导做了汇报,校领导的意思是自己先研究。我个人认为《孙武兵法》八十二篇可能是后人借孙武之名而作,但即便如此,也不能否认这样一个内容连贯、合乎逻辑的本子的价值。"

吕效祖在北京住了一周,都干了些什么,房立中又跟他说了些什么,出过什么主意,二人是否有过不能公开的密谋,房立中没有对记者放言,但从张瑞玑嫡曾孙张七在此前所述,吕效祖曾于1995年春节和1996年8月两次到他家认亲,希望借此与张瑞玑后裔拉扯上关系这件事情来看,不能不认为那时的张、房二人已开始进行这个"神话"的秘密炮制活动了。而房立中在1996年6月20日写给国防大学领导的信中,公开称张敬轩是张瑞玑之后,并言及"《孙武兵法》八十二篇"是"经收藏者父子两代潜心研究",其价值超过"十三篇"云云,为该书面世以及他自己正在编辑的《孙武子全书》积极做舆论上的准备。同年7月6日,房立中亲自出面举办了一个关于"《孙武兵法》八十二篇"的情况介绍会,会上开始大肆宣扬这一观点。与此同时,还把从张敬轩等人那里获取的"孙武兵法"八十二篇部分篇章,连同银雀山汉简中的《孙子》十三篇、《孙子》佚文、《孙膑兵法》大部以及《佚书丛残》等内容窜乱杂纂,以孙武兵法八十二篇辑本的名目,编辑了一本所谓的《孙武子全书》,并由学苑出版社出版发行。在这本书中,房立中撰文鼓吹"兵法"的价值,声称"《孙武兵法》八十二篇,是抄自汉简(或同类珍贵文物)的一部古兵书","是今本《孙子兵法》十三篇的母本","具有极其宝贵的文献价值和学术价值"。为了使这本书起到更大的蛊惑世人、麻醉读者的作用,给人以真实可信之感,房立中在书中竟然刊登了1996年7月召开的所谓"孙武兵法八十二篇学术鉴定会"的照片,企图利用这张上悬会标的照片制造出"兵法"已经专家鉴定的假象。

或许正是房立中以专家学者的身份和名义，在首都各界以各种形式传播对兵法八十二篇并不符合真实的看法，并夸大其词，才为日后的新闻炒作奠定了基础。待前期的铺垫工作就绪后，一场"《孙武兵法》八十二篇重新被发现"的闹剧便正式开场，轰轰烈烈地上演了，于是便有了前面所描述的令人大感离奇眩晕的一幕！

当这场世纪骗局的大幕拉开之后，在随之掀起的新闻炒作风暴中，房立中开始赤膊上阵，借题发挥，兴风作浪，不遗余力地宣传鼓吹"八十二篇"的价值和意义。一时间，"国防大学教授房立中"的言论充斥于报章杂志，按房鼓吹的论调，"这部抄本的内容是《汉书·艺文志》中所说的'《吴孙子》八十二篇'的一部分，其所依汉简有重要学术和文物价值，其八十二篇抄本原件亦有重要文物价值；相比之下，则（《孙子兵法》）十三篇倒显得不够完整和不成体系。因此，我们不排除《孙武兵法》有'家传'和'传世'两种简本的可能性，即《孙子兵法》十三篇是八十二篇的世传简本"。同时房立中向世界庄严宣告："新发现的《孙武兵法》八十二篇的意义，可以同世界第八大奇迹——兵马俑相提并论"。

在房立中等人的精心策划和声势浩大的炒作下，向来愚笨犯晕的媒体，顿时失去了知觉，似乎真的以为发现了"《孙武兵法》八十二篇"这一奇珍异宝，而中国整个军事思想史的历史也不得不重新予以改写了！

然而，"奇迹"并没有发生。相反，在社会各界特别是有良知的知识分子的共同努力下，终于揭穿了这场拙劣的骗局！

当这场弥天大谎被戳穿之后，西安方面的"收藏家"们发出几声外人似懂非懂的哼哼，算是表达了自己对此事的态度。如吕效祖对穷追不舍的记者说"文物局一领导说，报纸发消息了，就不用鉴定了"，用张敬轩的话说"我自己家传的东西我知道真假"等显然是没有底气但又在垂死挣扎中本能地诡辩和自我开脱的言辞，借坡下驴，见好就收，以此来掩饰内心的丑恶与慌乱。

相对于张敬轩、吕效祖等人上演的狡黠的伎俩，著名幕后策划人、"发现事件"的总导演房立中就大不相同了，他以身居京城兼具"国防大学教授"等天时地利人和的行头，开始向众多的辨伪专家反攻倒算，并扬言要运用他自己编纂的《孙武子全书》的战略战术，兴"五路大军"出击，将胆敢出面辨伪的专家放倒摆平。这五路大军的安排是：行政告状、法律诉讼、舆论动员、学术打倒、与西安方面的始作俑者结成统一战线共同对敌。

在制定出整体的战略方针之后，房立中首先实施战略包围，以铁桶合围和他本人创造的房子兵法"四面吴歌、八方浣曲、佯围不攻"及"千里迂直、八面伏击"之战术，四处散发"给中宣部和全国新闻界的公开信""告全国学术界同人书""致孙子兵法研究会员书"等材料，并向中央军委领导和军纪委进行行政告状，对解放军军事科学院、《光明日报》等单位和一些论证"八十二篇"纯属伪作的专家学者展开拉网扫荡式的进攻和地毯式轰炸，并宣布以上单位和专家们是"压制学术民主""威胁新闻媒体"的罪魁祸首，是民族异己分子。与此同时，房立中本人要求职别只相当于军级的陕西省省长立即下令依法制裁比自己高两级的大军区级的解放军军事科学院，并对军科院涉及对"八十二篇"辨伪的有关人员给予行政处理，或撤职查办，或给予党内外纪律处分，总之要做出不同程度的制裁和惩处。

在行政告状、大造社会舆论的同时，房立中还兴兵进行法律诉讼，以专家的辨伪文章侵犯他的"名誉权"为由，一份诉状递到法院，把有关专家、媒体从业人员和有关单位告上了法庭，希望从法律上攻破一点，进而达到全盘否定"八十二篇"辨伪者所做努力的目的。

为此，1997年上半年，在短短几个月内，房立中采取"四面吴歌"的战略战术，马不停蹄地跑到北京市的四个区级法院（海淀、宣武、东城、西城）递上了状子，将曾经写过"八十二篇"辨伪文章的著名孙子研究专家吴九龙、吴如嵩、于汝波、黄朴民等人，以及刊登过这类文章的报刊及其主管部门，如《中国文物报》《光明日报》《中国军事科学》、中华书局、军事科学院、中国军事科学学会、中国孙子兵法研究会等，统统作为被告送上了法庭。按照房立中所创现代兵法的战略思想，认为只要能让法院受理自己的诉讼，把那些在"《孙武兵法》八十二篇"问题上曾"大放厥词"的各色人物送上被告席，在政治上就差不多算是一次胜利。当法庭受理此案并公开审理后，房立中所采取的战术原理是：首先做义愤填膺状，列举被告"侵权"的事实，控诉被告有关"八十二篇"辨伪文章降低了对自己的社会评价，给他身心及名誉造成了不可估量的损失与伤害；接下来要求被告方面登报向他赔礼道歉，恢复其"名誉"，并赔偿经济损失若干云云。

关于房立中所实施的这一套"四面吴歌、八方伏击"的战略战术，在这场以法律为武器，以事实为准绳的诉讼大战中，其战斗过程以及最终的命运如何，曾作为被告而长期参战的军科院孙子研究专家黄朴民，曾做了如下精彩的自述：

1997年3月的一天，北京海淀法院突然打来电话，通知我所在的军事科学院战略研究部姚有志副部长、于汝波主任连同我三人马上到法院领取传票，说是国防大学病退讲师房立中把我们一并给告了，原因是我们在《北京青年周刊》《文汇报》等报刊上发表的关于"《孙武兵法》八十二篇"辨伪文章，"侵犯"了房立中的"名誉权"，他要通过法律，向我们讨还"公道"。

法院既然来了通知，就说明它已经受理了这桩案子，我们不接状子是不成的，作为奉公守法的军队研究干部，我们可不想犯"藐视法庭"的错误。于是，三人一齐驱车赶往法庭，签名画押，取回房先生诉状的副本。接下来的事情，便是向上级组织汇报，向法律人士咨询，礼聘律师，起草诉讼答辩状初稿，凡是打官司该做的准备都一件不落地去做。三人当中，姚副部长居中调度，保障车辆，聘请军委办公厅和我院法律顾问处晌律师，并负责与领导机关的沟通。于主任主持整个"战役"行动，具体制定"作战"方案，设计"应敌"之策。笔者年纪最轻所以外联工作等杂务就由敝人具体负责。想不到，一场官司让我们上下级之间有了一回难得的配合，尽管它本出于无奈，滋味也多苦涩，我们三人恐怕谁也没有如此期待过。"既来之，则安之"，事到如今，也顾不了太多，当回被告，开开眼界吧！

那位十分珍惜"羽毛"，爱护自己"名誉"的房先生，或许是尝到了告状的甜头，从此一发不可收，短短一两个月里，又马不停蹄地跑到北京市的其他几个区级法院（东城、西城、宣武），递上民事诉讼状，把曾经写过"八十二篇"辨伪文章的吴九龙等先生以及刊发过这类文章的《中国文物报》《光明日报》《中国军事科学》、中华书局，一一告上法庭。

或许以为我们这些普通人不具备有和他这样权威对话的资格吧，可敬的房先生不久改变了主意，从海淀法院那里把我们一行三人的被告身份给撤了，改为起诉我们所在单位军事科学院和中国孙子兵法研究会。这么一来，被告升格了，由个人变成了所在单位。房先生的真实想法是什么，我们不清楚，不便妄加置评，大概是认定以个人的身份状告一家大军区级单位和一个全国性学术团体，本身就具有重大的轰动效应，到时候或许能在报纸上个头版，混个"名人"当当，因而值得一搏，"人生难得几回搏"嘛。房先生勇气可嘉。事至如今，至少我本人还要在这里向他道声：佩服！不过单位虽成了"被告"，事情却还得有人来做，我们三人无非是由前台转入幕后，协助两位律师准备应诉事宜。

1997年7月起，宣武、东城、西城、海淀等几家法院陆续开庭，审理房先生所诉讼单位或媒体侵犯其"名誉权"案件。为了掌握动态，听听房先生的"高见"，领导委派我前往法院参加旁听，生平第一回有这样的机会，我也颇想去见识一番，于是欣然从命，奉陪可敬的房先生几乎跑遍北京市几家主要的区级法院。

常言道，不看不知道，看了吓一跳，这一回法庭旁听，真的让平时只知道钻故纸堆的我大大开了眼界，长了见识！原来打官司是这么正经又刻板的事情：原告提诉讼请求，被告陈述自己的意见，接着是法庭调查、法庭取证、法庭辩论、法庭陈述，一项一项挨着来，一折腾就是一上午，所有程序过完，原被告双方在庭审记录上签字画押，然后由担任审判长的法官宣布休庭。一般过上几个月，合议庭宣布审理结果，请原被告双方到法庭领取判决书（或裁定书），至此，一个回合就画上休止符。当然，对审判结果心有不甘者，还可以上诉到上级法院，只要你舍得交和初审诉费等额的钱。上级法院再按部就班将上述程序重走一遍，下个终审判决，事情也就彻底了结了。赢的一方皆大欢喜，输的一方自认倒霉。当然，由法庭来作民事纠纷双方的最高和最后仲裁者，对解决问题终究是最佳的途径，也相对比较公平。

参加几次庭审后，我发现内容大同小异。房先生总是义愤填膺列举被告所谓"侵权"的事实，控诉被告有关"《孙武兵法》八十二篇"辨伪文章降低了他的社会评价，给他身心造成损害，要求被告方面登报向他赔礼道歉，恢复其"名誉"，赔偿经济损失五千至二万元不等。我们的律师则出具证据，引用法律条文，强调辨伪文章属于正常的学术争鸣，不构成对可敬的房先生的"名誉"侵权，请求法庭驳回房先生的诉讼请求。此外，双方还间或拉扯到"八十二篇"的真伪问题，你来我往，辩驳异常激烈，那些不是"孙

463

子兵法"专家的法官先生,听了如坠云里雾中的,脸上一片迷惘之色,时间一久,不免厌倦,于是责令双方停止辩驳,继续回到"名誉权"自身议题上来。这些案情审理详情,既烦琐,又复杂,可以另外写成一本书,我这里暂且按下不表,免得读者和我一样生烦。

大概是房先生见我在这场诉讼系列"大战"中回回赶趟儿,悠闲坐在旁听席上当听众,心里有气,胸口发闷吧。所以当东城区法院开庭审理中华书局《文史知识》杂志侵犯其"名誉权"一案时,突然作出决定,让我挪挪位置,坐到被告席上去,追加我为该案共同被告之一。白手套扔过来了,我不接也得接,于是真正做了一回被告,有幸与可敬的房先生在法庭上过了一回招。

让我荣幸地上被告席的缘由,是我曾在1997年第1期的《文史知识》上发表过一篇题为《〈孙武兵法〉八十二篇的真伪》的文章。在文章里,我谈了自己对"《孙武兵法》八十二篇"的看法,对包括房先生在内的个别人参与"八十二篇"造假传假的做法给予了比较"尖刻"的批评。这下可惹下大祸了,让可敬的房先生逮个正着,押上了民事审判庭。

房先生一再声称,我在文章里提到"某位冒牌的国防大学教授",这是我诬蔑其人格的铁证,已经侵犯了他的名誉权,表示:他本人没有自称过"教授","教授"头衔是媒体发表文章时误给他加上的。你黄朴民拿媒体的失误来攻击我,就是侵权,认罚五千元吧。

我当然不能接受这样的讹诈。不是为了五千元,而是为了一个理。于是就从容申辩:首先,房先生混淆了"冒充"和"冒牌"这两个词语的基本概念。"冒充"是动词,即主观上的作伪行为;"冒牌"是形容词,与假的、伪的含义相同,这是客观性的描述。房先生只是讲师,这有国防大学政治部的证明文书,讲师不等于教授,故报刊上称你为教授,就是假的、伪的,不是事实,而假教授就是冒牌教授。至于房先生你主观是否有意这么做,我不必替你来回答。所以我不说你自己"冒充"教授,而只确认报刊上宣传的国防大学"教授"是假教授,是冒牌货,这并没有构成对可敬的房先生的"名誉"侵权。

其次,退一步说,房先生的所作所为也承担得起"冒牌教授"的这顶冲帽子。因为从时间上说,从1996年9月到11月近3个月时间里房先生一直是

"教授"，时间跨度已够长久；从空间上说，《解放军报》《光明日报》《周末》《收藏》《北京青年报》《南方周末》多家报刊也都称呼房先生为"教授"，空间范围也够宽广。这本来就是明显的失实，可一直没有见到房先生出来进行更正，这说明房先生默许了这种提法，其主观动机和客观效果是一致的。现在房先生不反省自己的行为，反而因别人用了"冒牌教授"一词暴跳如雷，这实在是找错了对象。

第三，指出房先生为冒牌的国防大学教授，也是为了维护国防大学的声誉。"《孙武兵法》八十二篇"是假货，乃是学术界一般的共识，用北京大学李零教授的话来说，乃是"伪迹昭著"。在这样的背景下，如果不及时更正"国防大学教授"的提法，不指出此"教授"乃冒牌之教授，那么人们就会犯困惑：作为全军最高学府的国防大学，怎么会出这样低劣水平的教授，连中学生的常识都没有？这到头来损害的是国防大学的声誉，败坏的是整个人民解放军的形象，所以这个冒牌教授是非曝光不可的了。

在"冒牌教授"问题上，房先生没有占到便宜，这使他十分沮丧，但他不愧久经沙场，立即抓住另一个话题对我发起新的一轮"攻击"：黄先生在文章中骂我"手段的卑鄙说明目的的卑鄙"，请问有何根据？如果拿不出证据，就是侵犯我的"名誉权"，乖乖认输才是。

我没有被房先生的问题所难住，只用几句话就让他的良好自我感觉消失得无影无踪：房先生请少安毋躁。说您手段卑鄙、目的卑鄙大有证据在：第一，"《孙武兵法》八十二篇学术鉴定会"纯属"子虚乌有"，这有专家证词为证。可房先生却拼凑出一张"鉴定会"照片，并收入《孙武子全书》，无中生有，招摇过市，这不是"手段卑鄙"又是什么？第二，西安发现的"《孙武兵法》八十二篇"你房先生只看过十来篇，远非全部，可你却迫不及待地在《孙武子全书》中另行伪造了一个"八十二篇"，以欺骗世人，牟取钱财，用"卑鄙"两字来形容恰如其分，大可不必喊冤叫屈。道理很简单，即便是西安"发现"的"八十二篇"是真《孙子》，你房先生的"八十二篇"也是假《孙子》，是文化打假的对象。

房先生终于沉不住气了，抛过来硬邦邦一块"石头"："黄先生，如果有一天证明'《孙武兵法》八十二篇'是真文物，我看你如何收场！"我也毫不含糊，奉送他软绵绵一团"棉花"："房先生，遗憾的是，这一天你是永远也等不到了!"

　　曲终人散,法官宣布休庭,原被告双方各自打道回府,静候法院的判决结果。

　　1998年3月9日,北京市东城区人民法院下达"民事裁定书"。宣布:"本院认为:原、被告之间就陕西西安市发现的'《孙武兵法》八十二篇'的真伪性争论属学术争鸣范畴,不属于人民法院受理的范围。依据《中华人民共和国民事诉讼法》第108条第四项规定,裁定如下:

　　驳回原告房立中之起诉。诉讼费810元,原告房立中负担(已交纳)。"

　　至此,我身上的官司纠缠终于解脱,倒胃口的官司滋味终于尝完。阿弥陀佛!谢地谢天!

　　当然,可敬的房先生大约做梦也没有想到,当他凶巴巴地把人家告上法庭时,他在自己"主编"的《孙武子全书》《兵家智谋全书》等"皇皇巨著"中侵犯他人著作权的把柄也为众多专家逮个正着,三十多位专家一起对他提出诉讼,海淀法院知识产权庭对此公开进行了审理,确认房先生侵犯专家著作权事实成立,判令他向各位专家赔偿十余万元,公开登报向专家赔礼道歉,并承担一切诉讼费用,本人作为其中受侵权的一员,也参与了这次集团诉讼,并获胜诉。"来而不往非礼也",房先生告了我一回,我也回敬房先生一局,算是彼此扯平了。

　　房先生状告吴九龙、《光明日报》《中国文物报》《中国军事科学》、军事科学院、中国军事科学学会、中国孙子兵法研究会、中华书局等侵犯其"名誉权"诸案,也均审理判决完毕,结果是预料之中的,即房先生全部败诉。这位想通过官司把自己炒红的人,此时定是别有一番滋味在心头……

　　至此,关于一场声势浩大的《孙子兵法》八十二篇发轫、发现的旷世骗局总算曲终人散,该剧编导及各种角色的演员们伴随着丧钟的鸣响,一个个灰头土脸地退出了人们的视线,那个妄想着以此暴得大名并成为亿万富豪的辉煌大梦算是彻底烟消云散了。当人们从万花筒一般晕眩的世界中回过神来之后,蓦然发现,这一连串故事所依托的最原始的根本——银雀山汉简,自出土之后已悄然度过了三十年的时光。而在这整整一代人的时间跨度中,银雀山汉墓出土文物以及竹简的命运如何,又成为人们为之挂怀的一件心事。

末章 大招

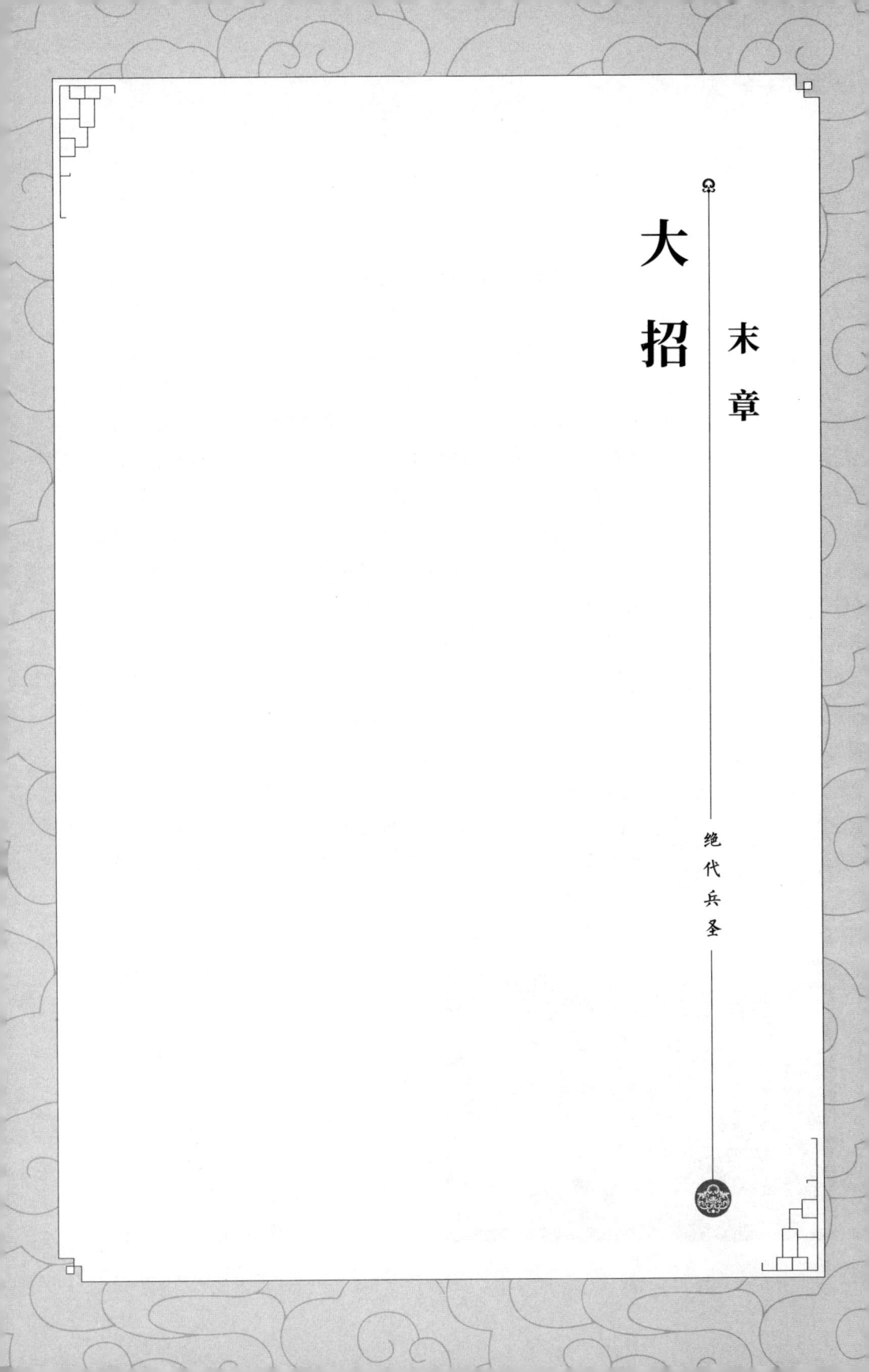

绝代兵圣

银雀山汉墓竹简埋藏于地下沉默了二千多年,在大千世界的滚滚红尘中,一代代生活在这里、整日忙得满头大汗的芸芸众生,却不知小小的银雀山下埋藏着一个巨大的利益桃花源,更"不知有汉"。而一旦天机泄露,这个桃花源揭去千年风尘织就的面纱,被天下苍生们窥知"汉"的秘密,围绕着这个新鲜而神奇的宽阔场地,在用竹简搭就的人生舞台上,便上演了一桩桩、一幕幕、一场场是是非非、真真假假、恩恩怨怨、离奇惊险的正剧、丑剧、闹剧与滑稽剧。那蝇营狗苟、追名逐利的欲壑与文化良知,连同铁肩担道义的疾呼交织而成的刀光剑影、爱恨情仇,使原本圣洁光亮的银雀山蒙上了一层花花绿绿、说不清道不明的青苔,那灿烂的光芒也渐渐被层层迷雾所掩盖。这个结果,是当年汉墓最早的发现者和后来竹简的发掘、研究专家们都未曾料到的。随着岁月的流逝,有些是非曲直已经辨明,有些恩怨情恨尚未了结,有些新仇旧恨又掺杂在一起,剪不断,理还乱,丝丝窝窝地缠绵于人们的心中,挥之不去,欲罢不能,令人久久无法释怀。在这堆纷繁迷乱的世事情缘中,关于银雀山汉墓出土文物的最后归宿,便是其中剪不断、理还乱的一个难以绕开又令人心中隐隐作痛的情结。

吴九龙(右一)与银雀山汉墓竹简博物馆竹简研究专家杨玲(右二)交谈《孙子兵法》竹简从北京运回山东之后的情况(宋开霞摄)

想当年,由国家文物局组织的"银雀山汉墓竹简整理小组"于1974年正式成立后,面对大多数久已失传的人类文化瑰宝,首先对学界广泛瞩目的《孙子兵法》和《孙膑兵法》二书进行了整理,随后又将全部竹简整理编成《银雀山汉墓竹简》,分三辑出版,其中朱德熙、裘锡圭、李家浩、吴九龙等专家参加了第一、二辑工作的始终,随后吴九龙又担任了第三辑的全部整理考释工作。当研究成果正式公布后,整理小组宣布解散,参加整理的人员各回原单位上班。因工作需要,原墓葬主要发掘者之一的吴九龙,于几年后,由山东省博物馆正式调入国家文物局古文献研究室工作。整理后的包括《孙子兵法》在内的竹简,按照王冶秋当年的承诺,于1974年6月底全部退回山东省博物馆保存。

由于银雀山汉墓竹简所具有的重大文物价值和科研成果,以及其他任何考古发现都无法取代的历史地位和政治色彩,在当时举国上下都在深入开展"批林批孔""批儒评法"运动,孙子其人及《孙子兵法》等书,作为法家思想的一捆重磅的集束炸弹,正成为打击林彪与"孔老二"难得的重要武器。这批竹简顿时身价倍增,举国震动,并得到了中央和地方政府的高度重视。为此,就在竹简由北京回归山东之时,为了保证万无一失,周恩来总理亲自做出指示,由国家文物局和铁道部协商,专门调拨一列客运列车车厢运载竹简。吴九龙等文物专家和大批铁路公安人员,组成特别护送分队,将竹简护送回到济南。当列车抵达济南车站后刚一停稳,山东省博物馆馆长张学就率领一干人马,驾车直抵列车车门,在铁路公安人员的严密监视下,将竹简极其小心谨慎地搬进轿车,随后在四辆警车护卫下,一路鸣响着刺人耳膜的警笛,呼呼隆隆地运回了省博物馆文物库房。

至此,关于银雀山汉墓发现、发掘以及文物出土、整理、保护的故事似乎告一段落。然而,事情并没有到此

银雀山汉墓发掘者之一的毕宝启说:这就是山东省博物馆当年建的竹简楼(作者摄)

了结。

出土竹简回归山东后，鉴于其价值已在海内外引起了广泛瞩目和重视，山东方面也自然就重视起来，并隔三岔五地借这捆集束炸弹向早已死去的"孔老二"开起火来。省博物馆领导人张学等一看上上下下都极为关心这堆竹片子，脑子一转，计上心头，适时地抓住机遇，开始出面以竹简没有合适的地方保存，文物安全风险很大等为名，到省政府下属的有关部门要钱，表示要盖一幢小楼用来存放、保护这批价值连城的竹简。所求部门的领导者凭着政治嗅觉的惯性，一个赛一个地拍着胸脯说"保证没问题，马上办"。但真正具体行动起来，就开始拖泥带水。待时间一长，声势浩大的"批林批孔""批儒评法"以及批判"克己复礼"的政治运动，渐渐由高潮进入低谷，越来越失去了劲头。面对这个趋势，政客们马上感到，那作为炮弹的《孙子兵法》等一批竹简，已经像弹壳里渗进了污水，药力失效，成了打不响的哑弹臭弹，没有任何作用了。便立即抽身，不再顾及当初所做的承诺，在盖楼的问题上与博物馆的几个头目兜起了圈子。博物馆的张学等人一看苗头不对，在对各种形势做了一番分析后，不但没有退缩，反而借着"批林批孔"政治运动残存的一点余温，加紧了战略和战术攻势，在先后经历了一番求爷爷告奶奶，乞丐讨饭式的游说、撮合、奔波、努力之后，终于将上级部门的各路关节打通，最后由省政府财务部门拨款，在馆内建了一座三层小楼，号曰"竹简楼"。此小楼具有墙厚、牢固、保温、防晒、抗震能力强等优越性能和特点，在当时尚无财力购置空调设备的情况下，这个条件在山东已算是较为先进的了。当然，二十年后再回头观看，那只不过是一幢普通的土包子民工楼而已，但那时的民工却没有福气享受如此高等的待遇。因为真正用于保护竹简的只有一个房间，其他的房间除存放另类器物外，多数还是被当作单身业务干部和职工的宿舍使用了。因而，这部分享受了高级待遇的幸运儿，在许多年之后，依然对当时为建"竹简楼"而做出贡献的老一代馆领导心怀感激。

出土竹简自进入新建的楼房后，博物馆领导人便指定一个叫江慧芳的女业务人员定期做些监视保护工作，其主要做法就是每月往盛放竹简的玻璃管里加水，以保持湿度。偶尔也加点化学药品，以防止腐朽、霉变等。江慧芳退休后，定期保护工作几经转手，最后由另一个年轻的女业务人员李淑华具体负责，几十年来，基本上保持了在北京整理完成时的原貌。

由于出土竹简价值高，名头大，得到了相应的保护。比较而言，同墓出土的其他器物就远没有如此幸运了。

当年临沂文化局派杨佃旭等人将银雀山一、二号汉墓所有出土文物一件不剩地装车送入省博物馆后，随着认为颇有价值的竹简由吴九龙、杨正旗保护送往北京，其他的器物则堆放在一间大号仓库里，由墓葬主要发掘者之一的毕宝启进行保护性处理。到了1977年，随着农业学大寨之风的再度兴起，省博物馆派出毕宝启等馆内人员，来到一个偏僻的山区农村，一边高唱着革命歌曲，一边热火朝天地开山凿石，修起了大寨式的梯田。就在这段革命歌声非常嘹亮的时期内，原存放于省博物馆由毕宝启负责照料的银雀山汉墓出土器物，由于清理仓库等原因，被搬到省考古所文光阁三楼一个墙角搁置起来。从此，这批文物便像失去了爹娘的孩子，没有人再给予哪怕是最普通的保护性关照了。两年之后，待毕宝启结束了在山区修梯田的经历回到省博物馆时，见自己当年保护、保管的器物，凡竹器、木器几乎全部风化干瘪，成了一堆烂树皮一样的东西。只有很少的几件漆器，如一个小盆，一个小耳杯等，由于其本身系用高级的夹铸胎工艺制成，不易受外部环境的影响，看上去损坏程度较小，但也远不是两年前的样子了。至于一堆陶器，尽管没有也不可能像漆木器那样整个身子来一个扭曲变形，但身上鲜艳的彩绘早已脱落殆尽。其中有几个仪态万方、风情万种的女式陶俑，由于身上彩绘的脱落，其形态与相貌看上去既丑又老，令人不禁扼腕叹息。

而价值连城的《孙子兵法》等竹简与彩绘脱落殆尽的"徐娘们"的共同诞生地——临沂银雀山，自从两座汉墓被发掘，文物被取走之后，那极富刺激、热闹，并有些水泊梁山味道的场面不再，一切又恢复了往日的平静。

对汉墓的发现、发掘具有不可磨灭之功勋的著名人民设计员孟季华老汉，拖着那根象征着自己身份、地位和权威的几米长的尺子，在"驴"和几位哥们儿身边转来转去，并不时地咕噜着几句他人压根儿就弄不清楚的工程设计术语，抑或大着胆子跺着脚，呈慷慨激昂状，小声骂几句以解心中的不平。"驴"仍然采取了在古墓发掘之前那种沉默态度，嘴里喷着唾沫和粗气，偶尔也喷点酒气和怨气，将满身的力气都投放到铲土填埋一、二号墓坑的工作之中。很快，一幢又一幢古怪丑陋的四方盒子加三八式土楼房拔地而

末章 大 招

471

起，形成了一个颇具沂蒙特色的壮丽景观。那盛极一时、震惊中外的银雀山汉墓遗址，那个天机泄露、光芒四射的利益桃花源，此时被强权在握的无知和愚昧二人一合计，索性埋压于高楼大厦之下，从此在这个世界上销声匿迹了。

银雀山汉墓的最早发现者——"驴"，据说后来竟鬼使神差地交上了桃花运，娶了一位号称"沂蒙山一枝花"和"中国的山口百惠"、令旁观者眼热心跳的漂亮女人做了自己的媳妇。再后来，随着中国经济大潮的涌动和各种规章制度的出笼，"驴"凭着当年最早发现银雀山汉代墓坑，并帮助考古人员向外搬石弄土的这段特殊经历和史实，曾委托当地文化部门向上级有关权力机构，申请过国务院特殊津贴、博士生导师的职称和待遇等，但最终没有得到批准。为此"驴"颇不服气，便到有关部门上访，声言要讨个说法。后来"驴"被送进了精神病医院，一关就是几年。再后来"驴"总算摆脱了医护人员的监视，在一个狂风大作、月黑风高的夜晚，从医院里逃出。当他回家看到自己的媳妇正和一个胸前长着黑毛的猛男在热得发烫的炕上光着身子来回翻滚时，一句话没说，扭头冲出门外，于风雪中投井自尽。他死后留下的最珍贵遗产是1972年那个明媚的春天里，在银雀山刨土挖坑时，发现古墓的那把早已锈迹斑斑的镢头。

历史在吵吵嚷嚷和刀光剑影甚至血肉横飞、哀号遍野中向前滚动，而经过"文化大革命"战斗洗礼的沂蒙大地，依然浸淫在万户萧疏鬼唱歌的恐怖氛围里不能自拔。到了1979年，一些被打倒或靠边站的部分领导干部，在逐渐摆脱了"文革"的阴影，重新掌握了国家权力并控制局势之后，开始对中国进行新一轮的规划与调整。就在这一年的晚些时候，时任国家建委主任的谷牧来到沂蒙山区视察兖石铁路和临沂铁路大桥的建设情况，其间顺便观看了临沂地区"庆祝新中国成立30周年文物大展"。就在这次观展中，对文物颇为爱好和关心的谷牧，突然想起了临沂银雀山还发掘过汉墓并出土过包括《孙子兵法》在内的大量竹简兵书的事，禁不住问了一句墓葬遗址及出土器物的保护情况。陪同的地方领导人一听，回答道："那个地儿早铲平盖楼了。"

谷牧一听，心想这好端端的汉墓，天下难得的文化遗产，祖国和人民的宝贵财富，竟然如此不被重视，当场大声痛斥道："如此重要的墓葬，如此

末章 大 招

重要的文化遗存,如此重要的宝藏,你们竟漠不关心,甚至当成了累赘和包袱。依我看,你们搞的这些个所作所为,是不懂文化,破坏文化,是非人类的野蛮行为,是对国家和民族的犯罪行为……"

尽管谷牧当时的身份和职务并不是很高,但毕竟是曾跟随毛泽东主席钻山沟、闹革命、搞暴动弄起义的元老之一,如今是中央派出的督察大员,如此一顿发火,当场就把陪同的地方大员们给镇住了。当对方像霜打的茄子,诚惶诚恐地表示自己以前的做法不对,今后要亡羊补牢、将功赎罪时,谷牧很干脆地说道:"那还能咋办,人家陕西临潼1974年挖出了一堆兵马俑,现在博物馆早盖起来了,既保护了文物,又让群众有了一个参观学习的机会。你们在银雀山挖出了这么一堆了不起的兵书战策,其价值绝不在陕西兵马俑之下,为什么就不能盖个博物馆搞展览,让群众有个参观学习、了解历史的机会?"

谷牧的一席话使对方茅塞顿开,但头刚抬起不足一分钟,又蔫了吧唧地摇晃着,表情为难地开口说道:"我们沂蒙人民跟着你们东窜西跑地去打仗,弄得死的死,残的残,除了走出去当了官,凡回来的没有几个能蹦跶的了,吃饭都成了让我头痛的大问题,哪还顾得上什么文化不文化,盖什么博物馆?再说这博物馆要真建起来,连搬迁加盖房,这一大笔钱你让我向哪里去找?"

谷牧望着对方还算真诚、实在的态度,刚才的火气顿消。接下来笑着说:"大家一块想想办法嘛,中央支持一下,省里支援一点,地方出一点,问题不就有着落了吗!"

有了谷牧的这句话,对方那汗渍渍的脸上才勉强地

继银雀山汉墓发掘之后,考古人员又陆续在该山和相邻的金雀山发掘汉墓几百座,并有大量珍贵器物出土,此为墓群区标志

露出了一点笑容,当场答道:"好,就照您的指示办吧"。

经过近两年的酝酿,1981年,临沂地委、行署责成地区文化局开始筹备"银雀山汉墓竹简博物馆",具体工作由地区文物管理委员会和建委共同负责。至此,谷牧的提议总算开始付诸实施了。接下来,几个部门在先后经过了八个年头的规划、拆迁、设计、扯皮、争吵之后,于1989年10月1日,也就是新中国成立四十周年的时候,博物馆主体工程建成并正式挂牌对外开放。

既然银雀山汉墓原址已经建成了一个专题性的竹简博物馆,那么在这个遗址中出土的竹简就理应回到其老家接受八方来客的检阅。正如同建起寺庙就得有和尚一样的道理。但遗憾的是,当临沂方面派人到山东省博物馆交涉,并提出了请银雀山汉墓竹简回家时,却遭到了对方的断然拒绝。按对方的理论,银雀山汉墓竹简如同一个人见人爱的黄花大闺女,已从她姥姥家出嫁到了新的婆家。尽管当时婆家未拿一分钱的彩礼作为对她姥姥门上的回报,但婆家毕竟是豪门大户,能娶这么一个从山沟桃源里出来的地方媳妇,那也算是一个愿打一个愿挨的两相情愿的美事。事隔这么多年,娶来的媳妇也在家中有板有眼地过起了小日子,并做起了亲自出面对外接待赚钱的工作,那么就应该在婆家好好待下去,怎么能再想着回她姥姥家那个世外桃源中去呢?还是免了罢。

为此,颇不服气的临沂方面再派人找省里有关方面的高官要员出面协调,坚决要求这个当年沂蒙山的黄花大闺女,现在出嫁的小媳妇跟对方离婚,重返沂蒙山区她姥姥家过日子。

在这种强烈要求下,省里有关部门的领导人出面做了调解,但最后协调的结果是,临

银雀山汉墓竹简博物馆馆长郭文泽(右)、书记杜学民(左)向作者讲述当年发掘汉墓与省、地、县三家争夺《孙子兵法》汉简的情形,以及几十年来的风风雨雨与爱恨情仇(杨玲摄)

末章 大 招

沂方面只得到了在省考古所文光阁三楼存放的那堆早已蜕变得像老树皮一样的漆木器和脱了彩绘的陶俑陶罐陶盆等无足轻重的器物，真正价值连城的竹简书和独一无二的《元光元年历谱》，一直深藏于省博物馆的密室里不得移交。

在临沂竹简博物馆已经开放，而省博物馆仍拒绝交出竹书的情况下，于万般无奈之中，临沂方面只得用复制品代替真品进行展览。但每当有前来参观的各方人士问及竹简是真品还是假冒伪劣的产品时，陪同的讲解人员便陷入一种极其尴尬的境地。于是，既不甘心又气不过的临沂方面，决定不再受这个窝囊气，豁出去，坚决要讨个说法。在这种思想指导下，从此开始与省博物馆方面围绕着银雀山汉墓竹简书到底归于何处的问题，又展开了一场无休无止的漫长的拉锯战。交战双方都穷尽人生智慧想把对方制服，从而达到单方胜利，或双方罢战讲和的目的，但这个愿望却迟迟得不到实现。省博物馆一直采取守城之势，临沂方面一直采取战略进攻的态势，无奈省博物馆具有铜墙铁壁、坚不可摧之险固，尽管临沂方面一度士气高昂、攻势凌厉，但几百个回合下来，当初形成的战略格局仍没有发生根本性转变。

2000年11月12日，国务院总理朱镕基携夫人来到银雀山汉墓竹简博物馆视察，鉴于省、地双方十余年来一直为竹简的归属问题争吵不休，战斗不止，为防止出现总理不愿看到的场面或不愿听到的言辞，也为了能蒙混过关与防止节外生枝，省、地有关部门领导人专门对博物馆领导和职员下达了强硬命令，即一切接待人等及闲杂人员，都不得擅自向总理提出所展出的竹简是复制品这一敏感的话题。

当这个命令下达到银雀山汉墓竹简博物馆后，馆领导人凭着多年的接待经验，深知在沂蒙山或整个中国，哪些人可以稀里糊涂地蒙混过关，哪些人是绝对含糊不得的，有些人你即使想瞒也是瞒不住的等生活经验，提出了"要是总理问起这竹简是真是假，我们怎么回答"的问题。制定指令的领导人面对这个难题，思考了许久，便答复道："要是真问起来，你们就看情况回答吧。"言外之意是爱咋弄咋弄，弄出是非与我无关。有了这条可以自由舒展的规定，博物馆人员感到心情轻松了许多。

果然不出所料，朱总理来馆后，在视察中竟真的问起竹简真假来，博物馆的陪同人员本着前两年某地那个乡长说过的"我跟总理说实话"的精神，

山东省博物馆的李淑华（右），同作者介绍汉简《孙子兵法》等竹书的保护情况

做了如实回答，并趁机提出了请总理出面干涉，让真正的银雀山汉墓竹简回姥姥家的要求。总理听罢，便对身边陪同的大员们说道："今天省长、书记都在这里，你们看是不是可以请回来，让竹简回家？"陪同的大员们更深知此题之难难于上青天，尽管整得后脑瓜子生痛，但还是整不明白是该请还是不该请，是放到婆婆家还是姥姥家，是放在济南还是放在临沂，最后只是表情木然，不知其所云又不知其所以云地胡乱点了几下头，似是而非地"嗯""哦"几声，在让现场所有的人都丈二和尚摸不着头脑的同时，这个问题也算是有了一个看似没有，但又感觉确实是有的、典型的、东方黄老哲学式的答复。

再之后，银雀山竹简博物馆的领导和职员们，又围绕着竹简回姥姥家的问题做了各种大大小小的努力。2002年10月，由博物馆具体操作，临沂市政府部门支持，共同组织召开了"银雀山汉简兵书出土三十周年纪念大会暨国际学术研讨会"，在会前会后和会议期间，博物馆与市文化部门的领导人，对博物馆未来的建设做出了新的颇具气魄的宏伟构想，并为此做出过重大努力。关于众所瞩目，也是最令沂蒙人民耿耿于怀的银雀山汉墓竹简兵书最终归属权的交锋——这个共和国总理都没能解决的问题，还要长久地持续下去。只是没有人真正知道和预测得出，在这种社会体制和人事关系盘根错节的中国，这个"长久"到底是怎样的长，怎样的久，或许就如同中国人惯常说的那个地老天荒中的天长地久吧。

尽管如此，临沂方面的有关领导者和文化部门相关的干部职工，在不放弃追索《孙子兵法》等竹简的同时，也在加强各方面的建设与改进。竹简博物馆自建成后，已接待国内外游客五十万人次、著名国际友人及专家学者三千余人次，并连续承办了两届《孙子兵法》国际学术研讨会。就在银雀山汉墓兵书出土三十周年纪念大会前夕，临沂市委、市政府召开了专题会议，对银雀山汉墓竹简博物馆的扩建、门前大道的开通、建设原简厅等问题进行了专门研究，并拟于会议后短时间内付诸实施。也许不远的将来，人们就会看到几十年来所期盼的结果。

——历史在耐心地等待着。

2002年6月—2003年5月一稿
2011年6月修订于北京逸园

主要参考文献

一、著作

《十三经注疏：清嘉庆刊本》，阮元校刻，中华书局，2009年版。

《史记》，司马迁撰，中华书局，2010年版。

《史记会注考证附校补》，司马迁著，泷川资言考证，水泽利忠校补，上海古籍出版社，1986年版。

《古本竹书纪年辑证》，方诗铭、王修龄著，上海古籍出版社，1981年版。

《汉书》，班固撰，颜师古注释，中华书局，1962年版。

《中国大百科全书：中国历史》，中国大百科全书出版社，1992年版。

《中国大百科全书：外国历史》，中国大百科全书出版社，1992年版。

《中国大百科全书：考古学》，中国大百科全书出版社，1986年版。

《中国通史》，范文澜等著，人民出版社，1995年版。

《十一家注孙子》，曹操等著，郭化若译，中华书局，1962年版。

《孙子校释》，吴九龙主编，杨炳安、吴如嵩、穆志超、黄朴民合编，军事科学出版社，1990年版。

《孙子探源》，贾若瑜著，国防大学出版社，2000年版。

《孙子新探：中外学者论孙子》，解放军出版社，1990年版。

《孙子研究新论》，李祖德主编，新华出版社，1992年版。

《孙子研究文献备要》，赵嘉朱主编，新华出版社，1992年版。

《孙膑兵法》，银雀山汉墓竹简整理小组编，文物出版社，1975年版。

《孙膑兵法新编注译》，刘心健编著，河南大学出版社，1989年版。

《孙膑兵法暨马陵之战研究》，王汝涛、薛宁东、陈玉霞主编，国防大学出版社，1993年版。

《孙子研究在日本》，佐藤坚司著，高殿芳等译，军事科学出版社，1993年版。

《青铜的战神：齐鲁兵家文化研究》，仝晰纲著，学林出版社，1999年版。

《姜太公与齐国军事文化》，徐树梓主编，齐鲁书社，1997年版。

《十大考古奇迹》，叶保民、吴九龙等著，上海古籍出版社，1989年版。

《孙膑初探》，鄄城县孙膑研究会编，黄河出版社，1993年版。

《孙子兵法解说》，吴如嵩、于汝波主编，金盾出版社，1994年版。

《孙子答客问》，杨善群撰，上海人民出版社，1997年版。

《中国辨伪学史》，杨绪敏著，天津人民出版社，1999年版。

《孙子评传：一代兵圣的生平与思想》，戴逸、毛佩琦主编，黄朴民著，广西教育出版社，1994年版。

《东周列国志精彩故事》，任诤、秀奕著，河北少年儿童出版社，1994年版。

《中国古代的天文与历法》，陈久金、杨怡编著，商务印书馆，1998年版。

《齐鲁名物博览》，王永波等编著，人民出版社，1994年版。

《孙膑兵法》，孙膑撰，张帆、刘珂编著，北京燕山出版社，1995年版。

《〈孙子〉新论集粹——第二届孙子兵法国际研讨会论文选》，于汝波等编，长征出版社，1992年版。

《孙膑兵法浅说》，霍印章著，解放军出版社，1986年版。

《春秋战国》，赵俄等著，辽宁少年儿童出版社，1989年版。

《孙子兵法：中央电视台十集电视系列片》，李鹰、李黎撰稿，珠海出版社，1997年版。

《太公兵法》，姜子牙著，邝达编著，中国档案出版社，2002年版。

《孙武·孙膑·中华文化》，张文儒著，大象出版社，1997年版。

《白话孙子兵法》，黄朴民注译，岳麓书社，1991年版。

《真与假的较量——"〈孙武兵法〉82篇"风波大透视》，中国孙子兵法研究会《历史教学》编辑部编，天津古籍出版社，1998年版。

《回忆王冶秋》，国家文物局编，文物出版社，1995年版。
《孙武孙膑兵法试说》，邵斌、宋开霞编著，齐鲁书社，1996年版。
《漫话银雀山》，郭文铎、杜学民编著，解放军出版社，2002年版。
《孙子兵法新译》，李兴斌、杨玲注译，齐鲁书社，2001年版。
《孙子与齐文化》，中国孙子与齐文化研究会会刊编辑部编，1992年第1期（创刊号）。
《孙子研究中心简报（1）——孙子学术讨论会专辑》，孙子研究中心办公室编，1991年第6期。

二、论文

《山东临沂西汉墓发现〈孙子兵法〉和〈孙膑兵法〉等竹简的简报》，吴九龙、毕宝启，载《文物》1974年第2期。
《临沂汉简概述》，罗福颐，载《文物》1974年第2期。
《临沂汉简分类考释序》，罗福颐，载《古文字研究》1985年第11辑。
《略谈临沂银雀山汉墓出土的古代兵书残简》，许获，载《文物》1974年第2期。
《临沂出土汉初古历初探》，陈久金、陈美东，载《文物》1974年第3期。
《〈孙膑兵法〉残简介绍》，詹立波，载《文物》1974年第3期。
《〈孙膑兵法〉的哲学思想》，任继愈，载《文物》1974年第3期。
《〈孙子兵法〉的作者及其时代——谈谈临沂银雀山一号汉墓〈孙子兵法〉竹简的出土》，遵信，载《文物》1974年第12期。
《孙膑和〈孙膑兵法〉杂考》，杨伯峻，载《文物》1975年第3期。
《从临沂汉墓竹简〈吴问〉看孙武的法家思想》，吴树平，载《文物》1975年第4期。
《读临沂汉简中〈孙武传〉》，常弘，载《考古》1975年第4期。
《从临沂一号汉墓出土的竹简看秦始皇"焚书"的革命措施》，宗彦群，载《文物》1974年第3期。
《〈孙武兵法〉八十二篇考伪》，吴九龙，载《寻根》1997年第1期.
《关于银雀山简本〈孙子〉研究的商榷》，李零，载《文史》1979年第

7辑。

《青海大通县上孙家寨——五号汉墓》，青海省文物考古工作队，载《文物》1981年第2期。

《青海大通县上孙家寨汉简性质小议》，李零，载《考古》1983年第6期。

《关于〈孙子兵法〉研究整理的新认识》，李零，载《古籍整理与研究》1987年第1期。

《孙子十三篇之作者》，武内义雄，载《先秦经籍考》中册，江侠庵编译，商务印书馆，1931年版。

《汲冢书出土始末考》，神田喜一郎，载《先秦经籍考》下册，江侠庵编译，商务印书馆，1931年版。

《孙子十三篇作于孙膑考》，金德建，载《古籍丛考》，中华书局，1941年版。

《孙子军事哲学思想研究》，关锋，载《哲学研究》1957年第2期。

《汉简两〈孙子〉与〈孙子兵法〉研究》，吴如嵩、魏鸿，载《军事历史》2002年第1期。

《银雀山汉简及近年来出土兵书概述》，吴九龙，载《军事历史》2002年第1期。

《银雀山汉简兵书出土30年回眸与展望》，银雀山汉简博物馆，载《军事历史》2002年第1期。

《略论银雀山汉简的史学价值》，吴九龙，载《临沂大学学报》1992年第2期。

《银雀山汉简兵书的启示》，吴九龙手稿（未发表）。

《略论〈孙膑兵法〉与〈孙子兵法〉的师承关系》，刘春志，载《国防大学学报》2003年第1期。

《出土竹简与〈六韬〉辨伪》，杨玲手稿（未发表）。

《〈孙子兵法〉内容特色谈》，李文庆手稿（未发表）。

《胜兵先胜而后求战》，管正、陆清手稿（未发表）。

《〈孙子兵法〉在现代战争中的应用》，于汝波手稿（未发表）。

《机动战与〈孙子兵法〉》，刘必荣手稿（未发表）。

《〈孙子学〉的考察》，服部千春手稿（未发表）。

后 记

本书在采访过程中，得到了国家文物局、中国社科院考古研究所、中国社科院历史研究所、故宫博物院、中国历史博物馆、国家图书馆、山东省博物馆、山东省考古研究所、银雀山汉墓竹简博物馆、东营市博物馆、惠民县旅游局、淄博康辉旅行社、苏州市孙武子研究会、鄄城县委宣传部、鄄城县红船镇孙老家村村委会、沂南县朱芦镇党委、武警山东省总队政治部、武警菏泽市支队、武警临沂市支队、武警日照市边防支队、武警岚山边防检查站、武警藏家荒边防派出所、任家台边防派出所等单位的大力支持与协助。同时得到了吴九龙、毕宝启、蒋英炬、杨正旗、杨佃旭、郭文铎、杜学民、宋开霞、杨玲、梁尚诚、谢桂华、郑岩、李淑华、尹秀民、侯青孔、常建华、孙光新、刘玉武、于秀玲、管正、陆清、史奉真等著名文化、文物、军事界人士的支持与帮助，在此谨表谢意。

岳南